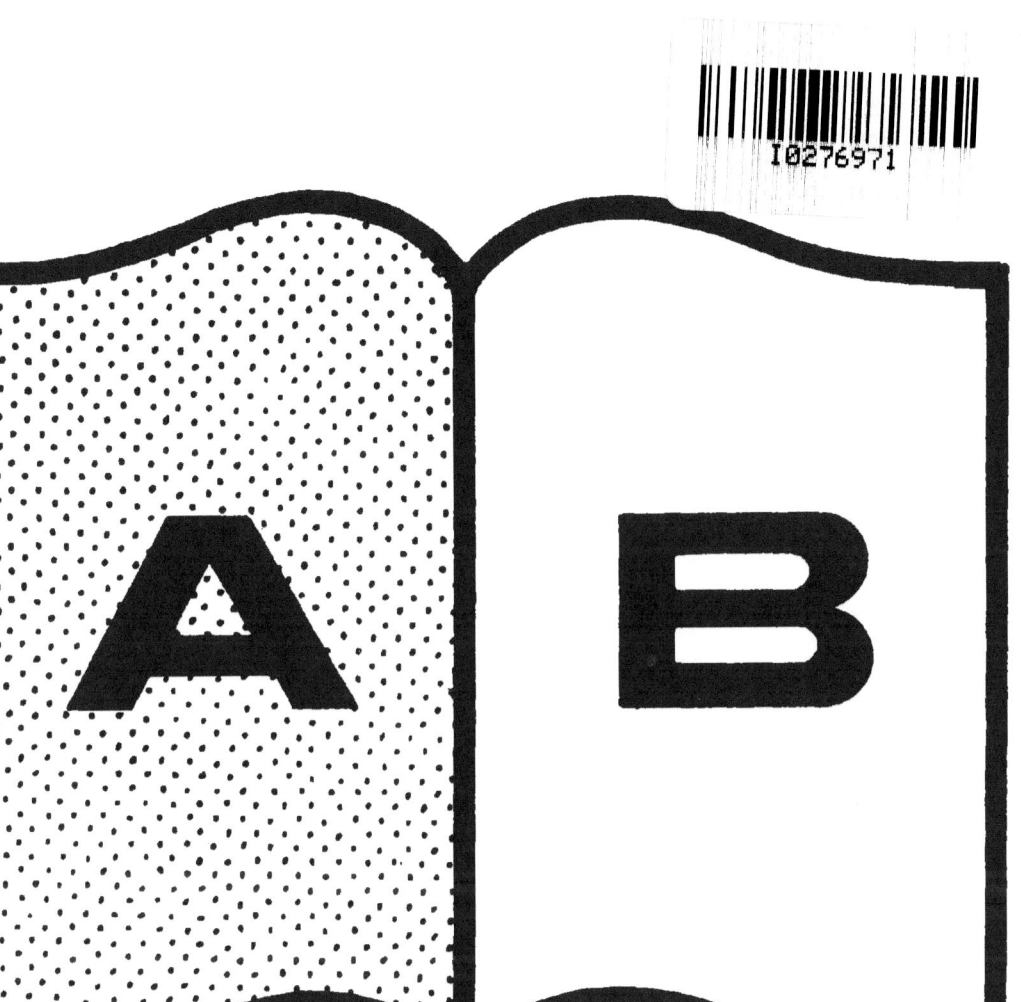

Contraste insuffisant

NF Z 43-120-14

19514

ŒUVRES
DE LEIBNIZ

TOME III

Paris. — Typographie de Firmin Didot frères, fils et Cⁱᵉ, rue Jacob, 56.

ŒUVRES

DE

LEIBNIZ

PUBLIÉES POUR LA PREMIÈRE FOIS

D'APRÈS LES MANUSCRITS ORIGINAUX

AVEC

NOTES ET INTRODUCTIONS

PAR

A. FOUCHER DE CAREIL

TOME TROISIÈME

HISTOIRE ET POLITIQUE

PARIS

LIBRAIRIE DE FIRMIN DIDOT FRÈRES, FILS ET Cⁱᵉ

IMPRIMEURS DE L'INSTITUT, RUE JACOB, 56

1861

Droit de traduction et de reproduction réservé.

HISTOIRE ET POLITIQUE

MARS CHRISTIANISSIMUS

AUTORE

GERMANO GALLO GRÆCO

OU

APOLOGIE

DES

ARMES DU ROY TRÈS-CHRESTIEN

CONTRE LES CHRESTIENS

Ouvrage rare, édité à Cologne, sans nom d'auteur, chez Pierre Marteau, 1684 (1).

La pluspart des hommes ayant coûtume de regarder plustost l'intérest particulier que le bien public, et le présent plustost que l'avenir, je ne suis pas surpris de voir qu'il se trouve des gens qui voyent bien que le salut de l'Église dépend uniquement de la

---

(1) Les deux exemplaires connus de ce pamphlet de Leibniz contre Louis XIV appartiennent à la bibliothèque royale de Dresden. Nous renvoyons, pour la bibliographie et les variantes, aux notes qui suivent le texte imprimé. On y trouvera aussi un *Avis de l'imprimeur*, qui parut en tête de l'édition de Cologne, 1684.

grandeur de la France, et ne laissent pas d'avoir plus d'égard à l'intérest de leurs Princes ou de leur nation qu'au bien général du Christianisme, sous prétexte de conserver la liberté de leur pays, qu'ils ne conserveront pourtant pas contre les armes ottomanes, si la France ne les garantit de l'esclavage. Cependant on leur pourroit pardonner en quelque façon le zèle indiscret qu'ils monstrent pour leur patrie, s'ils ne s'émancipoient pas de parler indignement des bonnes intentions du Roy. Pour moy, quoy que je suis Allemand, je ne laisse pas d'estre un admirateur zélé de la vertu françoise, et, ayant des argumens invincibles pour confondre l'insolence de ces indiscrets, je me crois obligé en conscience de les mettre au jour. Je souhaitterois en effect que cette matière fût traittée par quelqu'un des meilleurs écrivains de France, qui seroit moins exposé à la calomnie, qu'un Allemand ne sçauroit éviter. Mais je vois qu'il ne faut plus désormais attendre des argumens de la part de cette nation, qui ne fera valoir son droit doresenavant que par les armes, sçachant bien que la fortune ou plustôt la justice du Roy lui fera toûjours trouver assez de plumes estrangères.

Dès l'année 1672, il a esté résolu en France que le Roy n'auroit plus besoin à l'avenir de rendre raison au monde de ses entreprises, comme ses ancestres et les autres Potentats avoient toûjours tâché de faire en publiant des manifestes superflus. C'est pourquoy lorsqu'on eut conclu d'attaquer les Hollandois, la déclaration de la guerre tint lieu de manifeste, et on y allégua pour toute raison la volonté et le bon plaisir du Roy, à sçavoir la mauvaise satisfaction de

Sa Majesté de la conduite des Estats Généraux des Provinces Unies. Les médisans publioient qu'on n'avoit rien à dire contre des gens qui offroient toute sorte de satisfaction et demandoient seulement de sçavoir ce que le Roy désiroit d'eux ; d'autres soubçonnoient que l'advocat auteur des droits de la Reyne ayant esté mal mené par l'Isola et par de semblables auteurs, on trouvoit alors plus à propos de s'épargner une pareille confusion. Mais ils se trompent tous. On ne manquoit pas de bonnes raisons en France, et je sçay qu'un habile homme avoit dressé un manifeste où il faisoit toucher au doigt la conduite des Hollandois ; mais Messieurs les Ministres auxquels il le présenta trouvèrent à propos de le supprimer, croyant que d'autres raisons que celles que le Cardinal de Richelieu appelloit les dernières raisons des Roys, n'estoient pas de la bienséance de leur maistre. Depuis, les Hollandois et leurs alliés pressèrent fort les ambassadeurs plénipotentiaires du Roy, envoyés à Cologne pour traitter la paix, de leur communiquer les prétentions du Roy et les raisons de droit sur lesquelles il les pouvoit fonder ; mais les ambassadeurs rejettèrent cette demande bien loin, comme indigne de la grandeur de leur maistre, disant hautement qu'ils n'estoient pas venus comme advocats pour plaider, mais comme Ministres d'un grand Monarque pour traitter la paix, et pour déclarer sa volonté à l'égard de ce qu'il pourroit ou ne pourroit pas relâcher. La même méthode réussit à Nimwègue ; on s'y mocqua du bon évesque de Gorck, et on le traitta de très-simple discoureur, lorsqu'il insistoit sur des raisons, et même le maréchal d'Estrades et le marquis de Croissi ne feignirent pas de luy déclarer, quand les Hollandois avoient desjà fait leur paix, qu'il falloit se contenter absolument de ce que le Roy relâchoit et le recevoir comme une pure grâce de Sa Majesté. Les ambassadeurs de France qui se trouvèrent dernièrement à Francfort ne pouvoient pas souffrir qu'on leur parlât du paragraphe de l'instrument de la Paix de Westphalie, dont le commencement estoit : *Teneatur rex christianissimus*. Je ne sçay si leurs oreilles délicates trouvoient le mot *teneatur* incivil, où bien si le texte les blessoit un peu ; quoy qu'il en soit, il est constant qu'ils n'évitoient pas moins ce mauvais passage, que le Diable fait l'eau bénite, et l'un ne put s'empêcher de dire à quelque personne qui luy en parloit : « Laissez-moy en repos avec vostre Paix de Munster ; il n'en sera ny plus ny moins. » Ce n'est pas qu'ils se deffiassent de la bonté de leur cause, ou qu'ils manquassent de raisons pour y respondre ; mais c'est parce qu'ils vouloient demeurer fermes dans la résolution prise en France, il y a longtemps, de ne plus reconnoistre pour juge que l'épée. Non pas comme cet impie qui disoit :

Dextra mihi deus et telum quod missile libro.

Mais parce qu'ils croyent avec raison *quod victrix causa diis placuit*, et qu'on n'a pas besoin de rendre raison de la victoire, qui est un arrest que les Dieux mesmes ont prononcé. Mais comme cette méthode d'éviter les disputes inutiles desplaist à nos Allemands accoutumés aux guerres de plume, je me suis déterminé d'entrer en lice, afin que le bon droit ne soit trahi par un silence que plusieurs prennent mal à propos pour l'aveu d'une mauvaise cause. J'espère de les en désabuser, et de monstrer incontestablement qu'on pourroit plustost accuser le Roy de trop de modération, que d'ambition, puisque l'insolence de ses ennemis ne prend son aliment que de ce qu'il ne s'y arrestera plus doresenavant, et qu'il renversera ces boutefeux qui prétendent d'empêcher que le peuple chrestien ait un chef contre les infidèles, que les hérétiques soyent destruits, et qu'il n'y ait qu'un *Roy*, une *Foy*, une *Loy*. Quelqu'un me dira que je propose les droits du Roy un peu cruement et avec trop de liberté, et que je découvre le mystère avant qu'il soit temps; mais j'ay sujet de croire qu'on ne le trouvera pas mauvais en France, car on n'a plus besoin de dissimuler, et Messieurs les François donnent assez à connoistre, par leurs paroles et par leurs actions, qu'ils ne se soucient plus des jugemens du vulgaire, et sous le vulgaire ils comprennent tous ceux qui ne sont pas de leur party, puisqu'aujourd'huy, à moins que d'avoir l'âme françoise, on ne sçauroit avoir l'esprit poli ny élevé au dessus du commun. D'ailleurs j'ay bien des marques qui me font croire que la France ne fait plus scrupule de découvrir ce qu'elle a jusqu'icy tenu caché. En voicy quelques unes : il y a quelque 15 ou 18 ans que certaines personnes soubçonneuses avoient, je ne sçay comment, eu quelque vent des practiques qu'on faisoit dès lors pour faire tomber Cazal sous la puissance du Roy. Sa Majesté ayant appris ces bruits qu'elle jugeoit alors désavantageux, ordonna au sieur Gravelle de publier le contraire en Allemagne, et d'asseurer les gens sur la parole du Roy qu'on n'avoit pas de tels desseins. C'est qu'on ne croyoit pas alors qu'il fût temps de se découvrir là-dessus.

Si ce n'est qu'on veuille dire, pour excuser la France, que ce n'est que depuis qu'on a commencé d'avoir de telles veües, et que ces médisans eux-mêmes en sont cause, le Roy ayant jugé qu'il seroit également exposé à la malignité de leur censure, soit qu'il le fist ou qu'il ne le fist point, de sorte que ces Messieurs pourroient avoir avancé ce qu'ils craignoient, comme ces astrologues dont les prédictions ont esté causes des maux qu'ils prédisoient. Quoy qu'il en soit, il est toûjours visible qu'on ne croit plus en France d'avoir sujet d'estre si scrupuleux. Voicy un autre exemple. Feu l'Électeur Palatin envoya une personne au Roy pour demander la restitution de quelques lieux dont les officiers de Sa Majesté s'estoient saisis. Cet envoyé, ayant eu audience du Roy, insista fort sur la justice et sur la bonne foy des traitez; Sa Majesté lui répondit avec beaucoup de modération qu'Elle ne prétendoit rien que ce qui luy appartenoit en conscience, et qu'Elle avoit commis certaines personnes, pour examiner les matières à fond et pour conférer avec les intéressez. Cette response estoit conforme au tems, car depuis les affaires ont changé de face et on s'est moqué de ceux qui s'imaginoient que les raisons du droit commun auroient quelque force auprès des assesseurs des chambres de Mez et de Brisac, et on a tourné en ridicule ceux qui avoient la simplicité de s'imaginer que les ambassadeurs de France, qui estoient à Francfort, leur donneroient lieu de disputer et de soutenir des thèses en droit ; par où l'on peut juger que les François commencent à se défaire de cette honte malséante ou pudeur rustique qu'ils avoient autresfois et qu'ils agissent avec une liberté digne des personnes bien nées. Ce que les Ministres françois, qui se trouvent par cy par là, ne dissimulent plus. Car les Ambassadeurs, qui estoient à Francfort, se voyant importunés de ceux qui demandoient pourquoy la France n'avoit jamais auparavant demandé Strasbourg ny quantité d'autres lieux occupés présentement, et pourquoy elle n'avoit pas fait quelque mention de sa prétention lorsque les occasions le requéroient, comme au traité de Munster, au traité de l'exécution de Nuremberg, ou au moins à Nimwègue, ces Messieurs ne rougirent point en respondant qu'alors les affaires n'avoient pas encor esté dans un estat propre à en parler. Il sera peut estre bon mesme de considérer par quels degrés on est allé, avant que de parvenir à cette grandeur d'âme qui fait à présent qu'on découvre sincèrement les desseins qu'on cachoit autrefois.

Le Roy, n'ayant plus de précepteur après la mort du cardinal Mazarin, ne laissoit pas de se gouverner quelque temps par ses maximes et par ses conseils, comme s'il eust encor esté vivant, d'autant que Monsieur de Lionne, qui estoit sorti de cette escole, suivoit les mesmes principes. On traitoit alors les princes de l'Allemagne avec assez de civilité, on gardoit les apparences du droit commun, et on faisoit parade de la conservation de la paix de Westphalie et de la liberté germanique. Mais Lionne estant mort, Monsieur de Louvois remonstra au Roy que l'alliance du

Rhin avoit fait plus de mal que de bien à la France, qu'on ne devoit plus se mettre en peine des princes d'Allemagne, qu'il n'y avoit point d'argent plus mal employé que celuy qu'on leur donnoit, que l'Empire estoit un nom sans effect, qu'on le pouvoit vexer impunément et qu'on ne manqueroit pas néanmoins d'approbateurs dans l'Allemagne mesme. Ces conseils ayant assez réussi, Monsieur de Pomponne s'est recommandé auprès du Roy par une autre nouvelle doctrine de son invention, c'est, disoit-il que l'épouvantail de la paix de Westphalie avoit déjà trop longtemps mis des bornes au progrès du Roy; qu'il y avoit maintenant une nouvelle paix de sa fabrique, qu'on pourroit alléguer aussi plausiblement et plus utilement que celle de Munster, à laquelle les Allemands auroient tort de vouloir recourir désormais, puis qu'ils l'avoient violée; que celle de Nimwègue estant une pure grâce du Roy, il n'appartiendroit qu'à luy d'expliquer son bienfait. Maintenant, si la France a obligation à Monsieur de Louvois de luy avoir fait connoistre la foiblesse des princes allemands, si Monsieur de Croissi a tiré le Roy de l'embarras de la paix de Munster, je croy que je ne mériterai pas moins que ces Messieurs là, en délivrant le Conseil du Roy de tous les scrupules de conscience qui peuvent rester à quelques-uns à l'égard des gens, et des canons de l'Eglise. Je monstreray donc que ces choses obligent bien les hommes ordinaires, mais qu'il y a une certaine loy supérieure à toutes les autres, conforme néanmoins à la souveraine justice, qui dispense le Roy de ces observations. Car il faut bien remarquer que le juste n'a point de loy, et celuy qui a le charactère d'un pouvoir extraordinaire est exempté, en vertu de sa commission, des obligations communes et humaines. C'est donc à moy maintenant de monstrer que le Roy porte un tel charactère, et qu'il n'y a point d'homme aujourd'huy qui ait receu du ciel, et des antipodes mesmes, un plus grand pouvoir dans les matières temporelles que Louvois Quatorze (1). Pour m'acquitter d'autant mieux de cette preuve, il faut que je jette icy les fondemens d'une nouvelle jurisprudence, afin de détruire tout d'un coup les oppositions de deux sortes de gens, que je prévoy me devoir estre contraires, sçavoir celles des légistes allemands et celles des canonistes italiens. Et j'espère d'autant plus aisément en venir au bout, ayant en quelque façon de mon costé les casuistes, ou auteurs de la doctrine sainte morale, et particulièrement les Jésuites, qui voyent bien, estant fins comme ils sont, qu'il y a maintenant bien plus à espérer pour eux, du costé de la monarchie françoise que de l'espagnole. Je pose donc pour fondement que toutes les choses temporelles sont sousmises au droit éminent d'un très-grand et puissant Roy, qu'il a par un certain destin devant tous les autres sur les créatures. De ce droit particulier est venu celuy de Moyse sur les vases qu'il emprunta aux Ægyptiens, et celuy que le peuple israélite exerça sur les personnes et sur les biens des Cananites. Et le Pape Alexandre VI, en qualité de Vicaire de la terre, prétendit de partager

---

(1) L'autre exemplaire du *Mars christianissimus* porte Louis XIV. Mais, s'il y a faute ici, elle nous paraît préméditée, et nous avons tenu à conserver cette sanglante ironie dans un pamphlet.

le nouveau monde entre les Castillans et les Portugais, quoy que son pouvoir n'allât pas jusqu'au temporel. Au lieu que je monstreray que le Roy T. C. qui vit aujourd'huy, est le véritable et unique Vicaire du monde à l'égard de toutes les matières temporelles. A ce fondement j'adjoute la définition de ce qui est juste ou injuste, que Platon avance et explique très bien sous la personne d'un certain Thrasimaque qu'il fait dire rondement : *Justum est potentiori utile.* Ce qui s'accorde très-bien à ce que nous avons dit du droit d'un très-puissant Monarque sur le temporel des hommes. Le plus puissant dans le monde, exceptant toujours le Diable, c'est sans doute le Roy T. C., et on rapporte là dessus un bon mot de l'Empereur Maximilian I, qui dit un jour : « Si j'estois Jupiter et devois faire un testament, je donnerois le royaume des cieux à mon fils aisné, et celuy de France au second. » Que si cela a esté véritable du temps de cet Empereur, il le sera bien plus aujourd'huy. Car le seul Roy Louis XIV a joint à la couronne un très-grand pays, dont la longueur, depuis les Alpes des Suisses jusqu'à l'Océan Germanique, comprend tant de belles provinces, que ces conquestes seules pourront passer pour un royaume considérable.

Pour prouver ce vicariat du Roy T. C., on n'a pas besoin de grands détours, car la plus grande partie des argumens dont le cardinal Bellarmin s'est servi, pour prouver la puissance indirecte du pape en matières temporelles, peut servir à prouver bien mieux sans comparaison la puissance directe du Roy. Tout ce qui est prédit de l'Empire du Nouveau Testament en terre, se doit entendre de l'Empire du

Roy T. C., et il ne faut pas s'imaginer que c'est pour rien que la Sainte Ampoulle est descenduë du ciel, ou que le Roy a reçu le don de faire des miracles, et de guérir les malades ; car c'est une marque de ceux qui sont employés en terre pour étendre les deux royaumes. Je sçay qu'il y a des médecins qui mettent en doute le miracle que le Roy fait si souvent en guérissant les escrouëlles ; mais il ne faut pas se mettre en peine de l'incrédulité de ces gens-là, qui est si grande que la religion des médecins est passée en proverbe. Quelques-uns ont objecté que le duc d'Epernon, favori du Roy Henry III, estoit incommodé du mal que le Roy doit guérir. Mais, quand cela seroit vray, ne sçait-on pas que les Saints n'ont pas voulu guérir tous les malades ? D'ailleurs tous les prophètes ont toûjours eu en veue les Rois de France, destinés à estre un jour libérateurs de l'Eglise. Et, sans parler d'autres passages, en est-il chose plus claire que celle quand on dit : *Lilia agri non nent*. Ce qui signifie sans doute que le royaume de France ne doit pas tomber en quenoüille, afin que le sceptre ne soit pas osté à cette nation belliqueuse, et qu'elle ne soit jamais soumise ny aux estrangers ny aux femmes, puisque le Roy temporel ou Héros, que les peuples suivront, en doit sortir. Et il n'y a point de royaume, que je sache, qui puisse si bien prouver ses loix fondamentales par les deux Testamens. Que les Turcs n'attendent leur ruïne que de la France, c'est ce qu'on sçait par une ancienne prophétie, qu'un certain Barthélemy Georgiewiz, qui a esté longtemps prisonnier des Turcs, a apportée du Levant.

Il y a une prophétie *de Rege quondam illustris semililii*, chez Pareus, dans son Commentaire sur l'Apocalypse, qui confirme la mesme chose. Je sçay que Grotius, dans son ouvrage *de Jure belli et pacis*, ne trouve pas bon qu'on allègue des prophéties pour fonder quelque droit là-dessus. Mais la jurisprudence de Grotius est bien éloignée de celle que nous establissons icy, outre qu'il ne parle que des prophéties dont l'explication est incertaine, au lieu que la nostre est incontestable. Et puisque le Pape, pour faire valoir son droit de l'Eglise, le prouve par les prophètes, pourquoy le Roy T. C., qui est indubitablement le vray vicaire sur la terre, ne le feroit-il point et avec plus de raison, n'estant plus autre Roy au monde qui doit faire charnellement ce que tous les Papes ont fait ecclésiastiquement, et qui doit establir en terre le royaume du Nouveau Testament, heureux selon la chair, que les hérétiques millénaires attendoient mal à propos et par fausses idées? La Providence même confirme tous les jours par des prodiges le droit que nous attribuons au Roy T. C. N'est-ce pas un assez grand miracle qu'un Prince qui a tant de guerres sur les bras ne manque pas d'argent? Quelques ridicules s'imaginent qu'il possède cette bénite pierre, qui peut seule enrichir tous les Roys de la terre; d'autres, voyant que tout réussit au Roy, et qu'il est informé de tout ce qui se passe chez ses ennemis, luy assignent un esprit familier, ce qui n'est pas ridicule, mais impie, d'attribuer au Diable ce qu'une inspiration céleste opère. En quoy ces gens ressemblent aux Juifs, qui disoient qu'on sçavoit faire des miracles par l'entremise de Beelzehub. Quelle marque plus claire de la volonté des Dieux peut-on prétendre que celle que nous voyons icy tous les jours, sçavoir, une assistance perpétuelle du Ciel, qui est si grande qu'il semble que les hommes et les tems conspirent à augmenter le bonheur et la gloire du Roy? Car ce qu'on appelle la Fortune n'est autre chose qu'un arrest de la Providence, et c'est *contra stimulum calcitrare*, que de s'y opposer. Ne voyons-nous pas que l'empereur Léopold est doué de très-grandes vertus, que tout le monde admire son zèle et sa piété très-ardente, qu'il n'y a point de Prince plus assidu à faire sa charge, ny qui écoute plus volontiers, ou qui examine plus attentivement les placets et les mémoires qui paroissent d'estre tant soit peu d'importance? On le voit toûjours en action, tantost au conseil, tantost dans son cabinet occupé à faire des dépêches; enfin on peut dire qu'il n'y a point de ministre qui travaille plus que luy: néanmoins tout luy va à rebours. Et cependant le Roy T. C., qui fait son occupation de ses divertissemens, qui ne s'occupe aux affaires qu'en se divertissant, et dont toute l'estude ne va qu'à faire juger qu'il est fort martial, ne laisse pas de réussir en tout ce qu'il entreprend. Quelle autre conséquence en devons-nous tirer, sinon que le ciel a destiné ce Roy à de grandes choses? car les amis du ciel en reçoivent du bien en dormant; les autres ne peuvent rien attraper, quoy qu'ils courent, et quoy qu'ils veillent la nuit ou se lèvent de grand matin. Il nous manquoit encor un Jérémias, qui déclarât à toutes les puissances de la terre que ceux qui s'opposent au Roy s'opposent en même temps à la céleste volonté, comme ceux qui espéroient de se défendre contre Nabuchodonosor, et s'appuyoient sur le baston rompu d'Ægypte, semblables aux Princes qui fondent aujourd'huy leurs espérances sur la maison d'Austriche.

Mais voicy un tel Jérémie, qui vient de paroistre, afin que les Allemands soyent inexcusables. C'est un certain curé de village en Allemagne qui s'est érigé depuis peu en prophète, et qui prouve invinciblement par l'Apocalypse que tous les ennemis du Roy périront. L'événement confirme ses prédictions : car les Italiens, jaloux de la gloire du Roy, pâtissent par les ardeurs du soleil, et par la sécheresse; les Hollandois, envieux de son bonheur, sont punis par des inondations qui leur font craindre à tous momens une dernière désolation. L'ingrate Suède a souffert une froideur horrible. La Maison d'Austriche est travaillée des rébellions de ses sujets, et les Allemands voyent d'un costé la fureur ottomane déchaisnée contre eux, de l'autre costé ils sont menacés du Danemark, dont ils n'ont rien éprouvé depuis la sortie des enfans ensorcelés de Ham. Ce qui les doit faire songer à eux, pour prévenir le chastiment, par une prompte pénitence, en se jettant entre les bras du Roy. Toutes les règles de la politique cessent à l'égard de ce grand prince, et quoy qu'il semble qu'il fait bien des choses contre l'ordre de la prudence, on le voit néantmoins réussir, parce que le bon Esprit est avec luy, et la sagesse de ce monde est une folie au ciel. Les peuples font du bruit, et délibèrent avec empressement contre le Roy et son Oint; ce n'est donc pas merveille que la puissance céleste, se levant contre eux, les dissipe dans sa colère, lorsque le Roy aime mieux d'humilier les Hollandois par les armes, que de leur donner une paix qu'ils estoient prests de recevoir de sa main. Les sages de ce monde n'en attendoient rien que de sinistre, surtout quand ils voyoient l'Angleterre détachée, et l'Allemagne avec l'Espagne jointe aux Hollandois. Mais la Providence en avoit ordonné autrement. Le danger n'estoit pas petit asseurément, et on s'en seroit apperceu d'avantage, si les Suédois n'avoient sauvé la France, en attirant la tempeste sur eux.

Cela se trouvoit escrit dans le livre des destinées; et les Suédois, l'ayant fait contre leur intention, poussés par une puissance supérieure, en méritent aussi peu de reconnoissance, que le Roy mérite de blâme, pour les avoir délaissés, depuis qu'ils ont commencé à luy estre importuns, et, comme nous croyons, inutiles. Mais revenons aux actions extraordinaires du Roy, qui souvent choquent ceux qui le croyent fort prudens : y a-t-il rien de si contraire à la raison, en apparence, que ce qu'il a osé faire l'année passée, lorsqu'il a irrité et méprisé en même temps le ciel et la terre, l'Europe et l'Asie, le Pape et les réformez, l'Empereur et le Sultan, les Rois d'Espagne, de Suède et de Pologne, les Estats Généraux, les Princes d'Allemagne et d'Italie, et, en un mot, quasi tout le monde? Il s'estoit donc pû faire en même temps que le Pape l'eût excommunié, que le peuple se fût soulevé, que le Turc eût fait arrester tous les marchands et toutes les marchandises de France, que l'Empereur avec les Princes d'Allemagne eût attaqué les frontières du Royaume;

que les Hollandois eussent aidé les Espagnols à reprendre les places perdües; que les Princes d'Italie, allarmés de l'acquest de Casal, eussent pris des résolutions vigoureuses pour pourvoir à leur liberté. Et cependant rien n'est arrivé de toutes ces choses, ce qu'on ne sçauroit attribuer qu'à un miracle de la main supérieure, qui a lié les bras des uns, et fermé les yeux des autres, comme il se fit lorsqu'à la prière du prophète l'armée des Syriens fut frappée d'aveuglement.

Je croy donc maintenant avoir prouvé assez, tant par des prophéties que par des miracles, la vocation ou mission extraordinaire du Roy, pour la réformation des affaires temporelles des Chrestiens, bien mieux établie, sans doute, que la mission des premiers réformateurs prétendus, qui se sont soulevés contre la foy catholique.

D'où il s'ensuit que tous les Rois et Princes sont obligés en conscience d'avoir une entière déférence pour luy, de le reconnoistre pour arbitre de leurs différens, et de luy laisser la direction des affaires générales de la Chrestienté, et que ceux qui s'y opposent résistent à la volonté du destin inévitable. Que s'ils s'opiniâtrent témérairement, et s'ils méprisent la correction fraternelle dont le Roy use envers eux, leurs sujets seront absous de leur serment de fidélité, *ipso jure*, et auront droit de se ranger d'eux-mêmes sous l'obéissance du Roy. Il y en aura, peut-estre, qui craindront le renouvellement de l'exemple funeste des Messinois, dont la ville s'estoit mise sous la protection du Roy avec grande affection, qu'on abandonna par après à l'impourvüe, contre la foy donnée, et contre l'honneur du Roy, avec tant de précipitation qu'on ne donna pas seulement le tems aux plus intéressés de mettre leur vie et leurs biens en seureté, les laissant à la mercy des Espagnols, qui en firent des exemples de leur sévéritez. J'avoüe qu'il n'y a rien de plus vray, et que ce procédé pourroit décourager les mieux intentionnés; mais il le faut attribuer, non pas au Roy, mais au malheur de ces tems-là, qui sont bien changés à présent, et il faut considérer que toute grande secte doit avoir ses martyrs au commencement. Surtout les Catholiques d'Allemagne doivent reconnoistre le libérateur, puisqu'il est constant que les armes de France sont destinées à l'accroissement de la Religion.

Tout le monde sçait que le Roy n'a fait la guerre aux Hollandois que pour aider les évesques de Cologne et de Munster à poursuivre les droits de leurs Églises. Que si depuis les François ont un peu maltraité les diocèses de Cologne et de Liége, il faut croire que cela s'est fait ou malgré le Roy, ou avec consentement de l'Électeur, ou au moins par raison de guerre et pour le bien public. Ne sçait-on pas avec quelle chaleur les ambassadeurs de France se sont empressés à Nimwègue, pour obtenir l'exercice libre de la religion catholique dans les Provinces-Unies, et combien de fois ils ont esté prests à rompre les traités pour cela seul? Et le succès a répondu à leurs travaux : c'est-à-dire, ils n'y ont jamais songé, parce qu'ils sçavoient qu'il faut chercher premièrement le royaume du ciel, et puis estre assuré que le reste suivra. Que si quelques-uns doutent encor de la sincérité et des bonnes intentions du Roy, voyans qu'il prend à tâche de tourmenter la Maison d'Austriche, qui est très-catholique, ils doivent considérer que les Austrichiens sont devenus fauteurs des hérétiques, depuis qu'ils croyent de se pouvoir maintenir par leur assistance; de sorte qu'il faut commencer par la ruine de cette Maison, pour renverser les fondemens de l'hérésie que Charles V a jettés par sa complaisance politique. On me dira que le Roy a donné de l'assistance au comte de Teckeli et aux autres rebelles d'Hongrie, bien que protestans, quoy qu'il vît bien que la Chrestienté en pastiroit, et que les Turcs en tireroient du profit. On adjoûtera que Louis XIII n'en a pas moins fait pour les hérétiques d'Allemagne, qui ne se sont maintenus que par son assistance. Mais je responds qu'un petit dommage passager, que l'Église chrétienne et catholique en souffre, ne doit pas estre mis en ligne de compte, quand il en résulte un bien incomparablement plus grand et plus durable. Car la maison d'Austriche, estant humiliée par ces artifices, et le Roy devenant arbitre des affaires de la Chrestienté, il luy sera aisé d'asseurer l'Église pour jamais, et de destruire les hérétiques et les Turcs tout d'un coup et tout à la fois. Il a déjà fait voir des essais de sa force et de sa bonne volonté à Gigeri et en Candie; car, pour les Algériens, il n'a jamais eu intention de ruiner cette petite canaille : *Tempus enim veniet quo devorabit zelus ipsius et hos et omnes Mammamuschos.* Sans parler de ce qu'il a fait ailleurs, et il fera d'avantage sans doute, quand il sera en estat de donner des loix à l'Allemagne, à l'Italie et au reste de l'Europe, sans qu'il y ait plus de puissance sur pied, qui luy puisse contester son pouvoir. Et je ne doute point que nous ne voyions bientost arriver ce temps heureux. Le petit clergé catholique d'Allemagne, mal traité par les protestans, et abandonné de la Maison d'Austriche, chante déjà l'Osanna, en voyant avancer son libérateur. Il est vray que Messieurs les Évêques, estant princes de l'Empire, balancent encor un peu, et craignent fort qu'on n'introduise chez eux les libertés mal nommées de l'Église gallicane, qui peuvent estre des libertés envers le Pape, mais qui sont véritablement un esclavage à l'égard du Roy : néantmoins les mieux intentionnés, qui ne préféreront point quelques droits temporels de leurs Églises au bien publicq de l'Église catholique, y doivent concourir avec le Roy, à l'exemple de ces deux bons évesques de Strasbourg, dont le zèle catholique a esté si grand, qu'ils n'ont pas fait difficulté d'y sacrifier la souveraineté temporelle attachée à leur Église; car la charité, qui veut qu'on prenne tout en bonne part, nous défend de les soubçonner d'avoir eu d'autres veües. Les autres évêques d'Allemagne peuvent suivre leur exemple, d'autant plus aisément qu'ils ont sujet de croire que rien ne sera innové de leur vivant, et qu'ils pourront cependant enrichir leurs neveux avec la meilleure conscience du monde, puisqu'il est non-seulement licite, mais commandé de pourvoir les siens, car ceux qui en négligent l'occasion sont pires que des payens.

Quant aux moines allemands, c'est une autre affaire; car, voulant estre sincère, et ne voulant tromper personne, je n'ose pas leur conseiller de s'attacher à la France, parce que les moines de S. Benoît et de S. Bernard, les Carmélites, les Dominiquains, et bien d'autres Ordres, qui sont assez à leur aise en Allemagne, ont esté obligés en France, depuis quelque tems, sous prétexte de nouvelles réformes, de jeûner ou d'aller nuds pieds. Pour ce qui est des princes séculiers d'Allemagne, il leur paroistra un peu rude d'estre obligés de sousmettre à l'authorité du Roy la puissance presque royale qu'ils s'attribuent, et, comme on sçait que les riches auroient de la peine à entrer dans le ciel, de même les puissans font difficulté de s'accommoder du royaume trèschrestien, et de son vicaire temporel, qui est le Roy. Mais ils y viendront tous tost ou tard, malgré qu'ils en ayent. Et comme les fleuves se rendent enfin tous à la mer, quelques détours qu'ils fassent, de même faut-il nécessairement que toutes les Puissances, et surtout celles d'Italie et d'Allemagne, soyent enfin comme englouties de cette cinquième monarchie. L'Angleterre, divisée en elle-même, sera désolée, comme le mérite son hérésie. Les Hollandais sentent déjà les approches de leur ruine, voyant la diminution du commerce, et la perte asseurée des Pays-Bas espagnols. Ainsi il faut espérer que ce nid de sectaires sera bientost destruit. Dennemark et Brandebourg, animez contre la Suède, Saxe et Bronsvic, consumeront ce qui reste encor de forces aux protestans. Les évêques du Rhyn et Westphalie, et même un jour ceux de Franconie, ne s'opposeront pas au zèle catholique du Roy. Austriche et Bavière ne pourront pas s'y opposer non plus, estant affoiblis et épouvantez par le voisinage des Turcs.

On ne se met pas en peine des Italiens, prêts à recevoir le joug, et dégénérez de la vertu de leurs ancestres. Car on sçait que les Vénitiens, par exemple, remuèrent ciel et terre, quand la Maison d'Austriche entreprit je ne sçay quoy, dans le païs des Grisons; maintenant que la France a établi le siége de sa domination au beau milieu de l'Italie, ils n'osent dire mot. Je ne doute point que cela ne vienne du ciel, qui a soin de les aveugler pour les punir. Certes, quand l'Allemagne sera à la dévotion du Roy, il ne sera plus tems de s'éveiller; car d'où lèveroient-ils du monde, n'ayant presque point de trouppes aguerries en Italie? L'argent seul ne suffit pas pour faire la guerre, quand il n'est pas employé à tems. Je crois bien que les Italiens pourront faire quelque petit effort avant de se rendre, et qu'ils combattront un peu *non pro aris et focis, sed pro lectulis*, crainte des cornes que les François leur préparent, avec lesquels ils sçavent bien que leurs femmes conspirent déjà secrètement, ce qui commence à éclater depuis que l'Envoyé de France, entre autres conditions assez rudes qu'il a proposées à ceux de Gênes, a mis aussi qu'il seroit permis à l'avenir aux femmes de ce païs de jouir de la liberté françoise, et de recevoir librement les François chez eux.

Aussi les femmes italiennes n'attendent pas moins d'eux leur délivrance prochaine pour estre affranchies du joug de leur maris, que les prestres d'Allemagne en attendent la leur pour estre garantis des insultes des protestans.

Telle est la fortune de la France, qui luy fait trouver des puissantes factions à sa faveur parmy ses propres ennemis, comme est celle du clergé en Allemagne et celle du sexe en Italie. Et qui oseroit résister doresenavant aux prestres et aux femmes conspirans tous à la fois? Il me semble qu'il ne seroit pas mal à propos icy, en faisant l'apologie du Roy, de faire aussi en passant celle des Allemans Gallo-Greqs, mes confrères, qui s'accommodent fort bien des Louis de France. Le vulgaire ignorant nous appelle traîtres, disant que nous vendons la patrie, et travaillons à la mettre sous le joug d'un estranger. Mais je croy que la plus part de ceux qui nous le reprochent, souhaiteroient fort d'estre capables du même crime. Ils ne crient donc que par envie, puisqu'ils n'ont pas l'adresse ou le bonheur de faire venir l'eau au moulin. J'en excepte quelques simples qui en feroient peut-estre scrupule; mais leur nombre n'estant pas fort considérable, il faut se moquer de leur sottise. Cependant nous n'avons pas tout le tort qu'on pense. Les politiques les plus habiles conviennent tous que la République d'Allemagne est si monstrueuse et si corrompue, qu'il luy faut un maître absolu, pour y rétablir un bon gouvernement. Les tesmoins en sont dans leurs écrits, les plus beaux esprits de notre tems : *Lundorpius, Conringius, Piazecius, Rhinpingius, Oldendorpius, Typetius à Lapide, Monzabanus, Cittosario* et d'autres, estant les trois derniers de Suisse, de leurs veritables noms, à sçavoir *à Lapide*, qui a esté de Mons, le comte d'Oxenstern; *Monzambanus*, qui est Monsieur Puffendorf, secrétaire de la cour de Suède; et *Cittosario*, Monsieur le Baron d'Edelstein aux Pays-Bas. Qu'est-ce que la liberté germanique, sinon une licence de grenouilles, qui criaillent et sautent çà et là, auxquelles il faut une cigogne, puisque cette pièce de bois flottant, qui faisoit tant de bruit en tombant, ne leur est plus formidable ?

Nous devons donc nous sçavoir bon gré que nous travaillons à détruire une telle liberté. Je sçay que la plus part de mes confrères ne parlent pas si librement, craignant plustost le nom de traîtres que l'effect et cherchant à colorer leur procédé par quelques prétextes tirés des traités de paix de Westphalie et de Nimwègue, de la Capitulation de l'Empereur, de la Bulle d'Or, de l'ordre des exécutions circulaires, de la paix religieuse et profane et des autres loix de l'Empire : se fondant sur la liberté de la paix, de la guerre et des alliances, et sur le droit naturel de la défense propre, et accusant mesme l'Empereur et l'Empire d'avoir mal traité, trompé, et abandonné quelques princes à qui ces Messieurs appartiennent.

Mais moy, qui parle le plus sincèrement, et qui ay des raisons plus valables que tout cela, je ne veux pas les imiter. Car je sçay que ces prétextes n'ont rien de solide, que l'Empereur a eû les meilleures intentions du monde pour la cause commune des alliés, et qu'il n'a fait la paix de Nimwègue qu'après avoir été quitté des Espagnols et Hollandois, et quand il a veu que la plus part des autres alliés s'empressoient à qui feroit mieux et plustost ses affaires. Je ne trouve donc qu'une chose à blâmer dans l'Empereur, que d'autres peut-estre ne blâmeroient pas, c'est qu'il s'opiniastre trop à vouloir maintenir les droits de l'Empire, ne voulant pas recognoistre une puissance supérieure à la sienne, que le Roy T. C. a receue de la Providence immédiatement, comme nous venons de prouver. Il y a quelques autres Gallo-Greqs d'Allemagne, qui imitent Judas, en prenant les 30 deniers, parce qu'ils espèrent que l'Allemagne ne laissera pas de se sauver par la miséricorde céleste ; que l'argent cependant demeurera à eux, et qu'ils auront lieu un jour de se mocquer de la crédulité des François. Mais bien rira qui rira le dernier. Prenez garde, mes amis, et songez qu'on ne se mocque pas impunément des Dieux, ny du Roy, que le ciel a envoyé pour vous chastier. Il n'y a pas longtemps, que je me trouvay avec quelques amis dans une assemblée, où quelque vieillard, tout ardent de zèle, déclamoit terriblement contre les Allemands, Gallo-Greqs, qu'il appelloit la peste de la patrie, la poison des âmes bien nées, et la honte du genre humain, que les François mesmes caressent à présent, les tenant pour les derniers des hommes. Enfin il s'en falloit peu, qu'il ne les donnât tous au Diable. Quelques-uns de nostre ordre, qui s'y trouvoient avec moy, et qui avoient la conscience un peu tendre, furent si touchés des paroles du bon homme, qu'ils trembloient au moindre bruit, craignant que quelque Diable ne les vînt prendre par derrière. Moy, qui suis un peu plus ferme, je fis dans cette rencontre ce qui nous est commandé, c'est à dire, *confirmavi fratres meos*, en leur reprochant leur peu de courage, et en leur monstrant combien il importe d'avoir la conscience, non pas douteuse, ny scrupuleuse, mais bien affermie sur des bonnes raisons. Je leur fis comprendre que nous travaillons pour la cause de l'Église, que le nom de la patrie est un épouvantail des idiots, qu'un homme de cœur trouve sa patrie partout, ou plustost que le Ciel est la patrie commune des Chrestiens, et que le bien particulier de la nation allemande doit céder au bien général du Christianisme et aux ordres du Ciel. Je reconnois bien et je considère assez souvent combien la condition des Allemands sera misérable sous le joug françois. Ils méprisent déjà assez nostre nation, quand elle fait encore figure dans le monde ; que ne feront-ils pas quand elle sera vaincue et tout à fait méprisable, quand ils auront sujet de nous reprocher non-seulement nostre simplicité, mais nostre lâcheté, si indigne de la réputation passée de la nation et de la gloire de nos ancestres ? Ils nous osteront les armes, comme à des gens indignes de les porter ; ils abaisseront les familles illustres, ou les transporteront en France ; les bénéfices, les charges de conséquence, ne seront que pour les François, ou pour les âmes les plus serviles qui se trouveront parmy les Allemands ; les esprits élevés et qui sembleront garder quelque reste de l'ancienne vertu seront affligés de mille maux, jusqu'à ce qu'on les ait accoustumés tous à l'esclavage et rendu la nation plus propre à estre un objet de la miséricorde que de la crainte. Ces sortes de pensées sont des tentations du Démon, qui me tourmentent quelquefois. Car l'esprit est promt, dans telles idées, et on a toûjours de la peine de se dépouiller des sentimens qui semblent nés avec nous. Mais je m'en tire d'abord et je jette bien loin ces scrupules lorsque j'élève l'âme au Ciel. Car je considère que ce qu'on prend pour une misère est une véritable félicité, que les bons sont exercés par des tribulations, et que l'Église n'est jamais plus florissante que lorsqu'elle paroist opprimée. Vous serez donc bien heureux au Ciel, mes amis, quand les François vous auront rendus misérables devant le monde; car vous irez plus volontiers au lieu, quittant sans regret cette vallée de misères. Allez donc vous sousmettre au joug que la France vous offre, et hâtez-vous de mériter le Ciel par vostre promptitude, vostre obéissance, patience et d'autres vertus chrestiennes, en mettant au plustost le Roy T. C. en estat de combattre les Turcs et les hérétiques. Si cela vous couste vostre liberté, vous vous consolerez, en considérant que c'est pour l'accroissement du Royaume céleste que vous souffrez une perte si grande.

Mais je reprends le fil de mon discours, et je m'asseure que ceux qui auront bien compris les raisons déduites cy-dessus, s'ils sont de bonne foy, demeureront d'accord que le Roy T. C. a receu de la puissance souveraine un plein pouvoir de faire bien plus que nous le voyons faire jusqu'icy; car il faut avouer qu'il en use avec grande modération, veu le droit qu'il a d'exécuter tout ce qui luy viendra dans l'esprit, pourveu que cela puisse servir à sa grandeur. Car il est Vicaire général de terres, pour exercer souverainement toute la juridiction et puissance temporelle, puisque le Ciel l'a fait déclarer libérateur des Chrestiens et protecteur de l'Église contre les hérétiques et contre les barbares. Car que le Pape honore un Roy de Pologne (quoy que le plus martial et intrépide de tout l'Univers), par ce titre là, ce n'est qu'une flatterie italienne, et, pour parler en bon françois, de se railler de nostre Roy, qui en effect est l'unique Vicaire du monde, et le Pape son marguillier. Sa charge est héroïque, les loix ordinaires ne l'obligent point, et sa grandeur est la seule mesure de sa justice, puisque tout ce qui sert à l'augmenter sert à la gloire et au bien de l'Église. Il ne sçauroit donc manquer que par trop de modération, et tout ce qu'il fera dans l'intention de s'aggrandir sera toûjours juste. Je m'imagine que le R. P. de la Chaise, Jésuite, Confesseur ordinaire du Roy, dont le sçavoir et la prudence est reconnüe généralement, sera à peu près dans les mêmes sentimens; car estant homme de conscience, s'il n'estoit pas pourveu d'un tel remède général, pour satisfaire à tous les scrupules, comment pourroit-il approuver bien des choses qui se font au nom du Roy? Il y en a qui se flattent de pouvoir soutenir les entreprises de la France, par des raisons tirées du droit ordinaire; mais ils se trompent lourdement, et, quand ils s'engagent dans la contestation, on les voit bientost réduits aux abois. D'où vient, comme j'ay monstré cy-dessus, que les plus sages entre les François évitent toutes les disputes de droit, et ne parlent qu'en politiques, exagérant avec grande raison le bonheur et la prudence de leur monarque, qui sçait si bien faire valoir ses avantages.

Car plusieurs ne sçavent point, et d'autres ne veulent point dire ce qu'ils sçavent du droit absolu que le Ciel a donné à leur Roy. Ils s'en servent pourtant en cachette entr'eux, quand il est temps. Témoin ce Ministre françois, qui, raisonnant sur la paix qui fut conclue peu après aux Pyrénées, conseille hardiment au Roy de donner les mains à toutes les renuntiations qu'on pourroit exiger de l'Infante, son accordée, et de les approuver aussi authentiquement qu'on le pourroit désirer, même par serment : et qu'il ne laisseroit pas d'avoir tous les jours les mains libres quand le Roy d'Espagne viendroit à mourir, car il n'y aura point de bon François (dit-il) qui voudroit conseiller au Roy de négliger les avantages de sa Couronne, dont il est responsable au monde et à la postérité. Voilà justement un trait de la jurisprudence et de la morale, telles que nous venons d'establir, c'est à dire, que la grandeur du Roy et de la Couronne de France est au-dessus de tous autres droits et sermens, de quelque nature qu'ils puissent estre.

Mais puisque cela est ainsi, on auroit tort de dissimuler une si grande vérité, qui a besoin d'estre prêchée pour estre crüe. Et il est d'autant plus nécessaire de le publier, qu'il est impossible de soûtenir les entreprises de la France, par les raisons du Droit ordinaire, comme je viens de remarquer. Et pour le faire connoître d'avantage, je ne feray point difficulté de représenter icy une partie de ce que les ennemis de la France ont coûtume de lui objecter, afin qu'on reconnoisse mieux qu'il n'y auroit pas moyen d'excuser les actions de cette Couronne, si le Roy n'avoit le privilége de faire ce que bon luy sembloit, en qualité de Vicaire temporel dans le monde.

Je commenceray par ce qui se passa du temps de Louis XIII. Le Cardinal de Richelieu, pour contenter la conscience de ce Prince scrupuleux, fit en sorte que plusieurs docteurs françois approuvèrent les alliances qu'il entretenoit avec les hérétiques. A quoy s'opposa un auteur masqué, qui s'appeloit Alexander Patricius Armanus, qu'on tient avoir esté le fameux Jansénius, évesque d'Ipres, dans un ouvrage intitulé *Mars Gallicus*. Tous les petits écrivains françois ont échoué à cet écueil, et des personnes indifférentes ont jugé que pas un n'avoit satisfait à ces raisons. En effet, lorsque la France déclara la guerre à la Maison d'Austriche, rien ne l'obligeoit de venir à cette extrémité. Car les Impériaux, lors même qu'ils estoient demeurés victorieux à Nordlingue, ne laissoient pas d'estre assez disposés à la paix, après avoir éprouvé l'incertitude du sort des armes ; et si la France avoit voulu estre médiatrice plustost que partie, il luy auroit esté aisé de procurer une paix solide et équitable : la pluspart des Princes allemands n'en estoient pas fort éloignés. Mais ce n'estoit pas le dessein de la France : elle cherchoit de pescher en eau trouble, de renverser la Maison d'Austriche déjà chancellante, et de ruiner l'Allemagne par elle-même, qu'elle voyoit faire seule obstacle à sa grandeur. Mais elle ne vouloit pas voir, toute catholique qu'elle prétendoit d'estre, que l'Empereur n'avoit entrepris la guerre que pour maintenir son domaine, et depuis (l'occasion paroissant favorable) pour obliger les protestans de rendre ce qu'ils avoient occupé, contre la disposition expresse de la Transaction de Passau. En tout cas, puisqu'il ne tenoit qu'à la France et ne tient encore qu'à elle de donner la paix ou la guerre à l'Europe chrestienne, les plus zélés luy imputent tout le sang répandu dans la Chrestienté depuis ce temps là jusqu'au nostre : « Il n'y a, disent-ils, que la France qui ait porté le flambeau partout. » On croit que les François ont fomenté les dissensions d'Angleterre, et qu'ils ne sont pas tout à fait innocens de l'infâme parricide qui s'en est suivi.

Les rébellions de Portugal, de Cathalogne, de Naples, de Hongrie, sont leurs ouvrages, et ils ne s'en cachent point. Quels efforts n'ont-ils pas faits pour empêcher la paix qui se fit à Munster, entre les Espagnols et les Hollandois ! Que dirons-nous de la paix jurée aux Pirénées, et de la renuntiation de la Reine, qui faisoit un point essentiel de ladite paix ?

Certes, s'il y a moyen de prendre ses seuretés dans les négociations des hommes, si la foy publique des Rois a quelque effect, si la religion et la conscience ne sont pas des noms vuides, inventés pour tromper les simples, cette paix devoit estre ferme et seure ; mais puisque elle a esté rompue et foulée aux pieds à la première occasion favorable, il faut avoüer (disent-ils) que celuy-là est bien simple, et très-digne d'estre trompé, qui désormais se fie à la parole de la France ; c'est pourquoy les Hollandois, les Espagnols, l'Empereur, et le reste des alliés, qui ont traité à Nimwègue, sont à présent, ou seront bientost punis de leur crédulité.

Car s'ils avoient crû que les François entreprendroient bien plus en pleine paix sur l'Empire, et sur les Païs-Bas, qu'au milieu de la guerre, ils auroient esté bien aveugles, ou bien ils auroient mieux aimé de combattre ensemble que de périr séparément. Si nous remontons aux commencemens de la dernière guerre, y a-t-il rien de plus violent que la manière de laquelle le feu duc de Lorraine fut dépouillé de ses Estats? Tout son crime estoit qu'il ne vouloit pas estre à la mercy de quelque gouverneur, ou intendant françois, et qu'il cherchoit d'establir sa seureté par des alliances défensives, les plus innocentes du monde. La guerre contre les Hollandois a esté si éloignée de toute apparence de raison (je parle sous la personne des ennemis de la France) qu'on n'en a pas sceû trouver même aucun prétexte. Et cependant tout ce que la France a fait de violent depuis dans l'Allemagne, dans les Pays-Bas, et ailleurs, n'a pû estre excusé que parce qu'il estoit une suite nécessaire de cette guerre. C'est sur ce fondement que les armées françoises ont traversé l'Allemagne (pour éloigner les secours qui pouvoient venir aux Hollandois ou faire diversion à la France), qu'on a pris Trèves, surpris et démantelé les dix villes d'Alsace d'une manière qui ne tenoit pas trop à la bonne foy, et exercé toute sorte d'hostilités dans le Palatinat du Rhin, le tout sur les moindres soubçons, que la seule raison de guerre, mais d'une guerre la plus injuste qu'on ait jamais entreprise, authorisoit. On a eu l'insolence de déclarer à l'Empereur qu'il devoit le premier retirer ses troupes des terres de l'Empire, et que le Roy en feroit autant, quand l'Empereur auroit donné sa parole (et quelques autres princes en seroient demeurés garans) qu'il n'en feroit plus sortir de ses pays héréditaires, c'est à dire que le Roy de France avoit plus de droit dans l'Empire que l'Empereur mesme. Tout le monde se devoit tenir coy et se reposer sur la parole des Ministres françois, qui preschoient partout que le Roy ne cherchoit rien par la guerre que de chastier je ne sçay quelle insolence des Hollandois : comme si la mesme envie ne luy pouvoit venir d'humilier encor les autres à leur tour, et comme s'il avoit droit de faire le personnage de maistre d'école qui, la verge à la main, traite les autres de petits garçons ! Mais on a veu que son dessein alloit plus loin qu'à une simple bravade, qu'il s'asseuroit des postes du bas Rhin, en y mettant des fortes garnisons, que le crime des Hollandois estoit d'avoir empêché l'occupation entière des Pays-Bas, enfin que l'ambition du Roy estoit un peu intéressée, et visoit pour le moins autant au profit qu'à la gloire. Quant aux dépendences, et aux dépendences des dépendences, à l'infini, qui surpassent le principal, il faut, disent-ils, que celuy qui se laisse éblouir par ces sortes de raisons soit bien simple ; qu'il n'y a rien de si déraisonnable que cette chambre de Justice, établie par le Roy même, qui prononce toûjours pour le Roy, et qui prétend que ceux qui ne se soûmettent point à ces arrests, sont déchcus de leurs droits ; que c'est la dernière insolence de vouloir faire passer ses volontés pour une loy générale, de prescrire à l'Empire un terme fatal de quelques jours ou semaines, pendant lesquels il se doit déclarer sur la cession de la huitième partie de l'Allemagne, et si l'Empire tarde tant soit peu, on luy imputera tous les maux qui en arriveront, et le Roy s'en lave les mains. D'un costé on veut forcer les Espagnols d'accepter précisément l'arbitre que la France nomme, et de l'autre costé on refuse à l'Empire d'entrer dans un arbitrage ou dans une médiation également concertée de part et d'autre. Ils soutiennent que la prise de Strasbourg est un trait de politique la plus violente et la plus ottomane que jamais prince chrestien ait sceu practiquer, et que c'est le comble de l'impudence que de la vouloir excuser ;

Que ce coup s'estoit fait en pleine paix sans aucune ombre de prétexte, contre la foy tout fraîchement donnée, qui portoit que tout demeureroit dans son estat depuis le départ des ambassadeurs du Roy pour Francfort ; que toutes les personnes judicieuses ont jugé qu'après cela il seroit inutile de faire fonds sur les règles de droit et sur les loix de l'honnesteté ;

Que la conscience, la bonne foy et le droit des gens sont des termes creux et des ombres vaines, depuis qu'on ne cherche plus même de prétexte à la violence. Car autrefois ceux même qui recherchoient avec soin les moindres pointilles du droit de la France n'avoient garde de songer à Strasbourg, de peur de passer pour des visionnaires ou pour des sophistes surpris en flagrant délit, puisque les paroles de la paix de Munster sont trop expresses, et donnent si peu de prise à la chicane qu'il semble que les ministres qui les ont conceües ont, par un esprit prophétique, préveu et prévenu tous les échappatoires dont un sophiste impudent se pouvoit aviser ; mais, s'ils ont esté assez habiles pour fermer la bouche à ceux qui auroient encor quelque reste de honte, ils ne l'ont pas esté assez pour lier les mains à ceux qui foulent hautement la raison aux pieds. Car il ne leur a de rien servi d'avoir déterminé en termes très-clairs que rien ne seroit cédé à la France de toute l'Alsace, que ce que la Maison d'Austriche y tenoit; d'avoir nommé les places cédées par leurs noms et sur-noms; et d'avoir excepté bien expressément ces mêmes principautés et Estats de l'Empire que la France y veut comprendre présentement, sçavoir l'évesché et ville de Strasbourg, les princes de Petite-Pierre, les comtes d'Hanau et la noblesse libre de l'Alsace, etc.

Quelques advocats françois, se voyant poussés du costé de la paix de Westphalie, se retirent dans un autre retranchement, et, ne trouvant rien dans nos siècles qui les favorise, cherchent des droits imaginaires chez Dagobert et Charlemagne. Je m'étonne qu'ils ne demandent aussi au Grand Seigneur les conquestes que les Gaulois ont faites autrefois en Grèce et en Galatie, et qu'ils n'actionnent les Romains aujourd'huy sur l'argent que leurs ancestres avoient promis aux Gaulois pour sauver leur Capitole, dont Camille interrompit le payement. En effet ce qu'il y a parmy eux d'autheurs graves ont honte de ces impertinences ridicules; car, si elles avoyent lieu, il seroit inutile d'alléguer doresnavant des traités de paix de Munster ou de Nimwègue, et de contester quelque place ou terre à un Empereur, Roy ou Prince, qui devroit estre destruit ou dépouillé entièrement comme un usurpateur tout pur; puisque toute l'Allemagne avec les Païs-Bas et toute l'Italie, à peu près, seroient enveloppées dans la prétention générale de l'Empire de Charlemagne, s'il le falloit ressusciter aujourd'huy. Il y a néanmoins des gens qui soubçonnent que le Roy T. C. entend ces prétentions vastes et vagues, lorsqu'il offre à l'Empire, en cas qu'on luy laisse et cède ce qu'il a pris depuis peu, de vouloir renoncer à tous ses autres droits qu'il n'explique pourtant point; en quoy il fait sagement, car on a toûjours meilleure opinion des choses inconnues, et souvent les secrets publiés sont exposés à la risée.

J'ai voulu représenter naïvement ce qui se dit contre les prétentions du Roy, afin qu'on voye qu'il n'y a point de moyen de les sauver que par le biais que j'ay pris, qui exempte le Roy de la nécessité de respondre aux raisons de droit, quelque force qu'elles puissent avoir. Mais, comme le vulgaire cependant ignore cette belle invention, il ne faut pas s'estonner si ceux qui sont dépouillés tout fraîchement se tourmentent et remuent ciel et terre avec des paroles tragiques ; s'ils nous monstrent les champs inondés de sang chrestien pour satisfaire à l'ambition d'une nation seule perturbatrice du repos public; s'ils font voir des milliers immolés par le fer, par la faim et par les misères, afin seulement qu'on ait de quoy mettre sur les portes de Paris le nom de Louis le Grand en lettres d'or. « Il ne tient qu'à la France, disent-ils, que l'Europe soit paisible et heureuse. Quel crime peut-on concevoir plus grand que celuy de se charger de tous les maux de la Chrestienté, de tant de sang innocent répandu, des actions de scélérats, des imprécations des misérables, des gémissemens des mourans, enfin des larmes des veuves et des orphelins qui vont percer le ciel, et qui exciteront Dieu tost ou tard à la vengeance; ce grand Dieu, dont les jugemens sont si terribles, que les mines des tartuffes et les paroles des sophistes ne tromperont point, qui ne distinguera point le Roy du païsan, que pour augmenter les peines à proportion de la grandeur des pécheurs et de l'état et suite de leurs crimes? » Dans ce beau champ les ennemis de la France poussent leur déclamation à perte de veüe; mais ils se surpassent eux-mêmes, maintenant que le Turc va tomber sur la Chrestienté : « Deux cent mille chrestiens passés par le glaive du cimetere des Barbares, ou bien emmenés dans un esclavage pire que la mort, dans un estat mortel aux âmes; cela (disent-ils) crie vengeance au ciel contre ceux qui ont animé et aidé les rebelles de Hongrie, avec argent, armes et conseils, quoy qu'ils prévoyoient bien les maux épouvantables que cette conduite attireroit aux peuples chrestiens exposés à ce danger. Et afin, disent-ils, qu'on ne se figure point que les auteurs de ces beaux desseins s'en repentent, on les voit, maintenant que le péril est monté au plus haut degré, que Vienne a esté sur le point de se rendre, que l'Église se noye dans les larmes et se fourre dans les cendres pour obtenir de Dieu quelque relâchement, on voit, dis-je, ces boute-feux pousser le Roy à partager par ses alliés les forces de l'Allemagne nécessaires pour repousser l'ennemi commun; et, qui plus est, à attaquer ouvertement la Maison d'Austriche au même temps qu'elle est accablée sous le poids de la puissance ottomane, au grand estonnement de toute la Chrestienté, le tout sans apparence de raison, sur des prétextes frivoles de quelques petites dépendances, dont on n'ose pas mesme entreprendre la déduction juridique : dont il arrivera sans doute ou que Vienne périsse ou que l'Empereur soit forcé à une paix honteuse, autant que pernicieuse au Christianisme, qui rendra ce Prince doresnavant méprisable à toute la terre, ou enfin que la haine soit rendue immortelle, en cas que les Turcs soyent heureusement repoussés, puisque l'Empereur doit juger qu'il ne se pourra sauver des piéges que la France luy dresse, que par une guerre immortelle et exitiale, laquelle ne doit cesser que par l'affoiblissement entier de l'un ou de l'autre parti, qui le mette dans l'impossibilité ou de faire des avanies ou de s'en ressentir, ce qu'on ne pourra obtenir qu'après avoir fait couler des ruisseaux de sang. Mais s'il avait plû au Roy (disent-ils), dans un temps si périlleux pour la Chrestienté, de monstrer la grandeur de son âme en sacrifiant au bien publicq quelques pouces de terre dans les Païs-Bas, et en se comportant envers les Allemands d'une manière qui ne force point une nation jusqu'icy crüe généreuse de faire un coup de désespoir pour sauver son honneur et son salut; s'il avoit plû au Roy de donner les mains à la demande très-juste de l'Empereur, qui vouloit qu'on terminât en même temps les démêlés que la France peut avoir avec l'Empire et avec les Païs-Bas, qui en font partie, sans vouloir séparer par une addresse suspecte, ou par une impériosité insupportable, des alliés si unis de sang, de droit et d'intérest, pour ruiner chacun à part; enfin s'il luy avoit plû d'agir en sorte, après la paix de Nimwègue, qu'on ait pû espérer raisonnablement quelque repos ; si, dis-je, le Roy T. C. avoit voulu accorder ces choses aux prières du S. Père et aux larmes de toute l'Église prosternée à ses pieds, il auroit pû retenir tranquillement la plus grande partie de ce qu'il a pris, jetter les fondemens d'une paix solide en Europe, dont il auroit esté et l'auteur et l'arbitre, gagner les cœurs, et attirer les acclamations publiques, enfin faire des expéditions contre les Barbares infinement plus glorieuses, et peut-être plus importantes que tout ce qu'il pourroit faire en Europe. Mais la France ayant tenu une conduite toute opposée à ces bons conseils, elle force les autres à des résolutions désespérées, et fait en sorte que ce sera doresnavant une folie impardonnable de se fier à sa parole et d'espérer une bonne paix, d'autant que ny la renontiation jurée n'a pû garantir la paix des Pirénées, ny la parole que le Roy avoit donnée de ne rien innover, après le départ de ses Ambassadeurs pour Francfort, tout cela n'a pû empêcher la prise de Strasbourg, et que la déclaration que ce Prince donna l'année passée de lever le blocus de Luxembourg, en considération des armes dont le Turc menaçoit la Chrestienté, a esté trouvée illusoire, puisque à présent où le Turc est passé des menaces aux effects d'une manière assez terrible, elle n'empêche point les Officiers de la France de prendre ce temps même de la consternation generale, pendant que l'Allemagne tremble et que le reste de l'Europe est dans l'étonnement, pour faire les affaires de leur maître, pour achever les pauvres Païs-Bas, et pour allumer de gayeté de cœur une nouvelle guerre, action qu'on ne sçauroit entreprendre d'excuser sans une impudence ou simplicité extrême. Il y en a qui espèrent que la France ne le fera pas impunément, et que la vengeance du Ciel suivra de près une action si noire; que la haine publique, le désabusement des gens de bien, qui jusqu'icy ont pû avoir quelque reste de bonne opinion de la conduite de la France, et une infamie qui passera jusqu'à la postérité, peuvent tenir lieu d'un assez grand supplice; qu'entre les François mêmes, les personnes dont la conscience n'est pas encore étouffée par une longue habitude de crimes, trembleront à la veüe de la grandeur de cette impiété ; que la conscience d'une mauvaise cause n'est pas toûjours sans effect, même parmy les soldats et le peuple, que le moindre revers de fortune peut abattre, ou animer à éclorre des desseins dangereux, qui se couvent dans les âmes de quantité de mécontens, qu'une longue suite des bons succès a pû couvrir plustost qu'éteindre.

« On se flatte donc que la France se pourra repentir bientost de son déportement, et que les maux pourront tomber sur les testes de leurs auteurs. Car, disent-ils, la France devoit faire l'un de deux, sçavoir : ou prendre aux cheveux la belle occasion d'exercer la générosité, en donnant à l'Empire et à l'Espagne une paix tolérable, ou bien, foulant aux pieds tout respect et toute pudeur, tomber sur l'Allemagne avec toutes ses forces pour l'obliger de choisir entre Mahomet IV et Louis XIV. Maintenant que la France, ne voulant pas avoir égard à la piété, et n'osant pas faire profession publique d'une impiété entière, perd cette conjoncture favorable, par un ménagement au milieu, que Macchiavel remarque avoir toûjours nui aux grands desseins, ils espèrent que, lorsque le Turc sera repoussé, la France se pourra repentir ou de sa piété telle quelle, ou de son impiété parfaite. »

Voilà donc une partie de ce qui se dit publiquement contre la France ; car la vénération qu'on doit aux grands Princes m'a fait supprimer ces expressions les plus aigres et les plus outrées qui courent dans les livres et dans les conversations.

A quoy ne sçauroient satisfaire ceux qui cherchent la défence de la France dans le droit commun. Mais nos principes les tireront de l'embarras, et leur donneront moyen de tourner la confusion contre ces censureurs téméraires qui prennent à tâche de critiquer les actions du meilleur et du plus grand des Rois, dont ils ignorent les intentions très-saintes. Car s'ils pouvoient regarder dans l'intérieur de son âme, ou s'ils l'entendoient raisonner avec son confesseur, je croy qu'ils tiendroient en bride leur langue médisante. Ce grand Prince a tout préveu ; il connoist les maux qu'il fait ou qu'il permet, il gémit luy-même quand il envisage la perte de tant de milliers d'âmes. Mais que voulés-vous ! comment peut-il résister à la vocation d'en haut qui l'y oblige ? Il voit que toute autre manière de guérir les maux de la Chrestienté, que celle qu'il entrepend par le fer et par le feu, ne sera que palliative ; la gangrène ne s'empêche que par des remèdes qui tiennent de la cruauté. Il faut couper les racines de nos misères. *Habet aliquid ex iniquo omne magnum exemplum quod utilitate publica compensatur.* Et le sort de l'Eglise n'est point la paix, mais le glaive, afin d'établir par là une vraye et jusques à l'éternité durable paix.

Puisque donc non-seulement la lumière d'une vocation intérieure qui pourroit suffire aux prétendus réformés, mais encor les marques extérieures d'une mission extraordinaire, sçavoir les miracles et l'assistance perpétuelle du Ciel, l'asseurent de la justice de sa cause, et l'obligent même de pousser sa pointe; il faut bien qu'il suive la puissance supérieure, qui l'appelle à la restauration générale des affaires du Christianisme corrompu, qu'il cherche sa grandeur comme nécessaire à l'exécution d'un si grand dessein, qu'il ruine les Austrichiens qui s'y opposent, puisque, tant que cette Maison subsiste, l'union des Chrestiens sous un chef et la reduction des hérétiques sont impraticables. Il y en aura qui s'imagineront que le Roy T. C. feroit mieux de commencer ces beaux desseins par la déroute des Turcs que par l'affliction des pauvres Chrestiens : mais ces gens ne considèrent point que ce sont les Allemands et les Flamands qui touchent aux frontières de la France, et non pas les Turcs ; qu'il faut passer des voisins aux éloignés, et aller dans les grandes choses par des degrés solides, plustost que par des sauts vains et périlleux. Mais, sans chercher des raisons de politique, en voicy une de conscience, c'est que le Roy veut suivre les règles du Nouveau Testament, qui commande de commencer par les Juifs et puis ordonne de se tourner *ad gentes;* et le Roy, pour l'imiter, se fera par la réduction des Chrestiens un passage asseuré pour aller un jour aux infidelles.

NOTES
DU
MARS CHRISTIANISSIMUS

Page 1. — La bibliothèque royale de Dresden possède deux exemplaires de ce pamphlet de Leibniz, d'une rareté telle qu'on n'en connaît point d'autre ni en France (voir le Catalogue de la Bibl. roy., par M. Taschereau), ni en Allemagne. M. le Dr Klemm, bibliothécaire à Dresden, nous ayant confié ces deux petits volumes, par l'entremise de M. le baron Forth Rouen, ministre plénipotentiaire de France en Saxe, nous avons pu les collationner, et nous allons les décrire.

Le premier et le plus petit de ces volumes est un recueil de pièces concernant l'histoire de France, catalogué sous le n° 2002, *Hist. Gall. Bibliotheca electoralis publica.* Il contient les pièces dont les titres suivent, et dans l'ordre où nous les indiquons :

LE SECRET, *nouvelles historiques, avec le Compliment des Vertus au Roy sur la naissance... A Paris, chez Charles Osmont.* Paris, 1683. Avec extrait du privilége du Roy. PP. 54. — Et le *Compliment des Vertus au Roy sur la naissance de Mgr le duc de Bourgogne.* PP. 42.

MARS CHRISTIANISSIMUS, *autore Germano Gallo-Græco, ou Apologie des armes du Roy très-chrestien contre les chrestiens.* A Cologne, chez David Lebon, 1684. PP. 88.

L'ALCORAN DE LOUIS XIV, *ou le Testament politique du cardinal Jules Mazarin.* Traduit de l'italien, à Rome, chez Antonio Maurino, 1695.

ÉTAT PRÉSENT DE LA FRANCE *et de ses finances, où l'on prouve qu'il lui est impossible de se maintenir, si la guerre que les alliez lui font continuë.* A Genève, chez Jean-François Giraud, 1692.

Le second volume de la bibliothèque royale de Dresden est aussi un recueil de pièces in-18, concernant l'histoire de France, catalogué sous le n° 2008, *Hist. Gall.*, et contenant les pièces suivantes, dans l'ordre où nous les donnons ici :

MÉMOIRE *contenant deux événemens remarquables arrivés sous le règne de Louis le Grand, l'estat où estoit la France lors de la mort de Louis XIII, et celuy où elle est à présent.* A Cologne, chez Pierre Marteau, 1688. PP. 136.

MARS CHRISTIANISSIMUS, *autore Germano Gallo-Græco, ou Apologie des armes du Roy très-chrestien contre les chrestiens.* A Cologne, chez David Le Bon, 1684. PP. 83.

L'ESPION DU GRAND SEIGNEUR *et ses relations secrètes, envoyées au Divan de Constantinople, et découvertes à Paris, pendant le règne de Louis le Grand.* Traduites de l'arabe en italien par le S' Jean-Paul Marana, et de l'italien en françois par ***.

Ces relations contiennent les événements les plus considérables de la chrétienté et de la France, depuis l'année 1637 jusqu'à l'année 1682.

A Amsterdam, chez H. Wetstern et H. Des Bordes, 1684. PP. 143.

MÉMOIRE DU ROY TRÈS-CHRESTIEN A L'ABBÉ DE GRAVEL, *envoyé par Sa Majesté avec la dépesche en date du camp de Mastricht,* le 18 juin 1673, avec la Lettre d'un Conseiller d'Estat d'un Prince d'Empire, écrite à ce sujet au Député de son Maistre à la Diète de Ratisbonne, traduite de la langue allemande. 1673.

LA FRANCE INTRIGUANTE, *ou Response aux manifestes de quelques Princes sur l'estat présent de l'Allemagne.* A Villefranche, chez Jean Petit, 1677. PP. 95.

LETTRE D'UN DÉSINTÉRESSÉ *à un sien amy, touchant le titre d'ambassadeur, avec lequel les Princes d'Allemagne désirent d'envoyer leurs ministres au congrès de Nimwègue, et les différends que quelques-uns tâchent de susciter entre les Électeurs de l'empire et les susdits Princes.* Avec une pièce en latin de la mesme matière. Aix-la-Chapelle, 1678. PP. 60.

PASQUINI ET MARPHORII CURIOSÆ INTERLOCUTIONES, *super præsentem Orbis christiani statum, publicatæ in Romano Capitolio, anno 1683, et latine ac gallice editæ.* 1685. PP. 71.

L'un des exemplaires, n° 1, petit in-18, a 88 pages ; l'autre, n° 2, in-18, chez le même imprimeur et de la même année, n'en contient que 83. L'avis de l'imprimeur, qui prend 9 pages dans le n° 1, n'en occupe que 3 du n° 2.

Voici, du reste, la collation des alinéas :

	N° 2.	N° 1.
Dès l'année 1672.	Pages 8.	Pages 11.
Mais parce qu'ils croyent.	— 12.	— 16.
(*Le n° 1 a mal placé le vers qui précède cet alinéa* Dextra mihi deus.)		
Si ce n'est qu'on veuille.	— 14.	— 18.
Le Roy n'ayant plus de précepteur.	— 17.	— 21.
Pour prouver le vicariat.	— 23.	— 27.
Il y a une Prophétie.	— 26.	— 30.
Mais voicy un tel Jérémie. . . .	— 30.	— 34.
Cela se trouvoit.	— 32.	— 36.
Je croy donc maintenant.	— 34.	— 38.
D'où il s'ensuit.	— 34.	— 38.
Tout le monde sçait..	— 36.	— 40.
Quant aux moines.	— 41.	— 45.
On ne se met pas en peine. . . .	— 43.	— 47.
Aussi les femmes italiennes. . . .	— 44.	— 49.
Telle est la fortune de la France. .	— 45.	— 49.
Nous devons donc.	— 47.	— 51.
Mais moy qui parle.	— 48.	— 52.
Que les bons.	— 52.	— 56.
Mais je repens.	— 52.	— 58.
Car plusieurs.	— 56.	— 60.
Mais puisque cela est ainsi. . . .	— 57.	— 62.
Je commenceray.	— 58.	— 62.
Les rébellions de Portugal. . . .	— 60.	— 65.
Certes, s'il y a moyen.	— 61.	— 65.
Car s'ils avoient cru.	— 61.	— 66.
Que ce coup.	— 66.	— 71.
Que la conscience.	— 66.	— 71.
Quelques advocats françois. . . .	— 68.	— 73.
J'ay voulu représenter.	— 70.	— 75.
Voilà donc une partie.	— 79.	— 84.
A quoy ne sçauroient.	— 80.	— 85.

Nous donnons ici l'avis de l'imprimeur au lecteur, qui a été omis en tête de ce volume, comme n'offrant pas de preuves suffisantes qu'il soit de Leibniz ; mais il est curieux et prouve, au moins le soin qu'il avait pris à garder l'anonyme :

Cette pièce, qui m'est tombée entre les mains depuis peu, paroist avoir esté faite avant la levée du siége de Vienne, quand on craignoit encor la perte de cette ville. Car alors les François s'imaginoient qu'il n'y auroit point de salut pour les Allemands sans le secours du Roy très-chrestien. Mais ce grand coup de la main de Dieu a confondu en mesme temps et l'orgueil des Ottomans et la vanité des François. Si l'autheur de ce discours a esté tout de bon dans ses sentimens, ou s'il ne les a soutenus que pour se mocquer des François, c'est ce que je ne sçaurois décider, car tantost il parle d'un ton railleur, tantost il paroist fort zélé : quoy qu'il en soit, jamais Cassan, Aubry, ny aucun autre advocat françois, ne nous a mieux descouvert le mystère de l'iniquité et le fond des prétentions secrètes de la France. Car le Roy très-chrestien est un prince pieux et zélé, mais ambitieux; ses flatteurs, pour faire leurs affaires, et pour se couvrir du manteau de la piété, ont trouvé cette belle invention, qui leur donne moyen de garder les apparences de conscience, de nourrir les passions de leur prince, par des prétextes spécieux, et de canoniser l'ambition en luy faisant croire que sa grandeur est nécessaire à la Chrestienté. On tient que l'archevesque de Paris et le Père de la Chaise se maintiennent par là dans le grand credit où on les voit, le Roy n'estant pas fâché d'avoir des docteurs si commodes dans son conseil de conscience, où jamais janséniste ne mettra le pied, car ces messieurs ne sont pas si complaisans. Mais cette MORALE SECRÈTE *n'estant bonne que pour le confessionnal, ou pour le conseil de conscience, on n'aura garde de la publier, et on aura tousjours soin de mettre en avant d'autres raisons, quelque frivoles qu'elles puissent estre. Ainsi nous avons d'autant plus d'obligation à notre auteur, qui l'a mise en lumière, malgré ceux qui s'en servent le plus en cachette.*

Guhrauer, *Leibniz, Biographie*, aux notes, p. 7, ne paraît avoir connu qu'un des exemplaires du *Mars Christianissimus* en français; mais il a le premier signalé l'existence, dans la bibliothèque royale de Hanovre, d'une traduction allemande du même ouvrage, qui parut l'année suivante (1685) à Cologne, avec ces deux vers pour épigraphe :

*Auf, Teutscher, auf, dein Heil ruht auf schlechtem Fuss ;
Auf, Teutscher, lies, bedenk und mach den rechten Schluss!*

Sus, Allemand, sus! allons, tes affaires vont mal;
Sus, Allemand, lis, médite, et prends le bon parti!

P. 1. *Autore Germano Gallo Græco.* — On appelait alors en Allemagne les partisans des Français des *Gallo-Grecs*. Leibniz choisit la forme de l'ironie et feint de se rallier à eux, afin de pouvoir dire à la France ses vérités d'une manière plus mordante. Il soumit son pamphlet à l'approbation du duc Ernest-Auguste. Nous en avons la preuve dans ce passage d'une lettre qu'il lui écrivit : « Cette sorte d'apologie, lui disait-il en lui annonçant le manuscrit, agira plus, à mon avis, qu'une réfutation. » Leibniz ne confia à nul autre qu'à son maître qu'il était l'auteur du *Mars Christianissimus*; mais il saisit plusieurs fois l'occasion, soit publiquement, soit dans ses lettres, d'attirer l'attention sur cet écrit. Ainsi, au sujet d'une *pasquinade* qui parut en Hollande sur le Père La Chaise, le confesseur de Louis XIV, il termine un article de la revue de Tenzel par ces mots : « Ne pas se battre avec l'épée seulement, mais employer aussi la pointe d'une plume bien taillée, cela est bel et bon : mais encore faut-il sçavoir s'en servir... Mais ceux qui écrivent aujourd'huy sur les choses politiques ou les matières d'État, sont ceux qui n'y comprennent rien : et parmi les écrivains, on ne voit plus de Lisola ni de Verjus (1). J'excepterai cependant les *Remarques sur le discours de Rebenac*, Martem Christianissimum, le petit traité *Des Finances de la France,* le petit livre critique : *Bornes de la France*, et quelques autres, peu nombreux, qui peuvent encore vous apprendre quelque chose. »

P. 1, lig. 3e, « le présent plustost que l'avenir. » Le texte met ici un point, le sens voudrait une virgule.

P. 4, lig. 1, « et mêmes ». Il est évident qu'il faut supprimer l's.

P. 8, lig. 22, *M. de Croissi*, et non *Croisi*, que porte l'un et l'autre exemplaire.

P. 9, *sub finem*, « qu'il a par un certain destin ». Il y a, dans le Mars n° 2 : *qui a*, ce qui n'est conforme ni au sens ni à la phrase. Le Mars n° 1 porte : *qu'il a*.

P. 9, avant-dernière ligne. Il faut évidemment *Cananites* ou *Cananéens* au lieu de *Canniales* que portent les deux exemplaires imprimés.

P. 11, lig. 13, « se mettre en peine de l'*incrédulité* ». Il y a dans

---

(1) L'Isola et le P. Verjus, publicistes célèbres.

les deux volumes : *incrudélité*, qui ne s'accorde ni avec le sens ni avec l'étymologie.

P. 14, lig. 20, « UN froideur horrible ». *Sic* dans le texte des deux volumes au lieu d'une *froidure*.

P. 15, lig. 21, « *importunes* ». *Sic* dans le texte ; il faut le masculin.

P. 16, lig. 18, « comme *il* fit ». *Il* peut se rapporter à morale ; sinon, il faut *elle*.

P. 20, *sub finem*, « *ce nid de secrétaires* ». *Sic* dans les deux exemplaires : il est évident que c'est *sectaires* qu'il faut lire.

P. 24, fin, « je fis dans cette rencontre ce , ». Cette virgule est dans le sens ; on la peut maintenir.

P. 25, lig. 4, « que les bons sont exercés, etc. » C'est la suite d'un raisonnement, il ne faut pas d'alinéa, bien qu'il y en ait un dans les deux volumes.

P. 26, lig. 19, « Mais je *repends* le fil » ; dans les deux volumes, il faut *reprends*.

P. 29, lig. 9. C'est le *Mars Gallicus*, attribué au célèbre évêque d'Ypres, qui a donné à Leibniz l'idée d'intituler son pamphlet : *Mars Christianissimus*.

P. 31, lig. 11, « *je parle sous la personne des ennemis de la France.* » Leibniz n'a pas besoin de le faire remarquer : on s'en aperçoit bien, et d'ailleurs ce n'est pas un masque qu'il prend ; l'auteur de l'avis de l'imprimeur eût dû être détrompé par ces continuelles allusions.

P. 33, lig. 6, « *un trait politique* » ; lisez : *un* trait *de* politique.

Ibidem, lig. 9 et 10, nous mettons deux points au lieu d'un point, parce que tous ces *que* sont régis par le verbe *ils soutiennent*.

P. 34, lig. 10, « *les Princes de petite pierre* ». *Sic* dans les deux exemplaires.

Ibid., lig. 22, « pour sauver leur *Capitale* » : c'est *Capitole* que Leibniz avait écrit.

P. 36, lig. 3, « *les mines des tartuffes* » : il est curieux de voir ainsi le mot employé dès 1684, c'est-à-dire dix-sept années après la représentation du *Tartuffe*, et cela par un Allemand.

P. 38, lig. 7, « *enfin faire des expéditions contre les Barbares infiniment plus glorieuses et peut-être plus importantes que tout ce qu'il pourroit faire en Europe.* » On peut voir ici un retour sur ce projet d'expédition d'Égypte dont Leibniz avait dressé le plan pour l'Électeur de Mayence, et qu'il avait proposé lui-même au roi. C'est une preuve de plus que Leibniz est bien l'auteur de ce pamphlet. Nous publierons dans un des volumes suivants le *Consilium ægyptiacum*.

P. 40, lig. 11, « *Mais nos principes* les tireront de l'embarras. » Leibniz reprend ici, jusqu'à la fin, le ton de persiflage qui lui est habituel dans ce pamphlet.

REMARQUES

SUR UN LIVRE INTITULÉ

NOUVEAUX INTÉRESTS DES PRINCES DE L'EUROPE

OÙ L'ON TRAITE

Des maximes qu'ils doivent observer pour se maintenir dans leurs Estats, et pour empêcher qu'il ne se forme une monarchie universelle. (*A Cologne, chez P. Marteau*, 1685, in-12.) (1).

Original autographe inédit de Leibniz.

L'auteur paroist avoir du jugement; mais il semble qu'il n'a pas assez de connoissance des faits et des intrigues du cabinet. On reconnoist bientost qu'il n'a pas été fort employé, et que, le plus souvent, il n'a vu d'autres mémoires que ceux qu'on trouve dans la gazette. Je m'étonne qu'il n'y a que ces sortes de gens qui écrivent aujourd'huy, et qu'il n'y a guères de livres en ces matières dont on puisse apprendre quelque chose de considérable. Les Isolas sont morts et les Verjus n'écrivent plus. A leur place on voit des comtes de Cerdaigne et d'autres visionnaires qui nous débitent des raisonnements en l'air. J'avoue que nostre auteur n'est pas du nombre de ceux-cy;

---

(1) Ces Réflexions de Leibniz sur un ouvrage rare composé par un anonyme sont en entier écrites de sa main. Le lieu de l'impression du livre qu'il annote, et le nom du libraire qui l'avait édité, avaient dû éveiller sa curiosité. Pierre Marteau, à Cologne, est l'éditeur du *Mars Christianissimus*. N E.

mais aussi ne sçauroit-il entrer en comparaison avec ceux-là.

Le premier article est de l'estat présent de l'Europe et des changemens qui y sont arrivés depuis quelques années. Il commence (p. E.) du temps que Louis XIV a pris luy-même les rênes de son empire; il nous veut faire accroire que le cardinal de Mazarin *n'avoit pu faire une faute plus grande que d'avoir abandonné Dunquerque aux Anglois.* Mais tout le monde ne sera pas de son sentiment. Je croirois plustost que Cromwell a fait une faute de contribuer à la trop grande élévation de la France et au trop grand abaissement de l'Espagne; car, depuis la bataille des Dunes, l'Espagne n'a jamais pu se relever aux Pays-Bas. Et il estoit visible que l'Angleterre, qui n'a pu maintenir Calais contre la France encore foible, ne maintiendroit pas Dunquerque contre la France élevée sur les ruines des Autrichiens. Et les vieilles chansons du danger que la France a couru du costé des Anglois ne sont plus de saison. Mais ce qui détermina Cromwell à choisir l'alliance de la France, ce furent les grandes veues qu'il avoit sur l'Amérique espagnole qui ne réussissoient pas par la faute de ses généraux ou plus tost par un coup de la Providence. Cependant j'avoue que le roy T. C. a fait très-sagement d'avoir acheté Dunquerque, et je croy même que c'estoit suivant les mémoires du cardinal; car il est constant que celuy-cy en a laissé de fort exacts, et que le roy, au moins pendant la vie du marquis de Lionne, les a assés suivis.

Comme on blâme ordinairement les malheureux, l'auteur blâme les Espagnols (p. 8), qu'il suppose avoir pu s'opposer à cette vente de Dunquerque; mais cela est bien tost dit. Et quand il les renvoye aux mémoires secrets de Philippe II pour entretenir les troubles en France par la correspondance avec les protestans, il raisonne fort à son aise; mais s'il avoit esté comte, duc ou don Louys, il auroit esté aussi empêché qu'eux. Il ne falloit, dit-il, aux Espagnols que de l'argent pour empêcher cette vente; mais c'est tout à celuy qui n'en a guères, et ce manquement a fait échouer des desseins bien plus importans, outre qu'il y a de l'apparence qu'on n'a sceu en Espagne le trait de Dunkerque que lorsqu'il n'estoit plus temps de l'empêcher. Cependant il a raison de dire que les Espagnols feroient bien de donner aux Anglois quelqu'une de leurs places maritimes de Flandres, s'ils pouvoient les engager par là; mais il n'est pas asseuré que ceux-cy s'en voudroient charger à cette condition.

De là il passe à la guerre de l'année 1667, et blâme (p. 11) ceux qui obligèrent la France à la paix de ne l'avoir pas obligée aussi de rendre ce qu'elle avoit pris d'une manière qu'on tenoit injuste. Mais on ne va pas aisément aux extrémités. La Hollande ne se pouvoit assés fier à l'Angleterre, comme l'événement a fait connoistre, et la Suède estoit éloignée et foible sous un roy mineur. Il ne suffit pas de raisonner des intérests des puissances, quand on ne considère pas en même temps leurs forces. Un politique peut dire ce qu'un prince devroit faire s'il pouvoit, mais il doit estre circonspect à le blâmer quand il y manque; car c'est le plus souvent à cause de quelques puissans obstacles. C'est de quoy nos raisonneurs se devroient souvenir. Il adjoute que ces voisins luy sembloient reconnoistre par là en quelque façon le droit de la France, en luy faisant céder quelque chose, comme si on n'avoit pas égard plus tost à la force qu'au droit en telles négotiations. J'avoue cependant qu'en général et en théorie, tous les voisins doivent conspirer contre celuy qu'ils tiennent entreprendre une guerre injuste, pour lui faire repentir; mais ordinairement, les veues particulières et les jalousies mutuelles les en empêchent, et on peut blâmer justement ceux qui en sont les auteurs, comme l'estoit l'Angleterre en cette rencontre.

Nostre auteur, après avoir raisonné à sa manière sur les adresses de la France et les fautes des autres, fait cette exclamation (p. 12), qu'il n'y a rien de si beau que la politique, et qu'on n'en reconnoist jamais même la beauté que par les grands succès qui en arrivent. Pour moy, je suis dans une autre opinion, et j'approuverois plus tost le jugement d'un habile homme, qui écrivoit dernièrement que la politique, j'entends la vulgaire, est la plus vaine des sciences; au moins est-ce la plus aisée de la manière qu'on la pratique. On voit que des personnes d'un talent assés médiocre s'érigent bien tost en négotiateurs quand ils sont employés, et lorsque le hazard ou la puissance de leur maistre les autorise, ils passent bien tost pour des grands ministres. Ce n'est pas que je ne reconnoisse qu'il y a des ministres d'un mérite extraordinaire, et que la science de manier les hommes, si elle estoit assez connue et estudiée, feroit de très grands effets; mais je ne voy guères de gens qui la sçachent ou qui s'en servent en pratique. Ceux qui font bien ne le font que par la bonté de leur naturel ou par routine; et le plus souvent, l'enchaînement des affaires instruit celuy qui a seulement de l'application de ce qu'il doit faire, de sorte qu'on peut dire que ce n'est pas une grande chose d'avoir fait ce qu'on ne pouvoit omettre sans estre fort blâmable. Au reste, ce n'est pas tousjours le succès par lequel il faille juger de la beauté des projets. Une médiocre prudence, jointe à une grande puissance, se joue ordinairement des desseins les mieux concertés du plus grand politique sans force. Cependant nos raisonneurs et nos historiens sont semblables à un astrologue qui feroit l'horoscope d'une personne dont la vie luy est connue, qu'il ne manque jamais de trouver dans les astres, et ces raisonneurs trouvent tousjours que celuy qui est le plus heureux a esté le plus sage et a préveu et réglé toutes choses; car ils ajustent les conseils aux événemens.

S'il est vray (p. 13) que mademoiselle de Kerouel, depuis duchesse de Portsmouth, a esté envoyée et subornée par la France, c'est de quoy je n'ay rien à dire, et je douteray qu'une personne assez informée m'en asseure.

Il n'est que trop vray (p. 13) que le feu roy d'Angleterre a sacrifié sa gloire et le repos de l'Europe à ses aises et à ses animosités. Et il ne falloit pas que les ministres de France fussent de grands sorciers pour le voir et pour en profiter. Ce prince estoit d'autant plus inexcusable qu'il avoit plus d'esprit et plus de connoissances.

Les Espagnols sont justement blâmés icy (p. 15) du peu d'effort qu'ils font de mettre ordre à leurs finances. C'est sans doute la plus grande de leurs fautes ; mais il n'est pas si aisé de redresser les finances, la justice, et choses semblables qui tiennent du matériel, comme il l'est de corriger celles qui consistent dans l'esprit, telles que sont la justice et la politique.

Quant à l'empereur, nostre auteur lui en veut souvent ; il dit (p. 19) qu'il n'y a rien à espérer d'un prince qui ne s'attache pas à ses véritables intérêts et n'écoute que des gens qui luy conseillent des choses dont il ne sçauroit se bien trouver. On voit bien que cet auteur ne connoist pas la cour de Vienne, parce qu'il prend l'Empereur pour un prince crédule peu informé, et qui se laisse mener par d'autres. Il n'est rien moins que tout cela.

Quand Léopold donneroit liberté de conscience tout entière aux Hongrois, je ne croy pas qu'il trouveroit plus de secours du costé des princes protestans ; car ce que nostre auteur dit des offres d'assistance de Brandebourg en ce cas, sont des contes. La principauté de Jagerndorf et à son défaut le pays de Hubusse, cédé depuis peu, estoient bien davantage le sujet de la négotiation, et naturellement les choses ne pouvoient aller autrement ; un prince de l'Empire auroit-il bonne grâce de donner la loy à l'Empereur chez lui en matière de religion ?

L'article second est *quelles doivent estre les maximes de tous les princes, particulièrement de ceux qui sont dans une espèce de dépendance de deux couronnes.* Nostre auteur dit bien (p. 22) qu'on peut comparer les souverains aux dieux dont ils tiennent la place en terre, mais aux dieux de l'antiquité qui avoient un

Jupiter au-dessus d'eux, et que ce Jupiter est le Roy de France. Mais cela est vray seulement à l'égard de quelques souverains, tel qu'est le duc de Savoye. Il dit fort bien aussi (p. 23) que les Italiens devoient plus tost tout hazarder que de souffrir que la France gardât Pignerol. Et cependant les Italiens croyoient alors avec quelqu'apparence de raison que c'estoit maintenir leur liberté que de donner les clefs de l'Italie à la France. Aujourd'huy, leur faute estoit bien plus visible, quand d'un œil tranquille ils ont vu la cession de Casal. Il dit aussi (p. 31) qu'un petit prince doit prendre le moins d'effort qu'il pourra aux démêlés des grands, mais il fait bien d'adjouter cette limitation qu'il peut et doit quelques fois s'allier avec la plus foible de deux grandes puissances. Au reste, je voy que nostre auteur n'est pas trop informé de l'histoire d'Allemagne, en parlant (p. 40) de la perte du duc de Saxe Lauenbourg, dont l'Electorat, dit-il, a esté transporté chez la branche des cadets pour avoir déplu à l'Empereur. Il confond deux histoires toutes différentes : la disgrâce des ducs de Lauenbourg, dont toute la famille a perdu l'Electorat, et celle de la branche Albertine des marquis de Nisme, soit les ducs de Weymar, qui a esté obligée de le céder à la branche Ernestine. Pour moy, je ne comprends pas comment plusieurs des écrivains modernes françois osent écrire de politique ou d'histoire sans se précautionner contre des fautes de cette nature, qui sont si mal. P. 34, il dit que les couronnes prostituent amis, parens, frères et religion à leur intérêt, mais l'exemple qu'il apporte n'est pas fort à propos : sçavoir que l'Empereur céda aux Suédois des principautés entières qui appartiennent aux gens d'Eglise, quoy que durant tout le cours de la guerre il eût tâché d'insinuer qu'il ne l'avoit entreprise que pour la défense de la religion catholique. C'est parler avec bien peu de connoissance pour un homme qui règle les intérests des souverains. Les Suédois ne vouloient pas les terres de l'Empereur, qui n'estoient nullement à leur bienséance. Des biens ecclésiastiques, l'Empereur n'a cédé à la Suède que le pays de Brême et Berne, qui estoit déjà sécularisé il y a longtemps, et seroit aux Danois sans cela. L'un vaut bien l'autre, ce me semble.

Les petits princes, s'ils se joignent au plus fort, avancent leurs fers (p. 41); s'ils s'allient avec le plus foible, ils courent risque d'estre abandonnés. A propos de cela, il cite le Roy de Danemarck, le marquis de Brandebourg et quelques autres princes que l'Empereur, à ce que l'on dit icy, p. 41, et ailleurs, p. 358, a abandonnés *lâchement*. Cette expression est punissable et indigne d'un homme qui fait profession de modération. Il faut tousjours garder le respect dû aux grands princes. Mais n'entrons pas là dedans, et contentons-nous de dire que cette accusation est injuste. Après la paix faite par les Hollandois, que l'auteur excuse par la nécessité et par l'impuissance de plus fournir des subsides (dont peut-estre on les auroit dispensés), il estoit impossible à l'Empereur de continuer la guerre sans s'exposer de perdre le Rhin tout entier. Mais ce qu'il y a le plus à considérer, c'est qu'on ne peut pas dire avec justice que l'Empereur ait abandonné ses alliés, puisqu'il ne s'agissoit pas de leur perte, mais seulement de leur gain. Or, les principaux estant contraints à souffrir des pertes, est-on obligé de faire gagner ces alliés accessoires au péril de tout perdre ? Ceux qui font de ces plaintes sont intéressés ou parlent sans connoissance de cause. Et il est ridicule à un politique tel que nostre auteur de dire (p. 42) que l'Empire et l'Espagne devoient *périr* plus tost que de souffrir que la France eût les avantages qu'elle a eus dans la paix de Nimwegue; c'est-à-dire il falloit plus tost tout perdre que de rendre quelque chose. Quel raisonnement !

En France, dit-il (p. 46), on n'est pas plus foullé qu'ailleurs, et c'est une raillerie de dire que le Roy de France tirannise ses peuples. Il adjoute même que si la liberté de conscience y estoit conservée, il n'y auroit pas un meilleur pays. Ce sont des choses dont je laisse le jugement à d'autres. Cependant nostre auteur semble y contredire luy-même dans un autre endroit (p. 195), où il dit *que les peuples sont accablés en France par les impôts des partisans* qui ruinent tout ce qu'il y a de familles, et qu'il ne falloit pas grossir le nombre de tous les mécontens en réduisant ceux de religion au désespoir.

Je croy sans peine que la personne du grand Roy qui règne par luy-même contribue beaucoup à la hauteur de la France ; mais les choses estant establies comme elles sont, je ne croy pas qu'il faille fonder des espérances sur sa mort, comme fait cet auteur (p. 44).

Je ne sçaurois croire que la France soit assez ridicule pour faire, ny le Danemarck pour recevoir des propositions telles qu'est celle de prendre la Suède, dont parle nostre auteur (p. 50), et dont il veut désabuser les Danois.

INTÉRESTS DU SIÉGE DE ROME.

Il dit que les jésuites voulurent persuader au pape de faire l'archevesque de Reims cardinal pour obliger M. de Louvois, et que son refus fit pousser l'affaire de la régale ; que si le pape n'eût usé d'une grande retenue, la France luy échappoit ; qu'on parloit déjà de faire un patriarche, et que l'archevesque de Paris y avoit de grandes prétentions. Ce sont des contes sans fondement. Le cardinalat de l'archevesque de Reims dans cette conjuncture n'auroit de rien servi et auroit esté capable de le ruiner luy-même en le rendant suspect. Outre que l'archevesque de Reims n'est pas trop bien avec les jésuites.

C'est un conte (p. 56) que le feu pape, pour détourner la France de la guerre d'Italie qu'elle sembloit méditer à l'occasion de la guerre du duc de Savoye contre Gênes, luy conseilla d'attaquer la Hollande conjointement avec le Roy d'Angleterre, avec qui, dit-il, ce pape entretenoit une intelligence étroite : comme si la France avoit eu besoin du conseil du pape pour ces choses ! De plus, elle n'estoit pas trop bien avec Clément V pour cela, pour ne pas dire que la guerre entre Savoye et Gênes fut postérieure à celle de Hollande.

L'éloge du pape d'aujourd'huy (p. 69) est juste et bien fait.

INTÉRESTS DE L'EMPEREUR.

Il remarque (p. 83) que la raison qui fait continuer l'Empire dans la maison d'Autriche subsiste plus que jamais ; car il faut élire un Empereur capable de soutenir ce poids, d'autant plus que la France est devenue formidable à l'Empire, et il n'y a point d'autre maison qui ait des forces proportionnées à cela.

Mais je ne croy pas que l'avis qu'il donne à l'Empereur, de ne pas donner occasion au duc de Lorraine, par le commandement de ses armées, de se rendre trop considérable pour prétendre un jour à l'Empire, soit fort nécessaire. D'appeller l'Empereur un prince fainéant (p. 88), c'est une ignorance et une témérité grossières. Ceux qui connoissent l'Empereur d'aujourd'huy sçavent que ny Charles V ny Philippe II n'ont jamais pris plus de connoissance des affaires que luy. Si on ne luy a pas permis de s'exposer aux hazards de la guerre, c'est qu'alors que la jeunesse l'y invitoit et qu'il y estoit extrêmement porté, la nécessité qu'il y avoit de songer à la conservation de la maison qui ne subsistoit presque plus qu'en luy, l'en détournoit indispensablement. On sçait que son père et son oncle ont donné des batailles en personne, et que c'est apparemment la présence de Ferdinand III qui fit gagner celle de Nordlinguen, qui changea la face des affaires. Au reste, l'auteur remarque fort bien que depuis la mort de M. de Turenne on n'a guères plus employé le prince de Condé, parce qu'auparavant on trouvoit à propos de partager le commandement entre deux grands capitaines, afin qu'un seul donnât moins de jalousie. Il dit, au reste, pour nous guérir de la crainte qu'il a fait naistre cy-dessus, que le duc de Lorraine mourra probablement avant l'Empereur, et qu'il est si gros qu'il doit aussi tost appréhender une apoplexie qu'un coup de mousquet. Voilà une belle réflexion!

L'Empereur se gardera bien de suivre le conseil qu'il luy donne (p. 92) de dégoûter l'Électeur de Bavière par une jalousie mal fondée. Cela est peu convenable à cette union que l'auteur prêche ailleurs. Le mariage de la fille de l'Empereur ne sera pas ce qui rendra son gendre plus propre à prétendre à l'Empire: jamais ce scrupule n'est tombé, je pense, dans l'esprit de l'Empereur ou de ses ministres, qui pourtant ne sont pas des plus simples. Bien loin que la cour de Vienne doive empêcher ce jeune prince de faire un long séjour en Hongrie, elle l'y doit inviter. Et sa gloire, partagée comme elle est, ne fera jamais ombrage à l'Empereur pour ne dire qu'il employe ses forces pour le service de son beau-père. C'est une erreur populaire que de s'imaginer comme nostre auteur que l'Empereur dépend des jésuites, et les consulte quand il s'agit de paix, de guerre ou d'autres affaires où ils n'ont rien à voir; de dire aussi (p. 98) que les jésuites sont auteurs des troubles de Hongrie. C'est une erreur contraire à la notoriété : Nadasti, Serini, Franchipani et Tachenbachi estoient tous des catholiques zélés.

Il veut à toute force que l'Empereur aille à la tête de ses armées, ou du moins il le blâme de n'y avoir pas esté plus tost ; mais j'en ay donné cy-dessus une raison sans réplique. D'ailleurs Charles V luy même a gaigné le plus souvent par ses généraux et il n'a esté heureux en personne que contre la ligue de Smalcalde. Et, pour ne rien dire de Philippe II, on sçait que Ferdinand II fut presque le maistre de l'Allemagne sans sortir de son cabinet. Cependant, quoy que l'Empereur ait fait des grandes choses, ayant chassé les Suédois de la Pologne et rétably ce Roy, soumis les Hongrois rebelles, humilié la puissance ottomane, et mis la France en danger dont on se seroit plus aperçu s'il y avoit eu plus de fermeté et moins de veues particulières dans les alliés, 'avoue qu'il auroit fait bien davantage s'il luy avoit esté permis de commander ses armées en personne.

Je ne suis pas de l'opinion que nostre auteur soutient (p. 106) que l'Empereur seroit bien plus puissant que la France s'il estoit maistre de l'Empire, et que pour l'étendue la France n'est rien en comparaison de l'Allemagne ; car je croy qu'à présent la France, avec ses nouvelles conquestes, est aussi grande que l'Allemagne et qu'elle est bien plus riche et plus peuplée. Ceux qui sont dans un autre sentiment se flattent.

Il veut (p. 111) que l'Empereur brouille les princes de l'Allemagne entre eux ; et moy, je croy qu'à présent que la France les menace tous, il est de leur commun intérest d'estre unis autant qu'il est possible.

Il se persuade ridiculement que le duc de Nieubourg, pour porter l'Empereur à la paix de Nimwègue afin de rentrer dans ses Estats, luy fit accroire que les autres alliés avoient déjà signé leur paix avec la France. Cet homme connoist peu l'humeur de l'Empereur, qui vise luy-même les dépêches des ministres avec une exactitude merveilleuse, et est informé de toutes choses.

Il dit (p. 125) que, la paix avec le Turc faite, l'Empereur ne doit pas différer d'un seul moment la guerre avec la France. Cy-dessus il disoit tout le contraire, et prêchoit avec soin qu'il faut entretenir la trêve, dans l'espérance que les affaires pourroient changer en France par la mort du Roy. Les raisons qu'il apporte icy pour la guerre partent du peu de connoissance qu'il a des affaires d'Allemagne, quoy qu'il dise de l'avoir traversée. Il est constant que l'Empire aura besoin de quelque repos après ce grand travail, et les trouppes de la plus part des princes sont peu diminuées.

Il a raison de se moquer de ceux qui fondent leurs espérances sur les troubles qu'ils s'imaginent pouvoir naistre en France.

Il juge fort mal (p. 131) des forces de Bude, qui consistoient principalement dans la grandeur de la garnison et dans l'obstination désespérée des gens que leur religion anime, outre que les rochers la rendoient d'assez difficile accès. Le dernier juge a justifié le précédent, et quelques-uns qui jugeoient témérairement, y ayant esté depuis eux-mêmes, se sont rétractés.

Il veut (p. 148, 163) que l'Empereur doit rechercher la paix à la Porte ; mais les choses ont bien changé de face : il n'en a pas besoin, les Turcs l'en prient.

Il blâme l'Empereur (p. 157) de n'avoir pas donné sa fille au fils aîné du roy de Pologne. Mais je tiens qu'il lui importoit davantage de détourner la Bavière d'une alliance françoise, et je ne sçay pas même si le roy de Pologne en a fait la recherche, car cette alliance auroit esté autrement suspecte en Pologne.

INTÉREST DES PRINCES DE L'EMPIRE.

Je ne sçay qui luy a fait accroire que le droit de séquestre qu'il dit (p. 177) que l'Empereur exerce dans l'Empire, empêche les princes de se promettre l'exécution des traités qu'ils feroient avec luy. Il n'y a point de connexion entre ces choses : ce sont de ces chimères que les estrangers peu informés se forgent sur les affaires de l'Allemagne, et dont particulièrement les livres des François sont pleins.

Il dit (p. 173) que l'Empereur, quelque piété qu'il affecte, ne laisse pas de retenir Philipsbourg contre la parole donnée de le rendre ou de le démolir ; voilà des plaintes bien mal fondées. Je suis asseuré que l'évesque de Spire ne souhaite pas cette restitution, et il auroit esté à souhaiter que l'Empereur eût eu encore plus de forteresses et de forces dans ce voisinage : Strasbourg n'auroit pas esté perdu.

De blâmer aussi l'Empereur (p. 173) d'avoir plus tost tâché de reprendre Brissac que Trèves, c'est montrer qu'on a grande envie de critiquer. Pour Brissac, il falloit tâcher de profiter d'une conjuncture qui ne viendroit pas si tost, car Trèves ne pouvoit manquer à celuy qui seroit maistre de la campagne. L'Electeur de Trèves a esté luy-même trop équitable pour blâmer cette conduite de l'Empereur. Et ce ne sont que des pensées d'un politique en cette rencontre qu'il a fait connoître par là qu'il n'avoit pas à cœur la défense des princes de l'Empire, mais ses intérests particuliers. Ce n'estoit pas l'opinion des Allemands alors, et la voix publique approuvoit les desseins de Sa Majesté Impériale.

Il y a bien de la malignité aussi dans les accusations qu'il forme contre l'Empereur (p. 175) d'avoir accablé les princes de l'Empire par les quartiers d'hyver pour les affoiblir par là et pour les obliger de se jetter entièrement entre ses bras. Voilà de beaux raisonnemens ! Tout le monde sçait qu'il falloit nécessairement prendre quartier en deçà du Rhin, puisqu'on ne pouvoit se maintenir au delà. Et tous les puissans princes ne manquoient pas de les prendre dans les païs des moindres. Au reste, il est constant que, si l'Empereur avoit pu en décharger tout l'Empire, il l'auroit fait; car, par ce moyen, il auroit pu continuer la guerre contre la France, qu'il a esté obligé de finir malgré luy et avec désavantage, parce qu'il n'y avoit presque plus moyen de trouver des quartiers pour faire subsister les trouppes, tout estant épuisé.

Il dit (p. 178) que l'espérance d'amasser de l'argent est ordinairement le motif qui pousse les princes d'Allemagne à la guerre. C'est mal les connoistre : on sçait que les trouppes coustent tousjours plus que les subsides ne fournissent. Mais comme ils sont obligés d'estre armés pour leur conservation, ils sont bien aises de trouver quelqu'un qui les soulage dans cette dépense. Cependant ce temps n'est presque plus.

Il dit (p. 180) : « Qu'on nous monstre un petit prince qui ait fait ses affaires par la guerre (qui la fait conjointement avec un grand), si ce n'est le Roy de Suède. » Mais il peut y adjouster l'Électeur de Brandebourg, qui a eu la souveraineté de la Prusse et bien d'autres choses, et le Roy de Dannemarc, qui s'est rendu maistre de Holstein jusqu'icy.

INTÉRESTS DU ROY DE FRANCE.

Il dit (p. 185) que M. Colbert a fait une grande faute quand, sous prétexte de se passer de quantité de choses qui avoient coustume de venir des pays estrangers, il a privé le royaume du débit de ses vins et de ses autres denrées; que deux ou trois provinces estoient dans le désespoir, ne voyant plus d'argent, et avoient le déplaisir de voir périr leurs vins et leurs eaux-de-vie, par une fausse politique d'un ministre qui, s'estant mis en tête de faire fleurir le royaume par ses manufactures, avoit justement trouvé le moyen de le faire périr. Mais l'événement a justifié M. Colbert: les Hollandois n'ont pu se passer aisément des vins, eaux-de-vie et autres denrées de France, et il y a peu de manufactures de conséquence que la France ne prenne aujourd'huy des étrangers, ce qui augmente beaucoup les richesses de ce royaume.

Il n'y a, dit-il (p. 190), que des Estats protestans qui se puissent opposer au dessein qu'a le Roy de France de devenir Empereur d'Occident. Il conte donc pour rien l'Empereur, l'Espagne, le Pape et tous les princes d'Italie, Venise, Ferrare et autres. Il dit aussi (p. 195) que les réformés font un tiers du royaume. Je croy qu'il n'y ont jamais approché en aucune façon, et l'auteur dit luy-même, § 306, qu'il y a tousjours eu en France dix catholiques contre un protestant; et dernièrement, avant la révocation des Édits, il y en avoit sans doute plus de trente contre un.

Il n'est pas vraisemblable (p. 200) que la France a donné argent à l'évesque de Munster pour attaquer les Hollandois la première fois. C'est le Roy d'Angleterre qui luy envoya effectivement une somme considérable, et qui n'estoit pas alors trop bien avec la France. Il est vray que la France estoit déjà assez mal satisfaite des Hollandois, et ne songeoit qu'à gagner l'Angleterre et l'évêque de Munster quand la paix seroit faite, à peu près comme elle fit à l'égard du Dannemarc et de Brandebourg, lorsqu'elle soutenoit encore la Suède par manière d'acquit.

Il n'est pas croyable aussi que, depuis peu, quand Vienne estoit assiégé (p. 204), il auroit esté aussi aisé au Roy T. C. de marcher droit en Autriche, de se faire déférer la couronne impériale de gré ou de force et d'enfermer l'Empereur sous bonne et seure garde, que d'aller de Saint-Germain à Versailles. Il adjoute même que le Roy se repent peut-estre de ne l'avoir fait. C'est aller bien viste. Le Roy devoit assembler toutes ses forces pour une grande entreprise et mettre ordre à bien des choses qui demandoient du temps. L'Espagne, les Estats généraux et l'Angleterre même, n'auroient pu regarder cela d'œil tranquille; c'estoit s'exposer à recevoir le plus grand affront du monde et peut-estre à se ruiner entièrement, et à perdre tout d'un coup toute sa gloire et tous ses avantages. Ce n'est pas peu de chose que d'aller avec une armée depuis le Rhin jusqu'à Vienne;

quelles asseurances de la marche, de la subsistance des trouppes et de la retraite ? Ne sçait-on pas que l'Empereur assembla en peu de semaines une armée formidable avec le secours de quelques alliés ? Croit-on que Brandebourg et la maison de Bronsvic auroient regardé sans rien faire, et que le reste de l'Europe auroit esté insensible à une entreprise qui estoit en même temps la plus détestable en elle-même et la plus dangereuse à l'égard de tous les Estats de la chrestienté, puisqu'elle auroit achevé en cas de succès de les mettre tous aux fers ? Le Pape n'auroit-il rien dit avec tous les ecclésiastiques, parmy lesquels il y en a dont le zèle et le crédit ne doit pas estre méprisé par les plus grands princes du monde ? Il y a encor des Jacques Clément et des Ravaillac dans le monde ; enfin ç'auroit esté mettre le tout pour le tout sans nécessité, ce qui me fait croire que le Roy n'a jamais songé à un tel projet.

Il dit (p. 215) que la France doit animer les princes contre l'Empereur, entr'autres en leur faisant voir que, par la défense de faire des ligues, il a donné atteinte à leur souveraineté. Cependant cette défense des ligues est imaginaire, et aussi peu véritable que ce qu'il dit au même endroit, que la république de Hollande avoit usurpé le duché de Clèves sur l'électeur de Brandebourg. On voit bien aussi qu'il n'estoit pas bien informé des prétentions que le duc de Nieubourg avoit en Pologne. Il veut que c'est parce qu'il estoit de la maison de Sigismond, roy de Suède et de Pologne. Mais cela n'est point, et toute l'alliance du duc de Nieubourg avec la maison royale de Pologne ne consiste qu'en ce qu'il avoit épousé la fille de ce Sigismond, mais qui estoit morte sans enfans.

INTÉRESTS DE L'ESPAGNE.

Il nous dit (p. 262) que si l'Espagne doit donner les Pays-Bas à quelqu'un, ce devroit estre plus tost au Roy d'Angleterre qu'à qui que ce soit, d'autant que la religion du nouveau Roy lève un obstacle considérable. Il reconnoist néanmoins que les Espagnols ne se doivent défaire de ces pays que le plus tard qu'ils pourront. Aussi est-ce leur dessein, comme je croy. Et bien plus, de garder Naples, Sicile et Milan, quoique l'auteur semble leur conseiller d'en faire le démembrement en faveur de quelque autre prince ; ce qu'ils n'ont garde de faire, d'autant qu'ils sont plus en danger de perdre la Flandre que ce qu'ils possèdent en Italie.

INTÉRESTS DE L'ANGLETERRE.

Il dit fort bien (p. 298) que c'est un abus de croire que le Roy de France prendra part à ce qui se passera entre le Roy d'Angleterre et ses sujets, si ce n'est qu'il est bien aise de les voir tousjours divisés, et que si le Roy d'Angleterre ne devient jamais puissant que par la France, il ne le deviendra guères. Il dit aussi (p. 304) qu'un Roy d'Angleterre n'est pas à blâmer, s'il tasche de réformer cette coustume si préjudiciable à la dignité et au bien de son royaume, qui l'empesche de ne rien faire sans l'aveu du parlement, parce qu'il ne sçauroit avoir de l'argent que de leur consentement.

Quand il dit (p. 310) que le feu Roy d'Angleterre estoit un prince d'un esprit de médiocre étendue, il témoigne d'avoir esté mal informé : c'estoit un des plus pénétrans esprits et des plus universels du monde. On peut même dire qu'il en sçavoit trop, et que son génie le faisoit donner plus tost dans le brillant et se dégoûter du solide. Il regardoit les affaires comme un esclavage pénible, et, moralisant trop, sur la vanité des choses du monde, il s'abandonnoit à ses aises.

Il avance (p. 318) que le Roy d'Angleterre réserve la succession au prince George de Dannemark. Cependant on sçait assez que cela n'est pas en son pouvoir, et qu'il faudra apparemment qu'il laisse aller les choses suivant les loix fondamentales du royaume.

INTÉRESTS DE LA HOLLANDE.

La plus grande faute que la Hollande pouvoit faire est faite : c'est d'avoir laissé prendre Lunebourg. C'est ainsi qu'en parle nostre auteur (p. 321). Je ne croy pas qu'elle ait esté en estat de l'empescher, l'Empereur estant diverti par le Turc, et l'Angleterre, insensible. La plus grande faute des Hollandois a esté sans doute d'avoir fait la paix de Nimwegue, lorsque toutes choses alloient changer de face par la résolution du Roy d'Angleterre, soit feinte, soit sérieuse, et par l'occupation entière du pays de la Suède, en deçà de la mer, qui faisoit tomber toutes les forces des alliés sur la France.

INTÉRESTS DE LA SUÈDE.

Si le Roy de Suède est si blasmable (p. 340) d'avoir repris le domaine aliéné, c'est ce que je n'examine point, faute d'estre assez informé; tousjours est-il constant que les Estats du royaume l'ont approuvée.

Il cherche la raison (p. 346) pourquoy les Suédois naturels, lesquels sont bons après plusieurs campagnes, avant cela valent moins, à ce qu'il dit, que les moindres peuples de l'Europe. Mais il falloit estre auparavant asseuré de la vérité de ce fait. J'ai ouy dire tout le contraire à des personnes d'expérience. On m'a dit qu'un païsan suédois ou finnois est naturellement propre à estre soldat, qu'il tient ferme dans son poste, qu'il est content de peu, obéissant, propre à souffrir la fatigue, et surtout extrêmement adroit à faire son petit ménage et à se fabriquer luy-même les choses nécessaires ; ce qu'il fait qu'il s'accommode aisément par son industrie là où d'autres sont mal et périssent.

A son avis (p. 348), la plus grande faute que la Suède pouvoit commettre, c'est d'avoir renoncé à l'alliance de la France ; mais la vérité est que la France a tasché plus tost de se défaire de la Suède, en la traitant avec une hauteur insupportable après luy avoir esté redevable de son salut ; car on peut dire que les Suédois ont sauvé la France en s'attirant la tempeste. Mais la reconnoissance n'a guères lieu en politique. La Suède estant donc à charge à la France, et le Dannemarc, maistre du Holstein avec Brandebourg, paroissant plus utile, on n'a guères balancé sur le choix.

INTÉRESTS DU DANNEMARC.

Il est vray qu'Ulefeld a esté accusé par une fille nommée Dina d'avoir voulu empoisonner le Roy père, celuy d'à présent; mais il en a esté déchargé par la justice, et la fille punie. On ne sçauroit assurer pour cela qu'il a esté innocent. Mais aussi une accusation ne devoit pas estre prise par nostre auteur (p. 359) pour une vérité constante. Il est d'ailleurs assez mal informé de ces intrigues : ce ne fut pas cette fois qu'Ulefeld fut obligé de se sauver.

Le Roy de Dannemarc, si nous en croyons nostre auteur (p. 361), a plus gagné en peu de temps en s'attachant à la France, qu'il n'a fait en plusieurs années en suivant le parti de l'Empereur. C'est tout le contraire, car c'est par l'alliance avec l'Empereur qu'il a jetté le fondement de sa présente grandeur, car c'est par là qu'il a pu se rendre maistre des places du duc de Holstein sans que l'Empire s'en formalisât ; et il n'y seroit jamais arrivé par la seule alliance avec la France. Toute la faute du duc de Holstein a esté de n'avoir pas armé quand on luy en offroit les moyens.

Au reste, il est fort vray que l'alliance du Roy de Dannemarc avec la France l'oblige à une grande dépendance et luy lie les mains, car il n'y a pas d'apparence que la France le laisse empiéter beaucoup sur la Suède, ou qu'elle luy permette de prendre Hambourg, de peur qu'il ne se mette en estat de se passer un jour d'elle.

INTÉRESTS DE LA POLOGNE.

Ce que nostre auteur en dit n'est pas mauvais ; il est vray qu'icy comme ailleurs il mesle souvent des choses peu exactes, comme lorsqu'il avance (p. 380) que la Lithuanie relevoit autrefois des Moscovites. Mais je n'ay garde de m'arrester à toutes ces petites béveues, car il y en a trop dans cet auteur.

Je ne sçay si le conseil qu'il donne au Roy de Pologne (p. 382) de travailler à faire élire son fils de son vivant est à suivre. Comme c'est une chose inouye en Pologne, qui feroit une brèche irréparable à la liberté dont se piquent ces peuples, je ne voy pas qu'un Roy sage, quelque mérite qu'il ait, en puisse espérer aucun bon succès. Ce seroit plus tost mettre en danger les prétentions de sa famille. Il faut mieux qu'il se fasse aimer et considérer, et qu'il amasse de l'argent dont les siens se puissent servir en temps et lieu. Aussi dit-on que le Roy ne manque pas à ce dernier point.

INTÉRESTS DE VENISE.

Il excuse cette république d'avoir souffert la vente de Casal, mais il luy conseille de ne pas souffrir celle de Mantoue. Il a raison ; mais je croy que les Vénitiens, n'ayant pas fait la moindre démarche pour la seureté de l'Italie depuis la perte de Casal, ne se remueront pas fort pour empescher que les François n'aillent plus avant, si ce n'est que la fortune vienne à changer.

Parlant de Gênes en passant, il luy donne tort, disant qu'il n'estoit pas à une petite république comme elle à vouloir tirer le baston avec le plus grand Roy de toute la chrestienté. Mais ce sont des paroles en l'air; on n'a rien spécifié que la France ait pu prendre pour un manquement de respect; et ce sont des contes inventés pour étourdir les ignorans que de dire que les Génois offroient de l'argent aux Algériens pour faire la guerre à la France.

INTÉRESTS DES SUISSES.

Je ne croy pas, comme il se dit icy (p. 408), que l'Espagne, en s'emparant de la Valteline, ait eu la pensée de se rendre maistre des Suisses. Elle n'estoit déjà que trop éloignée de le pouvoir entreprendre; ce n'estoit que pour avoir les passages en son pouvoir. L'avis qu'il donne aux Suisses est bon, de défendre à tout homme qui demeure dans le païs d'avoir une compagnie ou charge militaire en France, et de la faire exercer par un cousin ou par quelqu'autre, car ce sont autant de pensionnaires qui font des brigues pour la France. Je ne sçay si ce qu'il raconte (p. 412) est véritable, que les Suisses se plaignant de Henricus III, on leur répondit avec hauteur qu'ils estoient libres de chercher parti. Ce n'est pas qu'on ne soit assez insolent en France quand on n'appréhende rien, mais peut-estre qu'il se trouveroit encor en Suisse un homme tel qu'estoit autrefois le cardinal Sion, si on les poussoit à bout. La valeur et la générosité de leurs ancêtres, qui préférèrent l'honneur de sauver le Milanois aux pensions de la

France, n'est pas encore tout à fait éteinte. Cela plaise à Dieu que la conduite françoise leur ouvre les yeux et leur fasse connoistre la nécessité où ils sont en effet de se séparer de ses intérests !

REMARQUES

SUR UN MANIFESTE FRANÇOIS

EXTRAIT D'UNE LETTRE DE LEIBNIZ A UN AMI.

Vienne, ce 10 octobre 1688.

L'envoyé de France a eu audience de Sa Majesté Impériale, et, en délivrant une lettre de son Roy, il a expliqué plus amplement de bouche ses bonnes intentions pour le rétablissement du repos commun par un traité définitif.

C'est ainsi qu'on se moque de nous; peut-être ne sera-ce pas impunément. J'ay vu le manifeste imprimé à Paris, dont le titre est: *Mémoire des raisons qui ont obligé le Roy à reprendre les armes, et qui doivent persuader toute la chrestienté des sincères intentions de Sa Majesté pour l'affermissement de la tranquillité publique.* Rien n'est plus capable que ce manifeste de persuader le contraire à tout ce qu'il y a de raisonnable dans la chrestienté. Il y paraît beaucoup d'animosité contre l'électeur Palatin; pour celui de Bavière, il semble qu'on le ménage un peu. Si on écoute les François, tout ce qu'ils font n'est rien; ils ne font que prendre leurs précautions afin qu'on ne les attaque pas chez eux. Mais ils ne répondent point de l'avenir si on ne leur accorde point leurs demandes, qui sont de céder pour jamais ce que la France possède provisionnellement; de laisser le cardinal de Furstenberg dans une pleine jouissance des droits électoraux, et de contenter Mademoiselle, belle-sœur du Roy, suivant ce que des commissaires, et en cas qu'ils ne s'accordent point, suivant ce que le Roy d'Angleterre et la république de Venise régleront. En échange, le Roy T. C. offre de faire raser et rendre tant Philipsbourg (quand il l'aura pris) que Fribourg ; si on n'accepte point ces beaux offres avant le dernier janvier prochain, il ne s'y tiendra plus obligé.

L'Allemagne n'aura jamais été mieux unie qu'elle est à présent, et toute l'Europe étant aigrie contre la France, à la réserve des rois d'Angleterre et de Danemarck, on a lieu d'espérer quelque changement, pourveu qu'on s'y prenne de bonne façon et qu'on corrige les fautes de la guerre passée.

Le cardinal de Furstenberg est comme un homme qui a fait un pacte avec le diable ; quand il voudroit, il ne peut pas se dédire aisément.

Remarques de M. Leibniz sur un manifeste françois qu'on a intitulé : *Mémoire des raisons qui ont obligé le Roy* (de France) *à reprendre les armes.* L'avertissement qui suit n'est qu'un brouillon.

Il y a deux débuts de cet important ouvrage : « *Si les ministres de France qui surprennent la pudeur de leur Roy et flattent son humeur entreprenante par des faux rapports* » et finissant : « *jusqu'icy on ne voit pas encor les marques d'un dessein de porter.....* » (inachevé).

Le début est ferme et soigné. Il dit : « Si les rapports estoient en estat de donner quelques apparences de preuves à ce qu'ils avancent si faussement des desseins de l'Empereur, comme si Sa Majesté Impériale n'avoit pensé qu'à rompre incessamment avec la France, le monde seroit moins surpris de la conduite d'une couronne qui se donne des beaux titres d'un zèle fort chrestien, et qui prend cependant à tâche de sauver l'empire ottoman par une diversion très-peu chrestienne, en commençant une guerre la moins excusable qui fût jamais, pour transférer sur la chrestienté tous les maux dont les Turs estoient menacés. Les auteurs de cette entreprise auront beau se laver les mains et protester devant Dieu qu'on les force à une si estrange résolution, plus ils abuseront du nom terrible de ce grand Dieu dont la veue perce les cœurs, plus ils seront l'objet de la vengeance du ciel et de l'horreur de la terre. »

« On a vu paroistre depuis peu un *Manifeste* dont le titre spécieux et addouci est *Mémoire des raisons*, etc. Cet écrit, donné à Versailles le 24ᵉ jour de septembre, est imprimé à Paris, et distribué par le plénipotentiaire de France, qui est à Ratisbonne, comme une pièce rare et curieuse. »

L'autre début est celui du chap. I, p. 82.

REMARQUES

SUR

UN MANIFESTE FRANÇOIS

ET

PARTICULIÈREMENT SUR QUELQUES IMPERTINENCES

QUI S'Y SONT GLISSÉES

Original autographe inédit de Leibniz

AVERTISSEMENT

Je ne prétends pas de donner une juste réfutation du manifeste qu'on a intitulé : *Mémoire des raisons qui ont obligé le Roy à reprendre les armes*. Des personnes bien instruites s'en sont acquittées d'un air qui satisfera le public. Cecy n'avoit esté destiné qu'à un ami qui avoit de la peine à croire que les François dans une telle occasion estoient capables de dire des sottises. En effet, on trouve qu'ils auroient même fait des béveues, puisqu'ils estoient réduits à ne se pouvoir excuser que par des calomnies aussi infâmes que ridicules. Il faut pourtant les excuser et leur faire cette justice de croire *que, s'ils avoient pu, ils se seroient passés volontiers d'un manifeste*. Car on s'estoit déjà mis en France sur ce pied de n'alléguer que la *mauvaise satisfaction de Sa Majesté* comme Rome dans ses plus grandes guerres, comme l'an 1672, et il ne falloit pas interrompre aisément la possession où l'on estoit déjà de ne se soucier plus du droit des gens. Mais l'action qu'on alloit commencer estoit trop noire et donnoit trop d'horreur à tous les gens de bien pour n'estre colorée par quelque fard.

Doutons beaucoup que ce mémoire ne remplira point l'attente du monde. Il s'agissoit de prouver la nécessité indispensable qu'il y avoit de déclarer la guerre à l'Empire, dans le temps qu'il a toutes ses forces tournées contre les Turcs. On voit d'abord que le mémoire françois évite les difficultés, change l'estat de la question. Car, puisque ce n'est pas peu de chose de secourir par une puissante diversion le Mahométisme prest à tomber, et d'inonder l'Europe chrétienne d'un déluge de sang en faveur des infidèles, il falloit donc faire voir que la France estoit perdue sans cette rupture, et après cela on auroit au moins excusé une couronne qui ne veut pas que la chrestienté devienne heureuse par sa perte, qu'il est tousjours bon d'éviter, tant qu'on peut. Mais le manifeste en parle d'un autre air, et il est digne de remarque qu'on s'y garde soigneusement de toucher tant soit peu à ces intérests si visibles de la chrestienté, et on ne dit pas un mot du danger où les Musulmans se trouvent; ce sont des épines où l'on se piqueroit. Toute l'adresse dont on se sert, c'est de déguiser les maux qu'on fait en les passant sous silence, et au lieu de quelque chose de bien grand et de bien formidable qui pourroit se rendre justifiable, on nous dit des chansons : que l'Empereur fait son possible par des voyes de négotiation d'empescher le cardinal Furstenberg de devenir archevêque et électeur de Cologne, et que l'Électeur palatin exerce des violences inouïes contre la duchesse d'Orléans, épouse du frère unique du Roy, c'est-à-dire qu'il retient ce que son prédécesseur avoit aussi possédé en qualité d'Électeur. Sont-ce là des choses qui méritent qu'on mette l'Europe en combustion, et qu'on sauve le Mahométisme? Je crains qu'on ne s'imagine que je supprime les meilleures raisons, mais le manifeste même sera mon garant. Il dit luy-même (quoy que *assez imprudemment*) *que ce sont là* les plus fortes.

Voicy ses propres termes : « Quand même toutes ces raisons ne seroient pas suffisantes pour prouver la justice des armes de la France, en *pourroit-on douter après ce qui est arrivé, tant au sujet de la succession palatine qu'à l'occasion de la postulation du cardinal de Furstenberg?* » Ce seul endroit est décisif, puisque ces petites choses au prix de l'intérest général de la chrestienté, qu'on auroit cru ne devoir estre employées qu'en passant, sont les plus grands fondemens du mémoire et les principaux sujets de la guerre, jusqu'à devoir servir quand tous les autres seroient insuffisans. De sorte que, pour quelques bailliages du palatinat ou leur équivalent en argent, et pour la vanité d'appuyer une créature, qu'on veut forcer l'Église et l'Empire à recevoir, on déclare sacrifier le bonheur du Christianisme.

Cependant il est à propos de remarquer l'adresse des expressions dont on tâche de payer le monde, au défaut des bonnes raisons : car le plénipotentiaire de France qui est à Ratisbonne distribue ce mémoire comme une pièce fort convainquante; et le titre même donne à connoistre que les auteurs font au moins semblant de croire, comme ils disent dans le titre même, *que c'est par là que toute la chrestienté* DOIT ESTRE *persuadée des bonnes intentions* de leur maistre. Et même, pour marquer plus de confiance, ils avancent hardiment en quelque endroit qu'il n'y a personne de bon sens *et bien informé de ce qui se passe en* EUROPE, *qui puisse révoquer en doute la moindre circonstance de ce qui est avancé dans ce mémoire*. Mais on va bientost voir quelques faussetés assez énormes qui y sont répandues, et il faut nous prendre pour des Siamois, ou bien il faut croire que le *bon sens*, banni du reste de l'Europe, s'est retiré en France, pour s'imaginer qu'une si mauvaise monnoye puisse avoir cours dans cette partie du monde. Il est vray qu'on avoit besoin, dès le titre même, de ces promesses hardies des grandes raisons, pour l'opposer à la prévention générale qui s'empare naturellement de tous les esprits. Contes difficiles de faire croire au monde que le blanc est noir; que, suivant le titre du manifeste, *c'est pour affermir la tranquillité publique qu'on prend les armes* qui la détruisent, et que c'est pour le bien de la chrestienté qu'on rompt tous les sacrés liens du Christianisme, jusqu'à attaquer un monarque catholique pendant qu'il est sur le point de délivrer l'Europe de la peste du Mahométisme. Il falloit bien des faussetés pour soutenir cette entreprise sans exemple, dont la postérité ne parlera qu'avec détestation. Pardonnons donc à l'auteur du mémoire, si des pauvretés luy échappent de temps en temps. Un fameux jurisconsulte de l'antiquité disoit qu'il n'est pas si aisé d'excuser les parricides que de les commettre. Le bruit des flatteurs étouffe souvent les sentimens de conscience dans ceux qui agissent;

mais celuy qui entreprend la défense des mauvaises actions les doit envisager de près, et il est malheureux s'il n'a que des fictions et des soubçons éloignés et même ridicules à opposer aux maux les plus grands et les plus réels que se peut figurer un chrestien et un honneste homme (1).

(1) L'avertissement se termine ici. Ce qui précède est presque textuellement répété à la page 85 et fait partie du chapitre 1er. Ces remaniements prouvent le soin que Leibniz avait mis à ce manifeste, très-probablement composé pour l'Empereur d'Allemagne, en réponse aux documents français.

REMARQUES
SUR
UN MANIFESTE FRANÇOIS
ET
PARTICULIÈREMENT SUR QUELQUES IMPERTINENCES
QUI S'Y SONT GLISSÉES

Original autographe inédit de Leibniz

CHAPITRE PREMIER

OCCASION ET SUJET DE CE DISCOURS.

Si toute la chrestienté a eu de la peine à comprendre comment un roy généreux et éclairé s'est laissé porter à une guerre la plus inexcusable qui fust jamais, dont les auteurs seront l'objet de l'aversion publique, et leur mémoire odieuse à la postérité, elle n'a pas esté moins étonnée du procédé irrégulier du ministère de France, qui, au lieu d'un manifeste sortable à la dignité des monarques, fait distribuer un libelle plein de faussetés palpables où il y a des calomnies atroces contre la sacrée personne de l'Empereur.

Sa Majesté Impériale, asseurée des jugemens de toute l'Europe, y a fait répondre d'un air qui satisfera le public; mais comme cette réponse serrée s'est attachée uniquement à l'essentiel des choses, sans s'occuper à faire des observations sur quantité d'endroits où le jugement et le bon sens ont abandonné l'auteur du manifeste, j'ay icy pris plaisir d'en remarquer quelques-uns et d'y faire entrer d'autres réflexions convenables à la matière, pour contenter un amy qui ne pouvoit pas s'imaginer que les François, dans une telle occasion, estoient capables de dire des pauvretés.

Je leur fais pourtant la justice de croire que, s'ils avoient pu, ils se seroient passé volontiers d'un manifeste où ils n'avoient rien de plus raisonnable à dire. Car on s'estoit déjà mis en France sur le pied de n'alléguer que la mauvaise satisfaction de Sa Majesté très-chrestienne pour toute raison des plus grandes guerres, comme en l'an 1672, et il ne falloit pas interrompre aisément la possession où l'on estoit déjà de ne se soucier plus du droit des gens. Mais l'action qu'on alloit commencer estoit trop noire et donnoit trop d'horreur à tous les gens de bien pour n'estre colorée par quelque fard.

Or, puisque l'on manquoit de raisons, on s'est servi de l'artifice assez ordinaire à ceux qui en sont mal fournis, de suppléer à leur défaut par des expressions hardies et par des grandes promesses de preuves invincibles qu'on fait icy dès le titre mesme, car la pièce est intitulée : *Mémoire des raisons qui ont obligé le roy de France à reprendre les armes, et qui doivent persuader toute la chrestienté des intentions de Sa Majesté pour l'affermissement de la tranquillité publique.* Et mesme, pour marquer plus de confiance, on fait semblant de croire, en quelques endroits du manifeste, qu'il n'y a personne de bon sens et bien informé de ce qui se passe en Europe qui *puisse révoquer en doute la moindre circonstance de ce qui est avancé dans ce mémoire*. Cependant les faussetés y sautent aux yeux, comme nous allons voir, et il faut nous prendre pour des Siamois, ou bien il faut s'imaginer que le bon sens, banni du reste de l'Europe, s'est retiré en France, pour croire qu'une si mauvaise monnoye puisse avoir cours dans cette partie du monde.

Mais excusons ce trait de vanité, que l'auteur du manifeste a jugé nécessaire pour tenir les lecteurs en balance et pour s'opposer d'abord à la prévention publique qui s'empare naturellement de tous les esprits : tant il est difficile de faire croire que le blanc est noir; que c'est pour affermir la tranquillité publique qu'on prend les armes, qui la détruisent; et que c'est pour le bien de la chrestienté qu'on va rompre tous les sacrés liens du christianisme, jusqu'à attaquer un monarque catholique contre la foy donnée un peu auparavant, pendant qu'il est sur le point de délivrer l'Europe de la peste du mahométisme. Il falloit bien des fictions et des détours embarrassés pour soutenir une entreprise sans exemple, dont on ne parlera un jour qu'avec horreur. Un fameux jurisconsulte de l'antiquité disoit à son souverain qu'il n'est pas si aisé d'excuser les parricides que de les commettre. Le bruit des flatteurs étouffe souvent les sentimens de conscience dans ceux qui agissent; mais celuy qui entreprend la défense des mauvaises actions les doit envisager de près, et il est malheureux s'il n'a que des imaginations et des soupçons éloignés et mesme ridicules à opposer contre les maux les plus grands et les plus réels que se peut figurer un chrestien et un honneste homme.

C'est pourquoy il y a lieu de croire que les misérables boute-feux de cette guerre ont fait jouer bien des machines avant que d'avoir pu porter un prince chrestien et glorieux à des démarches si odieuses. Il a balancé longtemps sans doute, et les instrumens du malheur commun ont cru apparemment que ce qui l'a pu éblouir seroit aussi capable de tromper les autres. Mais si la passion et l'intérest font valoir les plus foibles raisons auprès de ceux qui gouvernent en France, pour faire passer les plus grands maux pour de simples bagatelles, tout le reste des personnes de bon sens voit bien clairement qu'il n'y a rien de si mal conceu que ces petites finesses dont on se sert pour excuser les actions les plus criantes.

CHAPITRE II

PROGRÈS DES ENTREPRISES DE LA FRANCE, ET COMMENT ELLE S'EST TOUSJOURS SURPASSÉE EN VIOLENCES.

Avant que de venir à l'examen du manifeste, il est nécessaire de prendre les choses d'un peu plus haut pour leur donner plus d'intelligence et pour faire mieux comprendre l'insupportable insolence de ceux qui ont la plus grande part à tous les maux que l'Europe souffre depuis la paix des Pyrénées, et qui, néanmoins, pour joindre l'insulte à l'injustice et pour se moquer ouvertement du genre humain, font semblant d'estre forcés à se défendre contre l'Empire, qu'ils ont dépouillé, et lequel, se fiant à la parole royale, ne seroit pas mesme en estat de se garantir de la plus lâche des surprises.

Je trouve qu'il est de la politique françoise d'accabler ses voisins d'un si grand nombre de violences, que les reproches ne pouvant croistre à proportion des injustices, elle en est quitte tout à la fois pour des plaintes qu'elle se seroit tout aussi bien attirées si elle n'avoit fait que la centième partie des mesmes maux. Un assassin qui a égorgé de sa main une centaine de passans et fait d'autres actions horribles, pourra-t-il être plus blasmé et plus puni à proportion quand il aura souvent redoublé le nombre de ses cruautés? Il n'y a que Dieu qui n'oublie rien et qui trouve la juste mesure ; mais, chez les hommes, les dernières méchancetés effacent presque la mémoire des premières, et l'on s'y accoustume. L'on ne sçauroit nommer aucun traité que la France n'ait violé hautement depuis quelque temps. Mais puisque c'est son métier, on ne s'en estonne plus. Il faut, dira-t-on, que chaque chose agisse suivant sa nature et ses principes. Pourquoy s'y est-on fié? L'invasion des Pays-Bas espagnols, contre une renonciation expresse faite par serment ; la guerre portée en Hollande, sans qu'on en ait pu alléguer aucune raison aux estats généraux qui s'offroient à la satisfaction ; la paix de Nimwègue renversée aussitôt que faite : ce sont des actions qui ne paroissent plus si noires qu'elles sont, depuis qu'on les surpasse par d'autres bien plus atroces. C'est le véritable secret d'embellir les choses fort laides, que d'y mettre auprès d'autres encore plus vilaines incomparablement, comme font les femmes mal faites, qui ont un singe ou un nègre à leurs costés.

La prétention que la France faisoit valoir sur *les dix villes libres* impériales sous prétexte de l'advocatie d'Alsace, que la maison d'Autriche lui avoit transportée, et l'autre prétention que cette couronne se forgeoit *sur les vassaux qui relevoient des trois éveschés*, cédés par la paix de Westphalie, estoient mal fondées et ridicules. Car elle ne pouvoit sans doute acquérir tout au plus par ces cessions que ce que les advocats et les évesques avoient eu euxmesmes auparavant, dont le droit ne détruisoit nullement la liberté des vassaux et des villes, suivant les loix connues de l'Empire.

Cependant ces prétentions, poursuivies par la force contre toute raison et contre la parole qu'on avoit donnée, d'attendre l'issue d'un arbitrage, paroissent maintenant la justice mesme au prix d'autres incomparablement plus impertinentes, telles que sont les *dépendances et les réunions* prétendues qui ont englouti presque toutes les terres de l'Empire un peu au delà du Rhin, depuis les frontières des Suisses jusqu'à la Meuse et à la Moselle.

Mais la perte de *Strasbourg* et de *Luxembourg* (pour ne rien dire de Casal, qui n'est pas moins de l'Empire) a presque fait oublier les plaintes de tant de princes, comtes et Estats libres de l'Empire mis sous le joug. Les réunions et les dépendances, quelque imaginaires qu'elles soyent en matière de droit, estoient tousjours des droits de nom et des titres apparens. Mais ce n'estoit pas encore assez à des gens insatiables, et qui se croyent tout permis : il falloit monter à un peu plus haut degré d'injustice, et se saisir de ces villes importantes, sans titre, et sans alléguer mesme aucune apparence de droit, car les parlemens mesme ou chambres de justice prétendue de Mez et de Brisac avoient eu honte de décréter contre Strasbourg, que les paroles expresses de la paix de Munster devoient mettre à couvert. Il ne restoit donc que le droit de bienséance, *jus prædonis*, la dernière raison des usurpateurs. On ne pouvoit pas se passer, disoit-on, de Strasbourg et de Luxembourg : le Roy en avoit besoin pour la seureté de son royaume ; c'est-à-dire que, pour mieux maintenir ce qu'on avoit enlevé à l'Empire, il falloit luy enlever davantage. Belle raison ! C'est ainsi que d'une absurdité il en naist plusieurs, et une injustice en asseure une infinité d'autres. L'appétit vient en mangeant.

Après cela croiroit-on que l'iniquité puisse monter plus haut ? Il s'en est pourtant trouvé un degré plus éminent, et j'espère que ce sera le dernier. Après avoir foulé aux pieds toutes les considérations de l'humanité, il falloit attaquer le ciel, et, après avoir violé toutes les lois de l'honnesteté, il ne restoit que de rompre avec le christianisme. Et c'est ce qu'on fait maintenant. Les maximes de l'Évangile passent pour des vieux contes, et on croit que la grandeur d'une puissance ne seroit pas arrivée à son comble, si on estoit obligé de craindre Dieu. Voilà comment, par une estrange gradation, on va de vertu en vertu, de l'audace à l'effronterie et de l'injustice à l'impiété.

CHAPITRE III

ABRÉGÉ DES ENTREPRISES FRANÇOISES.

L'auteur du *Bouclier d'Estat et de justice* croyoit déjà de son temps, et avec raison, que toute la terre devoit estre estonnée de l'infraction de la paix des Pyrénées, solennellement jurée par les deux rois contractans. Mais ce n'estoient encore que de petits excès qu'on fondoit sur la patience de l'Europe. Cette tentative réussit assez pour le premier coup, parce que la pluspart des puissances n'y prenant point la part qu'elles devoient, celles qui avoient fait la triple alliance se contentèrent de mettre pour lors des bornes au progrès des armes de la France sans l'obliger à une restitution entière que l'Espagne prétendoit, et qui auroit épargné à l'Europe les maux qu'on a veus depuis.

Un peu après, le feu duc de Lorraine fut dépouillé de ses Estats, après avoir esté désarmé auparavant sous d'autres prétextes, et on tascha mesme de se saisir de sa personne. On n'en donna point d'autre raison, sinon que ce duc avoit voulu pourveoir à sa seureté, en entrant dans quelques alliances défensives.

Ce coup de tonnerre devoit éveiller les princes voisins; mais personne ne remua, et l'Angleterre, gardant quelque rancune contre les Hollandois, et la Suède, alors sous un roy mineur, ayant été détachée de l'intérest général de l'Europe, on vit bientôt les estats généraux des Provinces-Unies accablés seuls sous une puissance terrible qui les attaquoit par mer et par terre, sans que du costé de la France on se mist en peine d'en alléguer aucune raison, peut-estre pour retenir la liberté d'en donner des différentes et d'opposées en différens lieux. On fit surtout valoir la religion catholique en quelques cours, comme si la guerre avoit été entreprise pour la favoriser; mais le Pape d'alors donna ordre à son nonce à Cologne d'en désabuser le monde, et l'événement justifia le jugement de Sa Sainteté : car, quand on vint aux traités avec les estats à Cologne et à Nimwègue, il ne fut pas seulement parlé de religion, marque que ce qu'on en avoit dit n'avoit esté mis en avant que pour se moquer des crédules.

En mesme temps que la guerre estoit allumée en Hollande, les François commençoient à faire les maistres dans l'Empire, et ne vouloient pas souffrir que des troupes allemandes approchassent du Rhin pour garder nos frontières; lorsqu'ils se rendoient eux-mesmes maistres des deux rivages, mettant garnison dans les places et entrant mesme bien avant dans le pays. Enfin ils eurent l'insolence d'avancer jusqu'en Franconie, et de dénoncer à l'Empereur que, s'il faisoit sortir des troupes des terres héréditaires, on iroit l'attaquer chez luy. Ils prirent Trèves, se saisirent de Gemersheim, ruinèrent le Palatinat, pour ne rien dire de dix villes de l'Alsace qui jouissoient de la liberté. Il y eut donc guerre ouverte entre l'Empire et la France, où Philipsbourg fut repris par les nostres et Fribourg occupé par les ennemis. L'Espagne perdit la comté de Bourgogne et quantité de places des Pays-Bas. Mais l'Angleterre fit enfin la mine de se vouloir joindre au bon parti, et le théâtre estoit sur le point de changer, lorsqu'un fatal désordre fit naistre des traités particuliers à Nimwègue et sauva la France.

On ne sçauroit nier que cette couronne ne doive son salut à cela et à la Suède; mais, estant échappée du danger aux dépens d'un allié payé d'ingratitude, elle en usa depuis avec une hauteur qui n'avoit plus de bornes, comme si l'Europe estoit à sa discrétion. A tout moment on entendit quelque algarade faite à l'Empire ou à l'Espagne; on ne vouloit plus entendre parler du traité de Munster, quoique confirmé par celuy de Nimwègue; on mit au jeu les dépendances et réunions, droits de nouvelle fabrique, et pour cet effect, on establit quelques fantômes de justice à Mez et à Brisac. Et pour nous insulter davantage, on y cite, par une pure moquerie, des princes, comtes et seigneurs de l'Empire. On est juge en sa propre cause, et on les condamne par défaut à perdre leur pays. On fait afficher des placards, et, en vertu de ces belles procédures, la France prétend d'avoir réuni à sa couronne presque tout ce qu'il y a de terres de l'Empire au delà du Rhin. Plusieurs princes et comtes de l'Empire sont réduits à la condition de simples sujets, et tout cela, en attendant une discussion qui devoit donner des bornes à ces prétentions inouïes.

Après bien des plaintes, Frankfort est nommé pour cet effect. Le Roy T. C. déclare que les nouvelles entreprises cesseroient dès le départ de ses ambassadeurs destinés pour y aller. Mais on se repent d'abord de la parole donnée : pendant que les ambassadeurs entrent à Frankfort, le marquis de Louvois se fait ouvrir les portes de Strasbourg. Après l'occupation d'une place de cette importance, où la chicane mesme n'avoit point eu de prise, puisque la paix de Westphalie l'avoit exceptée, en termes exprès, de tout ce que la France pouvoit prétendre en Alsace, il estoit sans doute inutile de demeurer un moment à Franckfort dans l'espérance de traiter. Mais notre patience s'y signala encore, ou plustot les François eurent le plaisir de jouir de nos contestations, excitées par leurs émissaires, ce qui leur donna la hardiesse de nous prescrire un terme pour traiter, quoyque tout ce traité ne pouvoit estre désormais qu'une pure illusion après d'autres si mal gardés.

Les questions de la langue et autres semblables ayant esté assez agitées, les ambassadeurs de France lèvent le masque et déclarent enfin qu'ils ne veullent plus de *discussion*, quoyque la conférence n'eust été destinée qu'à cela. Ils disent que ce seroit une chose trop longue et fort inutile ; qu'on doit estre persuadé de la justice de leur roy ; que Sa Majesté françoise ayant encore une infinité d'autres prétentions sur l'Empire, y veut renoncer par un surcroist de bonté, et se contenter de Strasbourg et autres réunions déjà faites, et qu'on achèvera d'en traiter à Ratisbonne dans un nouveau terme, après lequel expiré inutilement, le Roy auroit les mains libres pour passer plus avant. Il n'y avoit donc point de paix, et le traité de Nimwègue ne servoit de rien, s'il estoit permis de prendre à l'Empire un vaste pays qu'il avoit possédé depuis tant de siècles. On n'a jamais pu apprendre le titre de ces usurpations. On croyoit que ce grand mystère se découvriroit à la conférence de Frankfort, et qu'on sçauroit si la France vouloit faire revivre le royaume d'Austrasie ou l'empire de Charlemagne, ou bien si elle vouloit remonter jusqu'aux Gaulois. Mais elle ne trouva pas encore à propos de s'expliquer.

Cependant les Turcs, poussés par les rebelles et leurs fauteurs, se préparent à attaquer l'Empire. Le roy de France déclare de vouloir suspendre son dessein sur Luxembourg (qui n'avoit pourtant aucune ombre de justice), pour ne pas troubler la chrestienneté; ses bonnes correspondances à la Porte luy ayant appris qu'elle avoit résolu la guerre contre l'Empereur. Mais, par une conduite assez irrégulière, lorsque par après les Turcs nous avoient attaqué effectivement et mis l'Empire à deux doigts de sa perte, Sa Majesté françoise, oubliant ses belles protestations, se saisit de cette ville mesme. C'est se jouer un peu de sa parole, et quelques soubçonneux disoient qu'on avoit épargné cette place auparavant afin que l'Empereur ne fist point la paix avec la Porte, et qu'on la prit fort bien lorsqu'il n'estoit plus temps de la faire. On adjoute mille marques d'un dessein formé de favoriser les Turcs. Les lettres des émissaires de France interceptées; les intrigues mises en jeu pour détourner les bons desseins du roy de Pologne; la mauvaise satisfaction qu'on eut de ce que le Roy avoit fait; le peu de joie qu'on tesmoigna de la délivrance de Vienne; les inquiétudes données au Pape et à l'Empereur, et quantité d'autres effets d'une mauvaise intention, qui a éclaté enfin aux yeux de tout le monde, ne nous laissent presque plus de doute sur une intelligence avec la Porte.

Pourtant un petit reste de honte empescha les François de nous attaquer au plus fort de la guerre contre les Turcs, et ce fut l'an 1684 qu'on traita et concleut enfin, au mois d'aoust, une *trêve de vingt ans*. Plaisante paix, qui avoit besoin d'estre affermie par un armistice, au lieu que d'autres armistices sont des acheminemens à la paix ! Maintenant, tout à rebours, par un estrange renversement des choses, on va de la paix à l'armistice, et de l'armistice à la guerre. Jusqu'icy, les trêves qu'on faisoit avoient supposé une guerre ouverte ; ainsi, de faire une trêve, c'estoit avouer que la paix de Nimwègue ne subsistoit plus. Et qui l'avoit donc rompue ? Ce n'estoit pas l'Empire, au moins ; mais c'estoient sans doute ceux qui ne font aucune difficulté de *prendre les armes et de les reprendre* malgré traités, paroles, sermens, enfin sans garder ni foy ni loy. Ainsi, la conscience faisant connoistre aux François qu'ils estoient les infracteurs, ce qu'aussi bien personne n'ignoroit, ils ne s'opposèrent point au mot de trêve, qui leur reprochoit leur mauvaise foy, et ils se contentèrent de faire le premier pas et d'obtenir quelque titre, quoyque temporel, sur tant de pays qu'ils venoient d'usurper, espérant qu'il se présenteroit l'occasion d'en demander une cession perpétuelle.

Cette occasion fut bientost trouvée, ou plutost on la prit aux cheveux, car ce pauvre armistice avoit à peine duré deux ans, que voilà une déclaration que le roy de France donne, par laquelle il veut et entend qu'on luy cède à perpétuité, dans un temps assez court et sans aucune discussion, tout ce dont on avoit dépouillé l'Empire, prenant prétexte de la correspondance qui estoit entre les deux nonces de Vienne et de Paris, qui asseuroient que Sa Majesté impériale estoit entièrement portée à la paix, c'est-à-dire à une paix stable et convenable à la justice et à l'honneur de l'Empire. Mais quoyque Sa Majesté fust extrêmement embarrassée sur la guerre qu'elle faisoit aux Turcs, elle refusa généreusement d'écouter des propositions si honteuses, et au lieu de cela, elle offrit toutes les asseurances mesme par un serment réciproque qu'elle et le Roy T. C. feroient entre les mains du pape, d'observer la trêve avec toute la ponctualité possible, sans user d'aucune voye de fait pendant qu'elle dureroit. Je ne sçay si les François eurent peur d'un serment qu'ils n'avoient pas dessein de garder (quoyqu'ils ne se fussent guère souciés de celuy de la rivière de Bidassoa), ou plus tost si la conscience et la bonne foy de Sa Majesté très-chrestienne faisant encore quelque résistance aux impressions des mauvais conseillers, elle ne voulut pas alors s'attirer le blasme de toute la chrestienté. Quoy qu'il en soit, la France se contenta de cette déclaration impériale. Il n'y a qu'un an que cela s'est passé, et voilà où nous en estions, lorsque maintenant, sans qu'il soit surveneu aucun nouveau sujet de trouble, que la seule affaire de l'élection de Cologne, où mesme personne n'a usé de voye de fait que la France toute seule; son esprit, ennemi de la paix et du bonheur des hommes, l'a fait exciter cette nouvelle tempeste, fatale aux espérances de la chrestienté, et qui ne pourra estre calmée que par la main toute-puissante de Dieu, vengeresse des mauvaises actions et protectrice de l'innocence opprimée.

CHAPITRE IV

CONTENU DU MANIFESTE.

Après cette petite récapitulation de ce qui s'est passé depuis quelques années, pleine de beaux traits de justice, de bonne foy, de sincérité et d'amour de la paix, il semble qu'il est inutile d'entrer dans l'examen d'un *Mémoire des raisons qui doivent persuader toute la chrestienté des sincères intentions de la France pour l'affermissement de la tranquillité publique.* Car qui en oseroit douter, après toutes ces preuves réelles de fait, bien plus fortes que toutes les paroles ? Un récit des actions vaut bien ces mémoires de raisons. Et cela pourroit suffire pour en faire connoistre le peu de fondement, si nostre dessein n'avoit esté d'abord de faire des remarques sur le mémoire mesme, dont le tissu répond si mal à la réputation du ministère de France qu'il semble que les plus habiles gens ont évité de prendre part à cette pièce.

Mais, avant que de passer plus avant, il sera bon de regarder le manifeste d'un peu plus près, et d'en donner le contenu en peu de mots. Si nous le voulons croire, le monde s'est étonné de la modération du Roy tr. ch. Mais enfin on a lassé sa patience, on a négotié des ligues contraires à la France, on s'est clairement expliqué en plusieurs endroits qu'on l'attaqueroit au plus tôt quand la paix avec les Turcs seroit faite. On a refusé de luy céder ce qu'elle a occupé. Et quand tout cela ne suffiroit pas, n'est-ce pas assez qu'on n'a pas voulu accorder à Madame la duchesse d'Orléans ce qu'elle prétend dans le Palatinat, et qu'on a fait son possible pour empescher la postulation du cardinal de Furstenberg? Car ces deux choses sont si horribles, qu'après cela le Roy ne pouvoit moins faire que d'attaquer l'Empereur. Surtout on se déchaisne contre l'Électeur palatin, on dit qu'il a refusé l'arbitrage du Pape, qu'il a travaillé à exciter la guerre comme l'unique moyen de soustenir son occupation, que dans cette veue il a fait son possible pour empescher que le cardinal de Furstenberg, qui estoit trop bon patriote, ne devînt archevêque de Cologne, qu'il auroit mieux aimé d'y pouvoir mettre un des princes ses enfans, mais voyant que cela ne se pouvoit point, il a suscité un rival au cardinal, le mesme que le cardinal avoit dessein de faire un jour son coadjuteur. Par là l'Électeur palatin asseuroit à sa maison ou l'Électorat de Cologne ou celuy de Bavière, et à l'Empereur l'extinction d'une maison qui luy est suspecte. Il a profité de la partialité et mauvaise disposition du Pape envers la France pour faire refuser les bulles au cardinal, et pour accorder un bref d'éligibilité contraire aux canons à un jeune prince. Et comme il estoit aisé de prévoir que le Roy T. C. soutiendroit la liberté de l'Église de Cologne, on s'est enfin déterminé à la paix avec les Turcs pour rompre en mesme temps avec la France. On n'a plus gardé aucune mesure avec elle, on a reproché son amitié au cardinal de Furstenberg, nonobstant l'amnistie accordée à Nimwègue; on amasse les trouppes des premiers protestans qui ne manqueront pas de ruiner le diocèse de Cologne, et tout cela se fait pour attaquer la France, pour contraindre les électeurs à élire le roy de Hongrie avant le temps, et enfin pour assujettir l'Allemagne (détachée du Roy T. C., son ancien ami et protecteur de sa liberté) à la domination despotique de la maison d'Austriche.

C'est pourquoy le Roy T. C. a esté mis dans la nécessité de prendre les armes, d'occuper Kaiserslautern pour obliger l'Électeur palatin à satisfaire, et de se rendre maître de Philipsbourg et autres places pour empescher ses ennemis de nuire. Mais afin qu'on voye ses bonnes intentions, il se contentera qu'on luy cède pour toujours ce qu'il possède maintenant en vertu de la trêve. Madame la duchesse d'Orléans se contentera aussy d'une satisfaction en argent, le Roy rendra tant Philipsbourg que Fribourg rasés, et retirera ses troupes du pays de Cologne aussitost que le cardinal sera establi électeur. Mais il faut qu'on luy accorde ses demandes avant la fin de janvier, autrement il ne sera plus tenu à ses offres.

CHAPITRE V

EXAMEN DES RAISONS DU MANIFESTE, OU L'ON FAIT VEOIR QUE C'EST UNE FAUSSETÉ DE DIRE QUE L'EMPEREUR AVOIT RÉSOLU DE FAIRE LA PAIX AVEC LES TURCS POUR ROMPRE INCESSAMMENT AVEC LA FRANCE.

Examinons maintenant ces belles raisons, et entrons dans le détail du manifeste. On voit d'abord qu'il évite les difficultés les plus essentielles. Tout homme de bien demeure d'accord qu'on ne doit jamais faire la guerre que lorsqu'il est fort nécessaire; mais quand cette guerre doit entraîner d'aussi grands malheurs que celle d'à présent, et va replonger la chrestienté d'un calme heureux et des plus belles espérances dans une confusion générale, il faut nécessité extrême. D'ailleurs le droit des gens, et mesme les stipulations faites et répétées *exigeoient* au moins que *la France demandast satisfaction* si elle en avoit à prétendre, et qu'avant que de venir aux hostilités, elle fist place à l'éclaircissement de ses plaintes et à la négociation amiable. Mais à présent ne dira-t-on pas dans le monde, qu'elle a voulu surprendre vilainement ceux qu'elle avoit endormis par la foy donnée il n'y a qu'un an, et qui, se fiant à la parole d'un roy, avoient envoyé leurs forces contre les ennemis de Jésus-Christ?

C'est s'exposer au blasme d'un crime que les anciens François, gens d'honneur, auroient appelé trahison, et, pour s'en justifier, *il falloit nous montrer cette nécessité urgente*, et ce danger inconcevable qui avoit tant pressé de passer toutes les formes et considérations de l'honnesteté chrestienne, jusqu'à secourir par une puissante diversion les Ottomans, prests à tomber, et jusqu'à faire inonder l'Europe d'un déluge de sang en faveur des infidèles. Il falloit donc voir que la France estoit perdue sans une telle rupture, et après cela on auroit au moins excusé une couronne qui ne voudroit pas faire acheter l'avantage commun par sa ruine particulière. Mais il est digne de remarque *qu'on se garde soigneusement dans tout ce manifeste de dire un seul mot du bien qu'on fait perdre à la Chrestienté,* le plus grand sans doute qui luy pouvoit arriver depuis que les Sarrasins ont envahi le monde. On parle fort cavalièrement de cette matière, comme s'il ne s'agissoit que d'une simple guerre de Hongrie. Car on avoit peur de toucher à des épines, et on est réduit à déguiser les maux qu'on fait en les passant.

Ainsi, au lieu de quelque danger bien évident, bien formidable et bien nouveau, dont la France devoit estre menacée pour estre en droit d'agir comme elle fait, on nous répète *la vieille chanson* dont le monde estoit enfin rebuté, après en avoir esté repu annuellement, et toujours vainement, que *l'Empereur alloit bientôt faire la paix avec les Turcs pour attaquer la France.* On avoit cru que les ministres de cette couronne auroient honte de renouveler tous les ans leur fausse prédiction. Mais ils estoient semblables à ce faiseur d'almanachs de Paris qui prenoit à tasche de dire tous les ans que le Pape mourroit dans l'année ; car, quand il eût dû demeurer au siége papal plus longtemps que saint Pierre, il estoit seur qu'il mourroit enfin, et qu'après quelque vingtaine de mensonges le faux prophète deviendroit véritable. Il en est de mesme de la paix avec les Turcs ; il estoit seur qu'elle se feroit quelque jour, quand ce ne seroit que la vingtième année de la trêve, et les François, en s'obstinant de le prédire, ne pouvoient manquer de rencontrer un jour. Enfin, se lassant du démenti que l'Empereur leur donnoit tous les ans, ils ont voulu le forcer à la faire. Mais il faut estre un stupide volontaire ou bien un menteur effronté, lorsqu'on sçait ce qui se passe, pour dire que Sa Majesté y ait esté disposée, lorsqu'on est venu luy déclarer la guerre. Et il faut une impudence prodigieuse pour soutenir avec le manifeste *que la résolution a esté prise de conclure au plutost un accommodement avec l'ennemi de la Chrestienté pour attaquer la France;* ou bien, comme il parle dans un autre endroit, *qu'on s'est enfin déterminé de faire la paix avec le Turc pour la rompre en mesme temps avec la France.* Après cette fausseté qui n'est pas appuyée de la moindre vraisemblance, osera-t-on croire un écrivain qui assure que personne ne révoquera en doute la moindre circumstance de ce qui est avancé dans son mémoire ?

Quelle apparence ! La guerre contre les Ottomans estoit favorisée du ciel et de la terre ; les espérances devenoient plus belles de jour en jour ; on voyoit un ennemi tirant aux abois qui ne pouvoit presque plus mettre d'armée en campagne pour couvrir ou contenir dans le devoir des vastes provinces, prestes à se rendre ou à se révolter ; les places d'importance de nostre voisinage presque toutes coupées ou sur le point de l'estre ; des peuples chrestiens prenant les armes, auxquelles ils n'avoient osé songer depuis la ruine de l'Empire d'Orient ; enfin la délivrance de la Grèce et du reste des belles provinces de l'Europe, où l'impiété avoit establi son siége, devoient estre le fruit de deux ou trois campagnes. Un pape, des plus dignes qui furent jamais assis au siége de Saint-Pierre, n'épargne ny ses exhortations paternelles ny les trésors de l'Église. Les cercles de l'Empire les plus exposés à la France, assez éloignés des Turcs, se reposant sur la parole du roy T. C., et suivant les beaux mouvemens de leur zèle, s'épuisent pour délivrer entièrement l'Empire et la Chrestienté d'un ennemi formidable.

De sorte qu'à moins d'attribuer au conseil de l'Empereur une stupidité incroyable, on ne sçauroit comprendre qu'il ait pu songer à finir une guerre glorieuse et pleine des plus belles asseurances contre un ennemy absolu qui alloit quasi tomber de luy-mesme, pour en commencer une autre très-dangereuse ou plustot évidemment ruineuse, avec des forces entièrement délabrées, sans aucuns préparatifs d'argent, de munitions et de trouppes, contre un roy très-puissant et préparé au possible, sans avoir égard au blâme général de la Chrestienté, au jugement de la postérité, aux reproches du Pape et des alliés, et à la foy et parole solennellement donnée, renouvelée et presque jurée il n'y a qu'un an. Et quand tout le monde y auroit donné sa voix, ce qui ne pouvoit estre, la constante piété de la majesté sacrée de l'Empereur et l'exactitude invincible de ses sentimens religieux s'y seroit opposée.

De plus, les François ont-ils pu déterrer jusqu'icy la moindre marque d'une si grande résolution? A-t-on eu égard aux offres du visir de Bude et puis du grand visir et d'autres bassas qui vouloient faire des ouvertures pour la paix? A-t-on fait la moindre démarche qui y pouvoit mener, et a-t-on écouté quoy que ce soit sans en donner communication aux alliés, et n'a-t-on pas décliné plutost toutes les insinuations les plus plausibles des Turcs, parce qu'il y avoit du manquement dans la forme, qu'on auroit négligée si on avoit eu tant d'envie d'avancer la paix? Enfin, lorsqu'une ambassade solennelle du nouveau sultan, munie de tout ce qu'il faut, est venue se présenter au camp de Belgrade, que le droit des gens ne permettoit pas de renvoyer, et que la France, presque dans le mesme temps, a pris la fatale résolution de porter la guerre dans l'Empire, a-t-on donné la moindre atteinte à la fidélité qu'on doit aux alliés ? ne s'est-on pas plutost attiré presque les reproches des amis, qui vouloient qu'on hastat davantage la paix avec la Porte, qu'ils jugeoient nécessaire? et cette constance généreuse toute seule ne suffit-elle pas pour réfuter les foibles artifices des ennemis, réduits à de misérables calomnies?

Ainsi le manifeste ne contient aucune preuve d'un tel dessein de l'Empereur, si éloigné de l'apparence: il se contente de nous asseurer que sa Majesté françoise *en a esté avertie*. Mais cela est bien aisé à dire. S'il ne faut que cela pour rompre des traités, commencer des guerres, on trouvera bientost de quoy justifier les entreprises les plus contraires à la bonne foy, et on n'aura qu'à inventer quelque dessein de son ennemy dont on feindra d'avoir esté averti, sans se soucier si on en a des preuves en main, et s'il y a de l'apparence ou non. De plus, quand le Roy T. C. auroit esté averti effectivement de la manière qu'on dit, le falloit-il croire si légèrement? Qui ne sçait que mesme des ministres, des princes, donnent et recoivent souvent de faux avis fondés sur des préjugés et passions? La prudence vouloit qu'on prist la peine de s'en éclairer, et la justice ordonnoit d'en faire parler à l'Empereur pour se déclarer d'une manière qui ne laissast plus lieu de douter.

J'en dis autant de ce qu'on avance, en quelque lieu du manifeste, *que les ministres de la maison d'Austriche se sont clairement expliqués en plusieurs endroits que la guerre de Hongrie ne seroit pas plustôt finie que l'Empereur tourneroit ses armes vers le Rhin, et que la trêve ne seroit pas capable d'arrester ses desseins.* C'est parler d'une manière si vague qu'on ne sçauroit distinguer si c'estoient des ministres de l'Empereur ou de l'Espagne qui doivent l'avoir dit. Il n'y a guère d'apparence qu'un ministre de Sa Majesté impériale ait esté assez mal advisé pour s'expliquer d'une manière si contraire au bon sens, à ses instructions, et aux intérests, déclarations et desseins de son maistre. Au moins, puisque ce doit estre un des fondemens (quoyque ridicules) de la guerre, la chose valoit bien la peine que le manifeste marquast plus particulièrement les noms des ministres, les endroits et les expressions, surtout si c'estoit par escrit ou de bouche, si dans quelque conférence, audience ou négociation, ou si c'estoit peut-estre à table ou dans une occasion semblable, où l'on ne regarde pas de si près à ce qu'on dit, et où les plus sages débitent quelquefois des bagatelles.

Supposons que quelque ministre, emporté par le désir naturel de faire valoir la grandeur de son maistre, ait dit quelque chose d'approchant : ces discours en l'air, ces entretiens de loisir, sans conséquence et sans pouvoir, et sans l'accompagnement d'une circumstance qui les rende croyables, sont-ce là des raisons d'entreprendre une telle guerre? Encore si un ministre impérial avoit fait glisser imprudemment quelque chose de cette nature dans quelque mémoire, ou proposition, ou autre acte de la fonction de sa charge, tout ce que la France auroit le droit de faire en ce cas, seroit de s'en rapporter au maistre, pour sçavoir si on le désavoue ou non, et de demander des plus grandes asseurances.

Mais, si la mauvaise conscience des François leur reprochant combien ils en avoient mal usé envers l'Empereur, leur faisoit craindre ce qu'ils avoient mérité, lors mesme qu'il n'y en avoit aucune vraisemblance, ils ne devoient pas juger de Sa Majesté impériale par leurs manières d'agir, où la sincérité n'a guère de part, et ils devoient considérer que ce monarque n'est pas comme eux dans le triste engagement de faire des mauvaises actions. Ils ne sçauroient luy reprocher aucune contravention comme de leur costé, et ils ne nous sçauroient marquer aucune parole mal gardée. Qu'on est malheureux quand on s'est mis dans l'obligation d'entasser mal sur mal, et de commettre des nouvelles injustices pour soutenir les premières !

Les François, sans doute, ne sçavoient que trop que nous n'estions pas en estat de leur faire grand mal, et ne le serions pas mesme sitost. Néanmoins, pour leur faire plaisir, supposons encore que leur appréhension ait esté si grande, que les déclarations de l'Empereur renouvelées n'auroient pas esté capables de les guérir de cette peur imaginaire : il y avoit encore bien des moyens de leur mettre l'esprit en repos, sans venir à la guerre. L'Empereur auroit encore esté tout prest à cet engagement solennel et reciproque par serment, qu'il avait offert l'année passée. Ils pouvoient stipuler bien des choses propres à s'asseurer. Je croy que l'Empereur auroit esté assez disposé à promettre de ne faire point de paix ny trêve avec les Turcs dans quelques années déterminées, ou bien de ne point conclure sans communiquer avec Sa Majesté françoise, surtout si elle avoit voulu concourir au dessein glorieux d'ériger des trophées à J. Ch. Item de ne faire avancer sitost aucunes trouppes vers le Rhin, et de ne se point mesler de l'affaire de Cologne par aucune voye de faict. On pouvoit encore se servir d'un expédient, que le Roy T. C. proposa l'an 1673, d'engager quelques électeurs ou princes considérables de l'Empire, et mesme des estrangers, à la garantie de ces asseurances que l'Empereur auroit données. Cela auroit esté plus à propos maintenant, avant que de déclarer la guerre, qu'il n'estoit alors, quand les François faisoient déjà les maistres dans l'Empire, vouloient obliger l'Empereur, qui en est le chef naturel, à demeurer enfermé chez luy, sans secourir les membres de l'Empire qu'on attaquoit. Mais on voit bien que toutes ces craintes des François ne sont qu'une pure invention, puisqu'on ne s'est servi d'aucune voye propre à les dissiper, et ils n'est que trop visible qu'ils n'appréhendoient pas une guerre qu'ils brusloient d'envie de commencer sous des prétextes recherchés. Il semble mesme qu'on avoit peur que, si avant de rompre, le Roy T. C. faisoit quelque plainte, donnoit quelque déclaration comme l'année passée, l'Empereur ne luy donnast trop de satisfaction et trop d'asseurance, et ne l'obligeast par là de faire surseoir les armes malgré qu'il en eust. Il semble aussy que c'est pour cela qu'on a voulu rompre en mesme temps avec le Pape, pour luy oster les moyens d'agir en père commun, et pour se mettre à couvert de ses remontrances qui faisoient quelque peine.

CHAPITRE VI

QUE L'EMPEREUR A EU LE DROIT DE FAIRE DES LIGUES ET DES PRÉPARATIFS DE DÉFENSE.

Qui plus est, quand le Roy T. C. auroit eu des conjectures assez fortes du dessein de l'Empereur d'attaquer la France, ce qui est une chose impossible, cela ne luy donnoit pas le droit de le *prévenir*, comme il semble que le manifeste suppose. Il y avoit bien des choses à examiner auparavant; il ne falloit pas des conjectures, mais des asseurances, quoyqu'il n'y ait ny l'une ny l'autre icy. De plus, il ne faut pas des asseurances éloignées, mais bien prochaines. Un gentilhomme qui a un ennemi déclaré n'a pas le droit de l'aller attaquer dans sa maison, c'est ce qui approche de l'assassinat, mais bien celuy de se défendre dans une rencontre, et, en attendant, de prendre ses précautions. Ainsy, comme le Roy T. C., suivant les propres termes du manifeste, *pour le maintien de la paix, n'avoit pas d'autres précautions pour garantir ses Estats que de bien fortifier ses frontières,* ce qui aussy, joint à ses troupes qu'il a tousjours sur pied, n'estoit que trop suffisant, rien ne l'empeschoit de continuer de même et de se servir tousjours d'une conduite si sage et si modérée, puisqu'aucun danger nouveau n'estoit survenu qui le pouvoit obliger de la changer. La seule crainte, quelque juste et quelque fondée qu'elle soit, ne donne que rarement le droit de prévention. Il n'y a que très peu de cas où il ait lieu, comme lorsque ma vie et ce que j'ay de plus cher sont exposés aux entreprises d'un homme dont la mauvaise volonté à mon égard est certaine, en sorte qu'il despend de luy de me les oster aisément par quelque surprise, et qu'il n'y a pas d'autre moyen de les mettre en seureté que celuy de le mettre hors d'estat de me nuire. Mais icy la volonté et la faculté sont incertaines, éloignées ou plutost nulles. Nous avons fait voir que l'Empereur ne songeoit maintenant et ne pouvoit songer à rien moins qu'à attaquer la France; que, quand il en auroit eu le dessein, il ne se mettoit pas en estat de l'exécuter; et, quand il auroit esté bien préparé, la France aussy estoit si bien préparée à son tour et s'est couverte par tant de forteresses limitrophes, que tout au plus elle ne pouvoit perdre par cette surprise imaginaire que quelques nouvelles conquestes acquises par d'autres surprises trop véritables dont la justice au moins est bien douteuse. Or qui croira qu'un danger si petit, ou plustost si chimérique, donne droit d'allumer une guerre des plus funestes? Et c'est se moquer de nous que de dire, avec le manifeste, que Sa Majesté françoise *estoit obligée,* il y a longtemps, *de porter plustost la guerre dans les pays et Estats de l'Empereur que de l'attendre dans son royaume,* si ce n'est qu'on compte pour le royaume toutes les prétendues réunions que la France n'a droit de posséder que pendant la trêve. C'est aussy une fausseté bien outrée et bien palpable, ou, si vous voulez, une autre moquerie de dire avec le mesme manifeste, que les *préparatifs de guerre* de l'Empereur (faits sans doute dans les espaces imaginaires, puisqu'on n'en veoit pas de traces icy bas) *ont forcé* Sa Majesté françoise *de porter ses armes sur les bords du Rhin.* C'est peut-estre pour nous insulter encore et pour nous reprocher ou nostre peu de soin ou nostre foiblesse, qu'on nous objecte les *préparatifs de guerre* que nous n'avons pas faits, mais que nous devions faire sans doute si l'intérest inestimable de la Chrestienté, qui forçoit l'Empereur d'agir ailleurs, et la confiance qu'on avoit dans la parole d'un Roy très-chrestien ne nous en avoient détournés. De sorte que ce reproche adroit de nostre trop de confiance ou de notre impuissance retombe aussy sur ses auteurs et fait connoistre qu'ils ne se mettent point en peine de l'avancement de la foy chrestienne qui nous occupoit, et que celuy qui se fie désormais à leurs paroles sera bien simple, puisqu'ils s'en moquent eux-mesmes. Je ne répète point ce que j'ay dit, que nos *préparatifs* de guerre ne donnent point droit à un autre de nous la faire, sous prétexte de prévention, et que, lorsque ces préparatifs n'excèdent ou mesme n'atteignent pas ce qui est nécessaire à la défensive, c'est la plus haute des injustices d'en prendre prétexte d'attaquer ces gens seulement parce qu'ils ne veulent point estre à la discrétion de quelque autre qui peut-estre n'a donné que trop de sujet à se défier de luy.

Cependant il n'est rien de plus véritable dans tout le manifeste que ce qui est dit en quelque endroit, que *tout le monde avouera qu'il seroit à souhaiter pour le bien général de la Chrestienté qu'on n'eust pas une si bonne opinion de la sincérité des intentions de Sa Majesté.* Jamais François n'a parlé plus naïvement, mais je doute fort que le Roy ait sujet d'en remercier ceux qui ont travaillé à cette pièce, et je ne sçay pas comment cette grande vérité, si contraire aux interests de la France, est échappée par mégarde à des gens qui se piquent tant de finesse, et qui pourtant ne font pas paroistre de jugement dans une confession si ingénue; car tout le monde la prendra tousjours plustost dans le sens naturel, qui porte qu'il auroit esté nécessaire pour le repos de l'Europe de ne pas se fier à la France, que dans le sens forcé que les auteurs ont eu en vue, et qui, de quelque manière qu'on l'explique, se terminera dans un galimatias incompréhensible ou ridicule.

Pour ce qui est des ligues que l'Empereur a fait négocier dans l'Empire, comme la ligue d'Augsbourg et l'association de Nurnberg, on ne sçauroit comprendre que la France trouve à redire, et comment le manifeste en peut faire un prétexte de rupture, le comptant parmy *les pressans motifs qui doivent obliger*

Sa Majesté françoise à porter la guerre dans l'Empire.
C'est la plus insupportable des insolences de vouloir défendre au chef de l'Empire de faire des alliances avec les membres, ou plutost de consulter avec les Estats de ce corps et de prendre des mesures particulières et conformes au temps, pour mettre en usage ce que les loix de l'Empire et les constitutions qui règlent les exécutions et qui ont pourveu à la seureté publique ordonnent il y a longtemps. N'a-t-on pas tousjours délibéré à la diète ou dans les Assemblées cerculaires touchant une milice perpétuelle ou quelque autre manière d'asseurer le repos commun ? Et l'Empire, qui est le premier Estat de la chrestienté, sera-t-il inférieur aux moindres qui ont droit sans doute d'armer chez eux et de convenir de quelques réglemens pour cet effect ? Outre que la France mesme s'est déclarée formellement dans les traités de trouver bon que les princes ou Estats, tant de l'Empire qu'estrangers, entrent dans des alliances ou engagemens tendans à la garantie de ces mêmes traités et du repos public. Et je ne sçay s'il y a plus d'ignorance ou plus d'impudence de faire maintenant un prétexte de guerre de ces démarches que la France mesme avoit autorisées. Grâces à Dieu, la France ne nous a pas encore désarmés ny réduits à n'entretenir des trouppes qu'avec sa permission, et nous ne sommes pas obligés de luy rendre compte de nos actions domestiques.

Quelle iniquité ! La France se donne le droit de prendre des places importantes en pleine paix, ou de les démanteler, et de faire des magazins et des mouvemens de trouppes, prestes à fondre sur nous à tous momens, de faire mesme des ponts sur le Rhin et de bastir des forts de nostre costé pour avoir plus de facilité d'entrer dans le cœur de l'Allemagne : et il ne sera pas permis à nous, je ne dis pas de nous mettre sur la défensive et de prendre des résolutions effectives pour nostre seureté (car c'est ce que nous n'avons pas même encore fait), mais d'y songer seulement et d'en parler entre nous ? Et ces simples et inutiles pourparlers d'une défense donnent droit au Roy T. C. de nous accabler de toutes ses forces, jusqu'à ce que nous venions crier mercy ? Cependant on veut encore nous faire accroire que nous estions sur le point d'entrer dans son royaume, et que toute la France estoit allarmée de la ligue d'Augsbourg. C'est joindre la raillerie et la moquerie à la violence, et il me semble que c'est plus qu'abuser de notre patience, au lieu que le mémoire veut que nous ayons lassé celle du roy de France.

A quel droit attribuerons-nous ce privilége de la France d'estre en estat de surprendre les autres et de les ruiner quand bon luy semble, sans qu'il leur soit permis de s'en garantir, lors même qu'on les gourmande et les menace à tous momens ? Il faut bien qu'elle veuille que tous les princes ne soyent pris que pour de petits garçons, et qu'elle soit reconneue pour arbitre et tuteur général des chrestiens. Elle le mérite apparemment par les grands services qu'elle vient de rendre à la chrestienté, depuis qu'elle a persuadé au grand visir de se retirer de devant Vienne, et au sultan de céder Brede et Esseck. Ce sont là *Gesta Dei per Francos,* suivant le titre d'un vieux ouvrage. Ce que d'autres prennent au rebours et comptent la destruction de l'Autriche avec le siège de la résidence de l'Empereur, d'un costé, et l'invasion du Rhin et des cercles voisins, de l'autre, parmy ce qu'ils appellent *Gesta Francorum per impios et gesta impiorum per Francos,* qui est le titre d'un autre ouvrage fait il y a longtemps, et qui ne pourroit estre augmenté que trop.

On ne peut pas mesme dire avec fondement que la ligue d'Augsbourg ait esté faite ou projettée proprement contre le Roy T. C. Elle n'a pas esté faite davantage contre la France que contre le Turc ou tout autre ennemi de l'Empire, et, si elle a eu quelque effet, c'est dans l'assistance qu'on a donnée à l'Empereur contre les infidèles; car dans le fond on peut dire qu'elle n'est pas venue à sa perfection par les intrigues de la France mesme, qui crioit haine contre les desseins les plus innocens pour intimider les mesmes cercles qu'elle ruinoit premièrement, après les avoir obligés d'abandonner les projets qui tendoient à leur conservation. C'est traiter la Suabe à peu près comme autrefois le feu duc de Lorraine. Et il semble qu'on la chastie présentement pour l'assistance généreuse que les princes et l'Estat de ce cercle ont donnée à l'Empereur contre le Turc, ce qu'on enrageoit en France de ne leur pouvoir honnestement défendre.

Voilà donc ce que c'est que ces ligues innocentes, ces préparatifs imaginaires et ces prétendus desseins d'hostilité dont ce manifeste fait tant de bruit. Ceux qui ne sont pas informés se seront imaginé peut-estre que Sa Majesté impériale avoit proposé des ligues offensives contre la France; qu'on aura intercepté quelque lettre secrète qui découvroit une cabale dangereuse des impériaux; qu'on aura tasché de débaucher les sujets du Roy T. C., et de luy susciter des ennemis dedans et dehors son royaume. Pour le moins, ils auront cru que l'Empereur aura fait quelque notable démarche pour la paix avec la Porte, qu'il aura fait délivrer des patentes pour des nouvelles levées, fait faire de grands magazins du costé du Rhin, envoyé des trouppes considérables vers ces quartiers-là, et ordonné des réparations des places ou mesme des nouvelles fortifications, pour se mettre en estat de faire la guerre ou au moins de la soustenir. Mais il n'est rien de tout cela : on avoit refusé toutes les ouvertures des ministres de la Porte, on n'a pas mesme garni Philipsbourg pour soustenir un siége ; nos frontières se sont trouvées entièrement exposées, et mesme le dedans mal en ordre et bien éloigné des précautions nécessaires.

C'est plustost la France qui avoit fait des grands préparatifs pour faire inonder les bords du Rhin en un moment, comme l'événement a fait voir, et qui sollicitoit et concluoit des ligues dans l'Empire, comme celle de Soest pour diviser la basse Saxe et la Westphalie, et celle de Luxembourg, faite pour favoriser le cardinal de Furstenberg dans ses desseins ambitieux et illicites, pour ne rien dire de mille autres cabales. C'est la France encore qui, entreprenant continuellement et menaçant de quelque chose de pis, a fait naistre tous les sujets imaginables de défiance, et s'est saisie enfin d'un grand archevesché et électorat de l'Empire, faisant entrer une armée en Allemagne avant que de venir à cette déclaration de guerre. Qu'on juge maintenant par cette comparaison qui a plus fait, l'Empire ou la France.

CHAPITRE VII

QUE NOUS NE SOMMES PAS OBLIGÉS D'AVOIR BONNE OPINION DE LA FRANCE ET DE CHANGER LA TRÊVE EN PAIX ET CESSION PERPÉTUELLE.

Ainsy ce qu'il y a d'effectif pour la rupture se trouve entièrement du costé de la France. Mais ce qu'elle impute à l'Empire, ce ne sont que des soubçons et des pensées toutes nues, qui, quand elles seroient prouvées, n'ont jamais passé pour des causes justes d'une guerre, comme par exemple *l'oubly* des avantages de la France, *l'imagination* que le Roy aime le repos, le *doute* de sa justice et *l'espérance* d'un changement de fortune, que le manifeste nous reproche, car il accuse la cour de l'Empereur *d'avoir oublié les avantages que la France a rapportés,* comme si la chose passoit la mémoire d'homme, et comme si les effets n'estoient pas devant nos yeux. Il est vray que nous n'avions que trop oublié les prises de Strasbourg et Luxembourg, et mille autres avanies, pour nous fier encore à des gens sans foy. Il nous impute *de nous estre imaginé que le Roy T. C. ne songeoit doresnavant qu'à gouster la douceur du repos.* Je croy que peu de gens ont esté de cette opinion : ce roy y avoit mis trop bon ordre pour qu'on le crust, on avoit déja reconnu l'année passée qu'il cherchoit des prétextes de rompre. En tout cas, estoit-ce faire grand tort à un prince que de luy attribuer les sentimens les plus dignes de sa sagesse? Il avoit assez fait pour se reposer, et, s'il avoit voulu jouir de sa gloire, il seroit le plus heureux des conquérans. Aussy quelques-uns croyent qu'il auroit pris ce parti si Bude, Essek et Belgrade, pris ou sur le point de l'estre, ne fussent allés le troubler jusque dans son cabinet. Voilà les actions qui ont le plus contribué à la guerre, et que le manifeste nous devoit reprocher, et Sa Majesté impériale a le plus grand tort du monde de prendre plustost que de se laisser prendre, et de faire des conquestes sur les Turcs qui déplaisent au Roy T. C.

Le *doute* dont on nous accuse, c'est d'avoir voulu prendre des précautions inutiles, par des ligues et autres négotiations, contre un Roy qui n'a jamais fait tort à personne, ny donné sujet de douter de sa parole. Et *l'espérance* qu'on nous objecte, c'est d'avoir osé croire que le ciel estoit capable d'abandonner les desseins de Sa Majesté françoise, dont la justice est si visible. Car c'est *l'espérance de trouver des grands avantages dans le renouvellement de la guerre* dont on accuse la cour de l'Empereur. Mais je voudrois sçavoir qui a le plus de tort, celuy qui ne fait qu'espérer dans ce renouvellement l'assistance de Dieu, maistre des rois et juste juge, ou celuy qui renouvelle la guerre effectivement, et qui, par conséquent, espère aussy, non pas en Dieu, mais en ses forces.

Si nos sentimens et opinions ne donnent point de droit au Roy de France de nous déclarer la guerre, nos *volontés* n'en donnent pas non plus, et le *refus* de changer la trêve en paix, dont on accuse l'Empereur, n'a jamais passé pour une cause légitime de rompre cette même trêve. Personne n'a esté attaqué avec justice pour avoir refusé ce qui estoit dans son pouvoir d'accorder ou non. Mais ce refus mesme est faux. Sa Majesté sacrée s'est toujours offerte à concourir à une paix seure et conforme à la justice. Il ne restoit plus à la France que d'entrer en discussion. Mais de se sousmettre honteusement aux lois de voisins insolens qui nous ordonnoient de faire la paix sur le champ de la manière qu'ils la prescrivoient, et sans vouloir entendre raison : c'est ce qu'elle ne vouloit et ne pouvoit faire sauf son honneur.

Il est faux encore de dire que les ministres du Pape ayent cru qu'*il n'y avoit pas meilleur moyen pour establir une bonne union entre les princes chrestiens que de faire un traité de paix sur le mesme pied que celuy de trêve, sans examiner le droit.* Où est-ce qu'ils ont avancé une telle absurdité ? Ils sont trop modestes pour prescrire à l'Empereur comment il doit faire la paix, et pour dire ce qu'à peine oseroit un ministre de France ; et ils sont trop éclairés pour ne pas juger que la véritable union et bonne intelligence entre les Estats chrestiens doit estre fondée sur la justice, et que d'autoriser les usurpations les plus déraisonnables d'une nation, sans se mettre en peine du droit, c'est donner envie de continuer les entreprises violentes et incompatibles avec le repos commun. Surtout il est très-faux et contre la notoriété publique, que les *difficultés* de droit contre les prétentions de la France, particulièrement sur les terres usurpées depuis la paix de Nimwègue, ayent esté souvent débattues (comme dit le manifeste), *et ne puissent plus estre soutenues que pour exciter des nouvelles aigreurs et des nouveaux troubles.* Je voudrois bien qu'on me marquast les titres ou pièces que la France ait produits, les mémoires échangés entre l'Empire et elle sur le détail des questions qui concernent tant de principautés et Estats, et enfin les endroits où l'on soit entré en conférence sur ce sujet, puisqu'on sçait qu'à Frankfort les François refusèrent d'entrer en matière, et que rien ne s'est fait là-dessus ailleurs. De dire maintenant qu'on ne puisse soutenir les droits de l'Empire sans exciter des troubles et des aigreurs, cela est menaçant et de la dernière insolence; comme si la France avoit tout pouvoir jusqu'à nous défendre d'ouvrir la bouche pour alléguer nos raisons d'une manière plausible. Cependant que veut dire cela, que le Roy T. C. *demande qu'on luy cède par un traité définitif tous les lieux qui avoient esté réunis à sa couronne en conséquence des traités de Munster et de Nimwègue?* Si les deux traités les luy donnent déjà, qu'a-t-il besoin de cession nouvelle? Mais on reconnoist assez en France que ces conséquences sont tousjours douteuses et plus souvent absurdes, et il n'appartient pas à un des partis d'estre seul interprète des traités communs à tant de puissances. S'ils avoient tous ces droits, pourquoy ne parlèrent-ils point au traité d'exécution de Nurenberg, où il estoit temps de les produire? S'en pouvoient-ils adviser si tard, eux qui sçavent tout éplucher? Mais toute l'effronterie françoise ne sçauroit soustenir que Strasbourg (par exemple) ait esté cédé par la paix de Munster1, puisque Strasbourg est excepté par des paroles les plus expressives. Acceptons cependant cette déclaration pressante du Roy T. C., qui s'explique de ne prétendre d'autres réunions à sa couronne ny cession perpétuelle qu'en vertu de la paix de Munster et de Nimwègue. Nous voilà tirés d'un grand doute, et voilà le royaume d'Austrasie à bas. L'Empereur donnera d'abord les mains à cette cession. Mais il faudra marquer comment les lieux qui n'y sont pas nommés y peuvent estre compris, et pour Strasbourg, Luxembourg et autres lieux, il faudra les rendre sans difficulté. Enfin la cession prise en ce sens est tout autre chose qu'une cession de tous les lieux que la France possède en vertu de la trêve, et qu'elle demande dans un autre endroit de ce mémoire.

Ce n'est pas peu de chose que cette cession perpétuelle que la France exige de nous, si elle doit estre reglée sur le pied de la trêve et de sa présente possession; il s'agit d'un pays dont le tour est de quelques cent lieues d'Allemagne, de presque tout ce que l'Empire possède au delà du Rhin, et, comme la réponse faite de la part de l'Empereur au manifeste l'exprime, de ce qui revient à l'Empire après la paix de Nimwègue. Il s'agit de plusieurs principautés, comtés, seigneuries, villes libres, et de quantité d'autres villes, chasteaux et terres. Et quand on céderoit tout cela, la Lorraine, le Bas-Rhin, la Franche-Comté, Besançon et d'autres lieux qui appartiennent encore à l'Empire, pour ne parler du Delphinat et autres parties du Royaume d'Arles, qui doivent encore relever de l'Empereur, seroient cédés par conséquent, car tout cela seroit entièrement coupé et séparé de nous.

Il est encore à propos de considérer, que quoyque le manifeste dise que cette cession asseureroit le repos de la chrestienté, feroit *cesser tout sujet de mésintelligence entre l'Empire et la France, et establiroit une bonne union et concorde entre tous les princes et Estats chrestiens*, il s'en faut pourtant beaucoup. Est-il nécessaire pour cela que nous cédions tout à la France, et qu'elle ne nous accorde rien? Y a-t-il de l'apparence que les demandes du plus fort soyent seules fondées, et toutes les autres injustes? Et cette hauteur qui met toute patience à bout, n'est-elle pas plustôt capable d'aigrir entièrement les esprits les plus modérés qui ont encore des sentimens d'honneur, bien loin d'éteindre toute la mésintelligence? La France se réservera-t-elle le pouvoir, qu'elle exerce maintenant, de régler nos élections, de se formaliser de nos négotiations et alliances défensives, et de se faire rendre compte de nos levées et de toutes nos démarches, jusqu'à entrer à main armée dans nos Estats sur la moindre action qui luy peut déplaire? car il est manifeste qu'il n'y aura jamais aucune bonne intelligence entre l'Empire et elle, si elle ne quitte des entreprises si insupportables. De plus, ces questions de la Lorraine et du Bas-Rhin, dont on ne sçait si le Roy T. C. veut faire subsister la vente illicite ou non, de la garnison de Casal et autres places de l'Empire, de la défense due aux cercles de Bourgogne et mille autres, ne seront pas vuidées par ce changement de la trêve en paix. Et puisqu'on parle de la concorde de tous les princes chrestiens en général, la plus grande pierre d'achoppement subsistera encore: c'est la prétention qu'il semble que la France se veut réserver encore en quelque façon, quoyqu'elle ne l'explique pas assez, sur les Estats d'Espagne, en vertu des droits prétendus de la feue Reine, nonobstant tous les sermens et toutes les renonciations, comme la déclaration choquante et mal fondée qu'elle donna à l'occasion du mariage de l'électeur de Bavière le marque; il faudroit terminer toutes ces difficultés en même temps, et suivant la justice, pour establir une bonne union et concorde générale.

Il y a eu bien des gens qui ont cru qu'on pourroit accorder aux importunités de la France la cession qu'elle demande, parce que ce ne seroit que du papier; qu'elle ne manqueroit pas de nous donner de nouveaux sujets de rompre un jour, quand nous serions en meilleur estat, et qu'on seroit toujours receu à réformer un traité extorqué. Mais la bonne foy religieuse de l'Empereur, et les sentimens généreux des plus considérables Princes de l'Empire ne s'accommodent pas de ces maximes d'une morale à la mode de France, qui change avec le temps et qui croit que l'utilité de l'Estat rend tout permis. Les gens de bien sont d'une autre opinion, et ils sçavent aussy que d'estre forcé à un traité désavantageux n'est pas une raison suffisante de le rompre. Ils ne croyent pas mesme qu'il soit permis de manquer de foy envers ceux qui font profession par leurs actions de n'en garder aucune, et que quelques-uns tiennent par là mesme incapables d'obliger d'autres, et comme des gens qui sont hors de commerce. Le plus seur est de garder les règles exactes de la droiture, mesme envers les plus méchans et les plus outrés des ennemis. Et quoyqu'il ne soit que trop vray que la France ne nous laissera point en repos, quelque cession que nous puissions faire, il est toujours vray aussy que les traités précédens ont coustume d'estre les fondemens des suivans, et que, quand cette cession aura passé une fois, elle subsistera fort longtemps apparemment, si ce n'est que, par une assistance spéciale de Dieu, et comme par un coup du ciel, tel que les Ottomans ont senti, nous devenions tellement supérieurs à l'ennemy que nous luy puissions donner des loix ; ce qui ne se peut faire en peu de temps que par un grand bouleversement de l'estat des choses, qui coustera bien du sang, et par une manière de miracle qu'il est permis d'espérer de la justice divine, mais dont il n'est pas permis de s'asseurer pour compter là-dessus sans tenter Dieu. C'est pourquoy il n'est pas raisonnable de donner les mains à une cession douteuse, sous l'espérance d'un grand changement.

Il faut encore considérer que les obligations de l'Empereur attachées à sa charge superéminente, le serment de la capitulation impériale et les devoirs les plus naturels d'un chef, ne permettent pas à Sa Majesté sacrée d'abandonner à une injuste puissance, sans aucune apparence de droit, tant de princes et Estats libres de l'Empire qu'on met sous un joug estranger et despotique, qui réclament et qui implorent son assistance. Il ne faut pas condamner les gens sans les entendre. Or la France ne veut pas permettre qu'on entende leurs griefs ny produise leurs titres. On ne sçauroit donc, en conscience, luy transporter tous ces Estats et seigneurs sans y estre forcé par la loy supérieure d'une nécessité extrême, à laquelle, grâces à Dieu, nous ne sommes pas encore réduits.

Cependant on ne sçauroit s'empescher de rire,

quand on entend les François vanter le désir d'une paix stable, et se plaindre de nostre peu d'inclination pour un si grand bien. *Quis tulerit Gracchos de seditione querentes?* Quand les François preschent la paix, c'est à peu près le sermon que le renard, allant en pèlerinage à S. Jacques, et publiant une amnistie générale entre tous les animaux, faisoit à une trouppe de poules qu'il rencontra en chemin. Ils ont sans doute fort bonne grâce de parler de paix perpétuelle, eux qui n'en connoissent aucune que celle d'un esclavage général à la turque. *Ubi servitutem stabilierunt, pacem vocant* (1). Mais il faut les renvoyer à *l'enseigne d'une éternelle paix,* c'est à dire au cimetière, que quelque plaisant avoit pris pour enseigne de sa maison avec ce beau titre.

Quelque paix perpétuelle qu'on fasse, elle ne sçauroit estre ny plus exactement touchée que celle de Munster, ny plus solennelle que celle des Pyrénées, jurée par deux grands Roys en personne, et obsignée par le mariage de l'Infante. Pour ne rien dire des deux dernières paix d'Aix-la-Chapelle et de Nimwègue, faites avec précipitation, où la France a eu tout l'avantage, en a-t-elle gardé aucune? Et ne s'est-on pas moqué ouvertement de ceux qui se fondoient sur le paragraphe : *Teneatur Rex christianissimus,* et autres semblables? Comme si le Roy trèschrestien pouvoit estre tenu à quoy que ce soit, et comme s'il pouvoit recevoir d'autre loy que celle de l'agrandissement de son Estat, ce que le manifeste appelle les *règles d'une bonne politique,* c'est-à-dire

---

(1) *Ubi solitudinem faciunt, pacem appellant. Tac. Agr.* 30.

l'utilité d'une couronne, qu'on peut faire passer pour un fondement justificatif d'une guerre illégitime ! L'on sçait assez, par des livres publiés en France d'une manière autorisée, que, lorsqu'on délibéra si le Roy T. C. se devoit sousmettre au serment qui confirmoit la renonciation de l'Infante, des ministres peu scrupuleux répondirent hardiment, malgré l'honnesteté et la conscience, qu'il ne falloit pas s'arrester à ces sortes de considérations, et que, si le cas où l'on pourroit faire valoir les droits de l'Infante venoit à écheoir, il n'y auroit point de bon François qui oseroit dissuader au Roy de s'en prévaloir pour le bien de sa couronne, malgré tout ce qu'on auroit pu promettre.

Or quelle paix perpétuelle peut-on faire avec des gens qui autorisent publiquement des maximes absolument contraires à toute la force des traités, paroles et sermens, lesquelles estant reçues, il n'y a plus de droit des gens, ny de foy parmy les souverains, ny de paix solide à espérer, ny de traité durable à faire ? Ce ne seront plus que des mommeries et des vains amusemens des crédules. Si les sermens et les paroles royales ne valent plus rien, quelle invention peut-on trouver pour s'asseurer de l'effect des promesses ? Ne doit-on pas tousjours estre armé et néanmoins tousjours exposé à la mauvaise foy d'un ennemi caché, qui prendra son temps avec avantage, et en ce cas une guerre déclarée ne vaut-elle pas mieux qu'une paix infidèle ?

Enfin c'est bien assez pour la France d'avoir extorqué une trêve à l'Empire, pour posséder paisiblement, vingt ans durant, des grandes provinces, où elle n'avoit rien à prétendre, et puisqu'on s'en estoit contenté de part et d'autre, et qu'on l'avoit renouvellée mesme l'année passée, quelle nouvelle raison peut-elle produire, qui luy donne le droit de la rompre et d'extorquer une cession perpétuelle? Les Turcs, tout Turcs qu'ils sont, estoient plus modérés : ils ne prétendoient que des trêves, qu'ils prolongeoient mesme de temps en temps, sans se mettre en teste d'exiger de l'Empereur une cession perpétuelle de la meilleure partie du royaume de Hongrie, qu'ils possédoient. Maintenant, si la France se veut mettre sur le pied turc, et plus que turc, par des violences et usurpations inouïes parmy les chrestiens, l'on pourroit dire avec raison qu'il est juste qu'on la considère comme nostre ennemy juré, qu'elle se contente aussy de simple trêve, et qu'on ne fasse plus de paix perpétuelle avec elle, puisque aussy bien il est inutile et presque ridicule d'en faire.

La paix est bonne de soy,
J'en conviens ; mais à quoy sert-elle
Avec des ennemis sans foy ?

CHAPITRE VIII

FOIBLESSE DES RAISONS DE LA RUPTURE, PRISES DES AFFAIRES DU PALATINAT ET DE COLOGNE, QUE LE MANIFESTE FAIT PASSER POUR PRINCIPALES.

Mais quand la cour impériale auroit grand tort d'avoir refusé de changer la trêve en paix conformément aux ordres précis de la France, ce tort ne subsisteroit plus, depuis que la France a acquiescé à ce refus l'année passée, et s'est déclarée contente de la déclaration de l'Empereur. Et cette réponse générale ruine la plupart des raisons de ce manifeste, qui ne valent plus rien après cet acquiescement, quand, contre toute apparence, elles auroient auparavant quelque chose de valable. La ligue d'Augsbourg, l'association de Nurenberg, la prétention de Madame la duchesse d'Orléans sur quelque partie du Palatinat, le refus d'une cession perpétuelle, ne peuvent donner sujet à la France de se dédire de sa dernière parole, puisque toutes ces choses sont antérieures à cette parole. Et c'est pour cela qu'elles ne sçauroient passer pour des marques certaines du dessein de l'Empereur de faire au plustost la paix avec la Porte, pour rompre avec la France, comme le mémoire nous veut persuader, puisque l'événement luy-mesme a fait voir le contraire il y a longtemps. Et le Roy T. C. luy-mesme n'en jugeoit pas ainsy, lorsqu'il donnoit sa dernière déclaration. De sorte que la France est réduite à ne produire que des preuves tirées de ce qui s'est passé il n'y a qu'un an. Cependant nous avons eu et aurons encore la complaisance d'examiner aussy ses autres preuves prétendues, quelque inutiles qu'elles soyent.

Venons donc aux raisons que le mémoire veut faire passer luy-mesme pour les plus fortes. On s'attend à quelque chose de grand et de plausible; mais, après avoir tiré le rideau, on ne trouve que des bagatelles, sçavoir, que l'Empereur a fait son possible, par les voyes de la négociation, pour empescher le cardinal de Furstenberg de devenir archevesque et Électeur de Cologne, et que l'Électeur palatin exerce des violences inouïes contre la sœur de son prédécesseur, épouse du frère unique du Roy T. C., c'est-à-dire qu'il retient quelques bailliages, que son prédécesseur avoit aussy possédés et transmis à luy en qualité d'Électeur, et qu'on n'avoit jamais mis en question auparavant. Sont-ce là des choses qui méritent qu'on mette l'Europe en combustion et qu'on sauve le mahométisme ?

Je crains que quelqu'un ne s'imagine qu'on impose au mémoire françois, et qu'on supprime ses meilleures raisons. Mais le mémoire sera luy-mesme nostre garant, car il avoue, quoyque peut-estre avec assez peu de prudence, que ce sont là les plus convainquantes. Voicy ses propres termes : *Quand mesme toutes ces démarches,* comme d'avoir voulu faire la paix avec la Porte, d'avoir négocié des alliances dans l'Empire et d'avoir refusé la cession perpétuelle sur le pied de la trêve, *ne seroient pas suffisantes pour faire voir clairement la résolution que la cour de Vienne a prise de recommencer la guerre au plus tost ou incessamment* (comme on adjoute en quelque autre endroit) *contre la France, en pourroit-on douter après toutes les preuves qu'elle en a données, tant au sujet de la succession palatine qu'à l'occasion de la postulation qui a esté faite du cardinal de Furstenberg ?*

CHAPITRE IX

APOLOGIE DE L'ÉLECTEUR PALATIN A L'ÉGARD DES PRÉTENTIONS DE LA DUCHESSE D'ORLÉANS.

Cet endroit tout seul est décisif, pour faire veoir la foiblesse ou plus tost le néant de ce pauvre manifeste. Plust à Dieu que l'armée de France ne menast pas de meilleures raisons avec elle! Si ces petites affaires (auprès de l'intérest général de la Chrestienté) sont les plus grands fondemens du mémoire, et les principaux sujets de la guerre, jusqu'à devoir servir quand tous les autres seroient insuffisans, comme ils le sont sans doute, que peut-on attendre des autres raisons, que le mémoire luy-mesme reconnoist estre moins considérables? Ainsy, pour quelque coin du Palatinat ou son équivalent en argent, et pour la vanité d'appuyer une créature qu'on veut forcer l'Église et l'Empereur de recevoir, on déclare de sacrifier la gloire de Dieu, le bonheur commun des hommes et la félicité du siècle!

Tout cela va mesme contre le jugement, et on reconnoist assez que ceux qui ont dressé ce mémoire estoient fort distraits ou ne pensoient pas fort juste. Qu'avoient-ils besoin d'élever si haut ces misérables raisons, pour discréditer par là toutes les autres, de leur propre aveu? Mais il y a des gens accoustumés à certaines exagérations hors de propos, dont ils ne considèrent pas les conséquences. Cela, joint à bien d'autres endroits fort foibles et fort peu liés de ce mémoire, fait croire que des meilleures plumes, dont on ne manque point en France, ont dédaigné de s'employer pour soustenir la plus visible des injustices. Si l'on avoit encore dit simplement que ces deux affaires du Palatinat et de Cologne donnent droit au Roy d'attaquer l'Empire, cela seroit faux ; mais cela ne seroit pas si ridicule qu'il l'est maintenant de dire qu'elles marquent infailliblement un dessein, formé par l'Empereur, de faire au plus tost la paix avec les Turcs, pour rompre en mesme temps avec la France : cela choque le bon sens, puisqu'il n'y a pas la moindre connexion. Quant au Palatinat, c'est une absurdité manifeste de tirer cette conséquence. Il y a déjà longtemps que cette controverse subsiste, et l'Empereur n'y ayant presque rien fait du tout, ou au moins n'y ayant rien fait de nouveau, tout estant demeuré dans le mesme estat depuis quelque temps, comment y peut-on trouver la preuve d'un nouveau dessein très-grand et d'une tout autre nature, que l'Empereur doit avoir formé tout présentement? C'est vouloir parler sans penser à ce qu'on dit, et mesler par des transitions peu judicieuses des matières qui n'ont rien de commun. Et quant à l'affaire de Cologne, quelle incompatibilité y a-t-il dans ces deux résolutions, que l'Empereur avoit prises, de continuer la guerre contre les Turcs, et d'empescher, s'il est possible, par des remontrances, qu'un cardinal ennemy de sa patrie ne devienne archevesque et Électeur du saint Empire, et n'ait le pouvoir de mettre le Bas-Rhin entre les mains de la France, comme le Haut-Rhin et Cologne, païs et villes, comme Strasbourg ? Peut-on trouver mauvais que l'Empereur a fait négotier fortement contre un tel homme ? Et qui a jamais épargné messages, lettres et raisons en telles occasions ? Mais les procédures ne marquent pas un dessein de rompre. Elles n'ont rien de commun avec un train d'artillerie et des trouppes, ne coustent pas tant et servent beaucoup quelques fois. Mais il n'y a nulle conséquence que celuy qui les employe sera aussi résolu d'employer les autres, qui sont d'un peu plus de dépense et de danger, et qu'on n'a pas tousjours en son pouvoir. Mais nous allons voir plus particulièrement ce que le manifeste avance sur ces deux affaires du Palatinat et de Cologne.

Tout homme d'esprit ne sçauroit disconvenir qu'il y a quelque chose de peu convenable et de ridicule dans certaines expressions dont le manifeste se sert contre l'Électeur palatin. L'animosité fait souvent qu'on ne songe pas à ce qu'on dit. C'est S. A. E. (suivant le manifeste) qui exerce des violences très-grandes ; il semble que c'est un conquérant qui fait à la France ce qu'elle fait à l'Empire, et qui enlève une province et une ville après l'autre, sous divers prétextes de droit, ce qui oblige enfin le Roy T. C., tout paisible et tout amateur de repos qu'il est, de prendre les armes, *pour arrester le cours des injustices et des violentes usurpations de cet Électeur,* et pour *protéger* Monsieur, son frère unique, et Madame, sa belle-sœur, contre l'oppression de ce prince. Tout ce qu'on peut dire à l'excuse de ces locutions impropres du manifeste, c'est qu'on se moque de nous et de ce digne Électeur, dont on se plaint encore par dérision, quoyqu'on l'ait menacé déjà et gourmandé de mille manières sans écouter aucune raison, et qu'on le dépouille maintenant avec beaucoup de dureté sans considérer sa qualité, son mérite, ses intentions louables et pacifiques, mais surtout son aage et son estat, que les ennemis qui ont des sentimens d'humanité ont coustume de respecter, puisqu'il ne s'estoit pas encore remis d'une maladie qui a paru mortelle, et qu'on l'a enfin chassé de son païs tout agonisant qu'il estoit, pour marquer qu'on prend plaisir de maltraiter les princes qui n'ont pas la bassesse de se soumettre aveuglément aux ordres de la cour de France, afin de donner de la terreur aux autres par de tels exemples. Mais je ne sçay si c'est le moyen de réussir auprès des âmes généreuses, qui se roidissent à la veue de ces procédures indignes et insupportables.

Pour ce qui est du droit prétendu de Madame la duchesse d'Orléans, que le manifeste fait valoir comme s'il estoit *incontestable*, c'est parler contre la notoriété et oublier la promesse qu'on avoit faite de ne vouloir avancer que des assertions dont tout le monde seroit obligé de demeurer d'accord. Il est notoirement faux d'appeler la duchesse d'Orléans unique héritière de ses père et frère; car le frère estoit aussi héritier du père, et, quant à la succession du dit frère, on sçait que, selon les loix de l'Empire, la mère du dernier Electeur n'estoit pas moins son héritière que la sœur. Il y a longtemps que les ministres de Brandebourg ont remonstré à ceux de France leur erreur sur ce sujet; mais ce sont des gens qui ne veulent pas estre désabusés. De plus, il y avoit des testamens du père et du frère, et les portions dotales de la duchesse d'Orléans, qui régloient assez les choses. Et on sçait qu'un frère peut passer sa sœur sans commettre aucune inofficiosité. Mais quand ladite dame Duchesse seroit véritablement héritière et héritière unique, ceux qui ont eu soin des affaires de la dite dame Duchesse d'Orléans n'ont pas encore pu vérifier où sont ces biens allodiaux, immeubles et fiefs héréditaires qu'ils prétendent. Cependant la présomption est pour l'Électorat, qui a la règle pour soy, jusqu'à ce qu'on en vérifie l'exception. C'est la raison aussy bien que les loix qui ordonnent que le droit plus grand et plus considérable, enveloppant d'autres de moindre conséquence, est censé de les comprendre quand ils ont esté incorporés ensemble et qu'on n'en sçauroit faire la distinction. C'est ainsy que les jurisconsultes disent communément que ce qui est dans le territoire est jugé estre du territoire. Et les loix des fiefs y ont pourveu particulièrement; car, lorsque les vassaux ont meslé leur allodial avec le fief, en sorte qu'on ne peut le discerner, on juge pour le seigneur contre le vassal, qui le doit imputer à soy-mesme et à ceux dont il a cause, et surtout, lorsque le fief étoit plus grand et plus considérable que l'allodial, cela ne recevoit point de doute.

Or, icy, il ne s'agit pas seulement de présomption, mais de quelque chose de bien plus exprès, et l'intention de l'Électeur est encore plus fondée. Ce sont les anciens et nouveaux pactes de famille faits tant entre les branches descendues de l'empereur Louis de Bavière et de son frère Rudolphe, qu'entre les rameaux de la branche Rudolphine, qui y ont pourveu en termes très-clairs ; et, suivant ces accords, les terres ont esté jugées incorporées et annexées au Palatinat, et receues des mains de l'Empereur par les investitures. C'est en vertu de ces investitures simultanées, autorisées encore par la paix de Munster, que l'Électeur d'à présent a succédé dans toutes les terres que tenoit son prédécesseur suivant le droit connu des fiefs. Or, les descendans estant liés par ce qui a esté fait ou disposé par leurs ancestres avant leur naissance et avant aucun droit à eux acquis, Madame la duchesse d'Orléans n'a rien à opposer à des réglemens autorisés il y a longtemps, touchant ce qui est purement allodial et du patrimoine. Mesme à l'égard des meubles, l'on sçait que, suivant les usages d'Allemagne et suivant la raison, une bonne partie de ce qui se trouve appartient à l'Estat, et doit passer au successeur de la principauté, quoyqu'il ne soit point héritier du patrimoine. Car il ne faut point dépouiller l'Estat de ce dont un Prince a besoin pour soutenir sa dignité et pour pourvoir aux nécessités publiques ; autrement, le nouveau prince seroit obligé d'imposer à ses sujets des charges pesantes et souvent insupportables pour tirer d'eux de nouveau ce qui a déjà esté acquis autrefois à leurs dépens et à celles de l'Estat. Un vassal, et surtout un prince vassal, n'est pas un simple usufructuaire, car il est obligé à ne manquer à rien qu'exige de luy le service de l'Empire et du public. C'est à quoy doivent concourir non-seulement ses sujets, mais encore les domaines ; et ce qui en provient n'est pas absolument à luy.

Et pour ce qui est du possessoire, on ne sçauroit dire que l'Électeur palatin seroit mis en possession par des voyes vicieuses et par des violences que le manifeste luy attribue contre la notoriété publique. Son prédécesseur, frère de Madame la duchesse d'Orléans, est entré en traité avec luy sur ce sujet pour éviter les désordres qui pourroient arriver, et, suivant ce traité, conclu à Heilbron par les conseillers de l'un et de l'autre prince, ratifié de part et d'autre, et qui a esté assez publié sans que personne y ait formé aucune opposition de la part de Madame la duchesse d'Orléans, l'Électeur d'à présent a pris possession du pays d'une manière paisible et déjà réglée ; et, en vertu de cette prise de possession et transmission, il possède tout ce que son prédécesseur tenoit en qualité et titre d'Électeur et prince palatin. Et la justice veut qu'il soit maintenu dans cette possession, jusqu'à ce qu'on vérifie dans le pétitoire, devant le juge compétent, qu'il y a quelque chose de meslé qui ne luy appartient pas.

Or le duc d'Orléans, s'il y avoit quelque chose à redire de la part de Madame la duchesse son épouse, devoit premièrement donner des preuves de son droit prétendu pour en instruire le monde, et, ne pouvant rien obtenir de l'Électeur palatin, la voye de la justice prescrite dans l'Empire luy estoit ouverte. Mais, au lieu de cela, le Roy T. C. son frère s'en mesle par des menaces continuelles qui se sont enfin terminées à des voyes de fait les plus violentes. Il est vray que les ministres de France ont proposé l'arbitrage du Pape ; et il est seur aussy que l'Électeur n'auroit pas fait difficulté de subir ce qu'auroit pu prononcer Sa Sainteté, dont la justice n'est révoquée en doute que par la France, s'il avoit dépendu d'elle d'accepter cet arbitrage. Mais Son Altesse Électorale a fait connoistre, tant à Sa Sainteté mesme qu'à la France, que l'adverse partie travaillant de soubstraire tant à l'Empire qu'à toute la Maison palatine dedans et dehors de l'Empire des terres très-considérables, et l'affaire n'estant pas seulement la sienne, puisque tous les autres qui portent le titre de ducs de Bavière et princes palatins, tant catholiques que protestans, mesme le Roy de Suède, y interviennent à cause de leur droit d'attente et investiture, il n'estoit pas dans son pouvoir de faire préjudice à toutes les parties intéressées et intervenantes qui demandoient qu'on observast le droit ordinaire dans une matière de cette importance. Aussy Sa Sainteté a acquiescé à des représentations si fondées.

Le manifeste nous objecte qu'*il y a une infinité d'exemples de semblables contestations entre les princes et Estats de l'Empire remises au jugement des puissances qui n'en dépendent point*. Cette proposition est avancée icy assez mal à propos ; car il ne s'agit pas d'une contestation entre les membres de l'Empire, puisque on ne sçauroit compter Madame la duchesse d'Orléans parmy les princes et Estats de l'Empire. Et d'ailleurs, cette infinité d'exemples est fort hyperbolique. Le nombre n'en est pas fort grand, et il y a quelquefois lieu de douter de leur justice. Mais il y en a qui n'ont pas assez d'égard pour le Pape, et il y en a aussy qui n'ont pas sujet d'en avoir beaucoup pour la France, dont ils ont esté très-mal traités, et qui ne croyent pas estre obligés d'avoir pour elle la complaisance de renoncer à la jurisdiction ordinaire en faveur du frère du Roy T. C.

L'Empire aussy a raison, dans cette occasion, de ne se pas laisser dépouiller du droit de juger d'une affaire de cette importance. Lorsqu'il s'agissoit des contestations des Estats de l'Empire entre eux, l'Empire n'y perdoit rien, de quelque costé que l'arbitrage pourroit aller. Maintenant on connoist les maximes de la France : lorsqu'un prince du sang, tels sont les descendans de Madame la belle-sœur du Roy T. C., acquiert quelque terre, on prétend d'abord de l'unir à la couronne, et on débite des maximes, quoyque chimériques, d'une inséparabilité perpétuelle de ce qui a esté réuni une fois, à peu près à la façon des Turcs, qui vouloient faire croire qu'ils n'aliénoient jamais les lieux où ils auroient basti des mosquées. Outre que, les usurpations inouïes et toutes fraisches de la France rendant toutes les paroles suspectes, on n'y sçauroit avoir aucun égard, quand le Duc d'Orléans s'offriroit d'estre vassal de l'Empereur à raison des terres qu'il prétend dans l'Empire, ce qu'aussy bien il n'a garde de faire, pour ne rien dire du droit de représailles que l'Empire a pouvoir d'exercer contre les François ou ceux qui sont naturalisés en France, tandis que la France ne prive pas seulement l'Empire de tant d'Estats qui luy appartiennent, mais ne permet pas mesme aux sujets de l'Empire d'hériter en France à cause d'aubaine. Enfin, si les parlemens affectent de juger ridiculement de ce qui appartient depuis plusieurs siècles au Pape, à l'Empire ou à d'autres puissances, comme d'Avignon, d'Oranges, de Neufchâtel, et de tant d'Estats envahis depuis peu sur l'Empire, comment la France peut-elle trouver mauvais que les tribunaux de l'Empire jugent de ce qui a tousjours esté de l'Empire?

Or, quoyque l'Électeur n'ait pu accepter l'arbitrage de Sa Sainteté, il en a agréé la médiation, qui pouvoit avoir le mesme effect. La France ne l'a point refusée, et, quoyqu'elle n'ait point encore voulu instruire Sa Sainteté de ses prétentions pendant que S. A. E. avoit envoyé une personne à Rome pour l'informer de son droit, néantmoins il n'y a pas longtemps qu'elle y sembloit encore donner les mains, comme l'envoyé de France à Vienne le donnoit à connoistre encore dernièrement; mais enfin elle déclare tout d'un coup que le Pape est partial, et qu'elle ne veut plus avoir de déférence pour luy.

L'animosité qu'on fait paroistre contre l'Électeur est tout à fait estrange. Il semble que le manifeste a esté fait plustost contre luy que contre l'Empereur et l'Empire luy-même; il en occupe plus que la moitié. Et c'est luy qui, pour maintenir ses usurpations, tasche d'exciter la guerre, qui fait je ne sçay quelles ligues, et qui enfin fait prendre à l'Empereur la résolution de faire la paix avec les Turcs pour attaquer la France, comme s'il avoit un pouvoir absolu à Vienne; et, ce qu'il y a de plaisant, c'est pour faciliter cette guerre qu'il tasche de procurer à un des princes ses enfans l'archevesché de Cologne; car, sans ce dessein de guerre, il n'y auroit point songé : cet archevesché n'est pas un assez bon morceau pour mériter par luy-mesme qu'on s'en mette en peine. On laisse juger aux personnes d'esprit s'il y a du bon sens dans ces raisonnemens : il y a des gens qui voudront ou feront la guerre pour un Électorat; mais qui est-ce qui s'advise de chercher un Électorat pour faire la guerre? Voilà une des marques bien fortes et bien infaillibles du dessein de rompre avec la France, sçavoir, de souhaiter qu'un des siens devienne Électeur! Quoy qu'il en soit (au dire du manifeste), c'est l'Électeur palatin qui donne le branle à tous ces mouvemens. Le peu de succès de sa prétention à Cologne *n'est pas capable de renverser les forces de cet Électeur* (c'est le françois du manifeste). Ne pouvant pas réussir à Cologne pour un des princes ses enfans, il pousse le prince Joseph-Clément de Bavière à se porter rival du cardinal de Furstenberg, pour s'asseurer par là un jour la Maison de Neubourg ou l'Électorat de Cologne, ou mesme celuy de Bavière, comme si la cour de Bavière estoit la duppe des autres et ne voyoit que par les lunettes de Heidelberg, ou n'avoit pas l'esprit de se souvenir d'elle-mesme que tant d'Électeurs et archevesques de Cologne, tout de suite jusqu'au dernier, ont esté de cette maison! C'est avoir fort mauvaise opinion de S. A. E. de Bavière et de son conseil, que de croire qu'ils se laissent mener suivant les intérests et caprices de quelque autre prince, sans estre capables de juger ce qui est propre tant à conserver la maison qu'à conserver un grand archevesché à la maison.

Mais il n'y a presque rien dans ce manifeste qui soit plus contraire à la raison, et qui marque mieux un esprit aveuglé par l'animosité et par la passion, que de dire que *l'Électeur palatin n'a rien obmis de tout ce qui a esté capable d'exciter entre la France et l'Empire une guerre, qu'il a considérée comme un moyen de retenir impunément, dans la confusion et le désordre qu'elle porte avec elle, ce qui ne luy appartient pas.* C'est une absurdité dorée et couverte de belles paroles. Il falloit que l'Électeur palatin et son conseil eussent perdu le sens, pour croire que dans le temps où nous sommes la guerre entre l'Empire et la France, où il est le plus exposé, et d'où il ne peut attendre que la ruine de ses Estats par les trouppes des amis et des ennemis, luy pourroit estre avantageuse. Cette *confusion* et ces *désordres*, que la guerre entraisne, ne peuvent manquer de tomber principalement sur luy-mesme. Je veux bien croire que cet Électeur, avec d'autres princes bien intentionnés, a souhaitté, et travaillé à ce qu'il y eust plus d'union, plus d'ordre et plus de vigueur dans l'Empire, et qu'on s'y mist une bonne fois en devoir de se mieux faire considérer un jour, et de se maintenir dans ses droits, terres et Estats contre les entreprises des estrangers. Mais ces bons desseins ne pouvoient avoir si tost leur effect, et rien n'y est plus contraire que de se rompre incessamment avec la France. Il est aisé de juger que ce sage prince ne songeoit qu'à finir en repos le peu de jours qui lui restent. C'est la France qui, ne pouvant souffrir que l'Empire se remette ou ait le loisir de respirer, est bien aise de faire passer tous nos desseins les plus pacifiques, qui tendent à nous mettre en meilleur estat, pour un dessein formé de l'attaquer, ce qui est un aveu tacite qu'elle est nostre ennemie naturelle et asseurée, qui tient notre bien pour son malheur et nos désordres pour son advantage.

CHAPITRE X

QUE L'AFFAIRE DU PALATINAT NE PEUT DONNER AUCUN DROIT DE ROMPRE AVEC L'EMPEREUR ET L'EMPIRE.

Mais, quand tout ce qui se dit contre l'Électeur palatin seroit véritable, falloit-il s'en prendre à l'Empereur et à l'Empire? Supposons que la France ait découvert que les intrigues de ce prince tendoient à porter l'Empereur non-seulement à une prompte paix avec la Porte et à des liaisons contraires à la France, mais encore à une résolution positive de rompre avec cette couronne, et de tourner au plus tost ses armes vers les bords du Rhin : pour cet effect, il falloit attendre qu'il y eust des marques que l'Empereur eust donné les mains à ces propositions. Mais nous avons déjà fait veoir que, bien loin qu'on en ait des preuves ou au moins des apparences, il y a des preuves manifestes de tout le contraire, que nous avons touchées cy-dessus, de sorte qu'une bonne partie du manifeste est inutile, quand elle seroit bien fondée. L'Empereur n'est pas obligé de répondre des conseils de son beau-père, qui pouvoit faire des souhaits contre la France, et entamer des négotiations contraires à ses desseins ambitieux, mais qui ne pouvoit pas luy faire la guerre, ny la mettre dans la nécessité de la commencer.

D'ailleurs nous avons déjà remarqué que l'Empereur n'a pas fait de la cause de l'Électeur palatin la sienne, et qu'il s'est tousjours tenu aux termes de l'égalité qu'un juge doit avoir à l'égard des parties. C'est pourquoy il n'a rien fait au sujet de la succession palatine, que ce qui tendoit à la conservation de sa jurisdiction impériale : et au moins il est très-notoire qu'il n'a rien fait de nouveau depuis sa dernière déclaration, donnée au Pape, à laquelle le Roy T. C. a déclaré d'acquiescer. Touchant l'observation de la trêve, et toutes les affaires de cette succession estant absolument demeurées dans le même estat depuis ce temps là, quelle raison peut-il y avoir de dire *que ce que l'Empereur a fait à l'égard de la succession palatine est une marque infaillible qu'il alloit commencer la guerre,* puisqu'il faut ou que ces marques infaillibles de rompre y ayent paru dès lors, ou qu'elles ne paroissent point encore ? Mais on voit que ceux qui ont adressé le manifeste parlent à tort et à travers, sans faire réflexion s'il y a de l'apparence et mesme du jugement dans les assertions qu'ils avancent.

De grâce, qu'on me dise ce qu'on vouloit que l'Empereur fist au sujet du Palatinat. Il ne pouvoit pas abandonner ny déposséder l'Électeur (quand mesme le droit luy seroit aussi contraire qu'il luy est favorable) avant que le Duc d'Orléans eust intenté action contre luy, ce qu'il n'a pas voulu faire. Ou si on me dit que Sa Majesté impériale pouvoit employer ses bons offices auprès de son beau-père, et l'exhorter à satisfaire audit droit, outre qu'il n'y a aucune obligation ny à l'égard de l'Empereur de le faire, ny à l'égard de l'Électeur d'y déférer, je répondray que l'Empereur n'auroit sans doute rien obmis de tout ce qu'il doit, si la France luy avoit fait l'honneur de le requérir; que cependant il est déraisonnable de vouloir qu'il devoit donner le tort à l'Électeur, ou plustost à toute la Maison palatine, qui comprend encore celle de Bavière, avant la moindre discussion, et contre la possession, l'usage et les apparences : et de dire que Sa Majesté impériale devoit le faire néanmoins, sous peine de mériter qu'on luy impute d'avoir pris la résolution de s'accommoder incessamment avec les Turcs, afin d'attaquer la France en mesme temps, cela tient de l'impertinence.

CHAPITRE XI

JUSTICE DE L'ÉLECTION DE COLOGNE ET LES MÉRITES DE FURSTENBERG.

Venons au dernier prétexte de cette guerre que la France nous déclare, c'est-à-dire à l'affaire de Cologne, sur laquelle il semble qu'elle appuye le plus, laquelle (jointe à l'achèvement de la conqueste de la Hongrie) luy estant survenue depuis peu, au lieu que les autres estoient surannées, peut avoir contribué quelque chose à sa résolution, non pas parce qu'on y trouve quelque ombre de droit, mais parce qu'on est fasché d'avoir manqué du costé de l'adresse et de la négotiation, estant accoustumé que tout obéisse. Aussy la lettre du Roy T. C. au pape disoit *positivement que le refus des bulles que le cardinal de Furstenberg demande causera une guerre sanglante*, et celle que ce Roy a escrite au cardinal d'Estrées adjoute qu'il y a bien de l'apparence. *Ma il comportamento che Sua Santità tiene di presente produrra una guerra generale in tutta la Christianità*. Et plus bas que : la *Sacra Santità (confirmando la postulatione del Cardinale) dava il riposo a tutta Europa*, et encore : *che questo modo di governar del papa porta li negocii dell' Europa a una guerra generale*. Cela estant, il semble que tous les autres prétextes n'ont esté mis en avant que pour la parade, et pour jetter de la poudre aux yeux de ceux qui sont mal informés.

Le manifeste passe de l'affaire du Palatinat à celle de cette Élection par une enfilade assez mal placée à son ordinaire. Car il semble que ce qu'on en dit n'est qu'un appendice des plaintes qu'on fait contre l'Électeur palatin, et qu'il y a poussé (dit-on) le pape et l'Empereur, et remué ciel et terre pour cet effect. Mais quand cela seroit, ces négotiations ne donnent aucun droit de guerre, surtout contre l'Empire, qui n'y avoit point de part, et s'il est vray que des Électeurs se seroient servis des voyes et négotiations contraires aux canons de l'Église, pour obtenir pour les leurs des bénéfices situés en Allemagne, il n'appartient pas à la France de s'en ressentir, et encore moins de rompre pour cela avec l'Empire.

Ces imputations cependant sont fort mal fondées.

On accuse l'Électeur palatin qu'il s'efforce d'obtenir pour sa Maison, en toutes occasions, des dignités ecclésiastiques, se servant des voyes les plus violentes et les plus contraires aux règles de l'Église, et aux lois et constitutions de l'Empire. Cependant personne n'a jamais ouy parler d'aucune violence dont on se soit servi à l'occasion des éveschés d'Augsbourg et de Breslau, et de la grande maistrise de l'Ordre teutonique. Le tout s'est passé d'une manière paisible, et conforme aux canons, loix et coustumes autorisées. Il n'y a que la France qui donne des leçons de violence à ceux qui la voudroient imiter, et qui opprime la liberté des Églises. Tant d'évesques d'un mérite reconnu et d'ecclésiastiques sçavans et pieux qu'on a traités avec la dernière dureté, parce qu'ils osoient consulter leur conscience quand il s'agissoit d'obéir aux ordres de la cour, en peuvent rendre tesmoignage. Et les trouppes dont elle remplit l'archevesché de Cologne sont des marques parlantes du respect qu'elle a pour les loix de l'Église et de l'Empire.

On dit que l'Électeur palatin s'est servi contre les *chanoines de Cologne et contre le feu Électeur luy-mesme de menaces si violentes et si outrées, qu'elles luy ont attiré l'indignation des uns et des autres, et que, de vingt-quatre voix, elles en ont déterminé dix-neuf à postuler le cardinal de Furstenberg.* Mais quelle apparence de menacer à la veue de la France, qui menaçoit bien autrement? Il est à croire que toutes menaces prétendues n'estoient que des remonstrances bien raisonnables, par lesquelles on faisoit voir les suites infaillibles et malheureuses de la postulation de Furstenberg, qui introduisoit les François dans l'Empire par la porte de cet archevesché, et en causeroit une désolation totale. Et il est ridicule de dire que l'indignation conçue contre le parti de Neubourg a déterminé les chanoines à choisir le cardinal pour coadjuteur, comme si une bonne partie n'avoit pas esté gagnée de longue main! Quant à la coadjutorerie, les bien-intentionnés n'osoient pas s'opposer alors, parcequ'ils n'espéroient pas d'y pouvoir faire obstacle, et n'estoient pas encore informés des justes oppositions du Pape et de l'Empereur, outre qu'ils sçavoient que la coadjutorerie ne donne jamais le droit de succéder sans l'agrément de Sa Sainteté.

Le mérite du cardinal de Furstenberg est contesté par bien des gens. En France, on *le fait passer pour le plus capable de bien gouverner, on prône son expérience acquise pendant l'administration que le feu Électeur lui avoit confiée, la qualité de doyen, l'aage et les bonnes qualités personnelles.* Mais tout le reste de l'Europe, et sans doute aussi les François qui parlent sincèrement, le considèrent comme un boute-feu des guerres les plus funestes et comme un homme tellement vendu à la France, qu'il ressemble à celuy qui a fait un pacte avec le démon dont il ne sçauroit se dégager, quelque mauvais traitement qu'il en reçoive, enfin comme un ennemi déclaré de la patrie. Et ces mauvaises qualités sont bien d'une autre force que les éloges que la France luy attribue, puisqu'elles le rendent tout à fait indigne et incapable. Certes, s'il ne s'agissoit que d'administrer la temporalité, je croy qu'il s'en pourroit acquitter au moins à la mondaine, sans sa mauvaise volonté envers la patrie. Cependant, à l'égard du temporel mesme, ce n'est pas tousjours cette habitude des intrigues d'Estat et des affaires estrangères (où il n'est sans doute que trop versé) qui soit nécessaire à un prince tel qu'un Électeur de Cologne. Ce n'est souvent qu'une amorce dangereuse qui fait entrer dans des liaisons pernicieuses. Et je croy qu'une grande droiture et bonne intention, une application exacte à l'administration de la justice et au bon ordre et règlement des affaires domestiques de la police et des finances, sont des qualités bien plus nécessaires et qui semblent manquer toutes au cardinal, de sorte que l'on peut dire que, mesme pour le temporel et sans avoir égard aux malheurs publics qu'on doit attendre de luy, il y en auroit plusieurs dans le chapitre qui seroient plus utiles que luy à l'archevesché, tout fumant encore des restes de la guerre passée dont le cardinal est l'auteur, et d'ailleurs chargé de dettes dont il seroit mieux relevé par un bon œconome que par un grand politique transcendant.

Mais où sont les vertus épiscopales : une piété exemplaire, l'éloignement des vanités du siècle, le soin des pauvres, une connoissance solide des points de foy nécessaires pour l'instruction, et une practique exacte des saints canons utile pour l'édification des peuples, pour ne rien dire de la chasteté et d'autres vertus chrestiennes et ecclésiastiques ? Estre aujourd'hui colonel, demain évesque; faire l'évesque de Mez par la seule jouissance du revenu, sans se mettre en peine de la fonction; passer de Mez à Strasbourg et de Strasbourg à Cologne; trahir toute la liberté et tous les droits de son évesché pour en acquérir un plus grand, sans former la moindre opposition contre l'esclavage où la France le réduit, qui fait juger ce que Cologne en devroit attendre ; ne songer jour et nuit qu'à faire le bon valet d'une cour estrangère et remuante par des suggestions pernicieuses à l'Allemagne et à la chrestienté ; allumer un incendie qui ne se terminera que par une désolation générale, le tout pour nourrir son ambition insatiable aux dépens de tout ce qu'il y a de plus sacré, sont-ce là des marques qui promettent un bon archevesque?

Quelques railleries mal entendues qu'on fasse en France contre les dispenses de Sa Sainteté, tout homme de bien demeurera d'accord qu'un jeune prince de seize ou dix-sept ans, d'un très-bon naturel et qui promet beaucoup, vaut mieux qu'un vieillard expérimenté à faire du mal. La piété des princes de la maison de Bavière est connue de tout le monde : l'archevesché de Cologne l'a éprouvée depuis tant d'années ! Joseph-Clément a esté élevé avec beaucoup de soin, et on s'est appliqué particulièrement à le rendre capable de marcher sur les traces des prédécesseurs pris de sa maison, tous bons évesques et grands princes. Et sans doute on pouvoit mettre bon ordre que l'Église et le pays n'auroient rien souffert pendant sa minorité, pour ne dire que le temporel de l'archevesché, qui est en assez mauvais estat, en auroit profité. Au moins, une maison qui a esté un des plus forts boulevards de la religion catholique en Allemagne, et qui vient de rendre les plus grands et les plus éclatans services à la chrestienté par la générosité d'un Électeur qui expose sa vie et n'épargne point ses forces pour la gloire de Jésus-Christ et pour la seureté commune, méritoit bien une grâce qu'on a accordée souvent pour des raisons bien moins considérables et à la demande de la France mesme. Aussi est-il asseuré que, si l'Électeur de Bavière avoit voulu écouter les chansons dangereuses des émissaires de France, et s'il ne s'estoit pas agi d'avancer une créature affichée et destinée à estre l'instrument de la conqueste du Rhin, la France, bien loin de blâmer la dispense de Sa Sainteté, auroit esté la première à la louer et mesme à la solliciter. Et l'on sçait que ny le concile de Trente, ny les anciens canons, ne détruisent point le pouvoir de celuy qui a l'administration générale des affaires catholiques et qui n'en doit répondre qu'à Dieu, quoyque les actions du Pape se justifient assez d'elles-mesmes, puisqu'il ne fait rien de contraire au droit divin et ne cherche que le bien des fidèles.

CHAPITRE XII

APOLOGIE DU PAPE CONTRE LES IMPUTATIONS DE LA FRANCE.

Il n'est pas nécessaire icy de faire une liste de semblables dispenses dont la France mesme est pleine, où il y a eu des archevesques à l'aage de douze ans; il suffira de rapporter des exemples de grâces pareilles à la présente faites à la maison de Bavière. Jules III donna un indult à Ernest I de Bavière;

Pie V à Ernest II ; Grégoire XIII à Philippe, qui fut cardinal, et, par semblable dispense, avoit esté évesque de Ratisbonne à l'âge de cinq ans ; Clément VIII à Maximilien-Henry ; Alexandre VII à Albert-Sigismond, fait coadjuteur de Frestingue à l'aage de seize ans. Donc il est manifeste que Sa Saincteté ne pouvoit refuser le bref au prince Joseph-Clément sans faire tort à la S^me maison de Bavière et particulièrement à l'Électeur d'à présent, dont les services éclatans qu'il a rendus à la chrestienté, au péril de sa vie et au dépens de ses Estats, ne souffroient pas qu'on le traitât moins favorablement que ses prédécesseurs.

Je ne feray point icy une apologie prolixe du Pape sur cette partialité que la France luy reproche. Le public a esté satisfait de ce qu'on a répondu à Rome à la lettre écrite au cardinal d'Estrées. La voix du genre humain et les actions plus que les paroles parlent pour le Saint-Père. Mais je ne laisseray pas de toucher en passant quelques endroits du manifeste, dont les auteurs n'ont point songé qu'en faisant la cause de la maison d'Autriche commune avec celle de Sa Saincteté, de qui la conduite est si irréprochable, ils se réfutent eux-mêmes. On voudroit bien sçavoir en quoy *consiste cette partialité trop déclarée du Pape pour la maison d'Autriche, ou bien sa mauvaise disposition envers Sa Majesté françoise ?* Plusieurs de ses prédécesseurs ont pris parti dans les querelles des puissances chrestiennes ont fait des alliances et fait agir des trouppes, et, en un mot, ils ont agi en princes séculiers. Je ne diray pas qu'ils ayent tousjours eu tort, car puisqu'ils ont en souveraineté des grandes terres et qu'il n'y a point de décision assez formelle de l'Église catholique, qui déclare qu'un prélat qui a des droits temporels n'y peut exercer ou faire exercer, sous son autorité, tout ce qu'un autre seigneur séculier pourroit faire légitimement, je ne voy pas en cela grand sujet de les blâmer. Mais Sa Sainteté, suivant des principes plus relevés, n'a jamais voulu imiter les maximes de ses prédécesseurs, quoyque l'Italie et toute la chrestienté en sembloit avoir besoin plus que jamais. Elle s'est attachée uniquement à faire la fonction d'un père commun, et ne s'est servie de la puissance temporelle que Dieu luy a confiée qu'à secourir les princes chrestiens contre les infidèles et à abolir les désordres de la ville de Rome et de l'Estat ecclésiastique, parmy lesquels les franchises des quartiers ou plustost les franchises des crimes estoient des plus insupportables.

D'où il s'ensuit que les plaintes des François sont d'autant moins fondées qu'elles ne peuvent estre faites contre le Pape en tant que prince séculier, mais contre le Pape en tant que Pape et à l'égard des fonctions de la charge suprême. Et c'est ce qui leur oste le moyen de faire icy avec fondement cette distinction qu'ils ont si souvent en bouche, le Pape ayant agi jusqu'icy plustost en prélat qu'en prince ; c'est ce qui détruit aussi la distinction faite dans la lettre du Roy T. C. au cardinal d'Estrées, où il y a ces paroles : *Non posso più contenermi di separare la qualità di capo della Chiesa da quella d'un papa temporale il quale abbraccia si apertamente l'interessi di nemici della mia corona.* Car ou le jugement des dispenses, des postulations et des semblables controverses appartient au Pape, ou non. S'il ne luy appartient pas, pourquoy la France y a-t-elle recours elle-même, car elle en a souvent demandé et obtenu? S'il luy appartient, comme en effect il est en possession de cette jurisdiction, il faut que ses sentences et arrests ayent leur effect, lorsqu'il n'y a pas une nullité manifeste. Les parties qui perdent se plaignent tousjours de la partialité ou autres défauts de leurs juges, mais cela n'empesche point que les sentences ne tiennent la condition de la nature humaine, et l'ordre le demande. Autrement on ne vuideroit jamais aucune affaire. Les créatures de la France n'ont point de privilége par-dessus les autres. Et quand on auroit droit d'appeler à un futur concile général, il est tousjours nécessaire qu'en attendant sa convocation et décision, la sentence de l'ordinaire soit exécutée, surtout lorsqu'elle ne fait point de grief irréparable. Autrement il y auroit moyen d'éluder toutes les jurisdictions ecclésiastiques par l'interposition de telles appellations; car, la justice ne souffrant point l'acception des personnes, le moindre particulier n'auroit pas moins ce droit que le cardinal de Furstenberg ou le procureur général du Roy de France.

Tous les différends du saint-siége avec la France sont d'une telle nature, qu'on n'y sçauroit séparer la qualité de chef de l'Église pour ne considérer que celle d'un prince temporel, puisque le Pape n'y agit qu'en cette qualité de chef d'Église. Car plusieurs évesques de France ayant abandonné les droits et libertés de leurs Églises par une complaisance peu digne de leur caractère, le Pape, qui veille pour toutes es Églises, a eu droit de s'y opposer. La régale est une charge imposée à quelques Églises par la conni-

vence ou par la concession expresse ; le Roy T. C.
demande impérieusement qu'on l'étende aux Églises
qui en ont esté jusqu'icy exemtes ; le Pape le refuse :
peut on l'accuser pour cela d'estre ennemi de la
France? Le Roy T. C., pour se venger de luy, fait
tenir une assemblée des députés du clergé, gens entièrement dépendans des volontés de la cour, qui
entreprennent de décider hardiment les plus grandes
questions de l'infaillibilité du Pape et de la supériorité
du concile, et tout cela, sans cause et sans besoin,
l'esprit de vengeance et de flatterie paroissant manifestement dans les actions de ces instrumens de la
passion d'autruy. Le Pape, ayant raison de ne pas
souffrir qu'une poignée d'évesques de cour entreprennent sur les droits de l'Église générale, y oppose
des censures et refuse les bulles à ceux qui y ont
assisté. Peut-on dire que c'est une partialité ? Pouvoit-
il moins faire contre des ecclésiastiques insolens et
désobéissans au dernier point, qui s'écartent de leur
devoir malgré le serment formel de l'obéissance jurée
dans leur sacre, malgré toutes les apparences de
l'honnesteté extérieure, et malgré les mesures que
des évesques, au jugement des protestans, devroient
garder avec un Pape? Le Pape avoit fait condamner
plusieurs opinions licentieuses des casuistes relâchés;
la cour fait défendre la publication d'une censure si
juste et si nécessaire, sous des prétextes frivoles. Le
nonce Varèse meurt à Paris, et l'archevesque de cette
ville en empêche les devoirs funèbres par les chicanes
les plus estranges. On met des abbayes en commende,
et on force les religieuses à recevoir des supérieures
à vie qui ne doivent estre que triennales et électives.

On prend les revenus de plusieurs monastères, et, contre les desseins des fondateurs, on les applique à l'hospital fondé pour les gens de guerre. On ordonne aux réguliers de ne pas obéir aux brefs du Pape; on supprime la congrégation des Filles de l'Enfance de Jésus, approuvée par les ordinaires et par le Pape, le tout contre l'ordre. Le Roy T. C. prive l'abbaye de Murbach et autres monastères de l'Alsace du droit d'élection, et s'y attribue la nomination, contre l'autorité du saint-siége et même contre la disposition de la paix de Munster. Lavardin entre armé à Rome, et y agit en maistre dans une partie de la ville. Enfin on arreste prisonnier le cardinal Ranucci, nonce du Pape, contre le droit des gens, ce qu'on n'auroit peut-estre osé faire à l'envoyé de quelque prince. On prend Avignon et on ne garde plus mesure. Et tout ce qu'on peut alléguer pour justifier ces procédures, c'est que le Pape ne veut pas accorder à la France des grâces qu'elle demande avec hauteur et menaces, comme si elles luy estoient dues, et dont elle se saisit par des voyes de fait. Et la constance du Pape, qui s'oppose à ces violences, suivant son devoir, est appelée une partialité et une mauvaise disposition envers la France !

Cependant tout le monde a veu que le Pape monstre la même fermeté envers les ministres d'Espagne. Pour ne rien dire de ce qui s'est passé à Rome et à Madrid, on sçait les démeslés que les gens de l'Église ont eus avec les officiers du royaume de Naples appuyés par le vice-roy, et que le Pape n'a pas voulu entendre parler d'accommodement sur des matières où le droit ecclésiastique luy paroissoit manifeste, de sorte que la cour d'Espagne, après avoir meurement examiné les choses, a fait donner satisfaction à Sa Sainteté. Mais c'est cela même qui augmente les manières hautaines des François : ils veulent se distinguer et faire voir qu'ils sont au-dessus de tous les autres, et surtout qu'ils ne font point de comparaison avec l'Espagne. Le Roy T. C., tout sage qu'il est, a laissé échapper un mot de cette nature lorsque le nonce Ranucci luy parloit de l'exemple des autres potentats, et particulièrement de l'Espagne et de l'Angleterre, qui avoient renoncé aux franchises des quartiers. Sa Majesté luy répondit que ce n'estoit pas à Elle de suivre l'exemple des autres, mais d'en donner; et, lorsqu'il y avoit une manière de rupture entre les deux couronnes il y a quatre ans, l'ambassadeur de France à la Haye dit aux députés des estats généraux que le Roy son maistre avoit donné ordre de faire brusler cent villages pour un seul où le marquis de Grana feroit mettre le feu, parce que c'estoit la proposition entre la France et l'Espagne. Ces échappades font connoistre ce qu'on a dans l'âme.

Toute la terre sçait que les franchises des quartiers estoient insupportables dans la ville capitale du Pape, où il y avoit par là autant de jurisdictions estrangères qu'il y avoit d'ambassadeurs, qui faisoient les maistres chacun dans une bonne partie de la ville, au préjudice des droits du souverain; que ces franchises estoient des asyles des plus méchans, et des retraites asseurées des assassins, voleurs, gens de mauvaise vie, banqueroutiers et autres mauvais garnemens; que les gens des ambassadeurs s'en faisoient un revenu considérable, et empeschoient l'exécution de la justice contre le droit divin et humain; que les papes avoient publié des bulles à l'encontre, et fait des efforts pour détruire ce monstre de désordre, mais que le plus souvent des veues intéressées de quelques personnes puissantes avoient fait échouer leurs bons desseins jusqu'à ce que Sa Sainteté, qui s'est mise au-dessus de ces faiblesses, a eu le consentement de toutes les puissances, la France seule exceptée, que les franchises seroient abolies. Mais le consentement de qui que ce soit n'y estant point nécessaire, et le Pape ne l'ayant demandé que pour en user civilement, il a eu raison de n'avoir point d'égard au refus déraisonnable d'une seule puissance.

La France n'y peut prétendre aucun privilége par-dessus les autres; il est ridicule de dire que ces franchises sont un droit de la couronne, puisqu'elles n'estoient qu'une connivence toute pure, qui n'a jamais esté autorisée par un acte authentique et ne pouvoit l'estre, puisque c'est une chose contraire au bon ordre et incompatible avec la souveraineté. On a osé avancer que les franchises estoient establies dans le traité de Pise; mais, quand il s'agissoit d'en produire le passage, on est demeuré court. De dire maintenant, avec la lettre du Roy T. C. au cardinal d'Estrées, *que le Pape a une haine personnelle contre la France*, parce qu'il ne veut pas accorder un droit extravagant qui n'a jamais esté avoué par aucun de ses prédécesseurs, et à qui toute la terre renonce, hors la France, laquelle s'opiniastre seule à le soutenir par une pure vanité et à dessein de mortifier Sa Sainteté, c'est une conséquence qu'on ne sçauroit comprendre.

La France, qui *accuse le Pape d'avoir du penchant pour ses ennemis*, reprocheroit volontiers à Sa Sainteté, comme la plus grande des partialités, d'avoir envoyé de l'argent à l'Empereur pour l'assister contre l'ennemy de la foy; mais elle n'oseroit s'en plaindre ouvertement : toute la terre en a donné trop de louanges au Pape, et, quoyque le morne chagrin que cette couronne a tesmoigné en toute occasion à l'égard des succès des armes chrestiennes semble parler assez, il y a pourtant des choses qu'on laisse penser aux autres, mais qu'on a honte de dire soy-même. Cette plainte est de ce nombre, on la garde *in petto*; et cette libéralité de Sa Sainteté, que la France considère comme un secours donné à son ennemy, est peut-estre un des plus grands motifs du mauvais traitement qu'on fait au Pape, car rien n'est plus sensible à des gens impatiens que d'estre obligés d'approuver extérieurement ce qu'ils haïssent dans l'âme; et c'est en de telles souffrances que consiste véritablement la patience lassée de la France.

Pour ce qui est de la disconservation de Castro et de Ronciglione, que le duc de Parme prétend, tout le monde sçait que le traité de Pise fait avec le pape Alexandre VII ne pouvoit obliger le saint-siége à une aliénation dont le droit n'a pas esté vérifié par une discussion légitime, et que le Roy T. C. n'y a jamais insisté que lorsqu'il a cherché de mortifier les papes. Les propres termes de la lettre du Roy T. C. au cardinal d'Estrées le donnent à connoistre : *Io non pretendo di lasciar più lungo tempo il duca di Parma, mio confederato, spogliato delli suoi ducati di Castro et Ronciglione, nelli quali deve esser reintegrato in essecutione dell' articolo primo del trattato di Pisa del quale io ne sono relevatore.* Car d'où vient que cette pensée n'est venue que maintenant, lorsqu'on a d'autres affaires avec le Pape, et pourquoy a-t-on abandonné si longtemps un confédéré à qui on devoit cette assistance ?

CHAPITRE XIII

QUE LES DÉMARCHES DE LA FRANCE ONT LE PLUS CONTRIBUÉ A CE QUI SE FAIT CONTRE LE ROY DE LA GRANDE BRETAGNE.

Mais rien n'est plus estrange que de reprocher au Pape, comme fait le Roy T. C. dans sa lettre, que c'est luy qui cause une guerre générale dans la Chrestienté, qui donne courage au Prince d'Orange d'attaquer le Roy d'Angleterre, et qui fait que des écrivains de Hollande ont la hardiesse de révoquer en doute la naissance du Prince de Galles. Je m'étonne un peu qu'on a touché ce dernier point, qui est si délicat, et qu'on a voulu faire mention dans une lettre du grand Roy, qui doit servir de manifeste contre le Pape, des expressions hardies de quelques petits écrivains inconnus, que le prince d'Orange luy-mesme n'avoit pas encore avoués. Je ne croy pas que cela ait plu au Roy de la Grande Bretagne, ny que le Roy T. C. ait eu grand sujet de relever ces bruits et de leur donner du poids par son rapport. Cependant voicy les termes de la lettre du Roy T. C. : *È stato finalmente questo modo di governar del Papa e tutto quello che vengo io a dirvi che portano li negotii dell' Europa ad una guerra generale, che danno al principe del Orange l'ardire di far tutto quello che può dimostrare un dissegno formato di andare ad attacare il Rè d'Inghilterra nel suo proprio regno, di prendere per pretesto d'una intrapresa cosi ardita il mantenimento della religione protestante, o più tosto l'estirpatione della catolica, e rovina intiera della Monarchia; che ha dato alli suoi seguaci escrivani d'Ollanda l'insolenza di trattar di suppositione la nascita del principe de Galles, di suscitare sudditi della gran Bretagna alla ribellione, e di prevalersi della necessitate ove mi pone la partialità del Papa e la violenza della Corte de Vienna con il Cardinale de Furstenberg e la più sana parte del Capitulo per dargli soccorso.* Toute la force de cette conséquence est que le Pape oblige le Roy de France d'assister le cardinal de Furstenberg, et que cela donne la hardiesse au prince d'Orange d'attaquer le Roy d'Angleterre. Mais, outre que le Roy T. C. n'a que faire de donner assistance audit cardinal, tout homme de bon sens reconnoist que c'est la France, en effect, qui facilite le plus ces desseins du prince d'Orange par cette rupture inexcusable avec l'Empire. Elle le fait malgré elle, sans doute; mais, si les intérests du Roy de la Grande Bretagne luy estoient si chers, elle ne leur préféreroit pas ceux du cardinal de Furstenberg, comme elle déclare icy sans façon dans cette lettre, par un aveu assez surprenant; et, si les intérests de la religion catholique l'avoient tant touchée, on seroit allé au plus pressé, et elle ne se seroit pas enfoncée dans une guerre très-grande et très-peu nécessaire qui ne permet pas qu'on donne à ce Roy toute l'assistance dont il a besoin. Ce n'est pas sans doute l'affaire de Cologne ny les trouppes envoyées au cardinal qui ayent encouragé les estats à prester leurs forces aux desseins du prince. Au contraire, si le Roy T. C. fait avancer ses armées de ce costé là sans attaquer autrement l'Empire, il auroit couvert en même temps l'archevesché de Cologne et tenu les estats généraux en suspens, qui y auroient peut-estre pensé plus d'une fois à la veue d'une grande puissance preste à fondre sur eux. Les dix mille hommes que le prince d'Orange avoit obtenus de quelques princes d'Allemagne n'auroient pas esté suffisans pour les mettre en seureté; et l'Empereur, outre qu'il est éloigné, n'avoit pas la moindre disposition à favoriser leur entreprise, luy qui ne songeoit qu'à pousser les Ottomans. De plus, la France devoit armer quelques vaisseaux de guerre pour les joindre au plus tost à la flotte angloise, puisqu'il y a si longtemps qu'on prévoit le dessein des Hollandois. C'estoient là les vrais moyens de rendre l'entreprise du prince impossible. Mais c'est à quoy on ne s'est pas attaché en France; il est vray que la conduite de cette couronne est si irrégulière pour cette fois, qu'on a de la peine à en deviner les veues. Cependant tout ce qu'on en peut dire, c'est que la France, voyant l'Empereur et les cercles supérieurs de l'Empire occupés ou épuisés, et les cercles inférieurs assez affoiblis par le transport des trouppes données aux estats, a cru que son heure estoit venue pour enlever le reste du Rhin, sans se soucier si le Roy d'Angleterre en souffriroit. Les réflexions sur la lettre du Roy T. C. au cardinal d'Estrées expriment fort bien ce peu de soin : *Essendovi state molte apparenze da gran tempo in qua che gli Olandesi fossero per moversi contro Sa Maestà Britannica, il Rè Christianissimo non si è mostrato ansioso di soccorrerla senon in questi ultimi tempi, ne quali si vuò far credere ch' egli haveva necessità d'intrare in guerra contro i Principi d'Alemagna.* Et un peu auparavant : *Che il vero modo d'esimere il Rè d'Inghilterra dell' assistenza che questi potrerebbe dar agli Eretici mal contenti del suo regno, sarà quello di non tirare senza ragione e violentemente ad una guerra i principi cattolici.* Peut-estre qu'on s'est flatté un peu, tant à Londres qu'à Paris; mais si le Roy T. C. avoit tant en recommandation les intérests du Roy de la Grande Bretagne, il devoit choisir le parti le plus seur, qui estoit de prester cet armement naval, un peu plus nécessaire que la vaine bombarderie d'Alger, et de faire avancer du costé de la Hollande toutes les trouppes dont il se sert maintenant tant pour troubler l'Italie et affronter le Pape que pour désoler l'Allemagne supérieure, depuis le Rhin jusqu'au Danube. Ces forces, jointes à ce qu'il y a déjà dans le diocèse de Cologne, estoient plus que suffisantes à détourner les estats généraux de la résolution d'attaquer l'Angleterre, au lieu que rien ne les pouvoit encourager davantage que cette déclaration de la France d'entrer dans l'Empire et de forcer l'Empereur à ce que les Estats souhaittoient le plus, et qu'on avoit sollicité inutilement à Vienne depuis longtemps. Aussi est-il asseuré que jamais le prince d'Orange, depuis qu'il est gouverneur et capitaine général, ou peut-estre depuis qu'il est au monde, n'a receu une nouvelle plus agréable que la résolution du Roy T. C. de rompre avec l'Empire et de commencer cette guerre générale qui donne à ce prince les moyens d'exécuter contre la France mesme le plus grand dessein qu'il ait entrepris de sa vie. Je ne sçay comment justifier la prudence de ce grand Roy qu'on fait plus infaillible que le Pape, et la réputation d'un ministre dont on vante tant l'habileté. Au moins est-il asseuré que, s'ils ont manqué, ce n'est pas faute d'information, puisqu'ils sont instruits ponctuellement de tout ce qui se passe. Ce seroit une chose plaisante si la France avoit esté engagée dans cet embarras par quelque parole donnée aux Turcs qui les obligeoit de rompre avec l'Empire, et si ceux qui se moquent des sermens et traictés faits avec les Chrestiens s'estoient incommodés par une trop grande ponctualité envers la Porte.

Il ne sied donc pas fort bien à la France d'accuser le Pape et l'Empereur des maux qu'elle seule cause par son ambition insatiable, et de transférer sur les autres le blasme de cette guerre générale, qu'elle seule a commencée pour profiter d'une conjoncture favorable en apparence à sa rapacité, nonobstant qu'elle ait préveu que cette guerre seroit pernicieuse et contraire aux interests de l'Église catholique. Quand toute la justice se trouveroit du costé du cardinal de Furstenberg, et quand la France auroit le droit de l'assister, rien ne l'obligeoit de rompre avec l'Empire, et d'attaquer l'Allemagne supérieure avec cette furie barbare, qui marque un dessein formé de la désoler entièrement, et qui rend tout accommodement comme impossible.

CHAPITRE XIV

QUE CE N'EST PAS LE PAPE NY L'EMPEREUR, MAIS LA FRANCE, QUI RENVERSE LA LIBERTÉ DES ÉLECTIONS, ET QU'ON AVOIT DROIT DE DONNER L'EXCLUSION AU CARDINAL DE FURSTENBERG.

Disons cependant un mot de cette prétendue postulation canonique du cardinal de Furstenberg, dont le manifeste fait tant de bruit. Il y a vingt-quatre chanoines de l'Église métropolitaine de Cologne, qui ont voix active. On se sert de la voye du scrutin. Les trois scrutateurs entendent secrètement la voix d'un chacun, et publient qu'il y a treize voix pour un, neuf pour un autre et une pour un. Les treize voix estoient celles qui postuloient le cardinal, les neuf voix élisoient le prince Joseph-Clément de Bavière, et le cardinal seul avoit donné sa voix *pro forma* au comte de Beckheim, ne se la pouvant donner à soy-mesme. Ces postulans prétendent que, la pluralité estant pour eux, tout le droit est de leur costé ; ils publient le nom du postulé, et se saisissent du chœur de l'Église cathédrale pour exclure les autres, jusqu'à empescher la fonction des vespres ce jour-là.

Les trois scrutateurs, qui estoient du nombre des postulans, refusent de publier, comme ils devoient, le nom de celuy qui avoit esté élu par les neuf voix. Ces treize, joincts au cardinal, faisant le personnage de chapitre, forcent les conseillers et autres officiers de l'archevesché de Cologne à jurer qu'ils ne reconnoistroient que celuy qui seroit approuvé par la pluralité. Et là-dessus le cardinal se saisit de tout le gouvernement en qualité de postulé.

Cependant c'estoit entreprendre manifestement sur les droits du Pape; car il y a un texte exprès dans le droit canonique, sçavoir une décrétale du pape Innocent III, *cap. scriptum 40, ext. de Electionibus*, qui décide que, lorsqu'il y a postulation et élection ensemble, postulation d'un sujet qui ne peut estre admis que par la dispense du Pape, et élection d'un autre sujet qui est déjà qualifié, la postulation ne prévaut point à l'élection, quand mesme la pluralité seroit pour les postulans, à moins qu'elle n'arrive au double de ceux qui élisent. Et il despend du Pape de préférer, s'il veut, ou de ne pas préférer la simple pluralité des postulans à l'élection des autres. Cette doctrine est passée en practique, et, mesme en France, Bosquet, un des plus sçavans évesques de son temps, l'a enseignée comme receue et certaine dans ses remarques sur les lettres d'Innocent III, *lib. 3, ep. 44*. Or le prince Joseph-Clément estoit qualifié à l'élection par le bref d'éligibilité que le pape luy avoit accordé, et le cardinal avoit esté refusé par Sa Sainteté, assez informée des cabales pernicieuses dont il s'estoit servi, et de l'alliance de Luxembourg, qu'il avoit fait faire pour se maintenir dans ses desseins ambitieux par les armes de la France aux despens de la patrie, ce qui est pis que simonie. Par conséquent, sa postulation ne luy donnoit aucun droit, et Sa Sainteté l'a rejettée, comme elle pouvoit, en confirmant l'élection du prince de Bavière, maintenant Électeur de Cologne.

Il faut sçavoir aussy que l'Empereur a le droit de récuser un sujet, quand il seroit élu dans les formes, lorsqu'il est notoirement indigne de recevoir de sa main le fief impérial, comme lorsqu'on ne le peut tenir que pour ennemy de la patrie. Les accords faits entre les Papes et les Empereurs réservoient à ces derniers le droit d'une récusation légitime; et la responce faite pour Sa Sainteté à la lettre du Roy T. C., adressée au cardinal d'Estrées, ne s'en éloigne point. En voicy les termes : *Che il Rè christianissimo non ha ragione alcuna di pretendersi parte in simile affare, mentre si tratta d'arcivescovato di Germania et Elettorato dell' Imperio, che deve dependere unicamente da Sua Santità et dall' Imperatore in quello concerne il dare all' Eletto, dopo la confirmatione apostolica, l'investitura del principato, e ammetterlo nel collegio elettorale, cioè a dire in grado di suo principal ministro e officiale.* Ce qui fait connoistre qu'un prélat élu ne deviendra jamais prince de l'Empire lorsqu'il est indigne de l'investiture impériale, et que, si l'Empereur a coustume de n'accorder l'investiture qu'à ceux qui méritent la confirmation du Pape, Sa Sainteté aussy n'accorde sa confirmation qu'à ceux où l'Empereur n'a rien à dire, afin que la confirmation ne devienne pas inutile. Puisqu'un évesque qui est prince de l'Empire doit faire deux personnages, il faut qu'il soit également capable de l'un et de l'autre, et que l'Empereur, aussy bien que le Pape, luy puisse donner son approbation.

On n'a donc pas sujet de dire que les libertés de l'Église de Cologne soyent violées ; mais, si elles l'estoient, la France a donné de si mauvais exemples là-dessus dans son royaume et ailleurs, qu'il n'y a qui que ce soit au monde qui ne puisse parler avec meilleure grâce qu'elle pour la liberté ecclésiastique, et, si les François estoient capables de honte, ils en auroient beaucoup de s'estre laissés attaquer comme icy. Car n'est-ce pas une chose plaisante de veoir que le Roy T. C., dans la lettre qu'il escrit au Pape de sa main, pour le porter par des menaces à approuver la postulation du cardinal, lorsqu'il se dit engagé à la conservation de la liberté du chapitre de Cologne, renverse en mesme temps la liberté d'élection du chapitre de Strasbourg? Car, pour oster le scrupule que Sa Sainteté pourroit trouver dans la pluralité des éveschés, Sa Majesté T. C. déclare que cet obstacle est tout levé par la démission à laquelle le cardinal est prest, et, au lieu de laisser au chapitre de Strasbourg l'élection qui luy appartient, le Roy, dans la mesme lettre, nomme l'évesque de Meaux pour succéder au cardinal. Il semble que c'estoit insulter au Pape et se moquer du monde ; car de faire une si grande bresche à la liberté d'une Église considérable, et de vouloir encore que cette violence serve de raison, comme si c'estoit un moyen de donner satisfaction à Sa Sainteté, c'est traiter le Pape en ridicule et fouler la trêve aux pieds, au mépris de l'Empire, puisque la trêve porte que toutes les affaires ecclésiastiques et politiques doivent demeurer dans le premier estat. Apparemment l'auteur d'un discours faict pour le cardinal de Furstenberg, intitulé *Facti species*, ne sçavoit rien de cette lettre du Roy T. C. au Pape, lorsqu'il dit : *Utinam libera suffragiorum conservatio non majorem Coloniæ quam Argentinæ pateretur dominationem!* Beau souhait après cette nomination que le Roy T. C. s'attribue à Strasbourg ! Quelle iniquité de blasmer le Pape et l'Empereur parce qu'ils récusent un sujet indigne, ce qu'on a tousjours pu faire, sans faire tort à ceux qui ont le droit d'éliger, pendant qu'en France on oste absolument toute la liberté d'élection à une Église cathédrale, qui n'est pas moins libre que celle de Cologne, comme on avoit déjà faict à Murbach, qui est une abbaye élective, où la dignité de prince de l'Empire est attachée !

Mais lorsque l'Empereur a donné une exclusion formelle au cardinal de Furstenberg par la bouche du comte de Cauniz, et a fait dire que ceux qui luy donneroient leur voix en seroient responsables, il n'a usé que des voyes de droit qu'on ne sçauroit discuter au chef de l'Empire. Les couronnes prétendent de pouvoir donner l'exclusion dans le conclave à quelque cardinal qui leur déplaist, et l'Empereur ne pourroit pas la donner dans l'Empire à un chanoine dont les mauvaises intentions sont notoires ! L'amnistie, dans le vingt-deuxième article du traité de Nimwègue, exempte le prince Guillaume de Furstenberg du chastiment qu'il avoit mérité ; mais elle ne nous oblige pas de luy accorder des récompenses, et de luy donner la charge la plus relevée qu'il y ait dans l'Empire après celle de l'Empereur, pour reconnoistre tant de maux qu'il a faits à sa patrie. La charité chrestienne, et le bien qu'on doit rendre pour le mal, ne va si loin. Il n'y a point d'amnistie qui puisse faire tout oublier, et nous ne beuvons pas du fleuve du Léthé. Encore s'il avoit changé de conduite! Mais il s'est attaché plus que jamais à la ruine de l'Allemagne ; il a abandonné honteusement la liberté de son évesché, et il a fait son possible pour mettre le diocèse et la ville de Cologne sur le pied de Strasbourg en y introduisant les trouppes françoises : le tout à dessein d'assouvir son ambition, et de se venger de l'Empereur et de l'Empire avec cette animosité qu'il a fait paroistre en toutes les rencontres. C'est à quoy tendoit le beau traicté de Luxembourg, en vertu duquel le Roy T. C. se prétend fondé à maintenir le cardinal ; et l'inondation du pays de Cologne et des environs, remplis des trouppes de France, est bien plus effective que *l'amas des trouppes des princes* de l'Empire, qui ne se tiennent que dans le voisinage pour garder leurs frontières, et pour observer une puissance estrangère qui tombe sur l'Empire. Mais il y a lieu d'espérer qu'ils ne demeureront pas tousjours à bras croisés.

CHAPITRE XV

RÉFUTATION DE QUELQUES CALOMNIES, SCAVOIR, QUE L'EMPEREUR FAVORISE LES PROTESTANS, QU'IL VEUT ASSUJETTIR L'ALLEMAGNE, ET QU'IL CHERCHE L'EXTINCTION DE LA MAISON DE BAVIÈRE.

On voit par là que c'est une calomnie forcée et ridicule de dire, avec le manifeste, que *la cour de l'Empereur fait ses diligences pour assembler les trouppes de la plupart des princes protestans aux environs de l'archevesché de Cologne, afin de les employer à exécuter les brefs de Rome, et qu'elle ne se soucie pas que l'archevesché de Cologne soit entièrement désolé, et la religion catholique opprimée dans tous les lieux qui en despendent, pourveu qu'elle y trouve des moyens d'attaquer la France.* Des gens qui parlent ainsy marquent qu'ils ont une grande envie de blasmer l'Empereur, sans trouver de quoy. Il est faux que les premiers mouvemens des princes, qui ont envoyé des trouppes vers le bas Rhin, ayent esté faits à la sollicitation de l'Empereur ; cependant qui doute que Sa Majesté et les princes de l'Empire, sans distinction de religion, n'ayent droit de garder les frontières de l'Empire et d'en chasser les estrangers ? Et la destruction future de la religion catholique, dans le diocèse de Cologne, est une chimère ridicule. Ce n'est pas la première fois que les trouppes des protestans ont pris des quartiers dans les pays des princes catholiques *et vice versa*, et qui a jamais oüy parler, de nos temps, de l'oppression de la religion des uns ou des autres? Dans la guerre passée, combien de fois les pays catholiques ont-ils fourni des quartiers aux trouppes protestantes, parce que la France leur en imposoit la nécessité! L'archevesché de Cologne, après que les François l'ont ruiné les premiers, a esté exposé à bien des marches et des logemens; et maintenant les Saxons, les Brandebourgeois, les trouppes d'Hannover et de Hesse, ne songent à rien moins qu'à ruiner la religion catholique dans l'archevesché du Rhin et dans la Franconie, où ils ont été appelés par les désolations des François, qui mettoient tout en feu à la barbare.

C'est encore une autre calomnie aussy ridicule que la précédente, de dire que l'Empereur avoit dessein de se servir de ces trouppes des princes protestans pour attaquer la France aux despens de l'Empire, afin d'assujettir l'Allemagne. Voicy les propres termes du manifeste : *La cour de l'Empereur ne se soucie pas que la religion catholique soit opprimée dans le diocèse de Cologne par les trouppes des princes protestans, pourveu qu'elle y trouve des moyens et des facilités d'attaquer la France, de soustenir la guerre aux despens des électeurs, princes et Estats de l'Empire; de contraindre les premiers à déférer au roy de Hongrie la couronne des Romains, avant l'aage indispensablement requis par les loix et constitutions, et enfin d'assujettir toute l'Allemagne à l'autorité despotique de la maison d'Austriche, en éloignant de l'alliance et de l'amitié du Roy T. C. ceux qui pouvoient estre les plus fermes défenseurs des droits et des libertés de leur patrie.* Quelle enfilade d'imputations chimériques qui n'ont aucune connexion!

Peut-on avoir du bon sens et de la sincérité et trouver ces desseins dans les démarches de Sa Majesté impériale? L'Empereur (dit le manifeste) ne cherche qu'à attaquer la France. C'est une fausseté assez réfutée; mais, quand elle seroit véritable, n'y est-il pas comme forcé par les usurpations inouïes d'une couronne qui enlève un vaste pays qui appartient à l'Empire depuis tant de siècles, sans alléguer que des raisons qui marquent qu'on se moque de nous? Si la France veut paroistre amie des Allemands et avoir soin de leur liberté, pourquoy met-elle tant de princes et Estats sous un joug plus que despotique? Est-il possible qu'après ces actions qui que ce soit puisse avoir aucune confiance dans son amitié, et l'Empereur a-t-il besoin d'artifice pour éloigner les esprits des princes allemands de la France, après ces traitemens indignes qu'elle leur fait souffrir, que les âmes généreuses trouvent pires que la mort? S'il est croyable que la guerre contre la France doit causer la perte de la liberté de l'Allemagne, comme le manifeste raisonne icy à sa mode (c'est-à-dire fort pauvrement), pourquoy la France commence-t-elle maintenant cette guerre, si elle veut conserver la liberté des Allemands? Contradictions et absurdités partout. Mais ces désolations et ces incendies pleins de cruauté qu'on a portés maintenant dans une bonne partie de l'Allemagne sans aucun sujet, forcent de croire ceux qui estoient jusqu'icy les plus prévenus qu'on n'a plus pour nous en France que du mespris ou de la haine, soit que nous nous défendions ou que nous nous mettions à genoux.

Mais, si les François triomphent et demeurent maistres du Rhin, prests à nous ravager quand bon leur semble jusqu'au Danube, et jusqu'à la rivière du Weser et au-delà, l'autorité de l'Empereur sera bien petite dans l'Empire, et cet assujettissement de l'Allemagne à son pouvoir despotique sera fort éloigné. Que si la France est repoussée et resserrée dans les bornes anciennes, on ne veoit pas comment l'Empereur y profitera plus que les autres ; car il n'y fera guère de conquestes, puisqu'il ne s'agit que de la restitution de celles qui estoient libres auparavant. Et si les princes de l'Empire sont affoiblis par cette guerre, les trouppes de l'Empereur ne seront pas plus espargnées que les leurs. Il est vray que les terres héréditaires seront moins chargées par les opérations militaires que cette partie de l'Allemagne qui approche du Rhin, parce que la situation le porte ainsi ; mais cet advantage de l'Empereur luy sera commun avec les Électeurs de Bavière, de Saxe et de Brandebourg, et avec les ducs de Brunswick et quelques autres ; et on peut dire d'ailleurs que les pays héréditaires ont esté tellement foulés par la guerre contre les Ottomans, qu'on ne doit point leur envier cette pause, outre que l'argent qu'ils seront obligés de fournir les chargera assez. Mais de dire que l'Empereur sera mis par là en estat d'assujettir l'Allemagne, c'est croire qu'on parle à des gens qui n'ont point de sens commun. A d'autres, avec ces jalousies hors de saison, propres à effrayer les simples! Courons au plus pressé, et résistons à un ennemy qui a des fers tout prests à vous les mettre aux pieds, sans nous amuser à des craintes frivoles et éloignées. Que si jamais nous sommes assez heureux de voir les affaires de l'Europe remises dans la juste balance, et la maison d'Austriche en estat de se faire craindre, on ne manquera pas de précautions nécessaires, et les politiques du siècle futur auront de l'exercice.

Mais, de toutes les calomnies dont on charge l'Empereur, il n'y en a point de plus noire que celle qui luy impute de chercher l'extinction de la maison de Bavière. Voicy comme le manifeste raisonne : « Si le « project réussissoit en faveur du prince Clément, ou « il ne seroit que le dépositaire de l'Électorat de Co- « logne, pour le faire passer à un prince de Neubourg, « ou, s'il le vouloit retenir pour luy-mesme avant qu'il « ait plu à Dieu de donner des enfans à l'Électeur « son frère, et dans le temps qu'il expose si souvent « sa vie pour le service de l'Empereur, il asseureroit « à l'Électeur palatin la succession aux Estats de « Bavière, et à la cour de Vienne l'extinction d'une « maison qui luy a tousjours donné une forte jalousie « et que le mérite de l'Électeur d'à présent ne dimi- « nuera pas. »

Rien n'a plus touché Sa Majesté impériale qu'une accusation si atroce. Il donne sa fille à l'Électeur de Bavière, et on l'accuse de chercher l'extinction de la maison de son gendre. Il faut estre capable de ces méchancetés, pour les imputer à un prince tel que l'Empereur. Mais ne nous emportons point, mettons à part la malice de ces imputations et n'en considérons que l'impertinence ; car, en effet, tout ce raisonnement brouillé n'est qu'un galimatias habillé d'une apparence d'esprit. Il n'est que trop vray que l'Électeur expose sa vie pour le service de la chrestienté et de la patrie, dont l'interest est le mesme que celuy de l'Empereur ; mais c'est par les mouvemens de sa propre générosité, Sa Majesté impériale ayant souvent tasché de modérer ces transports de zèle et de courage, pendant que S. A. R. a creu que le ciel auroit soin de sa personne et de sa maison, sans qu'il soit encore besoin de donner des bornes à sa gloire, ny d'abandonner un Électorat dont sa maison estoit en possession de jouir. Or, *si le prince Joseph-Clément, maintenant Électeur de Cologne, veut retenir l'Électorat avant qu'il plaise à Dieu de donner des enfans à son frère*, il le retiendra sans doute encore après, quand Dieu luy en aura donné ; mais comment peut-on dire *qu'il asseure par là l'extinction de sa maison ?* Pour justifier cette conséquence, il faudroit supposer comme une chose certaine que l'Électeur n'aura point d'enfans. Mais qui en a asseuré les auteurs du manifeste ? Croyent-ils avoir la mesme entrée dans le secret de la Providence, qu'ils peuvent avoir dans le cabinet du Roy T. C. ? Il y a encore une autre impertinence dans cette accusation : car que gagneroit l'Empereur par l'extinction de la maison de Bavière ? Le pays passeroit dans une autre maison, qui, joignant à ces nouveaux acquests les grandes terres qu'elle possède déjà, seroit encore plus formidable que celle de Bavière. Mais l'Empereur est à couvert de toutes jalousies imaginaires ; il fait son devoir, et laisse le reste à la Providence.

On ne voit plus rien dans tout le manifeste qui ait la moindre apparence de raison et qui mérite d'être examiné. Et puisque les auteurs du mémoire ont jugé inutile de rendre publiques toutes les autres preuves que le Roy T. C. a eues de la résolution prise par la maison d'Austriche de luy faire incessamment la guerre, on ne s'amusera pas à les deviner ; car, celles qu'ils ont trouvé bon de publier estant si misérables, que peut-on attendre des autres qu'ils ont supprimées ? Si l'Empereur vouloit faire mettre en lumière ce qu'il a en main, des mauvaises intentions et des cabales peu chrestiennes des François, on verroit bien d'autres choses. Mais peut-estre a-t-on voulu jusqu'icy épargner l'honneur de la maison, par la considération qu'on a eue pour un grand Roy qu'on ne croit pas mesme encore capable de tout ce que des mauvais ministres font en son nom. Cependant je ne sçay si cette pièce que nous réfutons, qui tend à noircir la réputation de Sa Majesté impériale, ne l'obligera pas de faire publier des choses qu'on auroit mieux aimé de passer sous silence.

CHAPITRE XVI

QUE LES PROJETS D'ACCOMMODEMENT QUE LA FRANCE PROPOSE NE SONT PLUS DE SAISON, ET QU'ELLE A PASSÉ LES BORNES DE SON PROPRE MANIFESTE.

Le manifeste, après avoir raisonné à son aise pour prouver la justice de la rupture, nous propose enfin les moyens d'un accommodement. Il avoit esté raisonnable de les proposer, avant que de rompre pour entrer en traicté là-dessus. Il y a un proverbe allemand qui dit que la pierre jettée est au diable, car il n'y a plus moyen d'en modérer les mauvais effects. Et ceux qui font des négotiations après coup sont semblables à un homme qui joue aux quilles, qui, ayant laissé sortir la boule de sa main, fait inutilement des contorsions de son corps, comme pour aider et gouverner la boule qui n'est plus dans son pouvoir. Croit-on que les Allemands soyent ou entièrement abbattus, ou tout à fait insensibles? Et peut-on s'imaginer que tant de princes généreux voyent leur patrie accablée tout d'un coup par une irruption barbare entièrement contraire à l'honneur et à la bonne foy, et la nation allemande traitée avec un mespris inouï depuis qu'elle tient l'Empire, dont l'ignominie luy restera éternellement si elle n'en lave l'affront dans le sang de ses ennemis? Il n'y a que des misérables, qui sentent leur impuissance ou leur peu de courage, qui se laissent appaiser incontinent après avoir esté maltraités. On dit que les essaims des abeilles en colère quittent toute leur fureur quand on leur jette un peu de poudre, *pulveris exigui jactu conspersa quiescunt.* Mais nous ne sommes pas si bestes. *Veterem ferendo injuriam invitas novam :* si nous souffrons ces insolences, qui sont montées au dernier degré, il faudra s'attendre à des pareilles toutes les fois que nostre conduite aura le malheur de desplaire à quelque officier françois qui aura en main les foudres de son Roy; insensible à nos plaintes, il faudra dire adieu non-seulement à nostre liberté, mais encore à nostre honneur et à tout ce qui rend la vie supportable aux âmes élevées. Un soldat françois, l'épée dans une main et le feu dans l'autre, nous apprendra ce que c'estoit que l'esclavage des anciens. Ce pronostic appartient à toute l'Allemagne. Ne nous fions plus à des rivières et à des montagnes. La France, arbitre de l'Europe, comme elle le sera sans doute si elle réussit ceste fois, ne ménagera plus rien, et, nous ayant privés de toute assistance de dehors, donnera de la terreur aux autres nations en nous faisant servir d'exemple. Aussy nostre conqueste luy servira de degré pour monter incontestablement à la monarchie universelle, qui luy sera asseurée lorsqu'elle aura joinct à sa vaste puissance les droits de l'Empire, qu'elle sçaura bien faire revivre, et qu'elle fera tout autrement valoir que n'avoit fait la maison d'Austriche.

J'avoue que, si les François n'avoient rien fait que ce que le manifeste a prédit, il y auroit eu un peu plus d'espérance de quelque traicté, et on auroit pu venir à quelque accommodement, sauf nostre honneur. Car tout ce que le Roy de France s'estoit proposé, suivant le manifeste, se réduit à ce qui suit, qu'il *feroit marcher ses trouppes pour assiéger Philipsbourg, comme la place la plus capable de faciliter à ses ennemis l'entrée de ses Estats, afin de leur fermer cette entrée et non pas à dessein de s'ouvrir des moyens d'attaquer l'Empire, et qu'il se mettroit en possession de Kaiserslautern, jusqu'à ce que l'Électeur donneroit satisfaction à Madame, belle-sœur du Roy T. C.;* enfin qu'il laisseroit ses trouppes dans l'électorat de Cologne jusqu'à la confirmation du cardinal. Mais c'est comme fatal aux François de manquer de parole, lors mesme qu'ils n'ont pas sujet de la donner, car rien ne les obligeoit icy de prescrire des bornes à leurs desseins; mais rien n'est aussy plus mal séant que de passer ces bornes et de ne se soucier pas de leur propre manifeste. Ils prennent et ruinent tout le Palatinat; ils occupent Heidelberg, Mannheim et Frankenthal, et le manifeste ne parle que de la prise de Kaiserslautern pour le garder comme un gage de la satisfaction de Madame, ce qui auroit esté tolérable ; et, au lieu de se contenter de la prise de Philipsbourg, ils se saisissent de toute la Souabe et portent la désolation jusqu'en Franconie. L'Empereur, désireux de profitter des conjonctures favorables à la Chrestienté, auroit peut estre peu fermer les yeux à la simple prise et démolition de Philipsbourg, à l'occupation de Kaiserslautern, et à l'assistance donnée au prince de Furstenberg pour le maintenir dans son administration prétendeue; mais l'occupation du Rhin presqu'entier, de la chambre impériale de Spire, et l'enlèvement honteux de son archevesque, la prise de Mayence et de toutes les places voisines, la bombarderie de Coblenz, les extorsions exercées par toute la Souabe entièrement assujettie, les incendies respandues dans la Franconie, enfin la dévastation de plusieurs cercles et électorats de l'Empire, rompent toutes les mesures et ne permettent pas à l'Empereur de songer à aucun milieu entre une paix honteuse et une défense nécessaire.

Les François offrent icy la démolition de Philipsbourg et de Fribourg; cela n'auroit pas esté de refus s'ils estoient demeurez au terme du manifeste, et si, désistans de la prétendeue cession perpétuelle, ils avoient vouleu se contenter des asseurances que l'Empereur leur auroit pu donner suffisamment de l'observation exacte de la tresve, pour les guérir de la peur imaginaire d'une prochaine rupture, sur laquelle tout le manifeste est basty. Mais maintenant que l'Allemagne est en feu, un aussy chétif intérest que celuy de la restitution des ruines de Fribourg ne le sçauroit toucher. Les choses ne sont plus dans l'estat où elles estoient lorsqu'on publioit le manifeste, et les François ont levé le masque depuis.

Il faut advouer que les demandes du manifeste avoient laissé quelque espérance d'un accommodement tel que je viens de descrire, surtout à ceux qui avoient à cœur les intérests de la Chrestienté, et particulièrement l'offre de se contenter d'un équivalent en argent à raison des prétentions de Madame la Duchesse d'Orléans, dont l'estimation se feroit suivant l'arbitrage du Roy de la Grande Bretagne et de la respublique de Venise, et auroit quelque air d'équité. Mais je ne sçay si peut estre on n'a mis ces choses en avant pour ralentir nostre courage et pour retarder nos résolutions par de vaines espérances, ou si le Roy T. C. a esté véritablement dans les sentimens de quelque modération, d'où ceux qui cherchent de porter les affaires aux extresmités l'ont fait sortir insensiblement sans luy donner le loisir de faire réflexion sur les suites funestes des violences insupportables qui l'ont faict autoriser.

CHAPITRE XVII

APRÈS LES PRÉTENDEUES RAISONS DE JUSTICE ON EXAMINE MAINTENANT LES MOTIFS DE PASSION ET D'INTÉREST QUI ONT PORTÉ LA FRANCE A LA RUPTURE.

Cependant, puisque le Manifeste n'est fondé que sur la supposition imaginaire du dessein de l'Empereur de rompre incessamment avec la France, et qu'on ne demande au reste que le maintien du Cardinal de Furstenberg, la démolition de Philipsbourg pour celle de Fribourg, et un équivalent en argent pour la prétention de la Duchesse d'Orléans, tout homme de bon sens qui le considère s'estonnera comment la France a peu se résoudre à troubler la Chrestienté et à faire une diversion en faveur des Ottomans pour si peu de chose. Le Cardinal pouvoit estre mainteneu dans sa détention sans venir à la guerre. Il y avoit bien des moyens spécifiés cy dessus d'asseurer l'observation de la tresve de la part de l'Empereur; il ne reste donc que ce chestif argent qu'on prétend de la part de la Duchesse d'Orléans, qui sera le prix de tout ce fracas épouvantable.

Mais comme cela n'est pas croyable, nous sommes forcés de juger que le Manifeste ne nous a pas descouvert les véritables motifs qui ont porté la France à la rupture. Il est vray qu'il donne plus à deviner qu'il ne dit, car il parle plus d'une fois *du trop sincère* désir de Sa Majesté pour maintenir le repos de la Chrestienté; il veut, quoyque assez mal à propos, *que ceux qui n'ont point d'autre intérest que celuy du bien public se doivent estonner que le Roy ne s'est pas servy des prétextes que les règles d'une bonne politique luy pouvoient suggérer pour empescher l'aggrandissement de l'Empereur,* comme si la bonne politique et les intérests du bien public ordonnoient de se servir des prétextes pour empescher les progrès légitimes d'un prince qui n'estend sa puissance qu'avec celle de Jésus-Christ, et qui d'ailleurs est éloigné de toutes les entreprises dont la justice est douteuse!

Il tasche d'insinuer que la trop grande bonté du Roy a encouragé ses ennemys et contribué à tous les sujets de mécontentement qui ont enfin lassé sa patience (quoyqu'on n'ait esté que trop réservé, de peur de fascher un conquérant qui veut que tout soit à sa discrétion), *qu'il pouvoit profiter de l'embarras que donnoit à l'Empereur la guerre de Hongrie pour obliger l'Empire à luy céder par un traicté définitif tout ce qu'il prétend avoir réuny à sa couronne,* c'est-à-dire qu'il pouvoit se joindre aux Turcs pour achever de ruiner l'Allemagne, *mais qu'il s'est contenté de la tresve, et que, suivant les mouvemens de sa piété et de sa générosité, il a préféré le bien général de la Chrestienté aux intérests de sa couronne,* comme si ce n'estoit pas un devoir et comme si on devoit tenir compte aux François de ce qu'ils n'ont pas agi en Turcs!

On adjoute *que ces preuves de la sincérité du Roy T. C. ont faict oublier à la cour de Vienne les succès que Dieu a tousjours donné à ses armes,* marque infaillible de leur justice, à l'exemple encor des Turcs qui pouvoient monstrer de semblables marques de la justice de leur cause depuis plusieurs siècles, *qu'on s'est imaginé que le Roy T. C. préféreroit doresnavant la douceur du repos aux soins indispensables qu'il est obligé de prendre pour la conservation de ses Estats,* repos qu'on n'avoit garde de croyre depuis qu'on a veu déjà, l'année 1687, combien la France s'impatientoit de nous attaquer, ayant esté retenue avec peine par les offices du Pape et par les offres de l'Empereur. Enfin on a dit *qu'après toutes les preuves que le Roy T. C. a données du trop grand désir qu'il a tousjours eu d'affermir la tranquillité publique* (il semble que c'est une ironie), *tout le monde advouera qu'il eût esté à souhaitter pour le bien général de la Chrestienté que ses ennemis n'eussent pas si bonne opinion de la sincérité des intentions de Sa Majesté.* Voilà une vérité semblable à celle du grand pontife Caïphas, qu'on dit sans y penser. Car nous avons desjà remarqué qu'il n'est que trop vray qu'on a eu trop bonne opinion des sincères intentions de la France, ce qui faict négliger les précautions nécessaires.

Il est aisé de reconnoistre cependant que ces expressions du manifeste marquent un grand regret de n'avoir pas faict plus de mal, lorsqu'on en avoit les moyens, puisque les François se plaignent d'avoir esté trop sincères ou plustost de n'avoir pas esté assés mauvais et d'avoir négligé les prétextes qu'on pouvoit trouver aisément sans doute, non seulement pour empescher l'Empereur de faire les conquestes sur les infidèles, mais encor pour le forcer à tout accorder lorsque les Turcs assiégeoient Vienne. C'est-à-dire, on reconnoist avec Machiavel, mais peut estre trop tard, que les hommes manquent de faire des grandes choses parcequ'ils ne sont pas assés bons ny assés meschans. Il falloit estre tout à fait honneste et fidèle observateur des traictés et de la justice, ou bien, puisqu'on ne sçauroit soutenir les injustices que par d'autres injustices plus grandes, réduisant ceux qu'on a maltraités à un estat de misère dont ils ne sçauroient se relever, il falloit se mettre au dessus de toutes les considérations de la bonne foy et du Christianisme, et c'estoit là le moyen, en se joignant ouvertement aux Turcs entrez dans l'Empire, de mettre l'Allemagne si bas qu'elle n'auroit plus esté capable de faire résistance. Les princes généreux dont l'ambition est meslée des grands esgards de l'honnesteté, sont sujets à tomber dans ce défaut d'un milieu dangereux ; ils n'écoutent qu'à demy les flatteurs qui les poussent à des résolutions injustes, mais ils feroient bien de chasser tout à fait ces mauvais conseillers, ou bien, s'ils préfèrent l'intérest à la gloire, ils se doivent abandonner entièrement à leur conduite et à leurs principes.

Pour ce qui est de la personne du Roy, quelque grand prince qu'il soit, il est obligé de voir par les yeux d'autruy, et, lorsque plusieurs s'entendent ensemble pour le faire donner dans quelque dessein, ils y ajustent toutes leurs relations et tous leurs discours, connoissant déjà son penchant, dont ils sçavent profiter, pour donner de l'apparence et de l'agrément à leur advis. Quand on sçait qu'un prince s'est mis sur le pied de conquérant, et qu'il est jaloux de ce qui touche tant soit peu sa gloire, il se trouve des gens qui, pour faire les bons valets, sont bien aises de rendre à leur maistre ce service assés extraordinaire de descharger sa conscience en chargeant la leur, et en luy fournissant des preuves plausibles, dont il sera ravi d'estre persuadé, car nous aimons de croire ce qui nous accommode. Or, sur ce pied là, on peut conjecturer qu'il y a des gens qui ont fait accroire au Roy qu'on avoit esté réjoui en Allemagne, et ailleurs, de sa maladie; qu'on l'avoit creu abattu de corps et d'esprit, et désormais peu capable des résolutions vigoureuses, et en estat de pouvoir estre affronté et attaqué impeunément. On ne sçauroit empescher les jugemens de la populace, dont il se trouve tousjours des traces dans quelques meschans livres et les gazettes; mais il est constant que les personnes raisonnables et qui font figure dans les affaires en ont jugé tout autrement, et ils ont appréhendé que cela mesme ne parvînt jusqu'au Roy, et le poussast à monstrer qu'il est encor plein de vie et de vigueur, et que la France est encor ce qu'elle avoit esté. Au moins ne sçauroit-on accuser l'Empereur ou quelqu'autre prince considérable d'avoir pris des mesures suivant ces faux jugemens. Des personnes de bon sens ont souhaitté au Roy une longue vie dans l'espérance que l'Europe luy seroit redevable désormais de son bonheur, et qu'estant rassasié de gloire, il jouiroit tranquillement du fruict de ses grandes actions et de sa puissance glorieuse, qui le mettoient à couvert de tout soubçon de foiblesse, et hors de toute attaque de quelque ennemy que ce pourroist estre.

Mais on s'est trompé dans ce jugement advantageux au Roy T. C., et il faut advouer que Sa Majesté a faict maintenant quelque tort à l'opinion qu'on avoit de sa magnanimité. Car on ne l'a pas creu capable de recevoir des impressions aussy mal fondées que celles qui luy font croire qu'on l'alloit mespriser ou attaquer. La vraye générosité consiste dans la connoissance de ses advantages; elle se moque du jugement des ignorans, et ne se laisse pas troubler dans la jouissance de son bonheur par des opinions ridicules des petites gens, qui se dissipent d'elles-mesmes. Falloit-il s'arrester au jugement de quelques écrivains de Hollande, dont le but n'estoit que d'irriter la France, qui avançoient malicieusement qu'on verroit par la manière dont elle se prendroit à l'esgard de l'affaire de Cologne, si elle estoit foible ou non, que le Roy perdroit beaucoup de sa réputation s'il taschoit d'éviter la guerre, qui se préparoit malgré luy, et que cela donneroit l'asseurance à ses ennemys de l'attaquer jusque dans le cœur de son royaume? Ces mesmes écrivains supposoient gratuitement que l'Empereur estoit tout résoleu de faire la paix pour attaquer la France, et ils se peuvent vanter d'avoir jetté les fondemens du manifeste françois, quoyqu'on ne leur ait pas faict l'honneur de les y citer, comme on a pourtant faict dans la lettre du Roy T. C. au cardinal d'Estrées. Ce qui faict juger que ceux qui ont pressé Sa Majesté à la guerre ont profité des expressions de ces escrivains pour luy faire croire que sa gloire estoit intéressée. Le Manifeste mesme l'insinue en donnant à connoistre que le Roy a vouleu désabuser ceux qui croyoient qu'il *préféreroit doresnavant la douceur du repos aux soins qu'il doit à ses Estats.* Mais cette circonspection n'appartient qu'aux princes dont la réputation n'est pas assés establie. Le Roy T. C. n'avoit pas besoin de ces précautions pour conserver la sienne, et c'est une foiblesse à un grand prince de se laisser troubler par des vains bruits jusqu'à changer la route qu'il avoit dessein de prendre. Il n'avoit qu'à équiper une flotte considérable et monstrer de près aux Hollandois ses forces terrestres, et, ayant défendeu par là le prince d'Orange de passer la mer, il estoit l'arbitre de la paix et de la guerre, sans craindre qu'on auroit jamais osé songer à l'attaquer.

CHAPITRE XVIII

SI LA FRANCE N'AUROIT PAS MIEUX FAICT DE PRENDRE PART A LA GUERRE CONTRE LES INFIDÉLES.

Quelqu'homme de bon sens, après avoir considéré meurement ce que nous venons de représenter, advouera qu'il seroit à souhaitter pour le bien de l'Europe, et pour la gloire du Roy T. C., qu'il se feust absteneu de la prise de Strasbourg et de toutes les autres usurpations qu'il a faictes sur l'Empire ; mais maintenant que la chose est faicte, et que le Roy ne sçauroit faire restitution sans fleschir sa réputation, on dira que la nécessité l'oblige à empescher tant l'aggrandissement de l'Empereur, que le redressement des affaires de l'Allemagne, qui mettroient un jour l'Empire, au moins après la tresve expirée, en estat d'incommoder la France ; que c'est là le nœud de l'affaire, et qu'après cette réflexion on ne doit pas s'estonner si le Roy n'a peu souffrir les progrès des armes de l'Empereur, qui le rendoient formidable. Je reconnois que, le Christianisme et la conscience mis à part, cette raison seroit bonne, s'il n'y avoit pas eu un autre moyen d'éviter ce danger, sauf la justice et la conscience. Car qui empeschoit le Roy T. C. de prendre part aux conquestes qu'on faisoit sur les infidèles? Sa puissance maritime et ses forces, toutes prestes à la plus grande entreprise, le mettoient en estat de terrasser d'un seul coup le monstre du mahométisme : car non seulement l'Asie Mineure et la Palestine, mais l'Égypte mesme, l'unique ressource de l'empire Ottoman, estoient à sa discrétion, et les progrès des Allemands, obligés d'aller par terre, et peu à peu, ne pouvoient approcher en aucune façon ny de la promtitude ny de la grandeur de ceux de la France. C'estoit là le moyen le plus glorieux et le plus utile de se précautionner contre l'Empereur et de mortifier les ennemys de la France. La conqueste d'une belle et grande partie de la terre habitée valoit mieux, ce semble, que les misérables chicanes du costé des Pays-Bas et du Rhin pour quelques villes ou bailliages.

On demandera donc pourquoy un Roy si sage et si généreux n'a pas voulen prendre un party si avantageux. De dire qu'il n'a pas daigné de suivre les exemples d'autruy, ny de faire l'honneur au Pape de déférer à ses conseils, ce seroient des petits motifs d'une vanité qui ne feroit guère d'honneur à un grand prince. Pour moy, j'advoue que je n'en sçaurois rendre raison, non plus que de l'occasion perdeue d'occuper la Hollande, lorsqu'en l'an 1672 on pouvoit aller de plain pied jusqu'à Amsterdam, et de la négligence de ceux qui ne se sont pas opposés de bonne heure à la présente entreprise du prince d'Orange. Les hommes, quelque grands qu'ils soyent, ont leur foiblesse. Dieu se réserve le pouvoir de confondre la sagesse humaine, lorsqu'on la croit montée aussi haut que l'estoit déjà la tour de Babel. Et si les esprits forts de France nous donnent permission de faire des réflexions de piété, on dira que les injustices des François ont mérité cet aveuglement, qui les a fait avoir de l'aversion pour la guerre d'Orient, et que Dieu ne les a pas jugés dignes d'estre les instrumens de sa gloire. Je sçay que les politiques ordinaires, qui ne regardent que la superficie des choses, et qui s'arrestent plustost aux exemples qu'aux raisons, le prennent pour un grand raffinement de prudence, disant qu'on ne songe en France qu'au solide et prochain, qui est le Rhin et les Pays-Bas, sans se mettre en peine des conquestes d'outre-mer, éloignées et chimériques, et presque tousjours malheureuses. Mais ils ne considèrent pas la différence des temps; que la France est toute autre qu'elle n'estoit du temps de saint Louis; que la puissance navale des Européens, dans l'estat qu'elle est aujourd'hui, faict que rien n'est éloigné; que les Espagnols, les Portugais et les Hollandois maistrisant si facilement des vastes pays, dont la distance est incomparablement plus grande, il est aisé de juger que la France, qui a bien d'autres forces, n'auroit pas eu besoin de grands efforts pour conquérir et maintenir des provinces de la Méditerranée qui sont comme à ses portes et à sa discrétion. Outre que ce sont des entreprises sans danger, lorsqu'un prince puissant par mer attaque ceux qui, destitués des forces navales, ne sçauroient ny le poursuivre, s'il estoit obligé par malheur de se retirer, ny luy rendre la pareille. Disons donc que Dieu, qui a en main le cœur et le pouvoir des Roys, leur met un *non plus ultra* quand bon luy semble. Or la France, éloignée de ces pensées, qu'on pourroit appeler véritablement très chrestiennes, et obstinée à vouloir le Rhin et les Pays-Bas, voyant que les conquestes impourveues de l'Empereur changeoient la face des affaires et ramenoient l'espoir des Allemands, a jugé qu'il estoit nécessaire d'interrompre la prospérité des armes chrestiennes. Elle appréhendoit que son inaction ne fist naistre quelque mépris ; elle estoit touchée des railleries piquantes de quelques gens qui ne cherchoient que de l'irriter. Mais il semble enfin que la constance du Pape et le mauvais succès des cabales de Furstenberg, où l'honneur du Roy paroissoit intéressé, ont achevé de la déterminer à la guerre.

CHAPITRE XIX.

LES VRAIS SUJETS DE MÉCONTENTEMENT DE LA FRANCE.

Pour ce qui est *des sujets de mécontentement*, dont parle le Manifeste, *qui ont enfin lassé la patience du*

Roy T. C., on ne croit pas que l'emportement d'un ministre hautain, qui abuse du nom de son Roy, et qui veut que tout fleschisse sous sa volonté, jusqu'au Pape et jusqu'à l'Empereur, soit une cause suffisante de la guerre. Il y a bien des gens qui chercheront d'autres sujets de mescontentement que ceux que le Manifeste nomme. Ils diront que, mettant à part la délivrance de Vienne, c'est la prise de Neuhausel et de Bude, la défaite de Mohaz, la déroute des forces ottomanes et du parti rebelle, si utiles à tenir l'Empereur en eschec, qui ont despleu en France, et qu'enfin le passage du Save et ce qui en est suivy ont lassé une patience qui n'estoit pas fort grande. On ne pouvoit regarder plus longtemps ces conquestes odieuses, et il estoit temps de sauver Constantinople par le secours qu'on devoit, il y a longtemps, au sultan embarqué contre un ennemi commun.

Ils adjouteront encor que le mauvais succès des intrigues fomentées depuis longtemps dans les chapitres de plusieurs églises cathédrales, la honte d'avoir caressé inutilement les chanoines, la constance de la Bavière dans le bon party, la résolution de la cour de Berlin, l'intention louable de la maison de Lunebourg, la résolution de Hesse et de Wurtemberg, ont lassé la patience ou plustost l'impatience françoise. On voyoit que le théâtre estoit changé et que les Allemands commençoient à voir clair. Il ne falloit donc plus les mesnager, et il sembloit qu'il estoit temps de lever le masque.

D'ailleurs, on voyoit un pape se faisant fort des droits de sa charge supresme, et appuyé de sa seule réputation de saincteté, dont on ne se soucie guère en

France, faire teste à un Roy qui croyoit avoir triomphé de toute l'Europe, qui avoit humilié Alexandre VII, et qui estoit en possession, ou d'avoir les Papes à sa dévotion, ou de les mortifier, qui s'imaginoit que ce qu'il avoit faict contre les hérétiques luy donnoit droit de tout prétendre du Saint-Siége ou de le traiter aussy mal que les Huguenots. On se faschoit de voir cette inflexibilité d'un Pape désinteressé, à l'épreuve des promesses et des menaces, et ce caractère de droiture et de sévérité estoit déjà haï en France. On veut des évesques de cour qui sçavent accorder les canons de l'Église avec ceux de l'arsenal. On considère le Pape comme le chef de ces ecclésiastiques opiniastres qu'on appelleroit partout des gens de bien, qui croyent qu'il faut plus obéir à Dieu qu'aux hommes. On est accoustumé d'envoyer ces gens là en prison, et, pour le chef, on va luy faire sentir ce que c'est que de chocquer celuy qui se dit le fils aisné de l'Église, et de préférer Jacob à Esaü, malgré la prétendue primogéniture. Surtout il paroist insupportable qu'un Pape, que la politique françoise ne considère presque que par grimace, est capable de faire sentir les effects de sa bonne volonté aux uns, et de son indignation aux autres ; et qu'il semble que, par le succès que Dieu a donné aux armes des Chrestiens qu'il encourageoit, il triomphe de la haine secrète de la France, qui ne vouloit pas avoir part à la gloire d'une expédition que le Pape proposoit, et ne pouvoit pas honnestement en troubler le progrès. Enfin la patience françoise a esté lassée lorsque dernièrement le Pape n'a pas obéy à la lettre menaçante du Roy, et a osé préférer les mérites d'un Électeur de Bavière qui s'expose si généreusement pour le bien de la Chrestienté, aux démérites d'un Cardinal de Furstenberg qui ne travaille qu'à la désoler. Il semble, pour dire la vérité, que cette patience françoise poussée à bout s'est changée en fureur, et que le venin des esprits ulcérés déborde et se respand enfin de tous costés ; car de ne sauver plus mesme les apparences, de mespriser tout ce qu'il y a de sacré dans le monde et de fouler aux pieds les considérations de l'honnesteté chrestienne, ce sont des marques trop fortes d'une colère furieuse et d'une haine envenimée. C'est ainsy qu'on juge en plusieurs endroits *des sujets de mescontentement* de la France et de sa patience lassée.

Et comme on a regret en France d'avoir tardé si longtemps, on s'en fasche d'autant plus que les Allemands ne reconnoissent pas assez la grâce que le Roy leur a faicte *en ne profitant pas de l'embarras que donnoit à l'Empereur la guerre de Hongrie,* c'est-à-dire, en n'attaquant pas l'Allemagne d'un costé lorsque le Turc y entroit de l'autre. C'est ce que les Ministres de France prosnent partout, jusqu'à oser dire publiquement, dans des Mémoires présentés à la Diète, que l'Empire est obligé à la France de toutes les victoires obteneues sur les Turcs, sans doute parce qu'elle ne les avoit pas empeschées de bonne heure. C'est comme si un homme demandoit des éloges et des récompenses pour n'avoir pas esté larron ou homicide lorsqu'il en avoit l'occasion, ce qui n'est louable que dans les voleurs de profession, parce qu'il marque un commencement de repentance.

Croiroit-on qu'il y a du mal quelquefois à estre trop heureux ? Cependant il n'y a rien de si vray. Le bonheur perpétuel du Roy T. C. l'a rendeu trop sensible à des mescontentemens que d'autres princes auroient souhaitté de pouvoir recevoir. Ces mescontentemens qu'on luy donne marquent tous sa grande puissance, qui oblige les gens à se précautionner. Il devroit donc se fascher d'estre formidable. Voilà la vanité des grandeurs humaines et le peu de solidité des biens qu'on estime le plus. Qui n'auroit creu le Roy T. C. le plus heureux des-hommes, en parlant à la mondaine? Et cependant on voit qu'il est autant et plus exposé aux mescontentemens que les autres.

Le mal est que les chagrins du Roy et les emportemens de son ministre peuvent troubler entièrement toute la conduicte de ses affaires. Jusqu'icy on avoit admiré la circonspection d'un monarque si puissant, qui faisoit de si beaux coups sans rien hazarder, qui suspendoit le progrès de ses conquestes pour les bien affermir, qui faisoit si bien mesnager ses interests dans les cours des autres princes. Maintenant je ne sçay par quelle bourrasque on s'éloigne tout d'un coup du port, on remet tout au hazard, on quitte tous les mesnagemens et toutes les intelligences, on destruit tout ce qu'on avoit basti avec tant de soins et despenses, par tant d'ambassades et tant de négociations ; et on trouve justement la plus mauvaise conjoncture, car non seulement toute l'Allemagne est unie, mais presque toute l'Europe paroist avoir le mesme dessein. Il est vray qu'autresfois déjà la conduicte des François n'a pas tousjours esté si exemte de fautes que le vulgaire s'imagine : ceux qui connoissent les affaires en peuvent dire des nouvelles. J'advoue qu'elles ont esté couvertes par l'événement. Mais il n'est pas seur de se trop fier à la fortune, qui a coustume de nous abandonner lorsqu'on s'y fie le plus.

Cependant, s'il est vray que la France a mancqué cette fois, elle en est d'autant plus à craindre. Malheur à ceux qui ne seront pas sur leurs gardes et qui agiront mollement dans cette conjoncture. Elle fera des choses surprenantes, et sa colère espargnera aussy peu les choses divines que les humaines. Accoustumée à réussir dans ses cabales, et picquée de honte d'avoir manqué son coup à Cologne, à Munster, à Liége, à Munic, à Hannover, mais surtout en Hollande, après avoir eu tout le loisir de préparer les affaires, elle faict maintenant des choses qui marquent un esprit outré; car auprès des ministres qui veuillent passer pour infaillibles, le reproche tacite d'une faute de quelque conséquence tient lieu d'une offense mortelle. Il faut que l'épée maintenant venge ou couvre le mauvais succès de la négocjation, quand il faudroit se baigner dans le sang chrestien, rappeler les Turcs en Allemagne, et faire saulter Saint Pierre de Rome par la grande bombe reveneue d'Alger (1).

---

(1) Leibniz fait allusion ici à cette découverte. Voir dans le t. I, à l'Appendice, son épigramme *in Bombos*. N. E.

CHAPITRE XX

ON CONCLUT PAR UNE EXHORTATION ADRESSÉE A TOUS CEUX QUE L'INTÉREST COMMUN DOIT JOINDRE CONTRE LA FRANCE. ON LEUR RECOMMANDE DE FAIRE MAINTENANT TOUS LES EFFORTS DONT ILS SONT CAPABLES, DE SE MAINTENIR DANS UNE FERME ET ÉTROICTE UNION.

C'est pourquoy ne nous flattons et ne nous relaschons point. Nous avons affaire à un ennemy formidable. Songeons surtout aux causes et aux remèdes des mauvais succès de la guerre passée et aux désordres qui suivent naturellement la pluralité des alliez. Quittons les veues de l'intérest particulier; croyons fermement qu'il s'agit maintenant de l'honneur, de la liberté, et de tout ce que nous avons de cher au monde. Si nous ne trouvons pas moyen d'establir des quartiers au delà du Rhin et de porter la terreur chez l'ennemy, il ne faudra pas estre prophète ou fils de prophète pour prédire que les cercles voisins du Rhin estant bientost espuisés, il n'y aura plus moyen de subsister, et il faudra faire une paix honteuse. La discipline militaire est absolument nécessaire; il faut que les diverses provinces de l'Allemagne s'entre-aydent de bonne foy, et que chacun fasse son affaire de celle de son allié. Si la France se maintient cette fois dans ses usurpations, adieu la liberté de l'Europe. On ne retrouvera plus de si bonnes conjonctures. *Potuit quæ maxima virtus esse fuit*. Si tous ces efforts ne servent de rien, il faudra baisser le pavillon ; car d'où prendre d'autres forces, à moins que d'attendre du secours des Turcs et des Moscovites ? L'Empereur, forcé à prendre les armes, se tient asseuré de la protection divine. Sa constance n'est pas aisée à ébranler ; les mesmes principes de justice et d'honneur qui l'ont faict décliner les propositions et les démarches capables de troubler les affaires sans nécessité, le feront poursuivre cette guerre inévitable, et si tous les intéressez sont aussy bien intentionnez que luy, Sa Majesté sacrée ne quittera le harnois que lorsqu'il y aura moyen de faire une paix qui asseure le repos de l'Europe. Les princes de l'Empire sont dans les mesmes sentimens. Leur générosité ne peut souffrir d'avantage les outrages inouïs des François. Les Rois du Nord ne doivent point se séparer des intérests de l'Allemagne, dont ils sont princes de naissance. Ils ont expérimenté tous deux que la France traicte ses alliés de haut en bas. Sans la Suède, le Cardinal de Richelieu se seroit repenty d'avoir rompeu avec la maison d'Autriche, et Louis XIV auroit peut-estre faict une autre paix à Nimwègue ; et cependant la France en a usé à son égard d'une manière indigne et pleine de mespris, jusqu'à luy oster un duché obteneu par héritage, parce qu'elle ne se pouvoit pas sousmettre à des loix iniques et honteuses. Voilà maintenant le temps de s'en venger, et je ne doute point que le Roy, dont la générosité a paru dans les plus grands dangers, n'en profite.

L'Espagne, traictée d'une manière insupportable aux monarques, irritée par une infinité de chicanes dans les Pays-Bas, affrontée jusques dans ses propres ports, obligée à régler presque tout le commerce de l'Amérique suivant les caprices de la cour de France et selon les intérests des marchands françois qui la pillent, et mise en danger de perdre un jour cette partie du monde dont les establissemens des Antilles, les Boucanniers et les Pirates qu'on protége en France, sont des préludes, pour ne rien dire de la prétention fondée sur les droits imaginaires de la feue Reine de France, qui ne va pas à moins qu'à engloutir toute la monarchie ; l'Espagne, dis-je, trop instruicte de toutes ces choses, ne manquera pas de se prévaloir de la conjoncture.

Si l'Angleterre considère ses intérests et les démarches de la France, elle la tiendra pour son ennemie naturelle. C'est la France qui a gasté, si je l'ose dire, l'esprit du feu Roy, prince d'un grand génie, et qui auroit esté heureux s'il n'avoit préféré ses aises à sa charge et au bien de sa couronne. Ordinairement il n'y a point de princes plus embarrassés que ceux qui se croyent défaire du travail. La France l'entretenant dans cette humeur par quelques subsides, et flattant sa passion de vengeance qu'il avoit conçeue je ne sçay comment contre les Hollandois, ce qui estoit presque la seule veue qu'il avoit en matière d'Estat, a mis cette jalousie entre le Roy et la nation que tout le monde a veue. Elle a trompé le Roy d'aujourd'huy en l'encourageant à des entreprises dont le principe estoit bon, mais les suites mauvaises ; et l'ayant mis mal avec ses peuples qui l'adoroient au commencement, elle l'a abandonné enfin au besoin, en profitant de l'occasion de se saisir du Haut Rhin au lieu d'arrester comme elle pouvoit la tempeste preste à esclater sur l'Angleterre, le tout à dessein de mettre ce puissant royaume hors d'estat de se mesler des affaires générales. On peut dire que la France est redevable de ses advantages aux désordres de l'Angleterre qu'elle a faict naistre ; mais peut-estre que le ciel la punira par cette mesme Angleterre qu'elle avoit faict l'instrument de son ambition ; et que la fourberie d'à présent ayant esté portée trop loin, le Roy et la nation ouvrant les yeux reprendront leurs vrays intérests, communs avec ceux de toute l'Europe, et se vengeront d'une couronne dont ils ont esté le jouet depuis tant d'années. Aussy la dernière déclaration de la guerre contre les Hollandois a surpris tous les bons catholiques et apparemment le Roy de la Grande Bretagne luy-mesme. On y dissimule entièrement les affaires d'Angleterre, on ne parle que des intérests du Cardinal de Furstenberg, comme s'ils estoient préférables à ceux de ce Roy et de la religion. On n'allègue contre les Estats que cette pauvre et meschante raison qu'ils se sont meslez de l'affaire de Cologne (quoyqu'on n'en puisse rien spécifier), comme si la France y avoit plus de droit qu'eux. Et par là on donne à connoistre qu'on se mocque de ce qui touche le Roy de la Grande Bretagne et l'Église, pourveu qu'on puisse faire des conquestes sur l'Empire. Il est mesme estonnant qu'on a mieux aimé en France de déclarer la guerre aux Estats pour une cause odieuse qui touche l'Empire, que pour l'affaire bien plus plausible de l'Angleterre et de la religion ; car, en ne mettant en avant que le prétexte de Cologne, on leur fournit par là soy-mesme des raisons dont ils se pourront prévaloir auprès de l'Empereur pour l'obliger de les assister, en vertu de l'alliance défensive qu'il a faicte avec eux, qui doit avoir son effect quand mesme l'Empire ne seroit pas attaqué, au lieu que la France leur déclarant la guerre en faveur du roy d'Angleterre attaqué par eux, auroit délivré Sa Majesté impériale de l'obligation de leur donner du secours après les intérests de l'Empire mis à couvert, parce que, estant les aggresseurs, ils ne pourroient pas se fonder sur ce traicté d'alliance à l'esgard d'une guerre offensive de leur costé. Pour moy, j'advoue de ne rien comprendre à cette politique peu propre à nuire aux Estats, et peu sincère envers le Roy de la Grande Bretagne et le bien de l'Église.

Les Estats généraux des provinces unies, guéris des défiances que la France avoit mis dans l'esprit de plusieurs contre le prince d'Orange, et informez maintenant de ses desseins aussy bien que des mauvais artifices de cette couronne, qui taschoit de les ruiner en les flattant, ont rompeu la glace, non sans danger, dont la France les a tirés fort à propos en attaquant l'Empire. Si l'exemple de la malheureuse paix de Nimwègue les rend doresnavant inébranslables dans l'attachement à la cause commune, ils auront la gloire d'avoir mis la première pierre aux fondemens de cette digue, qui fera regaigner le pays inondé, et asseurera l'Europe contre l'impétuosité des flots capables sans cela de faire naistre un déluge universel. Et comme la France n'a ses mines que dans le commerce, dont les Hollandois sont les grands maistres, je ne doute point qu'ils ne trouvent moyen de bien concerter cette affaire importante avec l'Empire et l'Espagne, pour faire tarir les sources de cette abondance, dont la France abeuse pour troubler l'Europe.

Plusieurs blasment les puissances de l'Italie d'avoir regardé d'un œil tranquille la saisie de Casal, qui ne sçauroit estre sousteneue d'aucun droit (puisque le duc de Mantoue est vassal de l'Empire), et ne peut servir qu'à leur préparer des fers. Et ils ont trouvé encor plus estrange, qu'excepté le pape personne n'a seulement osé ouvrir la bouche en faveur des Génois, traictés avec le dernier mespris, et bombardés barbarement, pour donner de la terreur à tous ceux qui oseroient desplaire à la France, sans qu'en effect on puisse dire qu'ils ayent donné un juste sujet de plainte. Ce qui doit apprendre à tous les souverains, et particulièrement aux Italiens, *ce que c'est que la France arbitre des affaires*, puisqu'elle traicte desjà une république illustre et considérable comme un nid de misérables et comme la retraite des derniers des hommes, qu'elle seroit en droit de chastier jusqu'à les faire baiser la verge.

Pour moy, je veux croire que l'Italie pourra estre excusée jusqu'icy, et j'advoue qu'il auroit esté dangereux de chocquer la France. Mais grâce à Dieu ce temps n'est plus. Elle a porté les choses à des extresmités qui luy ont déjà attiré quelques affronts. L'Empire, l'Espagne, l'Angleterre mesme, les Estats généraux, paroissent résoleus à employer toutes les forces que Dieu leur a données pour abbaisser un ennemy commun. Et puisqu'il ose s'en prendre à la religion jusqu'à ruiner les espérances de la Chrestienté, et jusqu'à attaquer le pape d'une manière outrageante et déraisonnable, la sérénissime République de Venise, à qui les François arrachent maintenant les conquestes dont les armes chrestiennes se pouvoient asseurer, ne sçauroit mieux faire que de s'opposer à leurs desseins injustes et dangereux, en déclarant qu'elle ne sçauroit souffrir patiemment qu'on porte la guerre en Italie, et qu'on y envoye des armées sans aucun sujet. Sa conservation et sa dignité y est intéressée, et jamais occasion n'a esté plus belle pour se faire valoir. Les François ne l'épargneroient pas, quand ils luy accorderoient la grâce de Polyphesme. Ils ne manquent jamais de prétexte. Les réunions viennent d'abord au secours ; ils prétendent déjà que Venise a esté soumise à Pépin, fils de Charlesmagne. De quelque manière qu'on prenne les choses, la nécessité ordonne de s'opposer de bonne heure à ceux qui vont tout engloutir, si on n'y prend garde. La puissance de la France est si grande, comme l'expérience a desjà fait connoistre, que, nonobstant le nombre de ses ennemys présens, le succès ne laisse pas d'estre encor fort douteux. Mais si l'Italie s'y joignoit en demandant la redintégration du pape, dépouillé d'Avignon et affronté dans sa capitale, et l'évacuation de Casal, et si cette grande et sage république, qui y a le plus d'intérest, en monstroit l'exemple aux autres puissances, suivant les principes heureux des prédécesseurs, qui n'ont pas mancqué de prendre des liaisons nécessaires pour maintenir la liberté commune, il y auroit moyen d'asseurer le salut de l'Europe. Que si elle préfère une conduite molle et foible à une vigueur généreuse et nécessaire, il est à craindre que la France ne se tire des affaires, et qu'ayant divisé les alliés (lassés peut-estre d'une guerre sans effect) et mis l'Empire hors d'estat de résister, elle n'aille le grand chemin à la Monarchie universelle. L'Italie, ne pouvant plus rien espérer des Allemands, dont la ruine despendra du mauvais succès de cette guerre, sera sans doute à la veille de gouster à son tour les douceurs de la domination de la France. Il est temps d'y songer tout de bon. Les voyes du milieu sont tousjours dangereuses. Si les Italiens prennent une résolution digne de la gloire de leurs ancestres, si le Grand-Duc et les autres princes d'Estats voisins entrent dans les intérests de Bavière, et se joignent aux Espagnols et aux Vénitiens, on est seur de réussir; mais si l'on manque cette fois, la faute sera irréparable, et l'on ne retrouvera jamais l'occasion perdeue.

Les Suisses encor se tiendront cela pour dit, le gouverneur d'Huningen a déjà esprouvé si le canon de son fort porte jusqu'à Basle; la cour de France a faict des essays sur leur patience en refeusant à leur ambassadeur les traictemens convenables. Mais ce n'est rien encor. La prise de la Franche Comté est bien d'autre force, et la réduction de la Suabe voisine et de villes frontières va les enclaver de plus en plus. La Suisse ne manque pas de personnes de grand sens et d'un jugement solide; ils reconnoissoient les maux, mais ils n'osoient pas s'y opposer. Mais c'est maintenant le temps de prendre courage, et de se souvenir des actions glorieuses de leurs ancestres. Il se trouvera encor quelque puissant génie, capable d'exciter la nation à l'exemple du Cardinal de Sion, qui fit résoudre les cantons à prendre le party du pape, et à protéger le Milanois contre la France, qu'ils humilièrent merveilleusement, lorsqu'un corps de Suisses fantassins, n'ayant que des épées et des picques, défit en rase campagne l'armée françoise pourveue d'artillerie et dissipa la fameuse cavallerie des gens d'armes pesamment armés de la noblesse françoise. Ces Suisses sont morts, mais il faut espérer que leur vertu vit encor ; l'occasion de la monstrer se présente, il ne faut que des personnes capables de donner le premier bransle aux peuples disposez à bien faire. Le Duc de Savoye, las de se voir régenté, ne manqueroit pas de s'y joindre, s'il voyoit la résolution des Vénitiens d'un costé et des Suisses de l'autre.

Mais tresve de politique : mon dessein n'a pas esté de donner des conseils, et je ne m'estois proposé que de représenter naïvement l'injustice et les emportemens de la France; comme cela n'a pas esté fort difficile, je me puis flatter de quelque succès. Heureux si mes raisons peuvent contribuer à donner de l'horreur de ces mauvais desseins, et à faire prendre des résolutions capables d'en arrester le cours. Il est vray qu'il faut que le ciel s'en mesle, et on a lieu de l'espérer pour bien des raisons. La cause de la Chrestienté, dont on destruit les espérances, celle de la justice, dont on se mocque, et de l'innocence, qu'on opprime cruellement, est la cause de Dieu. Cependant, comme le mesme ciel ne nous a pas encor promis des miracles, le vray moyen de s'attirer son assistance, c'est de joindre à la justice et à la bonne foy les soins les plus exacts et les plus grands efforts dont on est capable ; mais surtout une ferme union des intéressez, puisqu'il faut tenir pour asseuré qu'il n'y aura plus de salut pour eux s'ils retombent dans la faute qu'on a faicte à Nimwègue.

XXII ORDONNANCES DE LOUIS XIII

ROY DE FRANCE

PUBLIÉES EN 1636 DANS UN PRESSANT BESOIN POUR METTRE PROMPTEMENT DU MONDE SUR PIED

NOTE DE LEIBNIZ RELATIVE A CETTE PUBLICATION

J'ay apporté autresfois avec moy ces pièces et quantité d'autres en revenant de France, ayant tousjours esté curieux d'amasser dans mes voyages ce qui pourroit servir dans les rencontres, surtout en matière d'Estat et de droit. Et quoyque je sçache que les principaux ministres d'un monarque sont tousjours les mieux informez de ce qui est convenable à son Estat, et que ceux de Sa Majesté impériale auront déjà assés examiné ces sortes de considérations et bien d'autres, néantmoins, en cas qu'il n'y eust point d'apparence d'une paix raisonnable, et qu'on trouvast bon de se servir de semblables moyens, l'édition de cecy pourroit estre utile pour faire mieux comprendre aux sujets de Sadite Majesté impériale dans ses pays héréditaires, aussy bien que dans les autres terres des Princes et Estats de l'Empire, l'équité et la nécessité de tels ordres, puisqu'en effet les hommes se gouvernent plustost par les exemples que par la raison (1).

---

(1) Suit le texte allemand, et d'une autre encre. Sur un autre feuillet où le titre est reproduit avec la traduction en allemand, il donne la date de cette traduction : *übersezt durch G. V. L. in october* 1688. Ce fut en cette année qu'il eut la pensée de faire servir la politique de Richelieu au salut de l'Allemagne, déjà très-menacée par la politique de Louis XIV.

On offre à la Sacrée Majesté de l'Empereur non pas des pensées d'un particulier, mais ce qui a esté mis en practique par une puissante couronne et par un fameux cardinal, premier ministre d'Estat, lorsque l'an 1636 les forces de l'Espagne entrèrent en Picardie, et portèrent la terreur jusqu'à Paris.

LISTE DES ORDONNANCES DE LOUIS XIII

CI-DESSUS MENTIONNÉES

1. Que tous les gentilshommes, soldats et autres personnes sans condition doivent s'aller enroller sous peine d'estre déclarez décheus de leur noblesse.
2. Que tous privilégiés et autrement, et exemts de la taille, se rendront à St-Denis, montez et armez, sous peine d'estre sousmis aux tailles.
3. Que le Parlement et autres compagnies et communautez contribueront volontairement pour soldoyer les trouppes.
4. Que les corps des métiers doivent soldoyer chacun un certain nombre.
5. Qu'on reconnoistra dans les mestiers les hommes propres à porter les armes.
6. Que les maistres feront enroller leurs lacquais, sous peine d'une amende pour les maistres, et des galères pour les lacquais.
7. Que chacun qui a carrosse fournira un cheval avec un homme.
8. Que tous les gentilshommes servans du Roy se rendront à l'armée montez et armez.
9. Que tous les greniers seront ouverts sans demander louage de ceux qui y mettront des bleds.
10. Que tous les bastimens doivent cesser et que tous les ouvriers se feront enroller.
11. Permission de faire faire des moulins à bled sur la rivière ou à bras.
12. Défense de prendre les chevaux de ceux qui amèneront des bleds.
13. Que tous les chapitres, collèges, communautez et monastères contribueront ce qu'ils voudront et pourront.
14. Réglement du prix des armes.

15. Défense aux maistres, artisans, de retenir plus d'un serviteur.

16. Que les propriétaires ou principaux locataires de chacune maison seront tenens de fournir un homme avec l'épée et baudrier.

17. Que le tiers des habitans aux environs de Paris travailleront aux fortifications de cette ville.

18. Que chaque maistre de poste fournira un cheval avec postillon.

19. Défense d'arrester les chevaux de ceux qui amèneront des bestiaux.

20. Que les boulangers, armuriers et semblables, tiendront autant de compagnons qu'ils voudront.

21. Que tous les compagnons qui travaillent en chambre se rendront chez les maistres ou se feront enrooller.

22. Que les bastimens cesseront partout et que tous les garçons de mestiers se feront enrooller partout le royaume, à la réserve d'un en chaque boutique.

ADVIS AU LECTEUR

Ce petit ouvrage m'estant tombé entre les mains, j'ay jugé qu'il estoit à propos d'en faire part au public, puisque l'Allemagne a plus besoin que jamais des exemples et réflexions qu'il contient. Il est vray qu'il avoit déjà esté mis en cet estat dès l'année passée, à la fin de la campagne après la perte de Namur; mais nos affaires estant encor empirées depuis, il semble que les raisons d'y penser sont plustost augmentées que dimineuées. On apprend aussy que Messieurs les Estats généraux des Provinces-Unies des Pays-Bas, dans une résolution prise après la dernière bataille, n'ont faict aucune difficulté d'advouer que la vraye cause principale de nos pertes vient de ce qu'on ne faict pas partout des efforts tous, les efforts possibles et nécessaires. C'est ce qui les a obligez à en vouloir faire de plus grands. Il est seulement à souhaitter qu'on le fasse partout, et qu'on se résolve à souffrir quelque petite incommodité en renonçant pour un temps au superflleu et à quelques délicatesses, et employant les frais au nécessaire, puisque une guerre onéreuse de peu d'années vaut mieux qu'un long esclavage. Pour cet effect, il faut, pour ainsi dire, se servir de bonne heure de notre grosse artillerie, qui véritablement demande beaucoup de munitions, mais qui perce aussy bientost la muraille, que de perdre toute sa poudre en ne tirant qu'avec des pièces de campagne dont une infinité de coups ne feront que blanchir contre le boulevard ennemi, quand on y emploieroit cent mille milliers. Le pis estant qu'en ne faisant que des médiocres efforts souvent répétés on se consume à petit feu, tellement qu'il ne sera plus temps un jour de se radviser et qu'on n'aura plus de forces lorsqu'on ouvrira peut-estre les yeux et qu'on voudra tout de bon faire tout son possible pour sauver la foy, la liberté, l'honneur et la vie, quand le péril et la misère seront aussy proches de nous qu'ils l'ont esté maintenant des pauvres habitans du Rhin.

---

1. La plus grande partie des hommes se laisse plustost conduire par des exemples que par des raisons, quelques bonnes qu'elles puissent estre. On ne croit point faisable ce qu'on n'a point veu faire.

Et bien que le jugement nous puisse et doive monstrer ce qui est convenable, il se trouve néantmoins qu'on a besoin d'exciter l'attention des gens en employant les histoires passées et l'authorité des grands hommes, qui nous ont monstré le chemin par leur actions.

2. C'est pourquoy, ayant rencontré autres fois les ordonnances et édicts de Louys XIII, Roy de France, publiez à la suggestion du Cardinal de Richelieu, son premier Ministre, et exécutez avec toute la promtitude et punctualité possible, lors qu'après la rupteure entre les deux couronnes, l'an

1636, le Cardinal infant, gouverneur des Pays-Bas espagnols, estant entré en Picardie avec des forces considérables, avoit pris Corbie et autres lieux et porté la terreur jusqu'à Paris. J'ay pris plaisir de considérer ces pièces comme un bon eschantillon d'une résolution prompte et vigoureuse qui pourroit servir en des pareilles rencontres. Ce qui me les fit garder avec d'autres choses que j'amassois par curiosité, sans m'imaginer qu'on pourroit un jour avoir besoin de tels exemples pour réveiller nostre nation. Mais enfin les affaires sont venues à un tel poinct, par nostre nonchalance, et le péril où nous sommes de perdre la liberté germanique et l'honneur de la nation que nos ancestres ont maintenu avec tant de sang, est devenu si grand, qu'à moins d'y mettre bon ordre promtement, il ne restera presque plus d'espérance pour nous sauver des derniers malheurs.

3. Cela m'a faict juger, qu'il seroit appropos de publier ces ordonnances françoises avec une traduction allemande pour tascher de contribuer quelque chose aux bonnes résolutions dont nous avons besoin. Ce dessein m'estoit venu dans l'esprit dès le commencement de cette guerre, lorsque, la France nous ayant déclaré contre toute attente et raison avoir fait assiéger Philipsbourg, pendant que l'Allemagne estoit dépourveue de tout de ce costé là, ses forces plus promptes et plus considérables se trouvant en Hongrie, et en partie en Hollande, et les ennemys ayant pénétré jusque au Danube, prests d'aller plus avant encor d'un autre costé, si par bonheur deux des principaux membres de l'empire n'avoient eu cha-

cun un corps d'armée prest à marcher, ce qui fut le salut de Francfort et de Conflans (*Coblenz*) (1), ce fut en ce temps là que de bonnes exhortations paroissoient bien nécessaires.

4. Mais le prince d'Orange, maintenant Roy de la Grande-Bretagne, ayant exécuté si glorieusement sa grande entreprise sur l'Angleterre, on reprit courage, on forma des espérances d'une meilleure fortune, la crainte du péril se dissipa, et même on commença, mais un peu trop tost, de s'imaginer que la France estoit déjà dans les filets. Cela nous rendit négligens ; on se relascha bien tost, et on a tellement gasté les choses qu'elles paroissent estre en plus méchant estat qu'auparavant ; car, au milieu de ce malheur là, on avoit du courage et de l'espérance, au lieu que l'un et l'autre commencent à se perdre maintenant dans l'esprit de plusieurs.

5. Il faut avouer que nous sommes des gens estranges et ne sçavons jamais tenir le juste milieu. L'Angleterre estant gagnée, on croyoit renverser la France au premier choc et d'obtenir la victoire en dormant ou en se jouant. Si quelqu'un alors estoit venu prescher le péril, le soin nécessaire pour bien faire, la puissance et la vigilance de l'ennemi, on se seroit moqué de luy et l'on l'auroit peut-estre tenu pour mal intentionné, selon la coustume ordinaire des faux zélés. Maintenant qu'on voit que les choses ne vont pas aussi aisément qu'on l'auroit creu, que

---

(1) Conflans est la traduction française de Coblenz, qui se trouve dans le style allemand de Leibniz. On sait que c'est un des cinquante châteaux forts bâtis sur le Rhin par Draper, et désignés par A. Marcellin sous le nom de *Confluentes*.

l'ennemy ne manque point encor d'hommes ny d'argent, ce qui aussy n'estoit point possible dans un royaume si bien peuplé, et où l'argent ne fait que circuler, et qu'on voit enfin qu'il nous porte un coup après l'autre, en sorte que selon les apparences la guerre finira fort mal, si nous ne nous y prenons tout autrement, et si nous ne mettons en campagne des forces bien plus considérables; là dessus nous commençons déjà à nous rebuter et à perdre courage, au lieu qu'il seroit temps maintenant d'employer tout nostre esprit et toute nostre puissance pour faire un bon effect.

6. Mais on ne veut point s'incommoder, on voudroit faire la guerre à son aise. Quelques particuliers disent qu'il leur est indifférent quel maistre ils doivent avoir; d'autres ne songent qu'à faire couler leurs jours en repos, sans se soucier de la destinée de la postérité. Cependant si les gens sçavoient combien le joug des François est pesant, et qu'ils ne traiteroient les Allemands subjugués qu'en esclaves et qu'en misérables, quelque bonne mine qu'ils leur fassent à présent, ils auroient leur domination en horreur, car il est seur qu'on a déjà du penchant en France de traiter les Allemands et les Hollandois de gens grossiers, et qu'on dit là dessus tous les jours bien des impertinences même dans les livres publics. Quant aux seigneurs qui se relâchent si tost et préfèrent leurs aises au salut de la patrie, ils doivent considérer que l'honneur est le seul aliment des âmes élevées au-dessus du commun, et qu'il n'y a rien de plus sensible à un cœur généreux que de se sentir reprocher des lâchetés par sa conscience aussi bien

que par les autres et d'estre assuré que la honte ira jusqu'à la postérité par le canal de l'histoire, lorsque l'histoire dira que c'est nostre paresse, nostre peu de courage et nostre humeur efféminée qui nous a fait perdre la liberté de la patrie, l'honneur de la nation, et la dignité de nostre estat et famille.

7. Je suis persuadé qu'il est encor temps de s'éveiller et de rétablir les affaires. Le peuple romain fit rendre grâce à Térence Varron, consul échappé de la bataille de Cannes, parce qu'il ne s'estoit point abandonné au désespoir. Un ancien historien dit judicieusement qu'on approche de la trahison lorsqu'on perd trop tost l'espérance de sauver la patrie. Et c'est comme dans une place que l'on parle trop haut de capituler. Rien ne nous manque jusqu'ici qu'un véritable zèle et le bon ordre. J'avoue que la perte de Namur est grande, mais ce n'est pas tant en elle-même qu'à cause des suites qu'elle aura si nous nous relâchons. Car en ce cas Liége et Cologne même seront perdues, sinon dans cette guerre, au moins dans la première paix prétendue, et par là tout le Rhin sera à la France. Mais si nous faisons les efforts que nous devons, la perte de Namur pourra estre nostre salut; car il faut un coup de tonnerre pour réveiller les Allemands. Nos victoires contre les Ottomans sont les fruits de la perte que nous avons faite auprès de Pétronelle et au siége de Vienne. Namur perdu, et nos troupes battues en Suabe, pourront avoir le même effect, s'ils servent à nous tirer enfin de la léthargie.

8. Or, si nous voulons prendre une bonne résolu-

tion, nous devons considérer que deux choses sont nécessaires contre cet ennemy : une notable supériorité de forces et une prudence très-grande pour les bien employer. Car, puisque la France a presque tous les avantages imaginables, comme sont les forteresses et magasins dans le pays, la confiance dans ses soldats, les intelligences chez ses ennemys, l'obéissance des sujets, l'argent comptant prest, et par conséquent des moyens promts pour les entreprises, mais surtout les résolutions et refroidissemens de plusieurs alliés découragés par le mauvais succès, et que de nostre costé la multitude des chefs et des sentimens, inséparable de ce grand nombre d'alliés, porte naturellement bien des inconvéniens, ce déchet et ce désavantage de nostre parti ne peut estre réparé que par de grands efforts et de grands soins employés en même temps de tous costés. A quoy il faut des concerts faits de bonne heure sans perdre aucun moment, qu'il faut exécuter avec punctualité, mettant bas tous les intérests particuliers contraires, qui seront la cause inévitable de la ruine particulière d'un chacun.

9. De sorte que maintenant on ne devroit presque point songer à autre chose qu'à ce qu'il faut pour abbaisser la puissance de la France qui va tout engloutir, et qu'à joindre toutes les forces de la manière la plus propre à ce dessein, afin de défendre nostre patrie et de l'asseurer une bonne fois contre le danger éminent qui la menace. C'est une chose estonnante que nous faisons paroistre souvent beaucoup d'esprit et de courage dans ce qui n'est que bagatelle auprès de cette affaire, et lorsqu'il s'agit

de nostre salut il semble que nous sommes des corps sans âme. C'est à peu près comme si un grand Roy, au lieu d'apprendre l'art de gouverner, n'avoit appris qu'à danser, ou comme Honorius, qui ne pensoit qu'à sa poule quand Alaric prenoit Rome. Quand on a quelque petite affaire avec son voisin pour certaines limites, pour droit de chasse ou autres matières semblables, on prend feu d'abord, on remue ciel et terre ; maintenant que nostre estat et nostre qualité, nostre honneur et nos biens, courent le plus grand risque du monde, il semble qu'on est prest à attendre patiemment le coup qui nous va frapper, et de jetter la faute sur le destin dont nous avons pourtant esté nous mêmes les ouvriers.

10. Asseurément, quand nous serons sous le joug, la chose aura esté fatale, mais nostre aveuglement aura esté fatal aussi. Mais si nous voulons, nous pouvons encor faire qu'on soit obligé de dire un jour que les destins nous ont esté favorables, et il faut faire le nostre, tandis que nous ne sçavons pas encor ce qui est résolu là-haut. Combien de fois les affaires ont-elles changé de face tout d'un coup ! Le Ciel n'a pas encor publié aucun édit en faveur de la France. Dieu est pour ceux qui se servent bien des lumières et des forces qu'il leur a données, pour les bonnes trouppes, pour les sages conseils : c'est de quoy la France s'est bien trouvée. Et le Ciel ne nous refuse pas la même faveur, pourvu que nous pensions à nostre salut et que nous considérions que par cette manière de lanterner nous ne faisons que nous consumer à petit feu, partageant nos forces en plu-

sieurs armées, au lieu que si nous avions mis d'abord en œuvre toute nostre puissance, nous aurions réussi il y a longtemps. A peu près comme cent, ou mille coups, si vous voulez, qu'on tirera avec de la dragée séparément par la planche, ce qu'une balle médiocre auroit fait du premier coup.

11. C'est pourquoy il est nécessaire que tous les fidèles sujets assistent maintenant à leur souverain avec corps et biens, et qu'ils songent que cela vaut mieux que de voir sa maison mise en feu, son bien pillé, ses enfans morts de froid, de faim et de misère, dans les forests, quand l'ennemy nous sera plus proche, tout comme on l'a vu au Rhin. Le magistrat de son costé doit penser aux moyens de protéger les bons sujets afin qu'ils ne tombent pas dans ces misères. Les souverains surtout doivent maintenant s'entendre en frères, mépriser les pointilles, et épargner les Estats les uns des autres comme leur propre pays. Car sans cela il est seur que l'impatience prendra plusieurs et qu'il paroist plus supportable d'estre soumis à un grand Roy que d'estre maltraités par leurs alliés et confrères, où la honte et l'affront est encor plus sensible que le dommage.

12. Supposé maintenant qu'on ait fait tous les efforts possibles pour se préparer de bonne heure et qu'on ait partagé les charges et incommodités comme il faut, en sorte que pas un n'ait sujet de se plaindre, il reste seulement que pour former et exécuter des bons conseils on se serve de personnes excellentes dans la science militaire, qu'on leur donne le pouvoir et l'autorité convenable, les protéger contre les insolences de ceux qui leur voudront désobéir, et les

traiter si bien qu'ils trouvent plus d'avantage à faire leur devoir qu'à chercher des voyes indirectes du profit. Mais aussi qu'on punisse sévèrement et incurablement les malversations, les mauvaises actions et les désordres.

13. Il ne faut pas s'imaginer que toute la sagesse se trouve renfermée dans la France. Le bon succès de leur conseil ne vient pas de ce qu'ils ont toujours des gens plus sages que les nostres, mais de ce que nous avons plus besoin qu'eux de gens d'un mérite extraordinaire, dont la raison est que là où les choses sont en bon train, une intelligence médiocre suffit pour les y maintenir et pour les bien employer, mais il faut de grands hommes et des appuis extraordinaires pour remettre les affaires gastées en bon estat ; un Fabius Cunctator suffit aux François lorsque des Scipions nous sont nécessaires. Contre un ennemy si bien préparé, on ne fera pas grand chose avec ce tric-trac ordinaire de nostre médiocre conduite ny avec une impétuosité aveugle. La guerre est devenue une science qui va du pair avec la mathématique la plus subtile, et au lieu d'un jeu de bassette elle est devenue un jeu d'eschecs.

14. Mais enfin quand les grands princes et souverains intéressés seront bien résolus d'employer et d'unir comme il faut toutes leurs forces, des excellens hommes propres à les bien mettre en usage ne leur manqueront pas. Et par finir je reviens après ce grand détour (que je souhaiterois n'avoir point esté nécessaire) à ce présent exemple d'une forte résolution et de bon ordre, que je donne au public pour le bien commun, non pas dans l'opinion qu'on doive se

servir justement chez nous des mêmes ordonnances, mais afin que nous apprenions de nos ennemys mêmes cette manière d'agir promte et vigoureuse qui est nécessaire dans les pressans besoins de l'Estat.

RESPONSIO LEOPOLDI

IMPERATORIS

RATIONIBUS QUIBUS LUDOVICUS XIV

FRANCIÆ REX

ARMA CEPISSE CONTENDIT

Facta Vienæ, 18 octobris 1688 *a Leibnizio.*

Ex du Mont *Corpore universali diplomatico.*

Notum est Christiano Orbi, quod cum Pax Neomagensis paulo post ejusdem conclusionem a Corona Galliæ multifariam labefactaretur, amplissimæque Provinciæ et Regiones, contra ejusdem Pacis expressum tenorem, sub inauditis Reunionum et Dependentiarum, aliisque prætextibus, instituta per ludibrium Metis et Brisaci figura quadam Judiciorum, in quibus Ministri Gallici actorum simul, testium et judicum partes agerent, ab Imperio Romano avellerentur; conventum tandem sit anno millesimo sexcentesimo octogesimo quarto, die decima quinta Augusti, inter S. Caes. Maj. et Imperium ex una, et Serenissimum Galliarum Regem ex altera partibus, de mutua cessatione ab actibus motibusque hostilibus quibuscunque, sancte inter ipsos servanda per annos omnino viginti, idque ad obsequium Dei, et laborantis Christianitatis securitatem, nec sine maximo Gallicæ Rei emolumento, cui pacifica interim, et imperturbabilis sextæ fere partis Provinciarum, quæ post Pacem Neomagensem Imperio Romano-Germanico supererant, usurpatio et possessio permittebatur.

Notum item, qua interea temporis religione, confidentia in verbum Regis, et interpretatione benigna suspicionum ac injuriarum, quas tum patiebatur ipsamet, tum pati se causabantur (et saepe quidem) a Corona Galliae Principes, ac Status Imperii, ejusdem Armistitii conservationem sectata fuerit, steteritque fiducia Pactorum, immota ad omnia S. Caesarea Majestas, adeo ut et vehementer mirari Subditos, Exterosque contingeret, nihil eandem vereri, quod fidei Gallicae sua ubique paterent, latissimis finibus suis vix una alterave Legione instructis, Foederatis ipsis in Hungaricas curas avocatis, et conterminis munitionibus suis, Philippiburgo, Constantia, et aliis neglectis pene spretisque; nimirum, ut Christi Dei cultum tueretur in dissitis longe Regionibus, quantumvis cerneret, a Gallia augeri quotidie copiarum nervum enormem, nova strui et minime necessaria Praesidia, pro ripa Rheni non sua; denique agitari passim astu manuque timenda.

Nihil fuit certe ad hanc diem, quod jure argueret Caesarem Rex, seu arguere posset, vel tentatarum levissime Armistitii Pactionum ne temeratarum infractarumve quis dixerit; imo et ipsas, quas amaverat Gallia fingere sibi nonnumquam suspiciunculas, quod videlicet Caesar in cogitatu vel voto ipso arcaniore a recto deflecteret, discussit illico S. Caesarea Majestas, aut ad unguem purgavit, temperantia mira, quod aut parceret licitis, aut opportuna in manifesto discrimine generose omitteret, ne videretur ullatenus si non fodisse, ne pupugisse quidem superstitiosae Gallicanae Politices plus nimio facilem ignem.

Et ecce tamen nunc denuo flammam illam, quam

nolens volens aliquandiu texerat Aula Gallicana, ex inopinato erumpentem; occupat Gallia Archi-Dioecesin Coloniensem, Palatinatum invadit, obsidet Philippiburgum, nullaque lege servata sive condicti Armistitii, sive antiquissimi moris, quo Reges ad Bella procedunt, Imperatorem et Imperium Romanum quasi ex diuturnis insidiis iniquissime premit, tandemque Sacrae Caesareae Majestati et Imperio non Belli indicti, sed Belli illati jam consciis, foedissimas in fuco verborum Literas porrigi jubet, quibus non excusat, sed praedicat, audaciam illam, et injustitiam armorum, ac si ea provocantibus, non incogitantibus inferat.

Fabulatur in istis Literis, quas earumdem compilator causas appellat, quibus inductus Rex sit Christianissimus ad arma adversus Caesarem et Imperium rursus induenda, et quibus de ejusdem sincero, ut ait, stabiliendae tranquillitatis publicae studio Christianus Orbis convinci debeat, quod Sac. Caesarea Majestas jam animum induxerit Bellum cum Turca in Pacem commutare, ut illud Galliarum Regi inferat.

Hoc liquere vult primo ex eo, quod statim ab Armistitio concluso, nova Foedera sibi conciliare, et contrahere sategerit, quemadmodum id Augustae Vindelicorum, et Norimbergae variis artificiis et astibus contra Gallos omnino actitatum sit.

Secundo, quod, tametsi suasum fuerit Caesari, etiam a Ministris Pontificiis, ut vicennale Armistitium in perpetuam Pacem converti sineret, hoc tantum Galliae concesso, ut, quorum modo per Armistitii dispositionem potitur ad tempus, potiatur jure perpetuo per beneficium Pacis, Caesar tamen consentire noluerit.

Tertio, quod Serenissimus Elector Palatinus varia bona mobilia et immobilia, quae Aurelianensi Ducissae ex haereditate defunctorum Dominorum Patris sui et Fratris debeantur, violenter invaserit, usurpaverit et hucusque, elusa diu Regis, ejusdemque Fratris patientia, contumaciter detinuerit, nixus protectione Caesaris, quem propterea ad ineundam cum Turcis pacem, et transferenda ad Rhenum arma permoverit, variaque eum in finem Foedera pepigerit.

Quod denique quarto, Cardinalis de Furstenberg, nomine Caesareo, abolitorum reatuum memoria, a Legato Caesaris pro Capitulari Concessu in medium revocata, contra SS. Canones libertatem Capituli, et Instrumenta Pacis ab Electorali Dignitate, diserte ac palam exclusus, et in eandem turpissimis artibus, seducto ipso Pontifice, Brevique, ut vocant, Eligibilitatis obtento, cum Gentium scandalo, et excitis in Coloniensis Electoratus fines, variorum Protestantium copiis, Serenissimus Princeps Josephus Clemens ex Ducibus Bavariae intrusus sit, ea malignissima mente, ut evitato illo per Sacerdotium, si (quod facillimum videretur futurum, ruente quotidie Serenissimo Electore Bavariae, in pericula Martis Caesarei) decederet hic, ut est improlis hactenus, tum et periret familia Domui Austriacae suspecta.

Ex quibus omnibus elucescat sole meridiano clarius, Caesarem, insuper habita Archidioecesis Coloniensis desolatione, et Religionis Catholicae oppressione eo tendere, ut sumptibus ac discriminibus Electorum, Principum, ac Statuum Imperii, arma in

Galliam ferantur, Diadema Romanum in caput Hungarici Regis, nempe pueri adhuc, per rapinam volvatur, totaque quanta est Allemannia, ab amico Rege avulsa, ad pedes Austriacae tyrannidis in miserabilem fere calamitatem deprimatur; prout ea in supra allegato scripto odiosius latiusque deducta sunt.

Libellum hunc vere infamem, sed authori suo suisque, ut legit S. Caesarea Majestas atque in eo nec umbram rationis, sed impudentissimam potius farraginem convitiorum in sacratissimas tam suam, quam S. Pontificis personas, nec non in Serenissimum Electorem Palatinum improbe confictorum vidit, illum equidem a Suae Majestatis Christianissimae Regiis sensibus plane absonum, multo minus ab eadem lectum, et approbatum, sed ab impotente sui Ministro quodam Gallico compilatum esse, facile sibi persuadet, utpote quae contra scientiam et conscientiam suam, more inter imperantes plane insolito, Majestatem Caesaris tam indigne, tamque nefandis criminationibus proscindi, aut rationes suas qualescunque tam effronti stylo exarari, tantoque veneno malignissimarum interpretationum aspergi permissura non fuisset; ac proinde S. Caes. Maj. diu dubitavit, an illum responso dignaretnr, an contemptu silentioqne transmitteret? Veruntamen cum non erubescat Aula Gallicana eundem per Ministros suos tam in Aula ipsamet Caesarea, quam Ratisbonae in Comitiis Imperii, irreverenter evulgare, et methodum illam vix non proditoriam, qua Imperatori et Imperio, non solum omissa, quae de Gentium jure, et mutuo saepe conventis, requirebatur, praevia denuntiatione, aut injuriae, si quam sibi fieri putabat, expositione, sed etiam deceptis omnibus per recentissimas duraturae constanter amicitiae contestationes, et insinuationes fucatas, bellum tam atrox infert, fictis hujusmodi rationibus et contumeliis justificare satagat; S. Caesarea Majestas earum vanitatem, et immeritarum plane imputationum futilitatem Orbi demonstrandam censuit.

Ut igitur a fundamento, cui tota ratiocinatio Gallica innititur, fiat initium, statuisse videlicet Caesarem, Pacem inire cum Turca, ut bello Galliam petat; id sane eidem nunc haud majore veritate, quam anno praeterito Romae in propositione a Cardinali Estresio facta, imputari potest; et quemadmodum apud incorruptos fidem non inveniet, religiosissimum Caesarem, coelesti suffultum auxilio, optatisque utentem successibus, neque ulla necessitate coactum, de ineunda, clam etiam sociis, Pace cum Turca, vel cogitasse quidem, et conscientiam suam violati temere contra Ottomanos foederis crimine contaminare, simulque tam S. Pontificis quam Serenissimi Regis, Senatusque Polonici, et Reipublicae Venetiae justissimas exprobrationes in se concitare voluisse; ita quam inane sit alterum, quod Suae S. Caes. Majestati decretum sit, bello Galliam aggredi, cum nec copiae, nec apparatus praesto sint, imo omnes Arces, Urbes et Provinciae, nimia, ut eventus docet, in verbum Regis fiducia, milite fere toto, commeatu, aliisque vel ad defensionem necessariis exutae, viresque omnes in hostem Christiani nominis procul amandatae; nemo non facile perspiciet, qui quam vana futiliaque sint argumenta, quibus id asserere conatur Gallia, vel obiter perpenderit.

Illa certe vix exiguae conjecturae vim habent, et remotissimae quidem apud inscios rerum; apud scientes pura commenta sunt, quae neque si vera essent, quidquam probarent. Quis enim ex eo, quod Caesar studeat innoxiis, pro defensione sui, suorumque Foederibus; quod recuset vicennales Inducias, non auditis interessatis, sine discussione ulla converti in talem Pacem; quod consilio suo, et suis officiis socerum Electorem sustentet, ne causam decidat Gallia; quod denique fatalem patriae suae Furstenbergium removeat, promoveatque Coloniae in Antistitem summae exspectationis Principem ex Ducibus Bavariae, de patria, et illa ipsa Archi-Episcopali Sede quam optime meritae, consequentiam vel probabilem trahat, Caesarem quam primum Galliae bellum movere velle?

Porro vana omnino et futilia esse argumenta superadducta, et imprimis quidem illud, quod a Foedere Augustae Vindelicorum sancito desumitur, ipsamet haud dubie agnosceret Gallia, si meminisse vellet, quae in hanc rem a S. Caesarea Majestate tam S. Pontifici per Literas, quam Regi Christianissimo per Ablegatum Caesareum Comitem a Lobkoviz anno proxime praeterito, verbis scriptisque remonstrata sunt; nihil enim hoc studium Foederis moliebatur novi, sed antiqua tantum Pacta Caesarem inter, ac quosdam Circulos, Principes, ac Status Imperii, reficiebat ad opus praesentium temporum; nullius laesionem spectabat, sed innocentissimam duntaxat, omnique jure permissam defensionem reciprocam : praetereaque modicissimum numerum Copiarum, et virium stringebat, de quo, quod potentissima Corona Galliae metueret, non habebat.

Miranda sane est Compilatoris oblivio, dum recordari non vult, suum ipsum Regem, quod Caesari et Imperio nunquam jure merito succensere debuisset ante pactas Inducias, spopondisse etiam, non refragaturum se, ut post earum confectionem quovis meliori modo Imperii securitati tandem consuleretur; imo et ipsis Induciarum pactis diserte hoc cautum fuisse, ut qualicunque Guaruntia, ut ajunt, etiam exterorum Principum firmarentur. Miranda magis ejusdemmet ignorantia, quod nihil antiquius receptum in Imperio Germanico et consonum Legibus ejus, quam ut Membra cum Capite pro conservatione totius corporis arctissime semper cohaereant. Miranda denique maxime arrogantia, an stoliditas? quod dum licere praesumit Regi suo, apparatus bellicos immanes in proprio Regno adornare, imo et praetextu Foederis cum Capitularibus quibusdam Coloniensibus injuste initi, Copias in Archidioecesin Coloniensem immittere, Imperatorem Romanum in Imperio ita nullum existimet, ut cum Imperii Principibus, et Statibus pro asserenda communis Patriae tranquillitate convenire non possit, sine injuria Galliae, armis vindicanda? Et tamen, quod magis est, hoc ipsum antiquum, innocens, modicum, necessarium, legitimum, et irreprehensibile Foedus perire etiam suo in ovo permissum est, pro bono mutuae constantiorisque concordiae, ne umbram faceret Galliae, si excluderetur in totum.

Ejusdem plane valoris et efficaciae est argumentum secundum, quod videlicet renuerit Caesar in Pacem perpetuam verti Armistitium. Si renuisset omnino sub aliis, etiam non ita Caesare indignis, totique noxiis Imperio conditionibus, quam quas ab Aula Gallicana tum non tam proponi, quam praescribi contigit, quid illi crimini dandum? Standum erat Armistitio vicennali promisso, et eo durante tractandum de Pace, quam nunquam renuit Augustissimus, modo Pacem decoram, maturam, justam placeret Regi componere, institueretur Congressus, audirentur Partes, et quae occurrunt maximi momenti controversiae Jurium super attentatis a Gallia, non ante tantum, sed etiam post Armistitium, in examen revocarentur: tum vero Pacem inirent, suis cuique relictis, applausu omnium dignam et perennaturam feliciter.

Recordari poterat Rex Christianissimus, praetendente ipso et urgente, protractum fuisse Armistitium in annos omnino viginti, tum ut tempus ad discutiendas, uti par erat, discernendasque controversias suppeteret : tum ut Electores, Principes et Status Imperii tanto securius arma sua adversus Christiani nominis hostes expedirent; adeoque absque laesione Pacti, verbique Regii fieri non potuisse, ut totius vicennii spatium vix elapso abrumperet biennio, et durante adhuc Bello Turcico eo usque mentem suam mutaret, ut nihil amplius discutiendum, aut discernendum, sed sexta fere Provinciarum Imperii pars uno quasi ictu, pleno et irrevocabili jure transmittenda esset; hoc etiam Caesar neque poterat licite, si voluisset, praestare, neque legitime praestitisset, repugnante quippe Justitiae et Armistitii tenore, et refragaturis haud dubie, qui se laesos putarent.

Excusavit proinde Augustissimus Caesar, et ne quid suspiciunculae superesset, declaravit, non tantum iterato in suis ad S. Pontificem Literis, scriptoque a Comite de Lobkovitz, apud Aulam Gallicanam tum temporis commorante, Regi exhibito, servandas a se tam finito, quam durante Bello Turcico inviolate vicennales Inducias, sed etiam, si idem et Regi placeret, id jurejurando ad manus S. Pontificis deponendo, corroborare parata fuit; cui cum tunc acquieverit Rex, simulque obtinuerit, ut ne saltem in causam infringendi Armistitii vocari posset immanis illa, quam contra ejusdem Armistitii, uti et pacis Westphalicae et Neomagensis leges inceperat, ac optabat perficere, munitionum exstructio, promissa iterum iterumque sincerae amicitiae constantia, toto vicennalis Armistitii tempore duratura; facile quivis colligit, quam frivole nunc idem praetextus obtendatur infractioni Gallicae, et quae demum speranda sit pacis perpetuitas, si tam futiles causae, fallendae fidei, evertendisque Pactionibus, sufficiunt, et vix quadriennio inconcussum stare potest vicennale Armistitium.

Quod ad tertium ex successione Palatina desumptum argumentum attinet, hanc Serenissimi Electoris Palatini causam non ita suam facit Augustissimus Caesar, ut eandem, lite nondum in judicio instructa aut decisa, tueri velit. Id tamen palam est, non invasisse Principem toto orbe nobilitate sanguinis, probitate morum, prudentia ac sapientia clarissimum, Palatinatus Ditiones, sed intrasse placide, servatis omnibus ex praescripto Legum servandis; quae praeter dubium ad Aurelianensem Ducissam spectabant hereditario jure, volens ac lubens sua ipse sponte remisit; quae disputationi obnoxia, non caece prodigus sui, retinenda putavit, donec per competentem. Judicem de statu jurium liquesceret.

Suscepit Aurelianensis causam Rex Galliae, indictumque Palatino, ut decederet. Hic provocavit ad Forum; sed Forum Palatini Caesareum; refugit vero Rex. Quid, si susciperet Caesar hereditatis Lotharingicae causam nuperam pro Nepote clarissimo, refugeretque a foro Regis Galliarum, dum panderetur? Num plus juris in Imperio Galliarum Regi, quam in Gallia Imperatori? Inducto postea sermone de re avocanda ad arbitrium S. Pontificis, Palatinus discrete Mediatorem admisit, quem Judicem non poterat citra offensam fori sui, et Agnatorum suorum assensum; ablegavit Romam Ministrum instructum et informatum plenissime, legavit vero neminem Aurelianensis; Monuit hunc Pontifex, sed frustra semper. Unde post moram integri fere anni dimissus tandem ab illuso Pontifice, quem Palatinus legaverat. Et tamen nuperrime residens hic Viennae Ablegatus Regius, Comes de Lusignan, certissimum Caesarem fecit, fixum suo Regi, a Mediatione S. Pontificis non recedere, licet quam nimium aversi et adversi. Sic luditur, illuditur videlicet, dum Rex via facti in Palatinatum irruit. Haec vera series rerum.

Quod additur de sollicitato Caesare ab Electore Palatino ad Arma Galliae inferenda, pactisque eum in finem Foederibus, commentum est. Neque tam imprudens Serenissimus Elector, ut ex bello lucrum captet quod, utcunque eventus cadat, Ditionibus suis funestissimum et perniciosissimum futurum esset.

Superest postremum argumentum de negotio Coloniensi pro extrudendo Furstenbergio et intrudendo

Bavarico, tot infamibus fartum calumniis, ut vel exinde appareat, quam omni ratione, aut rationis umbra, ad tegendam infractionis suae injustitiam destituta sit Gallia.

Quod egit Coloniae Caesar, jure egit et Sacris Canonibus, justitiae legibus, Imperatorioque suo, et annexae eidem supremae Ecclesiarum Advocatiae muneri conformiter : Hortatus est Capitulum, ut meliorem et Ecclesiae utiliorem eligeret, additis rationibus, cur ea qualitas in Cardinalem Furstenbergium non caderet; reatus ejusdem allegavit veteres, non aliter, quam quatenus novis cumulati, et reiterati sunt, quorum tamen memoriam dudum deposuisset Caesar, si et Furstenbergius veterem animum exuisset, nec prioribus semper machinari pejora deprehensus esset. Caeterum libertatem omnem, tam in, quam post electionem Capitularibus singulis reliquit integram; promissis aut pollicitationibus fidem eligentium non corrupit, minus vim ullam intentavit, aut adhibuit; exteras Copias haud magis in Archidioecesis fines excivit, quam immisit proprias; sed controversia tota ad Sacram Sedem Apostolicam, velut unice competentem in hac materia Judicem remissa, ejusdem decisionem quietissime exspectavit. Et hoc Imperator in Imperio. An idem Gallia? sed plus illi juris non tantum in Regno suo, sed in Imperio Germanico. Nihil illa sacros Canones, nihil Instrumenta Pacis, nihil libertatem suffragiorum temerabat, dum Cardinalem Furstenbergium, inconsulto et reluctante Pontifice, secretissimis primum artibus, mox et grandi pecunia Coadjutorem jubebat postulari per conjuratos in verbum suum Suffragatores plures :

dum Luxemburgi Foedus illicitum inibat, septendecim jam abhinc mensibus, spondebatque se suis sumptibus non immissuram modo, sed alituram etiam in terris Archi-Dioeceseos validissimas copias, quibus praetense postulatus Coadjutor, non confirmatus, reprobatusque a Vicario Dei, et Deo invito sustentaretur : dum denique horribiles minas maximis Principibus intentabat, si accederent, ipsi si contrahiscerent, suos illa exercitus admovente unice invigilaturos peccata ista in Apostolicam Sedem, istaque agendi temeritas; non odium ullum in Galliam, non officia Principum, non conspiratio somniata, zelum Suae Sanctitatis constantissimae adversum Furstenbergio fecerant, permoverantque, ut Bavaricum Principem, decoratum jam Infulis Frisingensi et Ratisponensi adolescentem quidem, sed candidissimi pectoris speique almae, et cujus Serenissima **Domus** de Ecclesia imprimis merita esset, ipsi antehabendum censeret. An hoc cum Gentium scandalo ? Populus Romanus dicat, qui ad fores consistorialis Concilii effusissime applausit, cum ex unanimi totius Concilii sententia Archi-Episcopum Coloniensem futurum intellexit Josephum Clementem, innocentissimum Principem; dicat Italia, dicat Germania, dicat etiam Anglia et Hollandia, ubi et homines ipsi nomini Papae infensi, Papam hinc Innocentium non prius didicerunt laudare, quam docuerunt.

Lubens equidem fatebitur S. Sacra Caesarea Majestas, gavisam se, veniente in urnam electionis Coloniensis, tanto Principe, seque libentissime ejusdem et Serenissimi Electoris Bavariae votis obsecundasse. Factum autem quod fuerit ex improbissima et scelestissima mente, ut facilius periret tota familia Bavarica, Domui Austriacae suspecta, id, quemadmodum cogitare nefanda malitia est, ita carnificum flammis merito expianda esset hujus Compilatoris audacia, imprudentia, et temeritas, qui haec scribere, vulgare, objicere audeat Imperatoriae Majestati, non cogitat ejusmodi scelera, nec patrat Aula Caesarea. An Gallicana? ipsa sciverit. Nemo id alibi fieri credet. Credent autem omnes, quod res est, voluisse impudentissimum Scriptorem Gallum Domum Austriacam suspectam facere Bavaricae, uti moris est Pseudopoliticae Gallicanae, per Emissarios suos venenare Aulas omnes, seminibus diffidentiarum inspersis, quo demum diviso eorum corde, omnes intereant.

Eo certissime respicit, quod, ex ingenio Galliae, per digressionem exorbitantem conatur insusurrare Electoribus, Principibus et Statibus Imperii, studium hoc Caesari esse, ipsorum sumptibus Bella quaerere, per ruinam Archidioecesis Coloniensis et oppressionem Religionis, Coronam Romanorum filio adhuc puero vindicare, et Germaniam totam Gallicae amicitiae subductam, in servitutem redigere indecoram et miseram. Suspendere animos gestit, ne conveniant et coëant aliquando ad verum decus, communemque securitatem, fracturo facile singulos Rege, qui praeter ullum laborem propulsaretur ab omnibus; idque summopere nititur, ut ab Austriacae potentiae clientela et auspiciis Germaniam, quantum maxime valeat, avertat dolo et subtrahat. Sed non ita simplex est Domus Bavarica, vel rudis Natio Germanica, ut malas hujusmodi artes, difficiles tegendo, non capiat; et quemadmodum grata mente agnoscit

Serenissimus Elector Bavariae officia a requisito Caesare Domui suae in Electione Coloniensi commodata, ita ridebit plane pro prudentia sua et perspicacitate ejusmodi suspicionum scintillas, quas jam dudum risit expertus garrulos discordiarum procos, scietque nihil a Gallis sperandum, qui sua denique quaerunt. Germanus autem, quotusquisque is est, immunis adhuc a jugo ferreo Galli, ex oppressis ipsa in Germania Populis, imo et Subditis ipsis, Nobilibus et Optimatibus Galliae facile dispicere poterit, an sit vicinnius Tyrannidi Austriacum Regimen, an Dominatus Gallicus; gaudebitque profecto Romanam Coronam non eo cadere, quo eam saepius, et tum inprimis ostendit destinatam a spiritu suo Aula Gallicana, dum, priorum temporum morem secuta, nulla honesti, pactorum, famae et conscientiae ratione habita non tantum rebelles in Hungaria subditos, Turcarum asseclas, ducibus, internuntiis, armis, pecunia, promissis fovit; sed etiam, ut fit adhuc hodiedum, ipsosmet Christiani nominis hostes, ad Bellum contra suam S. Caes. Majestatem exstimulavit: prout id ex variis emissariorum Gallicorum et Rebellium, aliorumque authenticis Literis, quae in promptu sunt, manifeste probari potest.

Et haec sunt, quae, quantum fieri potuit, brevissime ad contumeliosum Libellum seu Manifestum Gallicum reponere jussit S. S. Caesarea Majestas, non ut ipsius Christianissimi Regis existimationem suggillet, utpote quem, malitiosis falsisque eorum, quibus ejusmodi turbae in lucro sunt, suggestionibus, ad iniquam hanc infractionem inductum, neque convitia, in Sacratissimam ejusdem personam irreverenter non minus ac improbe congesta, approbaturum credit; sed ut infamiam sibi Domuique suae Austriacae ab impudenti Scriptore affictam, perque Ministros Gallicos nomine Regis passim disseminatam diluat, suamque tueatur innocentiam.

Et vero, ut hanc ipsam toti Christiano Orbi magis magisque testatam reddat, declarat publice, testemque invocat omniscium Deum, nihil cogitatum a se de infractione Armistitii, sed fixum animo fuisse semper, et esse verum seriumque propositum illius sancte servandi, si Serenissimo Regi conquiescere tandem Induciarum Pactis et declarationibus anno praeterito Parisiis hinc inde reiteratis, nec novi quicquam moliri, per praepotentiae factique vias placuerit. Quod vero ad transitum de Armistitio ad firmam ac perpetuam Pacem: in eo sese persistere, ut exhibitam saepius promptitudinem omnem, facilitatem, et operam candidissime, ac libentissime conferat, quatenus instituta Commissione de finibus dividundis, discutiendisque variorum juribus controversis eo modo et ordine progrediatur, qui publice imperantium Majestati et Legibus super hoc compactis Imperium inter et Galliam conformis sit. Quam ob rem, si quae apud Serenissimum Galliae Regem, uti speratur, justi ratio est : confidit merito S. Caesarea Majestas, fore, ut sua sponte turpissimi Scripti Gallici calumnias, et venena castiget, retrahat Arma injusta, fumantia damna resarciat, reducat omnia in statum pristinum, Serenissimum Principem Clementem, a Sua Sanctitate jamdum rite confirmatum, Electoratu et Archi-Episcopatu Coloniensi quiete gaudere sinat, causamque Palatinam ad forum competens, in quo absque omni partium studio justitiam sancte et integre administratum iri spondet S. Caesarea Majestas, remittat; denique Pacem, quam ait se optare, tempore, modo et ordine in Tractatu Armistitii delineatis et praescriptis, procurari permittat. Sin minus; nullus sane aliam resuscitati hujus a Gallia Belli causam interpretari potest, quam quod ei minus grata in hanc diem acciderit Divinae providentiae erga Domum Austriacam singularis benevolentia, et prodigiosa tutela; vel quod Augustae ejusdem Domus enormius aliquod praeconcepta opinione incrementum, et amplitudinem vereatur, ex relatis victoriis, prolatoque jam felicissime ultra Albam Graecam imperio, vel quod repressos jam, et depressos Ottomannos per diversiones, ut nunciatur, jam promissas, erigere cupiat, ac juvare; vel denique, quod prae nimia cupiditate asserendi non tantum sibi Jure perpetuo illud quod per mutua Armistitii placita ad tempus concessum est, sed etiam universum Romanum Imperium sibi subjugandi, nullis se Pactorum et Conventionum vinculis obstrictum esse, eaque sibi quovis tempore pro lubitu dissolvere licere autumet. Quidquid sit, turpissimam violatae fidei notam non evitabit gloriosissimus Gallorum Rex, et proinde protestatur Sua Sacra Caesarea Majestas coram Deo et universo Christiano Orbe, liberum esse Regi manus suas extendere ad ignem aut ad aquam, et vel abuti felicitate praesentis potentiae suae, vel provocatas adversitates ab Ira omnipotentis Dei formidare in tempore : se autem utpote adactam ad necessariam tam suarum Provinciarum quam Sacri Romani Imperii Electorum, Principum, ac Statuum defensionem, immunem et puram fore ab omni culpa, tam secuturarum ex hoc Bello calamitatum, et effusionis Christiani sanguinis, quam restauratae et servatae in Europa Superstitionis Mahometicae, nec non perditionis tot Animarum Christianarum sub Jugo Turcico misere gementium. Jactat quidem et gloriatur Scripti exhibiti Author, probata divinitus justa Serenissimi Regis Arma, quotiescunque illa movit; qua fide, ipse ostenderit. Sacra Caesarea Majestas induxit animum suum, ex sua dubia conscientia id omnino praestare, ut si placuerit Deo etiam nunc Arma Gallica prosperis cumulare successibus, adoret, collaudetque arcana Dei consilia, quippe qui et per suos Attilas flagellavit subinde ad correctionem dilectos. Sed juvat illam, in ipsis quoque humanis multo meliora sperare. Infractorem Pactorum Turcam, licet jamjam exspirantium, compescuit ac profligavit Altissimus; compescet item, profligabitque aliquando Pactorum infractorem Gallum, duraturorum adhuc annos sexdecim.

DEMANDES D'INFORMATION

AVANT SON DÉPART POUR VIENNE, 1689

<small>Original autographe inédit de la bibliothèque royale de Hanovre.</small>

Puisque le temps presse, il faut dresser quelques points sur lesquels je souhaite d'estre informé devant le départ.

1. Je suppose pour certain ce qu'on m'a dit que le Roy n'entendra parler du renouement des traitez qu'après la restitution préliminaire de Monsieur le Prince de Furstenberg, car, s'il change de sentiment, toutes les mesures qu'on aura prises seront fausses.

2. Puisque tout ce qui contribue à disposer les esprits de la cour de Vienne à la paix, annonce la délivrance de Mondit sieur le Prince, et puisqu'il est vraysemblable que les sentimens que les Estats généraux pourront avoir pour la paix entraîneront avec eux ceux des Espagnols, il est important de sçavoir si les Provinces-Unies sont en estat ou en humeur de continuer la guerre.

3. Comme le plus grand obstacle de la paix dans l'esprit des Espagnols est le peu d'apparence qu'il y a de la paix durable, il est manifeste que, pour gagner la cour de Vienne, il faut leur faire voir une manière de garantie qui ne puisse pas estre si tost ébranlée.

4. Il faut sçavoir aussy si on se peut promettre quelque chose d'effectif de la couronne de Suède au moins vers le printemps, et si messieurs de Bavière et de Hanovre seront de la partie malgré les opposi-

tions de Danemark, Brandebourg, Zel et Wolfenbutel.

5. Après les circonstances generales qui peuvent servir à disposer les esprits à la paix, il faut venir à quelques raisons particulières qui tendent à une restitution préliminaire. Ces raisons, comme j'ay dit plus d'une fois, se reduisent à deux points, dont le premier est une justification solide de la conduite que MM. les princes de Furstenberg ont tenue depuis quelque temps à l'égard de la maison d'Autriche, et l'autre consiste dans un avantage préliminaire qu'on peut faire esperer à l'Empereur.

6. Afin de pouvoir dire quelque chose pour sa justification qui touche les cœurs, il faut avoir en main des responses bien particulières et bien solides à des objections specieuses dont les esprits sont prévenus, comme par exemple :

7. On est persuadé à Vienne que MM. les princes de Furstenberg se sont efforcés, au temps de l'élection de Francfort, d'exciter au roy de Hongrie des compétiteurs qui les ont mesme desavouez, et tout leur impose qu'ils ne le faisoient pas tant pour l'amour de la liberté germanique qu'afin de déchirer l'empire par des guerres intestines entre les maisons d'Autriche et de Bavière, et de faire beau jeu à la France.

8. On leur impose d'avoir eu quelque connoissance de la rebellion de Hongrie sans l'avoir denoncée, d'avoir tâché d'abuser de l'alliance du Rhin, d'avoir négocié des alliances afin d'empescher l'Empereur de secourir les Pays-Bas attaquez par la France contre les trames des Pyrénées, en cas qu'il eût eu l'envie ou le loisir de le faire.

9. On les accuse, et surtout M. le prince Guillaume, d'avoir tracé avec M. de Lyonne le plan de cette malheureuse guerre, d'avoir empesché M. de Cologne de s'accommoder avec les estats, d'avoir fait une guerre d'Allemand à la ville de Cologne, afin de la pouvoir surprendre ou afin d'armer soubs ce prétexte.

10. On dit que ce sont eux qui ont introduit dans l'empire une armée étrangère formidable et deux roys un peu moins qu'eux-mêmes ouverts, qu'ils luy ont abandonné l'évesché de Liéges, qu'ils luy ont ouvert la Meuse et le Rhin, dont ils devoient estre en seureté ; qu'un roy conquérant a pénétré jusque dans leurs entrailles, et qu'Amsterdam, la seule ressource du pays, n'a été sauvée que par un coup du ciel, et qu'ainsy enfin, par leur conseil intéressé, le Rhin et même la mer, ou plutost l'empire et même l'Europe, ont esté mis en estat d'esclavage.

11. Que cela donneroit sujet, à l'avenir, aux Hollandois et autres voisins de se saisir, en cas de danger, des frontières de l'Empire et d'y faire le dégast.

12. Que l'électeur de Cologne, par la persuasion, a donné ses troupes à M. de Turenne ; qu'il a donné à la France la forteresse de Kaiserwerth, et qu'il ne tenoit pas à eux que le roy n'ait eu par ce moyen un deuxiesme Philipsbourg ou un troisiesme Brisac, si quelques autres raisons survenues n'avoient obligé Sa Majesté d'abandonner toutes les places du bas Rhin ; au lieu que M. de Munster n'a jamais donné ny passages, ny places, ny troupes aux François. Voilà des objections spécieuses qui sont bien plus exagérées par les ministres impériaux, et qui demandent des

répliques bien fortes, qu'on doit faire glisser dans les esprits préoccupés peu à peu et avec adresse.

13. Après tout, il reste encore un point assez important et assez réel à examiner, sçavoir, si l'on ne peut pas faire espérer à l'Empereur un autre avantage préliminaire. Il est vray que la restitution des prisonniers faits dans la bataille est quelque chose, mais je ne croy pas qu'on fera à Vienne grande réflexion là-dessus, outre qu'il n'est pas assez avantageux à M. de Furstenberg d'estre délivré plus tost par échange que par déclaration de son innocence. Pour moy, je ne voy quasi point d'autre avantage préliminaire qu'on puisse faire espérer à l'Empereur que la restitution d'une place de l'empire, comme Trèves, ce qui se pourroit couvrir soubs un autre manteau d'avoir accordé à la neutralité de M. de Trèves, et je croy que sans cela on aura de la peine à faire conserver les traitez sans une restitution préalable des places de l'empire qui, en effet, ne sont pas de bonne prise, non plus que M. le prince Guillaume.

14. Enfin je souhaite de sçavoir s'il y a de l'apparence que les traitez pourront estre faits à Mayence, comme l'on me dit qu'on négocie de la part de Monsieur l'électeur.

Sur tous ces points je ne souhaite pas seulement des responses par oui et par non, mais aussy des preuves et des raisons assez solides, appuyées sur des Mémoires et pièces authentiques, autant qu'on en peut avoir, afin de pouvoir aussi convaincre les autres.

RAISONS DE PART ET D'AUTRE

TOUCHANT

LA GUERRE OU L'ACCOMMODEMENT AVEC LA FRANCE

Original autographe inédit de la bibliothèque royale de Hanovre (1).

Il est constant qu'on ne doit pas entreprendre la guerre sans y estre porté par des grandes raisons. Il faut donc les considerer par ordre, et premierement par les obligations de droit; puis nous parlerons de celle de la reputation et sur tout des raisons qui sont prises de la necessité de notre propre conservation, et des avantages qu'on peut esperer de la guerre; puis nous verrons les desavantages et s'il est possible de satisfaire aux obligations susdites sans s'exposer à une ruine manifeste, s'il y a plus d'esperance de se sauver par quelque delay en cedant à la necessité, à esperer du temps et du changement des conjonctures.

Obligations de justice pour entreprendre la guerre.

1° La France a détaché de l'Empire depuis la paix de Nimwegue tant de places, de pays et d'Estats, qu'ils pourroient composer un cercle tout entier, sous pretexte que c'estoient des fiefs des Trois Eveschés ou des dependances de ce qui luy a esté cedé dans l'Alsace, s'erigeant elle meme en juge dans les tribu-

---

(1) Il y a en outre à Hanovre, parmi les pièces cataloguées sous ce titre : *Jus publicum et historia*, un brouillon informe et non achevé d'une consultation touchant la guerre ou l'accommodement avec la France.

naux qu'elle établit, où elle fait citer et condamner les Estats contre toutes les formes de justice.

2° Elle a pris la ville de Strasbourg, sur laquelle elle n'a pas même une ombre de pretention à alleguer, et contre les termes du traité de Munster, et contre la parole royale, qui portoit que depuis le depart des Ambassadeurs pour Francfort on n'useroit plus de voyes de fait. Action par laquelle la France a fait voir qu'elle ne menage plus rien et qu'elle ne se soucie pas même de sauver les apparences de l'équité.

3° Elle a occupé aux Pays-Bas Espagnols un très-grand nombre de villes, bourgs et villages, coupé par là de tous costés les places des Espagnols, ruiné le plat pays, et leur a osté par là autant qu'elle peut le moyen d'entretenir des garnisons et de faire subsister les trouppes; de sorte que, si cela continue, les Pays-Bas se perdront indubitablement.

4° L'Empereur, les Electeurs, Princes et Estats de l'Empire sont obligés par leur sermens et devoirs à la conservation comme membres qu'on dépouille de leur souveraineté, et à empescher de si grandes diminutions de l'Empire, qui sont d'un si terrible exemple et d'une si mauvaise consequence pour la liberté publique.

5° Ils sont obligés à la conservation du cercle de Bourgogne qui est un membre de l'Empire, puisque l'exception marquée dans le S. *et ut eo sincerior* de la paix de Munster cesse il y a longtemps.

6° Les Estats generaux des Provinces-Unies, aussi bien que l'Empereur, le Roy de Suede, l'Electeur de Baviere, les cercles du Rhin supérieur et de la Franconie sont obligés de secourir les Pays-Bas espagnols attaqués en vertu de la ligue de Garantie ou d'Association du traité de Laxenbourg et autres engagemens. Et l'évesque d'Osnabruc, duc de Bronsvic Lunebourg, est engagé en son particulier par une alliance qu'il a faite avec l'Empereur.

7° La France a déclaré hautement, qu'elle ne veut pas même produire des raisons justificatives de ses prétentions qu'elle forme aux Pays-Bas; elle a refusé de les donner à la conférence de Courtray. Elle veut obliger le Roy d'Espagne d'accepter un arbitre qu'elle nomme. Et quant à l'Empire, elle a éludé les traités de Francfort destinés à examiner ses raisons, en empêchant par ses cabales qu'on n'a pu entrer en matière.

8° Enfin elle offre une trêve de vingt ans, et pendant cette trêve elle veut retenir tout ce qu'elle a usurpé.

RESPONSES.

On peut répondre à une partie de ces raisons :
1° Que le Roy de la Grande Bretagne a déclaré depuis peu que, si le Roy d'Espagne veut mettre ses droits entre ses mains et celles des Estats Généraux, il espère d'accommoder les différens d'une manière assez raisonnable.

2° Que les longueurs qui se remarquent dans toutes négociations de l'Empire obligeant le Roy T. C. à des frais excessifs, dans l'incertitude d'un accommodement, il ne peut pas attendre paisiblement l'issue de la discussion de son droit, qu'en faisant une trêve pendant la quelle on aura assez de temps pou l'examiner.

3° Que les Espagnols ne se comportent pas trop bien envers leurs Alliés, qu'ils ne se sont pas mis de bonne heure en posture comme ils devroient suivant les traités pour pouvoir soutenir la cause commune, et qu'ils font des choses de la dernière conséquence sans les concerter avec eux, comme par exemple la déclaration de guerre, que leurs meilleurs amis jugent avoir esté faite peu à propos.

RÉPLIQUES.

1° Qu'une bonne partie des premières raisons est demeurée sans réponse.

2° Et quant à ce qu'on dit de la longueur des négotiations de l'Empire, outre qu'il faut les imputer aux cabales du parti de la France même, il est tousjours contraire aux traités et à la justice d'usurper par violence ce qui est en question, de dépouiller de la liberté et de la souveraineté ceux qui en ont joui tant de siècles dans une possession paisible, et de ne vouloir pas restituer en attendant la discussion et pendant la trêve, ceux qu'on a spoliés et dépossédés.

3° Que le Roy d'Espagne n'est pas obligé de se sousmettre à un arbitrage, surtout quand son ennemy le luy veut prescrire ou bien quand c'est un Allié qui a si peu de considération pour son alliance, pour sa parole et pour les besoins de la cause commune, qui favorise manifestement l'ennemy et répond si mal aux sommations qu'on luy a faites.

4° Que le Roy d'Espagne, quand il le voudroit même, ne peut plus consentir à une négotiation particulière, estant obligé à l'Empereur et à ses Alliés de n'entendre qu'à un accommodement général, soit de Trêve ou de Paix.

5° Qu'un potentat est obligé en honneur et en conscience de secourir un autre potentat opprimé par une violence manifeste, comme tout passant est obligé d'assister, s'il peut, un voyageur qu'il voit en danger d'estre volé ou assassiné sur le grand chemin.

6° Quand les Espagnols ne mériteroient pas de l'assistance, comme en effect on a assez de sujet de se plaindre d'eux, et quand on ne seroit pas obligé en justice à la guerre contre la France, de quoy pourtant il n'y a pas lieu de douter, les membres bien intentionnés de l'Empire, aussi bien que les Etats Generaux, seroient tousjours obligés d'y venir en considération d'eux-mêmes et par deux grandes raisons, sçavoir : premièrement, pour sauver leur honneur et leur réputation, qu'une puissance qui veut donner la loi à tous outrage sensiblement ; secondement, pour se conserver eux-mêmes et pour sauver leur Estat, leur religion et leur liberté, qui, par la nonchalance à secourir les voisins au besoin pendant qu'il est encor temps, sont dans un danger évident de se perdre. C'est ce que nous devons considérer un peu plus distinctement.

Obligations de l'honneur.

1° Toutes les obligations de droit sont aussi des obligations d'honneur, mais surtout celles qui des=

cendent de la parole donnée, qu'il n'est pas honneste de violer quand même on auroit quelques fois des excuses valables à la rigueur, mais qui conviennent mieux à un avocat qu'à un prince, et les honnestes gens, le grand monde, la postérité, nostre propre conscience, ne se payant pas tousjours de ce qui est valable dans le barreau.

2° Les princes d'Allemagne souffrant qu'on traite si mal leurs plus proches parens et leurs confrères, et les membres de cet illustre corps, qui viennent d'estre privés de leur estat et de leur liberté et d'estre réduits à la condition des simples sujets, de la manière la plus rude et la plus méprisante, témoignent par là qu'ils sont peu sensibles à ce qui touche leur nation, leur famille et leur dignité, ce qui marqueroit ou peu de courage ou beaucoup de simplicité, ou pour le moins une grande foiblesse. Ainsi cette conduite les perdroit de réputation dans le monde et ne les feroit guères plus considérer.

3° On n'a guères veu de nos temps un procédé si outrageant de souverain à souverain, que celuy dont la France se sert contre ses voisins et même contre l'Empire et l'Espagne. Plaider l'amour de la paix quand on est seul à troubler le repos public, et quand on fait sentir tous les effets de la guerre ; refuser d'alléguer des droits, ne vouloir entendre aucunes modifications, prescrire des équivalens et des termes précis, ne vouloir point souffrir que d'autres se précautionnent par des alliances défensives ou par des levées, se moquer ouvertement de la parole donnée, alléguer des raisons dont on a coustume de payer les simples et stupides, quand on les veut tourner en ridicule, joindre la chicane à la violence, et l'ignominie à la dépouille et à la destruction, ce sont des traits mille fois plus sensibles que les pertes mêmes.

4° Il ne paroist pas digne d'un grand cœur de reculer maintenant à la veue du danger, et quand il est temps d'entrer en action, après avoir fait auparavant parade de sa bonne intention et de sa fermeté. Et plus les menaces ou les insolences des adversaires sont grandes, plus une âme généreuse a de la peine à céder.

Obligations tirées de notre conservation.

1° Plus on cédera à la France, plus elle demandera, son avidité est insatiable, son insolence croistra à mesure de ses succès : si elle réussit cette fois, elle ne ménagera plus rien : elle n'aura plus de considération pour qui que ce soit : personne ne sera en seureté, et sur le moindre sujet elle fera des algarades insupportables à ses voisins, elle se saisira de tout ce qui sera à sa bienséance.

2° De l'autre costé, par une cession et soumission si honteuse, les esprits seroient de plus en plus intimidés et abbatus, on deviendra enfin insensible, on s'endurcira aux mauvais traitemens et on s'accoutumera à la patience ; il semblera qu'il le faut ainsi et que c'est une fatalité. Tout ira le grand chemin à l'esclavage.

3° En s'accommodant aux volontés de la France, les Alliés se sépareront et se dégoûteront comme fit l'Electeur de Brandebourg quand on l'abandonna à

Nymwègue. L'Espagne pourroit prendre une résolution désespérée de céder tous les Pays-Bas à la France ou bien même de les laisser prendre : l'Électeur de Bavière pourroit estre regagné. On ne retrouvera pas si tost la même union et la même chaleur dans les esprits des alliés.

4° Par l'acommodement on sera obligé de se ruiner en retenant les troupes, au lieu que la France peut nourrir plus de 100 mille hommes dans ses conquestes depuis les Alpes jusqu'à la mer, ou bien de licentier, après quoy on aura de la peine à les remettre sur pied, et même il est à craindre que la France plus avisée ne le voudra plus souffrir, et se jettera sur le premier qui voudra faire mine d'armer.

5° Le Roy d'Espagne étant résolu de hazarder plus tost toute la monarchie que de céder ce que la France demande en maistre, il est visible que les Pays-Bas se perdront indubitablement s'ils ne sont puissamment secourus. Car si la France promet de s'abstenir des siéges, et ruine cependant le plat pays, non seulement les places se perdront aussi : les maisons et les habitans n'ayant plus moyen de subsister, mais aussi il sera impossible doresnavant d'y faire marcher et loger des armées. De dire qu'elle conviendroit avec les Estats de laisser les Pays-Bas en repos, et de tourner les armes ailleurs, cela ne dépend pas d'elle, car le marquis de Graun ne pourra pas consentir à la neutralité, et il n'y a pas d'apparence que la France en ce cas se résolve de se tenir sur la pure défensive, de ne pas faire des courses dans les Pays-Bas, ny d'en tirer des contributions, pendant que les Espagnols en exigeroient et ruineroient le pays françois, ny qu'elle tienne dans les terres et sur ses frontières qui sont si meslées, tant de forces inutiles qui seroient nécessaires seulement à empêcher les Espagnols de ne rien entreprendre. Ainsi la guerre continuant aux Pays-Bas, il sera impossible que les Estats puissent conserver leur barrière sans s'y mêler, et les Estats ne le pourront faire non plus sans l'assistance des Alliés.

6° Quand même on pourroit obtenir la neutralité des Pays-Bas, la France tournant ses armes ailleurs, la Couronne d'Espagne courra grand risque d'estre renversée entièrement ou au moins si abbaissée qu'elle ne seroit plus en estat de concourir à la cause commune.

7° Le Pays-Bas espagnol estant perdu, les Provinces-Unies ne le seront guères moins. Les Estats l'ont jugé en demandant la barrière ; ils ont bien compris qu'il falloit un rempart entre la France et eux, et qu'il est plus seur de leur résister sur les terres d'autruy que sur les siennes. La conqueste d'un pays si bon, si grand, si peuplé, si bien situé, rempli de tant de places fortes et de bonnes villes, rendroit la France trop formidable, et pas un de ses voisins n'oseroit plus se remuer. Il est certain qu'après cela les peuples des Provinces-Unies, perdant toute espérance de résister, se tiendroient fort heureux si la France les feroit jouir de leur forme de République et de leur commerce sous sa protection, et avec un attachement inviolable à ses intérests, et par cette jonction le roi T. C. étant devenu encore maistre de la mer, qui oseroit songer doresnavant à le controller ?

8° Il est indubitable que la perte des Pays-Bas et

celle des Provinces-Unies, ou au moins leur accession indispensable au party de la France, entraisneroit la conqueste du Rhin, et la sousmission d'une grande partie de l'Allemagne aux volontés absolues du Roy T. C. Il seroit le maistre dans le collége électoral ; les cercles de Suabe, de Franconie, du Rhin supérieur, de la Westphalie, seroient à sa discretion, et il s'ensuivroit une dissolution entière de l'Empire et le renversement de la liberté publique. Il ne faut pas que ceux qui sont un peu plus éloignés du danger se flattent sur la distance des lieux. Quand une digue est rompue, tout le pays est inondé en un moment : il n'y a que les commencemens difficiles à un conquérant.

9° Comme la France affecte un zèle de religion convenable à ses intérests, elle s'attireroit les Ecclésiastiques de l'Allemagne sous prétexte de les protéger et de les restituer dans les biens de l'Église, et voilà une guerre de religion qui seroit la destruction du party protestant, si Dieu n'y met ordre.

Nécessité d'un Armement subsistant.

1. Toutes les raisons prouvent invinciblement, à mon avis, non pas tant qu'il faut nécessairement entrer en guerre, mais au moins qu'il faut se mettre en estat de défense autant qu'il est possible, à fin de faire tous les efforts imaginables pour sauver les Pays-Bas et tout autre membre, et à entrer même résolûment et au nom de Dieu dans une guerre inévitable, s'il n'y a pas moyen de les conserver par un accommodement.

2. Soit que la guerre ou l'accommodement se fasse, il faut dès à cette heure, et avant toute autre chose, que tous les Alliés et tous ceux qui ont le même intérest, considérant leur conscience, leur honneur, la patrie, la liberté, la religion exposés aux plus grands dangers, entrent ensemble dans une union, confiance, bonne intelligence et amitié, la plus intime, la plus efficace, la plus fidèle qui soit possible ; mettant bas toutes les rancunes, pointilles, intérests particuliers, excepté le seul intérest du salut et de la seureté de chaque membre, que tous les autres considéreroient comme la leur propre, quittant chacun tous ses avantages pour conserver son amy, et ne l'exposant pas à un danger très grand et manifeste pour se garantir d'un moindre plus éloigné ; enfin agissant ensemble en véritables amis et en amis raisonnables.

3. La conférence de la Haye, concertant un project de défense, le pourra convertir aisément en celuy d'un armement subsistant ; pour éviter l'inconvénient susdit, de la dissipation des Alliés et de leurs forces en cas d'accommodement. Ainsi ceux d'entre eux qui pressent le plus la rupture, voyant que ceux qui conseillent l'accommodement ne le font pas pour les abandonner, mais pour les mieux secourir, ne s'en dégoûteront pas, et la France n'aura pas sujet de mépriser les Alliés et de devenir plus insolente, ny les bien intentionnés de devenir plus timides, et cela sert de Réponse aux raisons précédentes, tirées tant du point de l'honneur que du point de la conservation.

4. Cet armement subsistant paroist estre très pos-

sible, si on est résolu de s'entr'aider, comme le demande l'amitié, et la nécessité commune, et l'estat d'un chacun, par exemple que les uns chargent leurs pays des logemens des gens de guerre, et que, pour les aider, les autres, qui ne sçauroient entretenir des trouppes chez eux si commodement, chargent plus le leur de quelques imposts nécessaires.

NOTE SUR UN PROJET INACHEVÉ DE LEIBNIZ

POUR METTRE SUR PIED UNE GRANDE ARMÉE.

En voici le commencement : « Le but de cette grande délibération doit estre de mettre sur pied la plus grande armée qu'il est possible, qu'il faudra *partager en plusieurs armées* médiocres, car il ne suffit pas de résister à la France, il faut gagner pied sur elle pour venir à une paix raisonnable. Il faut donc qu'on aye à peu près 100,000 hommes sur le Rhin, outre ce qu'il y a aux Pays-Bas. Car, sans avoir 50,000 hommes sur le haut Rhin, on ne sçauroit passer cette rivière ny entreprendre un siége qu'on n'expose la Souabe aux ennemis. Et du côté du Bas-Rhin il faut deux armées, l'une pour la Meuse, l'autre pour la Moselle, chacune encor en d'autres petits corps. Et il est absolument nécessaire que ces troupes soyent prestes partout à la fois. Car autrement c'est comme si on n'en avoit que la moitié, puisqu'il ne faut compter que ce qui agit. Et l'ennemi n'ayant point de troupes oisives, il les employe plus d'une fois et en différens lieux. C'est comme s'il en avoit le double et le triple.

« Il y a bien des raisons pour plusieurs petits corps au lieu des grandes armées. »

CONSULTATION

SUR

LES AFFAIRES GÉNÉRALES

A LA FIN DE LA CAMPAGNE DE 1691 (1)

Original autographe inédit de la bibliothèque royale de Hanovre.

Pour avoir un plan sur lequel on puisse raisonner, je suppose la réduction entière de l'Irlande comme facile, et je tiens les affaires assés balancées aux Pays-Bas, sur le Rhin, en Piedmont, et en Catalogne, pour qu'un party ne puisse pas avoir un grand avantage sur l'autre avant la closture de la campagne. Et la flotte de la France s'estant retirée dans le havre de Brest, il est à croire que les forces navales d'Angleterre et de Hollande ne seront employées à présent que pour la sauveté du commerce, et pour couper la communication de la France avec l'Irlande.

Quant à la paix avec les Turcs, je l'espère, mais je n'ose pas nous en assurer.

Les desseins à former pour l'année prochaine se réduisent aux négotiations et aux opérations. Les négotiations se feront tant entre les Alliez qu'avec

---

(1) Il y a à Hanovre deux manuscrits portant le même titre, tous les deux inachevés. L'un est un brouillon informe.

les puissances neutres, pour les attirer ; il y en peut avoir même avec la partie la plus réconciliable des ennemys, comme est à présent la Porte.

Les opérations pendant l'hiver ne peuvent estre que de travailler à se garantir des surprises, de tascher à surprendre l'ennemy, et de faire des préparatifs pour la campagne prochaine.

Les puissances neutres sont les Couronnes du Nord, le Roy de Portugal, quelques princes d'Allemagne, les princes et les Républiques d'Italie et les Suisses; je ne compte pas la Pologne pour neutre, non plus que les Vénitiens tant que dure la guerre avec le Turc; car, soit qu'il y ait alliance expresse ou non, le party de la France et du Turc doit estre à présent compté pour un, puisque les avantages ou désavantages de l'un le sont encor de l'autre.

Pour ce qui est des Couronnes du Nord, on voit tant la Suède que le Dannemarc, non obstant leur neutralité, engagés avec les alliez d'une manière limitée. Car la Suède a esté obligée par un traicté d'alliance défensive de fournir quelques trouppes aux Estats Généraux des Provinces-Unies, et les terres qui relèvent de l'Empire luy imposent l'obligation de donner sa quote part. Le Roy de Dannemarc est dans la mesme obligation à l'égard de l'Empire, et il s'est engagé en quelque façon avec le Roy de la Grande-Bretagne contre le Roy Jacques.

Les trouppes de Dannemarc ont rendu un service considérable en Irlande, mais on ne sçauroit dire autant de celles de Suède vers le Rhin.

Il semble que les deux Couronnes du Nord ne considèrent pas assez combien elles font du tort tant à elles-mesmes qu'à la religion protestante en préférant les petites utilités passagères à un intérest solide et perpétuel. Car, si la France a le dessus (ce qu'elle ne manquera pas d'avoir si elle sort à présent de l'embarras), il n'y aura plus d'équilibre en Europe. Cependant elles ne se rendent considérables qu'en contribuant à la conservation de cet équilibre et en appuyant la religion protestante. Elles s'apercevront un jour de leur faute, mais il ne sera plus temps; car, si tant de puissances conjurées ne peuvent surmonter la France présentement, il ne faut pas qu'elles s'imaginent que, lorsque cette couronne sera encor devenue plus formidable, leur jonction alors la puisse ranger à la raison, quand on retrouveroit mesme cette union bien rare de tant de puissances qui se veoit maintenant. Si la gloire touche les grands princes, comme elle doit, le Roy de Dannemarc se peut souvenir qu'il n'y a pas longtemps que la France l'a traicté de haut en bas. Celle-ci sembloit trouver mauvais qu'il peust se former un dessein sans son approbation et donnoit à cognoistre qu'il n'appartenoit qu'à elle d'enlever tout d'un coup des grandes villes. Mais la Suède en a receu bien d'autres torts, pour devoir estre piquée au vif, et je ne sçay quel emplastre auroit peu guérir la playe. Mais comme toutes ces raisons et bien d'autres ont esté assez pressées par les ministres des Alliez, il en faudroit chercher de plus persuasives pour faire impression sur les esprits. Et l'on sçait que quelques fois certains advantages présens des personnes puissantes auprès des Princes, valent mieux que les solides considérations de l'intérest publique puisées dans l'avenir. Après la réduction de l'Irlande, j'espère qu'on fera en sorte que les trouppes que le Dannemarc avoit fournies ne cesseront pas de rester, tant pour asseurer cette conqueste, que pour achever la réduction des mutins d'Écosse. Et quand on ne seroit pas en droit de leur faire passer la mer, ce sera toujours un avantage considérable qu'on en tirera pour s'asseurer le dos et pour estre mieux en garde contre les révolutions domestiques.

Il ne paroist pas qu'on puisse espérer quelque chose du costé de Portugal, et je crois que ce sera assez s'il demeure en bonne intelligence avec l'Espagne, à quoy les deux Reines sœurs peuvent contribuer autant que l'intérest commun de l'Europe contre l'accroissement fatal de la France. Mais puisque les Couronnes du Nord veulent maintenir le commerce libre avec la France, le Portugal en voudra faire autant.

Quant aux puissances d'Allemagne et d'Italie, on peut dire en général qu'une des grandes raisons qui les destourne d'une bonne résolution, est le peu d'espérance qu'il y a, selon eux, d'un bon succès; je ne croy point qu'il y en ait d'assés stupides pour ne pas voir les chaînes que la France leur appreste. Mais plusieurs, s'imaginant qu'il n'y a point d'apparence de faire quelque chose de bon dans cette guerre, abandonnent la pensée d'un avenir fascheux pour s'attacher à la commodité présente du repos, et pour en jouir pendant leur vie, laissant le soin du siècle futur à leur postérité, dans l'espérance que quelque grande révolution des affaires du monde nous pourra sauver.

A ces raisonnemens trompeurs on doit opposer des considérations plus solides et plus puissantes; et, pour destruire cette impossibilité prétendue d'un bon succès de la guerre présente, on doit représenter que ces pensées mesmes pleines de doutes hors de saison contribuent le plus à faire échouer les bons deseins. Souvent la crainte du mal fait le mal mesme; il en est comme de ces Astrologues qui ont fait réussir leurs vaines prédictions contre leur propre vie par les craintes qu'ils avoient conçues sur les influences imaginaires des astres. Et ce n'est pas fort rare que les entreprises, quelque bonnes qu'elles soyent, sont ruinées parce que ceux qui pourroient ou devroient aider sont contraires par caprice ou par une fausse prudence gendarmée contre toutes les nouveautés, ou par d'autres raisons ; car, en ayant d'abord fait un jugement désavantageux, ils prennent soin de vérifier eux-mesmes leurs prophéties par leur peu d'inclination et pour ne pas avoir le démenti; au lieu que, s'ils avoient vouleu, le succès auroit esté seur. On peut dire que cela se trouve icy au pied de la lettre. Si tous ces princes qui ont mauvaise opinion de cette guerre et qui souhaicteroient pourtant de voir la France humiliée en vouloient estre tout de bon, le succès en seroit infaillible. C'est leur non-action, causée par leurs craintes, qui est la cause de ce qu'ils feignent de chercher dans les révolutions obscures de l'avenir de quoy se consoler; comme si l'incertitude du sort et l'instabilité des affaires du monde pourroit renverser sans nous la machine formidable de la grandeur transcendante de la France. C'est fort mal raisonner, ou plustost c'est renoncer tout exprès à la raison. C'est abandonner le timon sans nécessité, dans l'espérance qu'un coup de vent favorable nous jettera justement dans le port. On demeure d'accord qu'il n'y a point d'impossibilité; mais il faut voir où en sont les apparences. Jamais un homme de bon sens ne doit agir sur le seul possible, quand il ne voit point encor du vraisemblable. Cependant, si la France l'emporte présentement, toutes les choses empireront. On se flatte en vain que le dauphin perdra ce que le père a conquis, et qu'il a assés de bon sens pour conserver ce qu'il trouvera si bien establi; et peut-estre voudroit-il aller au delà (plus qu'il le pourra) et mériter le titre de Grand aussi bien que son père. Si la France doit craindre pour son Roy, nous avons sujet de craindre des pertes bien plus fatales, et on n'y sçauroit penser sans paslir. La mort du Roy d'Espagne achéveroit de destruire l'équilibre de l'Europe. Et si le Héros qui fait presque seul encor l'espérance du bon party, mais qui s'expose d'une manière à allarmer mortellement toutes les personnes bien intentionnées, estoit emporté par quelque malheur, où en seroit la cause commune?

Ceux qui se fondent sur des principes généraux de la mutabilité des choses, raisonnent d'une manière bien vague. A peu près comme ceux qui croyent qu'il y a une fatalité dans certains nombres périodiques des années des Empires; il est vray que les choses déclinent dès qu'elles sont montées au supresme dégré. Mais d'où sçait-on que la France est déjà dans son zénith? Elle pourroit aller encor bien loin, si on ne prend des mesures plus justes. Elle n'a pas faict d'aussi grands pas que l'Espagne en fit sous Charles Ier, où l'Empire, l'Amérique, les Royaumes de Bohême et de Hongrie, le duché de Milan et celuy de Gueldre feurent acquis, et l'Angleterre estoit sur le point d'y estre jointe. Si la fortune de la France est jusqu'icy moins éclatante, elle va aussi plus seurement à ses fins, et elle est moins sujette aux révolutions. Cette couronne s'est accreue d'une manière imperceptible, mais constante et uniforme. Depuis plus de 700 ans, elle gagne toujours terrain et jette des racines profondes là où elle se met. Maintenant, après avoir presque remis sous son pouvoir tout ce qui est compris dans ses limites naturelles de la mer, des Alpes et Pyrénées et du Rhin, elle pourroit faire faire de plus grands pas à la monarchie, comme les Romains, lorsqu'ils furent une fois maistres de l'Italie, firent tout le reste presqu'en un seul siècle.

Les princes italiens ne voyent que trop le danger où ils sont. Mais ils ont de la peine à se résoudre : il faudroit quitter les commodités et prendre des résolutions vigoureuses auxquelles ils ne sont pas accoustumés. Leurs sujets sont assés propres à la guerre, mais ils manquent d'exercice et ils ont le mesme défaut que leurs maistres, c'est qu'ils sont trop à leur aise, cela fait chérir le repos et la vie. La République de Venise a assés à faire pendant que la guerre dure contre le Turc; Florence craint les bombes pour Livorne et quelque chose de pis; et d'ailleurs on n'y cherche qu'à couler son temps tout doucement. On en peut dire autant de Modène et de Parme. Mantoue penche mesme de l'autre costé, et le seul duc de Savoye, qui estoit le plus exposé, a monstré ce que tous les autres devoient faire, et ce qu'ils pouvoient faire plus seurement que luy. Il est vray qu'il s'est mis en danger; mais, s'il réussit mal, c'est leur faute, ils devroient le seconder, puisqu'il se hasarde pour eux tous.

Il semble donc que le Pape, la République de Venise, le grand-duc de Toscane, les ducs de Modène, de Mantoue et de Parme, et le reste des Estats et princes de l'Italie, voyant le danger commun, avoient toutes les raisons du monde d'entrer en une espèce de liaison entre eux pour conserver ou restablir le repos dans cette partie de l'Europe. Et comme ils craignent tant de choquer la France, ils se pourroient servir d'un expédient fort plausible. Car les sommations de l'Empereur à l'égard des feudataires de l'Empire leur pourroient servir de prétexte, s'ils faisoient connoistre par leurs ministres en France que ces démarches de l'Empereur, tendantes à faire revivre peu à peu les anciens droits de l'Empire en Italie, les allarment extresmement.

Peut-estre qu'en ce cas le Roy T. C. qui ne pourroit pas honnestement les détourner de cette alliance entre eux leur offriroit d'en vouloir estre, mais ils ne manqueroient pas de prétexte pour s'en excuser afin de demeurer dans les bornes de la neutralité et de ne pas choquer encor l'Espagne. De l'autre costé, l'Empereur et l'Espagne feroient peut-estre semblant d'estre faschés de cette ligue italienne; mais dans le fond ils en devroient estre bien aises. Car je tiens pour indubitable qu'elle seroit bientost brouillée avec la France, dont les procédures exotiques ne tardent guères à outrer les choses et à choquer tout le monde. Et cette ligue seroit un nouvel obstacle à son ambition.

Effectivement, je m'estonne qu'après tant de traictés d'alliance qu'on a faicts de nostre temps en Allemagne et dans le Nord, on n'en a guères vu depuis longtemps en Italie, qui a esté autres fois le pays des intrigues et des négotiations. Mais il seroit temps d'y songer maintenant que le danger est monté au supresme degré. Cette ligue devroit tendre uniquement à asseurer le repos de l'Italie sans se mesler d'autre chose, à se secourir mutuellement, à entretenir chacun un certain nombre de gens de guerre tant Italiens que Suisses ou Grisons, et autres conditions semblables; cela serviroit à remettre les nationaux dans le mestier et à s'asseurer contre les entreprises impourvues des estrangers. Et il est bien seur qu'il n'y auroit point de François dans Casal, s'il y avoit eu alors une belle ligue, et que Gênes n'auroit pas esté mal traictée d'une manière honteuse plus tost à toute la nation qu'à ceux qui ont souffert ces mauvais traictemens, et que le duc de Savoye n'auroit pas esté forcé par les manières insupportables de la France à la dure nécessité de se défendre au péril de la ruine de ses Estats.

La République de Venise, que la guerre contre le Turc empesche de songer avec effect aux affaires présentes de la chrestienté, gagneroit temps par cette ligue à préparer les choses contre la France, afin de pouvoir par là après parler un peu plus efficacement lorsque la paix sera faicte avec la Porte. Effectivement c'est alors que la ligue italienne pourroit s'ouvrir un peu, et mettre en negotiation pour l'amour de la paix la restitution du duc de Savoye et l'évacuation de Casal que la France a voulu faire accroire de n'avoir acceptée que pour asseurer l'Italie contre l'entreprise des Espagnols. Et si la France prenoit ces démarches pour mauvaise part, accoustumée comme elle est à traicter les gens de haut en bas, on prendroit enfin les mesures convenables et Messieurs de la ligue seroient en estat de lever le masque.

Si cet hyver jettoit les semences d'une telle ligue, je crois que la seconde campagne en recueilleroit les fruits. L'impatience des François, accoustumés à ne rien mesnager, pousseroit bientost les choses aux extresmités. C'est pourquoy je tiens qu'on devroit chercher des moyens secrets et imperceptibles à y porter au plus tost les princes italiens, sans qu'il paroisse que les Alliés, et surtout la maison d'Austriche, s'en meslent; et plus tost qu'il paroisse tout le contraire, par le bruit que l'Empereur et l'Espagne en feroient comme s'ils en auroient conceû de la jalousie.

Chez les Suisses il est inutile d'employer les plus solides raisons du bien public. Les meilleures familles du pays sont intéressées avec la France par les charges militaires qu'elle leur donne; ce sont là les mines d'argent de la Suisse. Pour les en détacher, il faut leur donner encor de l'employ ailleurs; et, comme je suis d'opinion qu'on ne sçauroit faire de trop grandes levées, ny employer trop de forces contre la France, je suis persuadé qu'on devroit lever quantité de Suisses sur le mesme pied où on les a mis en France. On dira qu'ils coustent trop, mais ne coustent-ils pas autant à la France ? On me dira aussi qu'on peut lever des Allemands à meilleur marché. Je le veux, le Roy de France a aussi des François à meilleur marché ; mais il mesnage ceux qu'il peut toujours avoir, et c'est faire sagement. Je serois d'avis qu'on levast autant d'Allemands qu'on voulut dejà lever, et encor des Suisses par dessus, et mesme des Italiens, des Ecossois, des Suédois s'il est possible : il faudroit faire flesche de tous bois. — Mais d'où prendre pour cela l'argent qu'il faut ? — Et d'où le Roy de France le prend-il ? L'Empire, l'Espagne, l'Angleterre, la Hollande, le Royaume de Naples, et tant d'autres Estats ensemble, ne pourroient-ils pas faire un peu plus que la France ?

De détacher les Suisses de la neutralité je ne voy qu'une seule voye, mais qui ne paroist pas fort seure : ce seroit d'y exciter des rébellions contre les magistrats par des démagogues ou émissaires capables d'émouvoir la populace, tels que sont aujourd'huy les ministres ou prédicateurs et quelques fois des Masanielles ou des Tikelaers. Car les magistrats, c'est-à-dire les bonnes familles, profitent trop du service de la France pour s'en départir de bon gré, et comme la populace hait naturellement les riches et les soubçonne facilement, la chose ne seroit pas sans apparence. Les semences de la sédition de Basle avoient germé déjà encor en d'autres lieux ; cependant, comme ces sottes menées ne réussissent pas souvent, on ne doit point compter là-dessus, quoyqu'il seroit peut-estre bon d'y penser.

Il y a des princes d'Allemagne qui se sont mis sur un certain pied fort approchant de la neutralité, qu'il faudroit tascher de regagner s'il est possible: ce sont le duc d'Hanover, l'évesque de Munster et en quelque façon le duc de Saxe Gotha. Ce duc est mort; mais il semble que la Régence establie pendant la minorité de son fils n'a pas encor changé de mesures.

Le plus considérable de ces princes est sans doute le duc d'Hanover, lequel estant gagné, les autres ne tiendroient guères. Ce prince est naturellement généreux et d'une grande élevation d'esprit, mais sensible. Il avoit entamé secretement une négotiation importante et délicate pour la grandeur de sa maison, où la cour imperiale lui donna d'abord des belles espérances, ce qui l'engagea à paroistre ouvertement dans cette affaire ; mais ce fut alors qu'on l'abandonna, et qu'il eut le déplaisir d'eschouer à la face de tout le monde dans le temps de la diete de l'Election du Roy des Romains. Cet affront, qu'il croit avoir reçu de l'Empereur et des électeurs de Brandenbourg et de Palatine, l'a piqué au vif.

Le despit qu'il en avoit conçeu commença à l'ébranler; mais ce qui acheva de l'irriter, fut une affaire de peu de conséquence, où la cour imperiale ne daigna pas le mesnager un peu. Mais il faut prendre la chose de plus haut. Quelque temps avant la dernière guerre, ce duc estoit entré dans un engagement avec la France, profitant d'une petite froideur entre la France et le Dannemarc à l'occasion des troubles de Hambourg, pour asseurer le repos de la basse Saxe, dont la maison de Bronsvic portoit tout le poids presque seule avec beaucoup de danger et d'incommodité. Il eut particulièrement en veue d'avancer la restitution du duc de Holstein et de garantir Hambourg. Mais, quand il apprit la rupture de la France et le siége de Philipsbourg, il ne balança pas un moment. Ce fut lui qui, par les courriers dépeschés exprès, fit la proposition de l'entreveue de Magdebourg, où les deux Electeurs de Saxe et de Brandenbourg, le duc d'Hanover et le Landgrave de Hesse Cassel, s'y estant rendus en diligence, prirent des mesures qui sauvèrent Francfort et Coblentz. Il n'y avoit presque que l'Electeur de Saxe et le duc d'Hanover qui peurent faire marcher alors un corps d'armée, les autres ayant leurs forces en Hongrie et en Hollande, ou n'estant gueres pourveus.

Le danger estant passé, il s'engagea avec l'Espagne pour l'assister aux Pays-Bas. Mais le siége de Mayence estant deveneu difficile et l'issue paroissant fort douteuse, le duc de Lorraine, qui voyoit ses forces diminuées, et craignoit un secours, envoya prier très-instamment le duc d'Hanover de faire marcher son armée à Mayence, avant que de l'envoyer aux Pays-Bas, où il eut cette deference pour luy, et les troupes d'Hanover se rendirent au camp impérial commandées par le duc en personne. Peut-estre que cela a facilité la réduction de la place, dont la garnison estoit encor assez forte; mais cette arrivée d'une armée toute fraische leur devoit faire craindre d'estre pris d'assaut. De là les trouppes d'Hanover assistèrent encor à la réduction de Bonn, et puis elles prirent le chemin des Pays-Bas. Il y en eut pourtant quelques-unes qui restèrent en Allemagne pour prendre quelques quartiers après tant de fatigues. Mais la Cour impériale, qui avoit assigné ces mesmes quartiers aux Hessiens, en fit sortir ceux d'Hanover avec quelque aigreur, jusqu'à les menacer de les en faire déloger par force. Et comme les impériaux sembloient faire monstre qu'ils ne tiendroient aucun compte du service qu'on rendroit aux Espagnols dans les Pays-Bas, les Espagnols de leur costé firent un rabat de ce qu'ils avoient promis au duc d'Hanover à proportion du temps qui leur avoit esté deu, et qu'il avoit employé en Allemagne à la prière du duc de Lorraine et en faveur de la cause commune. De sorte que le duc d'Hanover manqua de deux costés ; ce qui luy fut extresmement sensible, non pas tant à cause d'une médiocre somme d'argent, que parce qu'il croyoit veoir dans ce procédé des marques de mespris ou d'aversion, ou du moins du peu d'égard qu'on avoit pour luy après tant de preuves de son attachement. Pourquoy, l'année après, les Espagnols ayant faict des difficultés sur la continuation du traicté, il ne se pressa pas de le renover ; il rappela ses trouppes, et l'Envoyé qu'il avoit à Madrid prit d'autres mesures dont on ne s'apperceut que trop tard, parce que les impériaux et les Espagnols, se tenant trop seurs de ce costé, avoient négligé de veiller là dessus, et de tenir des ministres chez la maison de Bronsvic, comme ils avoient faict ailleurs où il n'avoit peut-estre pas esté nécessaire.

Je ne désespere pas qu'on puisse ramener ce Duc par quelque chose de solide, comme seroit de lever l'alternative de l'Evesché d'Osnabruc, pour l'asseurer entièrement à la maison de Bronsvic, au moins par forme d'administration ou par quelque autre tempérament, puisque aussi bien je croy que dans l'estat où sont les choses on aura de la peine à la faire lascher prise sur un si bon morceau. Le Roy de la Grande-Bretagne et les Estats Généraux y pourront travailler utilement auprès de l'Empereur. C'est là le vray moyen de réunir toute l'Allemagne.

L'Evesque de Munster n'oseroit tenir seul contre tous les autres sans s'exposer à une ruine indubitable. Quelques avantages particuliers de sa famille que l'Empereur peust élever au rang des Comtes et leur faire encor d'autres graces, acheveroient sans doute de le gagner. Et le duc de Saxe-Meiningen, pour estre manteneu dans l'administration de Gotha contre celuy de Cobourg son frère, seroit bien aise d'obliger la cour imperiale.

Il est fascheux qu'on doit employer ces détours pour attirer les gens à leur devoir; mais la sagesse veut qu'on s'accommode aux hommes et aux choses, et qu'on préfère un bien considérable à un petit mal.

Mais, pour tirer plus d'utilité du secours de ces princes ramenés, et afin de profiter du mal mesme pour un plus grand bien, voicy une adresse qui me paroist de conséquence, pour surprendre les ennemis. C'est qu'il faut mettre en faict que la France règle à peu près les efforts qu'elle faict sur les advis qu'elle a de nos préparatifs et de nos forces, dont elle n'est que trop bien informée. Elle imite un sage gladiateur, supérieur à son ennemy quant à l'agilité, et inférieur à l'égard de la force du corps. Ce gladiateur mesnagera ses forces pour la fin, et, pendant que son adversaire tout en colère se consume en coups furieux, il se contente de les parer et n'y employe de de sa force que ce qu'il juge nécessaire. De sorte que je croy que, si la France apprenoit que nous pensions à faire de plus grands efforts, nous la verrions aussi bientost mettre en campaigne des armées encor plus grandes ; car, autant qu'on peut juger, elle est encor en estat de la faire, quoyque bien des gens se flattent que non. Mais, si quelques nouvelles forces impourveues survenoient aux alliez à l'ouverture de la campaigne, ou lorsqu'elle seroit déjà commencée, il est seur que la France se trouveroit décontenancée, n'ayant pas le temps d'y pourveoir assés tost.

C'est pourquoy je trouve qu'il seroit très-important que, s'il y a de l'espérance de gagner ces Princes, on mesnageast justement le moment de leur réconciliation, en sorte qu'on en tirast un profit solide et qui se feroit s'ils faisoient marcher leurs forces dans le temps où la France ne s'y attend pas, et dans les endroits où on la peut incommoder le plus à cause des vuides qu'elle aura esté obligée de laisser, n'ayant que ce qu'il faut pour s'opposer aux efforts qu'elle attend du costé des alliez, et se fiant à la mobilité des siennes. Car il est digne de considération que la France, renfermée en elle-mesme, fait par les avantages de sa situation et du bon ordre qu'elle a eu le loisir depuis tant d'années d'y mettre par avance et par celles de ses conquestes qui luy sont comme autant de forts, une espèce de fortification fort régulière, et bien flanquée par tout ; et ses trouppes, allant d'un lieu à l'autre par la diagonale, ont tousjours moins de chemin à faire, et sont tousjours plus propres à s'entre-secourir, à peu près comme une garnison va bien plus aisément d'un bastion à l'autre, que les assiégeans ne peuvent aller d'une attaque à l'autre. Ce qui est sans doute un des plus grands avantages de la France, qui luy donne moyen de tirer plus de service de ses trouppes, et par conséquent de faire plus d'effect avec moins de gens. Mais ce bon ordre et les mesures qu'elle prend seroient déconcertés par une nouvelle attaque qui luy surviendroit tout d'un coup, quand elle s'y attendroit le moins.

Donc, pour y réussir, le moyen le plus seur seroit de tenter tout d'un coup par quelque voye fort secrete, et le plus immédiatement qu'on pourra, quelque prince dont on a le plus de besoin, par des offres si grandes et si solides, telles que je viens de marquer (ce qui ne cousteroit rien à personne) qu'il n'y a pas d'apparence qu'il les rejette ; surtout si on luy faict entendre nettement que c'est dans la considération d'un tel avantage qu'on en prétend tirer qu'on les luy faict, et qu'autrement il n'y faut point songer du tout. On peut mesme prendre les mesures en sorte que, quand l'avis en viendroit aux ennemis, ce soit déjà si tard qu'ils ne puissent plus parer le coup. On sçait par expérience que, lorsqu'après de longues négotiations on est veneu à bout de gagner quelqu'un des alliez de la France ou des neutres, la mine a tousjours esté éventée, et l'ennemy a eu le loisir d'y pourveoir. C'est parce qu'on marchandoit trop et qu'on alloit d'offres en offres, au lieu d'aller tout d'un coup à la conclusion. Je m'imagine que, quelque engagement qu'un Prince sage aura pris avec la France, il aura tousjours mis des clauses qui laisseront la porte ouverte au retour, sa parolle et sa réputation sauvées, lorsque la considération de la justice luy feront quitter un party dont il découvrira de plus en plus la meschante intention. Car, outre que la France n'est que trop sujette à manquer à ses amis, il faut que le traicté ait tousjours un but qui ne peut estre que la seureté publique, lequel cessant, toutes les obligations cessent. Or il est manifeste que la France ne se met pas en devoir de faire cesser les justes craintes de ses voisins. Elle soustient ses plus cruelles violences et ses plus iniques usurpations. Et quand on a le malheur d'estre de ses voisins, elle ne veut pas mesme souffrir qu'on cherche ses seuretés par des alliances défensives et par d'autres voyes les plus innocentes; enfin c'est un ennemy public contre lequel il faut sonner le tocsin partout.

Le droit veut qu'on puisse intenter action, ou faire pleinte pour la crainte d'un dommage futur, apparent (*actionem damni infecti*), contre ceux qui ont donné injustement sujet de se faire craindre avec justice; et cette action ou plainte tend à les obliger à donner des seuretés, ou à quitter les avantages pendant lesquels on ne sçauroit estre en repos de leur costé. C'est un principe qui n'est pas moins fondé dans le droit de la nature que dans celuy des Romains. Et s'il a lieu parmy les particuliers, combien plus fortement peut-il estre allégué par des princes qui d'ailleurs ont les mains plus libres que les autres, parce qu'ils ont un bien plus grand à conserver, qui est le salut de tant de millions de personnes! Il n'y a point de traicté ny clause qui déroge à ce droit, et un Prince n'y sçauroit renoncer non plus qu'aux devoirs de sa charge.

Or il est manifeste que ces Princes d'Allemagne qui paroissent neutres ont sujet de tout craindre. Car si la France sort de l'embarras sans faire restitution, pour ne dire sans estre punie, elle sera sans doute enhardie à continuer son train avec plus d'insolence, et mesme il est seur qu'elle ne gardera plus aucune mesure, ayant déjà esprouvé les efforts inutiles de presque tous ceux qu'elle pouvoit encor craindre, et n'ayant pas sujet d'appréhender facilement une autre conjoncture aussi dangereuse que celle d'à présent. Il faut tenir pour asseuré que, sans de grandes précautions, la prochaine paix nous fera perdre la ville de Cologne. Cela est aussi démonstratif que le pourroit estre une éclipse prédicte par les astronomes. C'est le seul trou que la France n'a pas encor bouché. Mais, Cologne perdeue, la Westphalie éprouvera le sort du palatinat et du marquisat de Bade; et une bonne partie de ce pays estant possedée par les princes électifs qui ne peuvent avoir plus d'égard à leurs familles qu'à leurs Estats, la France y aura beau jeu. Le titre plausible de défenseur de la foy, et le prétexte de maintenir la Religion catholique romaine, viendra fort à propos tant aux François qu'à ces Ecclésiastiques pour colorer leur intelligence. Brandenbourg, Bronsvic et Hesse l'esprouveront, et, la France ayant une planche toute faicte jusqu'au Weser par le pays des Évesques, on verra si Hanover aura un meilleur sort que Wurtenberg ou Durlach. Il faudra désarmer sans rémission et se garder de donner le moindre sujet de jalousie, sous peine d'estre bruslé et saccagé. Et on sera trop heureux si on se pourra maintenir dans une ombre extérieure de liberté et d'indépendance. Nous ne sommes pas fort loin de ces événemens, et on pourroit avoir le desplaisir de vivre assés pour le veoir de ses yeux.

Tout cela me faict espérer qu'un Prince éclairé, tel que celuy d'Hanover, quelques engagemens qu'il puisse avoir pris (quoy qu'il est à croire qu'ils seront très-limités), ne seroit point irréconciliable s'il voyoit un avantage solide; et je tiens qu'il pourroit donner un grand poids aux affaires s'il venoit justement dans le moment du balancement. Car c'est tousjours le dernier grain, quelque petit qu'il soyt, qui emporte la balance. Il ne suffit pas de bien négotier pour amener les gens au bon party; le moyen d'en tirer un usage considérable est de faire en sorte que l'ennemy soit surpris et déconcerté par une révolution impourvue.

J'ay dit là dessus qu'il faut songer à des négotiations utiles non-seulement avec les princes neutres, mais encor avec quelques-uns des ennemis, et enfin entre les Alliez mesmes.

Je viens de parler des Neutres ou de ceux qui prétendent l'estre; il n'y a que deux ennemis, la France et la Porte. Mais ils sont si grands qu'ils en valent bien quantité d'autres. La Porte paroist la plus réconciliable, parcequ'elle est dejà réduite à un estat où elle est moins à craindre; qu'elle a intérest de désirer la paix, et l'a dejà demandée en quelque façon en envoyant des ambassadeurs de son propre mouvement. D'ailleurs, on la peust et doit considérer comme neutre à l'égard de la guerre qu'il y a entre les Anglois et les Hollandois d'un costé, et les François de l'autre. C'est pour cette raison qu'on n'a pas faict des rejouissances ny à Londres ny à la Haye, pour la victoire remportée contre le Turc, quoyque on y en soit un peu plus aise que les Cardinaux de la fortune françoise à Rome, qui n'ont peu se dispenser d'assister aux actions de graces que le pape en a faict rendre à Dieu.

Si la paix se faira avec la Porte aussitost qu'on voudroit, c'est une grande question et qui despend beaucoup de la connoissance des circonstances et de l'humeur des personnes qui tiennent le timon des affaires depuis la mort du Grand Visir, qu'on croit tousjours asseurée. Ce Grand Visir en estoit très-éloigné.

Ce mot de son estandar qui disoit en arabe ce que nous disons: *aut totum aut nihil,* tesmoigne son inclination et l'influence de la France dans ses conseils. Je ne sçay si ce que les ambassadeurs turcs arrestés à Pattendorff ont dict depuis peu est véritable, que les Turcs ont juré sur l'Alcoran de ne se point departir de la France, ny faire une paix particulière ; c'est ce que je ne sçay pas. Les Ambassadeurs, mécontens comme ils sont, le peuvent avoir dict par despit et par malice, et je doute s'ils sont assez informés de ce qui s'est passé à la Porte depuis leur despart pour qu'on doive s'arrester à ce qu'ils en disent.

Comme les advis de Constantinople viennent bien tard et par des canaux infectés des passions de party, on ne sçauroit fonder ses conjectures que sur les raisons que la Porte peut avoir pour ou contre la paix, sans qu'on puisse parler au vray de ses dispositions. Au lieu qu'il faut sçavoir et les raisons et les dispositions des hommes pour juger de ce qu'ils feront ; car les passions de ceux qui ont la direction des affaires, ne contribuent guères moins aux résolutions que les motifs et les intérests les plus solides. Et lorsque les raisons sont tant soit peu balancées, les passions ne manquent pas de donner la décision.

Comme la paix que les Turcs peuvent faire à présent ne leur peut estre que honteuse et dommageable, il faut croire qu'ils ne la feront que par nécessité. Et, selon que cette nécessité sera grande, on peut espérer d'eux de bonnes conditions. Si l'année passée n'avoit faict une trêve à leurs pertes, et ne les avoit faict mesme avoir des avantages considérables par la reprise de Belgrade, je crois que la paix seroit faicte. Mais ayant jugé que ce bonheur nouveau estoit un effect de la déclaration de la France dont ils attendent encor des plus grands avantages, il ne faut pas s'estonner si le Grand Visir a voulu esprouver le sort des armes. Maintenant ils auront esté désabusés un peu ; mais il s'agit de tirer du fruict de la victoire, et de faire quelque conqueste de conséquence, autrement la paix reculera encor. Car les Turcs ne la feront que pour éviter de plus grands maux, et pour sauver le reste de leur empire en Europe. Mais s'ils voyent que les armes de l'Empereur souffrent une espèce de solstice aux bords du Save, ils aimeront mieux de continuer une guerre défensive, où il n'y a plus grande chose à perdre pour eux. Ainsy je crois que la prise de Giula et de Grand Waradin ne suffira pas pour les ébranler : il faut la conqueste de Temeswar pour leur faire peur à Andrinople.

Il n'y a qu'une raison qui les pourroit porter à présent à la paix, ou plus tost à une trêve de longues années: car l'Empereur n'en faict guères d'autres avec eux. C'est que le nouveau Sultan et le nouveau Visir avec leurs créatures asseureroient leurs affaires par là et ficheroient, comme avec un clou, cette mobilité de la roue de la fortune, qui leur doit faire craindre un sort malheureux à l'exemple de tous leurs prédécesseurs, depuis le commencement de cette guerre. Si l'Empereur avec ses Alliéz se rend un peu traictable, je croirois que cette raison, aidée des puissans offices de l'Angleterre et de la Hollande, le pourroit emporter sur leur lenteur. Et comme ils ne renonceroient à leurs droits et ne feroient qu'une trêve pour reprendre haleine et pour revenir un jour avec plus de vigueur, les gens de la loy et les plus zélés Musulmans y auroient moins de répugnance. Pour mieux réussir à brouiller le Turc avec la France, il faut leur faire souvenir que les François sont cause de tous leurs maux; qu'ils les ont poussés à la guerre pour leurs intérests particuliers et ne les ont assistés que lorsqu'ils ne pouvoient plus différer sans les laisser perdre; que d'ailleurs la France ne les sauve que pour se réserver la gloire de leur destruction, qui sera inévitable si elle l'emporte dans l'Europe, les Ottomans n'ayant rien de plus à craindre que la puissance immense de cette nation, animée par l'exemple de ses prédécesseurs et seule capable de les attaquer par mer où les Anglois et Hollandois ne cherchent que le commerce; et qu'un seul coup au costé de la mer peust ruiner leur Empire, au lieu qu'ils ont bien des ressources dans les guerres terrestres.

Quant aux conditions, je croy que l'Empereur, s'il pouvoit encor avoir Grand Waradin, se contenteroit de ce qu'il a, et que les Turcs se réduiroient enfin d'avoir le Save pour limitrophe; mais ils insisteroient peut-estre plus fortement sur la neutralité de la Transylvanie. Je ne sçay comment ils sont animés à l'égard de la Morée; elle est trop près de Constantinople pour ne leur donner de l'inquiétude. Mais, comme ils craignent moins la puissance des Venitiens, ils se croiront aussy par la situation mesme des lieux plus en estat de la reprendre un jour. L'affaire de Caminiez n'arrestera pas la paix avec la Pologne, et les Turcs ne feront pas fort les difficiles là dessus.

Les négotiations entre les Alliez mesmes sont encor très-importantes, et c'est à quoy on se devroit attacher le plus ; d'autant qu'on peut mieux compter sur ce qui est en nostre pouvoir ou du moins en celuy de nos amis, que sur ce qu'on prétend obtenir des ennemis ou des indifférens. Mais les hommes sont si attachés à leur sens ou à leur profit (quelque petit qu'il soit), ou à la vaine gloire, qu'on a presque autant de peine avec les amis qu'avec les ennemis. En effet, il y a des gens qui ne sont pas faschés que leurs compagnons soyent battus. Quoyque le contre-coup rejaillisse sur eux, parce que ce compagnon faict ombrage à leur ambition ou à leur convoitise, ou parce que son sentiment a esté plustost suivi, on est plus sensible à l'égard des amis, que à l'égard des ennemis déclarés, dont on croit qu'il est plus naturel et moins honteux de souffrir; et ces brouilleries ordinairement donnent beau jeu à l'ennemy commun. C'est une misère inséparable de la condition humaine, et les plus sages ont de la peine à y résister. Il faudroit donc que tous les Alliez se persuadassent bien et se missent dans l'esprit, une fois pour toutes, cette grande vérité, qui saute aux yeux pour peu qu'on y pense, mais qu'on est sujet à oublier dans la chaleur des passions, c'est qu'ils sont tous perdus si cette guerre réussit mal; et que par conséquent l'interest commun du party est préférable à tous leurs interests particuliers. J'avoue cependant qu'il en est de ces vérités comme de celles du ciel et de l'enfer, qu'on entend tousjours résonner dans les chaires, et dont on paroist persuadé, mais par une manière de théorie stérile qui est démentie tous les jours par la practique. Cependant on ne se doit point lasser de les prescher, on en tirera tousjours quelque bon effect. Les hommes ont de bons momens, et ils rentrent quelques fois en eux-mesmes, et du moins ils pèchent avec quelques remords et avec plus de reteneue.

Pour entrer un peu dans le détail, on doit prescher à la cour de Vienne la paix avec la Porte et quelque condescendance pour les protestans des pays héréditaires; aux Allemands le bon ordre et la discipline, aux Espagnols la reforme des finances, aux Anglois et aux Hollandois le danger de la religion.

Je ne m'estonne pas si la cour impériale a plus d'attachement à la guerre contre le Turc, où elle est victorieuse et a faict des grandes conquestes qui luy sont propres, que contre la France, où il n'y a rien à gaigner par elle que l'honneur d'avoir restàbli les limites de l'Empire et d'avoir secoureu ses Alliez. Cependant il faut qu'elle se fasse violence pour faire la paix avec la Porte, s'il est possible, et pour pousser plustost la pointe contre la France. Car le bon sens veut qu'on préfère sa conservation au gain, quelque grand qu'il soit. Or est-il que la maison d'Austriche est à la veille de perdre les Pays-Bas, le Milanois et l'Espagne mesme, si la France prévaut; pour ne pas dire que l'Empire ne sera plus qu'un simple nom, tous les liens d'union estant visiblement rompeus lorsqu'il paroistra que les membres n'en peuvent plus espérer de seureté ny de protection. Que sçait-on si la France ne perdra bientost pour l'Empereur de cette ombre de respect et de déférence qu'on veoit encor, en ce qu'elle luy cède sans difficulté, et tout s'en ira sens dessus dessous dans l'Empire ; de sorte que l'Empereur y est plus intéressé qu'il ne semble d'abord. Aussy S. M. l'a-t-elle faict cognoistre au péril de ses conquestes de Hongrie.

On ne veoit que trop de gens en Allemagne qui se souviennent mal à propos des vieilles jalousies contre la maison d'Austriche et qui tremblent au moindre avantage des impériaux. Ils devroient considérer que le danger est incomparablement plus grand du costé de la France, et qu'il faut encor bien des choses à l'Empereur pour qu'il rentre dans l'équilibre avec la France. Il est vray que la mauvaise conduite de quelques officiers impériaux y contribue beaucoup ; car il y en a qui, lorsqu'ils sont dans l'Empire, croyent estre en pays ennemy où tout est à l'abandon. Et il est sensible aux membres de l'Empire de voir naistre leur ruine d'ou ils attendoient leur salut.

Mais c'est un mal commun aux trouppes de presque tous les plus considérables princes de l'Empire, de ruiner ceux qu'ils prétendent secourir de l'ennemy, et de leur faire plus de mal que l'ennemy; j'avoue qu'ils leur laissent au moins le nom de la liberté. Mais des petits princes ou comtes de l'Empire, voyant leurs pareils à leur aise et vivre heureusement sous la protection de la France, et que, s'ils souffrent quelque peu, ce n'est au moins que par les ordres d'un grand Monarque ; ils se lassent bien tost de voir les misères continuelles de leurs sujets, la ruine entière de leurs Estats, et sur tout les affronts insupportables qu'ils essuyent tous les jours de leurs pareils et mesme de leurs inférieurs.

Effectivement les deux cercles de Suabe et de Franconie se trouvent tellement espuisés et ruinés par les marches et quartiers des impériaux, Bavarois, Saxons, Suédois et autres, qu'il est à craindre qu'ils ne songent enfin à leur neutralité, et se joignent avec Suède, Dannemarc, Hanover, Munster et Gotha et peut-estre les Suisses, d'ou résulteroit en effect la neutralité de l'Empire en corps, sauf à quelques membres comme Bavière, Saxe et Brandebourg d'envoyer des secours aux belligerans; mais ce seroit alors à leurs despens, et sans fouler les autres. Ces neutrals diront que, puisque aussy bien on ne faict qu'agir défensivement contre la France, il vaut mieux embrasser la neutralité, pour éviter toutes ces ruines du costé des amis et des ennemis. On entend déjà ces voix, et la France en sçaura profiter. Si l'Empereur, Bavière, Saxe, Brandebourg, Hesse, s'y vouloient opposer par force, on verroit beau jeu dans l'Empire: le désespoir porteroit ces cercles ou princes (déclarés alors pour la neutralité) d'appeler les trouppes de France chez eux; ils se précipiteroient par là encor plus promptement; mais le despit pousse souvent les gens à des extresmités, et, quand on se trouve engagé, on n'est plus maistre des suites. Si les choses alloient là (comme enfin je le crains, si l'Empereur et les plus puissans Princes alliez ne changent de méthode), la cause commune seroit abandonnée; chacun songera à s'accommoder, et pour tout dire nous aurons enfin une paix encor infiniment plus malheureuse que celle de Nimwegue.

Je crains mesme que l'Empereur, qui ne se veoit pas assez maistre pour establir le bon ordre parmy les trouppes alliées, et qui n'a pas mesme assez de pouvoir sur les siennes, faute de payement, prévoyant déjà que les choses pourront venir à cette neutralité ou à cette paix, ne s'attache d'autant plus à pousser uniquement ses affaires de Hongrie, ne faisant celles de l'Empire que par manière d'acquit, puisque aussy bien il croira qu'il n'y a rien à espérer et qu'il s'espuise sans fruict pour des ingrats qui ne veulent pas estre sauvés; pour ne rien dire de bien des gens qui l'obsèdent, qu'un zèle de religion fort mal entendeu anime estrangement contre les protestans et pour le Roy Jacques.

Ces suites malheureuses paroissant indubitables si les Allemands ne se réforment entièrement et ne corrigent leur manière déraisonnable de faire la guerre, une des plus importantes négotiations des Alliez entre eux doit estre celle de remédier à ces désordres. Pour y réussir il faut trois choses : une forte résolution de le vouloir, toute la sévérité, constance et exactitude possible dans l'exécution, et enfin les moyens de payer et faire subsister les trouppes d'une manière réglée et infaillible; c'est à dire le vouloir, le sçavoir faire et le pouvoir faire. Car si on n'a pas le pouvoir de donner le nécessaire aux trouppes, il faut qu'elles prennent; mais, quand on payeroit le mieux du monde, tant que le libertinage des soldats, et les commissions des officiers et commissaires dureront, le mal durera tousjours. C'est pour quoy il faut qu'on sçache prendre de bonnes mesures pour tenir les gens dans leur devoir. Mais il faut sur toutes choses que le prince et les principaux ministres le veuillent absolument.

Si quelqu'un doute de la possibilité de la chose, il faut le convaincre par les exemples et par la raison. Quant aux exemples, on sçait que les gens de guerre estoient mieux réglés autres fois en Allemagne. Mais quand le party de l'union fut dissipé par le bonheur et les armes de Ferdinand Mansfeld, et que ses compagnons, n'ayant pas de quoy payer, abandonnèrent tout aux soldats, les généraux de l'Empereur suivirent leur exemple, où ils trouvèrent leur compte, et la cour aussi estoit bien aise que la guerre se payast ellemesme surtout aux despens des hérétiques. Les Suédois surveneus n'avoient garde d'abolir une coustume si louable et si avantageuse à eux. Et tout allant sens dessus dessous en Allemagne, et la longueur de la guerre ayant espuisé les belligérans, on ne fut plus en estat d'y remédier. Les François et les Espagnols ne faisoient guères mieux, et, le désordre estant commun, pas un n'en pouvoit tirer de l'avantage.

Louis XIV, ayant pris les rênes du gouvernement dans un temps heureux, après une paix avantageuse, et se voyant maistre absolu d'un royaume fleurissant, trouva les conjonctures les plus favorables du monde pour mettre sa milice sur un bon pié par le règlement préalable des finances. Ses voisins n'en firent pas autant : l'Empereur estoit embarrassé par la guerre du Turc ; le gouvernement d'Espagne estoit sans vigueur et s'espuisoit par une guerre malheureuse contre le Portugal, souteneu sous main par la France et par l'Angleterre. Les Anglois et les Hollandois se choquèrent entre eux, les Princes d'Allemagne ne jouissoient d'une longue paix que par un luxe ruineux. La guerre, terminée à Aix-la-Chapelle, fut un coup d'essay pour les François, tandis qu'elle éveilla les Hollandois; mais par malheur le despit de l'affront de Chatham fit plus d'effect sur l'Angleterre que la considération de son intérest, les Hollandois, attaqués par ces deux couronnes, furent secoureus par la maison d'Austriche et par quelques princes d'Allemagne. Mais la France fut sauvée aux despens de la Suède, qui s'attira sur les bras une bonne partie des forces de l'Empire. Cependant les Hollandois, croyant que les Alliez les prenoient pour duppes, et appréhendant l'alliance que le Prince d'Orange venoit de contracter en Angleterre, précipitèrent la paix; à quoy Don Juan, maistre des affaires en Espagne, se joignit. Les provinces voisines du Rhin, ruinées par les armées des amis prétendeus, ne pouvoient plus fournir aux quartiers. Les princes de l'Empire qui avoient des trouppes sur pié traictoient la guerre avec la France comme si elle ne les touchoit pas ; il falloit leur faire de grands avantages pour les faire marcher. Et puis, en campagne, plusieurs ne songeoient qu'à mesnager leurs trouppes et à faire la bourse ; les soldats, mal payés, ruinoient tout ; les officiers en profitoient ; les cercles furent mis dans l'impossibilité de continuer. Ainsi se fit cette fatale paix de Nimwegue, dont les suites sont d'autant plus malheureuses qu'elles n'ouvrent les yeux qu'à ceux qui desespèrent : à la manière des gens débauchés, qui ne commencent a bien veoir leur faute que lorsqu'ils voyent leur santé ruinée sans ressource.

Ce fut presque le seul prince d'Orange qui s'apperçeut des vrais moyens de mettre la France à la raison. On l'avoit mis tumultuairement à la teste des affaires delabrées, contre une puissance qui paroissoit irresistible. Sa prudence et sa fortune l'en avoient tiré passablement, mais du moins bien mieux qu'on n'avoit eu droit d'esperer ; il n'y a eu que luy qui ait profité de la paix et qui ait assés mesnagé ces moments de repos que la France laissoit à l'Europe.

Je ne diray rien icy de ces négotiations au dehors et de sa sage conduite au dedans : ce dont il s'agit est qu'il mit les affaires militaires de Hollande sur un pié excellent ; il chercha de bons officiers, et, pour les soldats, il les rendit tels par les exercices et par une exacte discipline, mais surtout par le bon payement des gages, sans lequel les souverains ne sçauroient faire observer les ordonnances militaires.

En Allemagne, la maison de Bronsvic a esté la première à profiter de l'exemple de la France pour entretenir des trouppes bien reglées. Il faut avouer qu'elle a un avantage considérable pour les bien payer. Ce sont les mines du pays qui fournissent des sommes considérables d'argent comptant. Mais, puisque les soldats et les chevaux ne vivent point de l'argent, mais du pain et de l'avoine, et autres denrées que l'Allemagne fournit suffisamment, je ne veoy pas pourquoy tous ces autres princes ne pourroient entretenir les soldats d'une manière qui leur donne droit de les obliger à une bonne discipline.

C'est pourquoy, si les Princes d'Allemagne songent sérieusement à leur liberté, il faut absolument qu'ils changent de méthode et qu'ils se résolvent aux maximes que Jésus-Christ recommande pour le salut des ames, mais qui dans l'estat présent des choses ne sont pas moins nécessaires pour le salut de leurs Estats.

C'est qu'il faut que les puissans Princes ne fassent pas à de moindres ce qu'ils ne veulent pas qu'un autre plus puissant leur fasse, et qu'ils aiment leur prochain comme eux mesmes; c'est-à-dire qu'ils mesnagent les Estats de ceux où la nécessité de la guerre les oblige de passer ou de reposer comme leurs Estats propres, et qu'il y ait une péréquation ou distribution équitable des charges de l'Empire, en sorte que les plus éloignés du péril fassent autant ou plus à proportion que ceux qui sont les plus proches. Sans cela il faut tenir pour asseuré que la guerre ne sçauroit durer, et qu'il faudra faire une paix honteuse. Or, par cette paix, ceux qui se croyent éloignés du péril ne le seront pas longtemps, et deviendront bientost exposés et limitrophes. Et les foibles, voyans qu'il n'y a point de salut pour eux qu'en se soumettant à une puissance qui les protége, aideront par désespoir à ranger un jour sous le mesme esclavage ceux qui les avoient réduicts à cette dure nécessité. Ces quatre ou cinq Princes médiocrement puissans, qui prétendent de maistriser le reste de l'Empire, n'ayant plus de quartiers à prendre hors de leurs Estats, et se trouvant entre deux grandes puissances, telles que la Maison d'Austriche et la France, se conserveroient aussy peu qu'un bateau entre deux grands vaisseaux qui s'entrechoquent, et en tout cas ils auront à attendre des armées des plus puissans le mesme sort qu'ils ont faict souffrir aux moindres.

Car enfin, ce foible lien qui soustient encor l'Empire donne un petit reste de vie à ce corps moribond; cessant entièrement faute de la protection due aux membres, l'Empereur ne songera qu'aux païs héréditaires et à ses conquestes de Hongrie; et puis, lorsqu'il verra les affaires de l'Empire désespérées, il sera obligé de donner une proye à ses trouppes et à celles de la France : on verra les Evesques du Rhin et de la Westphalie, et peut-estre une bonne partie des cercles de la Suabe et de la Franconie, sous le titre de neutralité, se mettre sous la protection de la France. Ce seront des suites immanquables, ou de la continuation de la guerre ou d'une paix malheureuse, qui nous fera perdre le reste du Rhin et obligera les plus voisins de songer à leurs affaires; lesquels, si la guerre recommence un jour, comme cela ne peut gueres manquer, serviront d'instrument à la France pour ruiner ceux qui les ruinent à présent, et pour rendre la pareille à ceux qui les traictent avec tant de hauteur. Nous sommes sur la pente fatale de ces grandes révolutions. Quand les Evesques seront devenus françois (à quoy ils paroissent assés disposés) et que les cercles du Rhin, de Westphalie, de Suabe et de Franconie seront ou françois ou neutres, tout ce qui est en deçà du Danube, du Weser et des montagnes de Thuringe et de Boheme, sera en effect retranché de l'Empire, et à la disposition de la France. La Hesse, Cleves, Juliers, Ravensperg, ne se pourront exempter du destin commun. Dieu sçait ce qui arrivera aux autres, s'ils osent remuer tant soit peu; les rivières et les montagnes ne seront qu'une faible barrière, n'estant ny assez larges ny assez hautes, pour faire la seureté des Princes médiocres. Comment resisteront-ils alors, quand ils n'auront pour quartiers que leurs propres Estats, et n'auront ny l'Espagne ny peut-estre l'Angleterre et la Hollande en estat ou en humeur de leur donner des subsides?

C'est pourquoy ceux qui gouvernent aujourd'huy seront l'object des reproches de leur postérité, si un aveuglement fatal les faict manquer à present de profiter des conjonctures que la bonté divine leur auroit encor fournies pour se sauver.

Je trouve aussy que ceux qui se gouvernent si mal, en ruinant les cercles de l'Empire, n'ont rien à reprocher à ceux qui prétendent d'estre neutres. Ils font mesme bien pis : car les neutres ne font point de mal aux ennemis. Et ces belligérans ne luy en font pas non plus ; mais en récompense ils n'en font que trop à leurs amis, ils prennent le party et le personnage de l'ennemy et font autant ou peut-estre plus de mal qu'il ne feroit luy mesme : c'est bien pis que d'estre neutre. A quoy sert cette meschante conduite, qu'à autoriser la malheureuse neutralité, et à justifier ceux qui la prennent? lesquels en effet n'ont point de meilleure raison ny de plus solide à alleguer que celle-cy, qu'ils voyent qu'on ne faict rien, qu'on ne fera rien, et qu'on n'a pas mesme encor envie de bien faire, et qu'ainsi ils aiment mieux n'en point estre que de faire comme les autres; que, puisqu'on ne faict qu'une guerre défensive, il vaut mieux faire la paix avant la ruine des Estats que de la faire après, à des conditions encor plus mauvaises, à l'exemple de celle de Nimwegue, qu'on auroit peu faire bien meilleure auparavant.

On ne sçauroit bien respondre à ces raisons des Neutres, si on ne change de conduite et si on ne tesmoigne sérieusement une bonne volonté. Autrement on sera soubçonné qu'on ne cherche que son intérest sous l'apparence de celuy de l'Empire, dont en effet on se souccie bien peu, si on préfere quelque petite somme d'argent au salut de la patrie. Effectivement les princes ne profitent que peu de ce qu'on tire dans les quartiers et marches au delà du raisonnable. Le profit des commissaires et des officiers ne les doit pas arrester, et les soldats ruinent dix fois plus que ce dont ils jouissent. On me dira que les officiers, faisant leur bourse, sont plus en estat de faire des recrües et que le prince en profite par reflexion : je le crois. Mais j'ay déjà dict que ces voyes obliques et pleines de désordre par lesquelles on tasche de faire subsister les trouppes ne sont ny durables ny heureuses. Il faut une exacte discipline et une péréquation des charges de l'Empire, en sorte que les puissans y contribuent aussy le leur pour la subsistance de leurs propres trouppes, sans prétendre d'en profiter seuls. Par ce moyen les charges se trouveront très-supportables, et des intentions si justes seront bénies de Dieu et approuvées des hommes.

Je ne sçaurois douter que les principaux princes de l'Empire qui agissent contre la France n'ayent une bonne intention: ils le font veoir en exposant leurs propres personnes à toutes les incommodités et mesmes aux périls de la guerre. Ils ne manquent pas aussi des lumières nécessaires pour veoir que du bon succès de cette guerre despend le salut de leurs Maisons, et qu'il n'y a que le bon ordre qui nous donne droit d'attendre une bonne issue. Mais, avec toutes ces bonnes pensées et avec toutes les belles résolutions qu'ils forment peut-estre dans leur cabinet, quand on vient en campagne, dans la marche ou dans les quartiers, on est sujet à les oublier, on est entrainé par la coustume, par les petites douceurs d'un avantage présent et par quelques ministres, commissaires et officiers, comme par autant de séducteurs. Quelque petit despit survient encore ; on se fasche de la résistance de quelques petits Estats faibles; on leur veut faire sentir son indignation; on en fait un point d'honneur. Il faut une forte résolution et une grande constance pour résister à un si grand penchant dans un endroit si glissant, et quand il y a tant de circonstances qui nous poussent.

Il en est à peu près comme de ceux qui ont un grand attachement pour quelque debauche dont ils voyent leur santé ruinée. Ils font souvent de belles réflexions et prennent de bonnes résolutions ; mais, quand l'occasion de la debauche se presente, ils les oublient ou n'y songent que foiblement ; la coustume et l'habitude prévaut, les objets les frappent, toutes les dispositions interieures et exterieures les entrainent. Peut-estre que ce n'est pas sans remords, peut-estre mesme qu'ils disent en eux que ce sera pour la derniere fois, qu'ils éviteront par après ces occasions, qu'ils mettront un meilleur ordre à leurs affaires. Mais ces résolutions sont aussy trompeuses et aussy peu executées que les précédentes, et, pendant ces vaines procrastinations, on court à l'hospital ou à une maladie incurable. Voilà l'image de nos affaires, et comment les bonnes résolutions demeurent inutiles.

Il faudra donc imiter un veritable pénitent qui veut rompre tout de bon avec le monde. Il ne faut pas qu'il s'imagine de se pouveoir corriger doucement et peu à peu. Au contraire, il empirera insensiblement s'il s'abandonne au temps : il faut qu'il fasse un grand effort, qu'il se déclare avec esclat, afin que la honte de passer pour inconstant le retienne du retour ; qu'il renonce aux habitudes, qu'il évite ou chasse les personnes qui contribuent à le faire pescher. Il pourra se retirer dans un monastere, dans un seminaire ou autre endroit, où il ne vivra qu'avec des personnes vertueuses et de bon exemple. Il s'imposera la necessité d'avoir tousjours un compagnon sage à ses trousses. Et il fera d'autres réglemens et lois par lesquelles il se rendra le pesché difficile, incommode, estranger ; en sorte qu'il faille plusieurs demarches pour y arriver, car un seul obstacle est bientost franchi par un retour d'inclination. Mais, lorsqu'il en faut plusieurs, la raison a le loisir d'agir, et elle a de son costé les passions mesmes, les unes contre les autres, et l'amour de la commodité présente contre un pesché dont les agremens sont balancés par l'embarras.

Ainsy, si nous voulons mettre les affaires de la guerre sur un bon pié, et déraciner les principaux désordres, il sera à souhaicter que ces princes plus puissans, dont l'affaire despend, ayent une entreveue; ils sont presque tous jeunes ou vigoureux, et d'autant plus intéressés à pourveoir aux affaires, parce qu'ils pourront vcoir eux-mesmes les malheurs dont l'Allemagne est menacée. Cette entreveue doit estre sans faste et sans despense surperflue pour éviter les émulations; ce sera une course en poste. Il faut qu'ils y fassent d'eux-mesmes un project pour le réglement des affaires militaires, qui soit tel que les moindres Estats le puissent souhaicter, ils publieront ce project avec de fortes protestations devant Dieu et devant les hommes de le faire observer, et d'y intéresser leur honneur et leur parole dans l'execution; ils feront mauvais visage à ceux de leurs ministres ou officiers qui tascheront de les en détourner; ils y employeront des gens d'une sévérité et probité reconneue. Ce projet sera establi entre eux en gros, pour estre estendeu par après à toute sorte d'occurrences. Dans ce projet ils iront au devant des défiances des autres princes ou Estats, ils offriront eux-mesmes des ostages à ceux où ils passeront, sans attendre qu'on leur en demande. Toutes les contreventions seront punies irrémissiblement. On prendra certaines mesures à l'égard des trouppes que les moindres princes joindront à celles des plus puissans, pour le commandement, rangs, opérations le soin qui réglera les postes d'honneur et de péril, et autres contestations qui peuvent naistre. On déterminera comment il sera au choix de chacun, ou non, de fournir soldats, argent ou denrées en nature. Dans les conseils on décidera certaines choses par la voye de ballottation secrète, surtout lorsque le respect des uns peut retenir les autres à parler librement. On fera tenir des protocolles exacts de toutes choses. On réglera par qui et comment certaines affaires secrètes doivent estre résolues et expédiées. On prendra des mesures exactes pour avoir la caisse militaire et les magazins fournis à poinct nommé avant la campagne, et pour avoir au besoin voitures et autres nécessités à commandement. On s'asseurera de certains traictans, auxquels on laissera un profit modique et réglé pour avoir droit de prétendre d'eux l'exactitude convenable.

Pour le project on obtiendra l'approbation des plus considérables des autres princes et Estats de l'Empire; on l'exposera mesme à leur censure; on entendra leurs plaintes et griefs, on y aura esgard; on viendra mesme à l'approbation de l'Empereur et de l'Empire. Cependant ceux qui seront convenus entre eux ne laisseront pas d'exécuter ce qui despend d'eux. On déclarera que le tout n'est que provisionnel et par intérim et ne fera préjudice à personne. On le réformera de temps en temps. On pourroit travailler à ces choses dans une assemblée à Francfort, déclarant par advance qu'on n'y aura pas le moindre égard aux bagatelles des cérémonies et du faste; agissant en tout d'une manière domestique et familière, et comme à l'incognito, sans apparence, sans caractère. Chacun approbera les matières, bien préparées de son costé, par des hommes intelligens. On profitera des bons réglemens déjà faicts dans ces cercles de Suabe et de Franconie. Les ministres auront plein pouvoir et sans jamais rien prendre *ad referendum*. De cette manière on fera plus dans une heure qu'on ne feroit autrement dans une semaine. Et une campaigne entreprise sur de tels réglemens viendra mieux que dix autres.

Le but de cette grande délibération doit estre de mettre sur pié et d'entretenir l'armée la plus grande qu'il est possible, qu'il faudra partager par après en plusieurs armées médiocres, qui se peuvent joindre au besoin. Car il ne suffit pas de résister à la France : il faut gagner pié sur elle pour venir à une paix raisonnable. Il faut donc qu'on ait à peu près cent mille hommes sur le Rhin, outre ce qu'il y a aux Pays-Bas. Car, sans avoir cinquante mille hommes sur le haut Rhin, on ne sçauroit passer cette rivière ny entreprendre un siége, qu'on n'expose la Suabe aux ennemis. Et du costé du bas Rhin, il faut deux armées, l'une pour la Meuse, l'autre pour la Moselle, chacune encor à peu près de vingt-cinq mille hommes, et partagée encor en d'autres petits corps. Il est absolument nécessaire que ces trouppes soyent prestes partout à la fois, car autrement, c'est comme si on n'en avoit que la moitié, puisqu'il ne faut compter que ce qui agit. Et l'ennemy n'ayant point de trouppes oisives, et les employant plus d'une fois en différens lieux, c'est comme s'il en avoit le double et le triple.

Il y a bien des raisons pour plusieurs petits corps au lieu des grandes armées. Car on subsiste plus aisément; il y a moins de contagion entre les trouppes; on hazarde moins; on peut avoir plusieurs desseins à la fois ; et il y a plus d'espérance que de plusieurs il en réussisse quelqu'un, qu'il n'y en a qu'un seul ou deux qui réussissent. C'est à peu près comme les sages ingénieurs, dans les siéges, conseillent de petites mines ; et souvent il y a encor une raison très-considérable pour les petits corps : c'est que par leur moyen on peut s'entrenvoyer du secours à des grandes distances en peu de temps, et comme par remises de poste (1).

PROJECT DE DESCENTE EN BISCAYE.

Il est permis à tout le monde d'avoir des pensées sur les affaires publiques, et mesme d'en faire part à ceux qui sont en autorité, sauf à eux d'y faire telle réflexion qu'ils jugent à propos. Il est vray que le plus souvent les donneurs d'avis rencontrent mal,

---

(1) Ce plan stratégique, qui n'est qu'indiqué et qui vient ici à sa véritable place, se trouve en double à Hanovre. Voir la note de la page 250, où il en est fait mention. N. E.

soit parce qu'ils ne sont pas assés informés des intentions et des circonstances, soit parce que tout ce qu'ils peuvent dire de bon a déjà passé par l'esprit de ceux qui gouvernent. Mais, avec tout cela, il n'y a point de mal de les écouter. La sage Respublique de Venise n'a pas establi inutilement les *bocce del palazzo di S. Marco*, propres à recevoir les avis des particuliers, dont un seul, qui se trouve bon, peut récompenser la peine qu'on avoit prise d'entendre quantité d'inutiles. Je ne me flatte pas assés pour asseurer que le mien soit du nombre des bons, et je me contente de le donner tel qu'il est. Je suis fasché seulement de ne l'avoir point proposé il y a déjà trois ou quatre ans, lorsque je l'avois déjà conceu.

Tout homme de jugement doit demeurer d'accord, qu'en cas que cette guerre ne réussisse pas assés pour contraindre la France à quelque restitution considérable, cette couronne fera le maistre à l'égard de tous les voysins, et ira tout droict à une espèce de monarchie générale, d'autant plus à craindre, que le Roy d'Espagne est sans héritiers masles, et que le bonheur de l'Angleterre, avec lequel celuy de l'Europe est lié, paroist attaché à un fil de soye, puisqu'il despend de la vie du Roy d'à présent, qui s'expose à tant de hazards. La conjoncture admirable que la providence paroissoit avoir faict naistre par la révolution de l'Angleterre et par l'union de tant de puissances, ne reviendra pas une seconde fois, et selon les apparences humaines, sans quelque coup extraordinaire du ciel (sur lequel le sage ne compte pas). Si la France sort d'affaires cette fois par une paix indifférente, sans se repentir d'avoir rompeu, il faut tenir le Rhin et les Pays-Bas pour perdeus. A la première occasion qu'elle trouvera de se saisir de Cologne, d'Anvers et d'autres lieux, on verra les particuliers de Hollande aussy bien que les ecclésiastiques de Westphalie, prests à se soumettre à sa protection; et les Anglois, tout pleins chez eux d'humeurs estranges, se trompent bien fort, s'ils s'imaginent de pouvoir subsister par eux seuls contre cette puissance, et de tenir en échec les forces navales de la France, qu'ils ont maintenant de la peine à surmonter conjoinctement avec les Hollandois. Les apparences sont que, si cette campaigne se passe sans succès, et si on ne profite pas de la déroute de la flotte françoise, ils la restabliront bientost; ils ne nous feront pas le plaisir de faire la mesme faute encor une fois, et ils se contenteront de se tenir sur la défensive pour la seureté de leurs costes. Toutes ces raisons, joinctes à l'irruption du duc de Savoye dans le Dauphiné et les grandes forces qu'on a contre la France aux Pays-Bas et sur le Rhin, qu'on n'est pas asseuré de revoir au mesme estat l'année qui vient, semblent demander qu'on haste la descente, s'il est possible.

Mais cette descente est accompagnée de grandes difficultés; car les forces qu'on peut transporter sont si médiocres que la France les accablera bientost par la multitude, si elles n'ont quelque soustien. Les rébellions en France, faute de chefs, ne sont pas assés seures, pour qu'on puisse establir là-dessus le fondement d'une grande entreprise; il faudroit s'asseurer d'abord de quelque havre et de quelque poste considérable pour servir de station aux vaisseaux, de centre aux opérations, et de retraicte aux trouppes en cas de besoing; mais ce commencement mesme, à moins d'une intelligence dans la place, ne se peut exécuter sans hazarder les vaisseaux à la rade, et les trouppes sur la coste.

Voicy donc une autre manière de descente, exemte de toutes ces difficultés, qui paroist seure en elle-mesme, et efficace pour les conséquences : c'est qu'il faut faire descente, non pas en France, mais en Espagne : sçavoir en Biscaye, ou, pour parler plus particulièrement, dans la province de Guipuscoa, frontière avec la France, où il faudroit se joindre avec les forces espagnoles et faire conjoinctement une irruption en France, qui ne sçauroit manquer d'avoir des grandes suites, si l'on profite bien de la conjoncture.

Le traject, à la vérité, est plus grand que si on alloit en Bretagne ou en Poictou; mais il n'est pas d'une distance excessive, et n'a point de péril particulier qui l'accompagne. Les François se hazardoient bien d'aller de Provence en Sicile à une distance bien plus grande. Le grand poinct est que la mer est à présent libre aux forces des alliez, et le peu de saison qui reste est encor favorable, pourveu qu'on ne la perde point. Le débarquement ne souffre aucune difficulté. Le port de Saint-Sébastien, qui n'est pas à une journée des frontières de la France, est un des meilleurs de l'Océan. Il a l'entrée fort aisée, et des flottes entières y sont à l'abry. Il y a encor d'autres ports auprès, et, pour ne rien dire de Bilbao, qui est un peu plus éloigné de la rivière de Vidoso, qui se jette dans la mer à Fontarabie mesme, ce port est encor d'une assés bonne entrée. Et cette forteresse asseure le dos et la retraite à une armée qui s'avancera dans le pays ennemy pour faire les entreprises. Il y a des grandes montagnes, mais des passages accessibles partout à l'infanterie; il y a assez d'ouvertures le long de la coste pour une marche aussy courte que celle-là, et l'artillerie sera portée aisément par des bastimens qui iront terre à terre.

Je suppose donc qu'on fasse passer la mer à 12 ou 15,000 hommes de bonnes trouppes, qui débarqueront à Saint-Sébastien ou environ; cependant la cour de Madrid, informée à temps, donnera ordre à l'armée de Catalogne de s'approcher, pour estre à portée afin de concerter les opérations : cela fera une armée de 30,000 hommes, aussy grande que ce pays-là en a veu depuis longtemps, devant laquelle le duc de Noailles ne sçauroit tenir, et qui sera capable de mettre sens dessus dessous une partie du Languedoc et de la Guienne, d'emporter Bayonne, de délivrer le Béarn du joug de l'oppression, de faire revivre les enseignes angloises dont ces pays là portent encor des marques partout, de ressusciter les espérances des religionnaires dont les provinces sont encor pleines, enfin de presser la main au duc de Savoye qui de l'autre costé entre en Dauphiné et en Provence.

L'importance seroit qu'on ne perdist point, s'il est possible, le peu de temps qui reste de cette année pour tenir la mer, car si le trajéct estoit fait une fois, on auroit encor quelque temps de reste pour agir dans ces pays-là. En mesme temps, le Roy de la

Grande-Bretagne et l'Électeur de Bavière employeront utilement leurs grandes forces, aussy bien que les Allemands celles qu'ils ont sur le haut et bas Rhin ; les mécontens se réuniront en France, et cette couronne, quelque puissante qu'elle soit, attaquée à la fois de tant de costés, auroit de la peine à résister. On luy emporteroit des places qui l'obligeront à restituer les plus importantes qu'elle a prises pour le moins depuis la paix de Nimwègue. Au pis aller, on aura le dos libre et la retraite asseurée ; du costé de l'Espagne, on aura la communication de la mer libre et ouverte pour avoir toute sorte de provisions et de secours. Les Miquelets, hommes déterminés et ennemis des François, fourniront d'excellens fantassins, et l'Espagne voisine servira à monter la cavallerie, sans qu'il faille se tant embarrasser du transport difficile des chevaux. On establira des quartiers et des contributions dans le pays ennemy ; enfin, on y prendra pié pour pousser plus avant dans la campaigne suivante. La France n'avoit presque, jusqu'icy, que le costé de l'Allemagne et les Pays-Bas à garder, et, du costé de l'Italie et de la Catalogne, elle donnoit plus de peur, qu'elle ne prenoit. Maintenant, sa flotte estant battue, la coste allarmée, le Dauphiné en danger, les affaires commencent à prendre un autre pli, si on y insiste comme il faut ; et la commodité que les François avoient, de faire marcher leurs trouppes d'un lieu à l'autre et de les employer deux fois, cessera à cause de la distance et de la multitude des lieux et des attaques ; enfin le comble de tout seroit cette descente et irruption du costé de la Biscaye. Dans ce dessein, il y a peu à craindre et beaucoup à espérer; la seureté va du pair avec la bonne apparence, et c'est tout ce qu'on peut souhaicter raisonnablement dans les entreprises de guerre, car de vouloir des desseins à coup seur, c'est le plus souvent demander l'impossible.

STATUS EUROPÆ

INCIPIENTE NOVO SÆCULO.

Ex autogr. nondum edito quod in Biblioth. regia Hanoverana servatur.

Finis sæculi novam rerum faciem aperuit. Princeps Bavariæ, Electoris principis filius natu major, A. D. 1699, 16 februar., sexennis obierat: ei ex sententia reginæ aviæ Hispaniarum Indiarumque regna destinabantur a *Guilielmo*, Magnæ Britanniæ rege, quasi missus a Deo arbiter venisset. Carolo archiduci ex tot magnis ditionibus unus, si diis placet, Mediolani ducatus servabatur, *Galli* in aperto refragabantur, Imperator omnibus modis; nam matrem sui pueri filiam suam Hispaniæ successioni renuntiasse noras.

Sed fata intercessere. Ergo *Portlandus* in Galliam missus a Guilielmo novi fœderis leges molitur, quibus corpus ingens Hispanicæ potentiæ quasi familiæ herciscundæ judicio in plures spargebatur. Truncus monarchiæ, id est Hispaniæ Indiæque regna cum Belgicis provinciis *Carolo* destinantur, Neapolis, Sicilia et Tusciæ ora delphino, ejusque posteris utriusque sexus, ne Galliæ incorporata viderentur; *Mediolanum Lotharingo*. At Galliæ Lotharingia, Guipuscoa et alia vicina Pyrenæis loca attribuuntur. Tunc in *Beroliniensi* aula monstrum vidi, Galliæ, Magnæ Britanniæ, Fœderatorum Ordinum nomine junctim adiri Electorem principem, et ictum fœdus denuntiari. Idem fiebat in aliis passim aulis, quæ etiam ad comprobationem consiliorum invitabantur. Nunquam Hispanorum phlegma majori bile incaluit.

Lenti dum sibi et Europæ consulere debebant, et extraneam jam diu tutelam meriti, nunc magis alienæ injuriæ quam suæ negligentiæ meminerunt. Sed fatali quadam sive simplicitate, sive ignavia, iram non qua debebant, vertere. Ut canis lapidem mordet, non projicientem; ita *Guilielmum* cum fœdere diris devovent, Galliæ regem, totius machinæ supremum architectum hæreditarium gentis hostem, sibi patronum asciscere decernunt, nepotem ejus throno destinant, invito rege suo (id erat Hispaniam æmulæ Galliæ submittere); sed hoc quia delphinus plures genuerat dissimulare posse videbatur.

Neque eos tam stultitia peccasse arbitror quam pejore vitio, cui Latini veteres non satis nomen invenere; inhonestum est timiditatis genus, quod hodie Itali ex Germanico *poltroneriam* appellant. Hæc non ad nationem pertinent, sed ad eos, qui rempublicam sub rege administrabant, qui gaudebant datum sibi colorem immolandi patriam torpori suo : nec dubito quosdam etiam ambitione et avaritia ad scelus impulsos, summa omnia sibi apud regem futurum augurantes, qui regnum ipsis debiturus erat. At imperatorem, amicum regis et gentis, certissimum et optime meritum, a fœdere quod illi abominabantur maxime alienum spernunt, jus ejus sanguine, testamentis, pactis, legibus, sacramentis firmatum proculcant, haud aliam ob causam nisi quod non ipse sed Gallus metuebatur. Itaque timiditate multorum, corruptione paucorum, Hispania Gallis prodita est.

Imperator ablegatis foedus nuntiantibus graviter respondit : regis viventis haereditatem secari non debere, suo juri a quoquam derogari non posse, minime autem ab illis, qui vix ante decennium pactis A. D. 1689, initis, tueri spopondissent. Guilielmo beneficia exprobravit, quem adolescentem paterne fovisset et sub mole belli Gallici primi laborantem explicuisset. Sed ille sub vitae exitum ab Anglis male habitus, et Galliae resisti posse desperans, honestas rationes quaesierat, exeundi perplexitate; quietis certus si Gallia servaret recentia pacta. Sin minus saltem id lucraturus, ut potius deceptus quam victus videretur. Crediderim etiam alienatos imperatoris regisque animos, administratorum culpa, et communis amici defectu, cui utrique satis admissionis et fidei esset, ad interiorem communicationem cavendasque offensiones. Ita dum quisque intra suos cancellos stat septus, primum frigus obrepsit, deinde in diversa itum est, magno utriusque et Europae malo. Caesarem autem sapienter partitioni restitisse crediderim, quamvis plura offerebantur, quam a bello sperare possent. Praevidebat enim, quod res erat, partitionem inanem futuram, Hispanosque rei indignitate commotos, in Galliam inclinaturos, quorum perfidiae colorem praebere nolebat.

Interea Carolus II Hispaniae rex extremis appropinquabat. Is hactenus constans, dum vitae spes erat, imperatorem nuntiis literisque sui animi securum esse jusserat: sed tandem persuasus vel terrore coactus a circumstantibus, sed maxime a cardinali Toletano,

2 Octobris testamentum condit, quod unum totius ejus vitæ factum memorabile haberi, quidam irridentes dicebant. Sed hoc quoque alieno jussu non suo arbitrio scripsit. Ajunt Cæsaream factionem in Hispania nimium fixam voluntati infirmissimi principis, reginæ monita sprevisse, quæ occultis Cæsaris sumtibus fidam excubiarum cohortem mistam nationibus ali suadebat; ita facile tumultuantem Madriti plebem, et stimulantes eam Gallicæ factionis proceres comprimi posse, regemque sui juris suprema voluntate nihil ex pristinis decretis mutaturum. Et * laborante ærario Austriaco quam facile tantulum sumtus suppeditasset Guilielmus, si amicus mansisset! Sed fata inexspectatis itineribus salutem nostram per nostros errores moliebantur. Carolus Philippum ducem Andegavensem, secundum delphini filium, totius Hispanæ monarchiæ nulla decerpta particula heredem scribit, Leopoldum cum sobole præterit; et dictata subtilitate Pyrenææ paci et tabulis sororis Galliarum reginæ matrimonialibus hac ratione satis fieri novus (sub nomine Caroli) interpres contendit. Eam enim ideo tantum Hispaniæ renuntiasse fingit, ne bina maxima sceptra in unius principis manu essent, Europæ nimis formidandi; quæ causa legis nunc deficeret, oblitus vel dissimulans, in ipsis tabulis huic captioni obviam iri, nec tantum plures alias rationes legis afferri et tantum continuæ potentiæ non tantum in uno homine sed et in una Domo timeri; sed et tandem diserte pronuntiari, renunciationem tam esse necessariam, ut cessantibus etiam rationibus, quæcunque allatæ essent, stare tamen deberet.

His actis Carolus secundus rex Hispaniæ calendis Novembris fato fungitur, princeps nullo vitio culpabilis, nisi ipsa animi corporisque imbecillitas in maximo vitio esset. Certe tota vita sub tutela egit. Vix decesserat, cum apertis tabulis, senatus Hispanus summam sibi potestatem ubique arrogat, reginæ viduæ nomine ex testamento in speciem ascito. Sceptrum Galliæ regi in nepote Philippo defertur. Ludovicus novissime testatus erat, sese ne oblata quidem omni Hispanica potentia a pacto partitionis discessurum. Legati ejus passim decepti terribiles adjurationes adjiciebant, etiam cum mors Caroli nuntiaretur. Sed mox verba cum animo mutavere. Rex christianissimus spiritum et literam in pacto distinguit, id quæsitum ait, ut pax in Europa servaretur; creditum a se posse bello occurri per partitionem. Sed nunc faciliorem quietis divinitus viam ostendi, si omnia in unum volentibus populis conferrentur, itaque verbis fœderis se non teneri, dum mens salva esset. Hæc irritantis magis quam ratiocinantis erant : nam ne id ipsum fieret, fœdere cautum erat, nec qualiscunque pax sed ea quærebatur qua Austriaco quoque juri utcunque consuleretur, et potentia Borboniorum limitibus contineretur. Et insultantis erat, imbecillitatemque aliis aut vecordiam exprobrantis, pacem futuram dictitare, post tantam injuriam Cæsari, Britanno, Batavo illatam, sed Cæsaris ætas et cunctatio, Guilielmi domesticæ difficultates, fœderatorum ordinum pacificæ mentes, usurpatori animos dabant, qui videbat immensas ditiones sine periculo, sine sumtu acquiri, et bellum si nasceretur post tantam virium accessionem facile propulsari posse credebat, aut si præter spem fortuna destitueret, semper redimi posse quietem aliqua hæreditatis portione; et si pessime omnia cederent ad partitionem rediri posse. Itaque nulla jam fidei cura, nulla humani sanguinis, Ludovicus aleam jacit et Hispanicæ gentis oblata confœderatorum administrationibus præfert. Crediturque apud hærentem adhuc et consilii ambiguum plurimum ponderis habuisse, novam ducis Bavariæ, et Vaudemontii principis voluntatem, quorum ille Belgas, hic Longobardos Hispanis obnoxios regebat. Amboque Castillani senatus sententiam sine hæsitatione sequebantur: ita munitissima quæque loca Gallo patebant. Bavarus exulcerato dudum in Cæsari animo de quo ita se meritum credebat, ut nihil ambitioni suæ negari posset, indignatus erat, filii sui jus in Hispanias Viennæ non admitti, cui tamen ipse cum conjuge, non minus quam Gallus renuntiarat; nunc fatis iratus post amissam cum filio immensæ potentiæ spem, damnatis prioribus amicitiis, ad florentem Galliam sese applicuit, oblitus Germani sanguinis, et suæ dignitatis et juris imperium cujus primarium pene principem agebat. Vaudemontius Guilielmi commendatione ad gubernationem Mediolanensem provectus erat, ut fidus homo tantæ provinciæ præesset, sed ille indigno transfugio spem destituit. Testamentum defuncti regis et mandata senatus Hispani obtentui sumebantur. Sed non ignorabat uterque gubernator de feudis vasallum testari non posse, nec Hispaniam quicquam juris in Belgiam aut Mediolanum habere; etsi nuper in unius manu Hispanica regna, et hæc imperii feuda fuissent. Cognitionem autem de jure successionis feudalis ad dominum et quos vocant pares curiæ pertinere, Gubernatorem denique non sibi arrogare definitionem tantæ controversiæ, sed rem futuro cuicunque domino integram servare debere.

Hic annus Cæsari ex Josepho filio nepotem dedit media nocte inter 28 et 29 Octobris. Leopoldus Josephus appellatus est, sed annum vitæ non absolvit. Pontifex maximus Innocentius XII, ex Pignatellis, 27 Sept. obiit, qui per valetudinem functiones jubilæi Bullianæo mandarat. Successit Franciscus Albanus Urbinus laudatus ob doctrinam et mores et ab Alexandro VIII, purpura ornatus, qui Clementis XI, nomen sumsit, quod die Clementis id est 23 Novembris suffragia fratrum habuisset. Jam recens pontificem mira exultatione mutationes Hispanas, et probatum Ludovico Caroli testamentum accepisse ajunt. Alius ipsi Romæ periculosam judicasset nimiam unius familiæ potentiam; hunc credidisse. Oportet rem Romanam, non nisi per Borbonios stare posse et in hos rerum summam fatis conferri, fatis autem diisque accedi sapientes suadent. Sed vaticinandi facultate destitutus, de divina voluntate non recte conjecerat, deceptus rerum specie, ut plerique per Europam prudentes, qui vix dubitabant Galliam, cæteris populis Hispaniæ conjunctis, hactenus plus quam parem, nunc translata in se omni Hispanica potentia, sine controversia superiorem fore. Sed bellorum eventus, ubi ad prœlia ventum est, humana prudentia gubernari satis non possunt.

Fridericus III, marchio Brandeburgicus, S. R. I. princeps Elector, Borussiæ ducatum, cujus suprema jura parens a Polonis Olivensi pacificatione impetrarat; consulto prius Cæsare, et Poloniæ rege, quorum propius intererat, Britanno etiam et Dano probante in regnum vertit, et in regio monte suis sibi manibus, inde reginæ imponit diadema.

Et frustra pontifex Romanus, Teutonicus ordo et Poloni quidam contra fremebant; pleræque enim per Europam potestates, Cæsaris et Guilielmi exempla paulatim secutæ sunt, nisi quæ bello dissidebant. Cum Cæsare fœdus rex futurus percusserat: quoad tuendam successionem Hispanicam, cujus mox casus extiturus prævidebatur, octo millia militum Brandeburgico sumtu promittebantur. Sed et qui res novas in septentrione contra Sueciam moliebantur, spem Brandeburgici auxilii conceperant eo ad concedendum regium nomen faciliores : Fridericus Augustus rex Polonorum et dux Saxonum, imperii princeps Elector, *jam anno superiore* bellum Sueciæ regi intulerat, tanquam Livoniam ab oppressione vindicaturus, quam durissime habitam nemo ambigebat. Et Livoni, cum se Suecis olim dedissent, stipulati erant antiqua privilegia salva fore quibus penitus fruebantur, cum Sueci summum in se arbitrium regi dedissent, tamquam incorporatis provinciis regni exemplum oporteret. Læta invasionis initia successus tandem destituit. Polonus Dunamunda capta regionem vel vastare vel tributo summittere satis habuit. Interea Danus non contentus novas munitiones disjicere, quas Holsatus Sueco fœderatus affinisque struxerat, utendum occasione ratus, Slesvicum sedem ducis occuparat, et unicum provinciæ fortalitium Tonningam obsidione premebat. Ea res

Guilielmum excivit, qui Britannorum Batavorumque nomine fidejussorem se Holsato nuper cum Dano pacis constituerat. Accessere promtissime Luneburgii Elector et dux quorum eadem quæ Guilielmi obligatio erat. Itaque Luneburgii transmisso Albi Tonningam obsidione liberant, Guilielmus autem classem in mare Balthicum mittit qua fretus Carolus adolescens Sueciæ rex in Selandia exscensionem facit. Fridericus Brandeburgicus nonnihil tunc a Guilielmo dissidebat, et Dano favere videbatur, militemque viciniæ admoverat. Et credebant plerique Gallos in partem venturos classe missa, nec passuros ut Britanni Bataviquae res septentrionis suo arbitrio circumagerent; sed arcanum fœdus ignorabatur quod tunc Gallus cum Guilielmo agitabat. Ita ille huic minutæ expeditionis gloriam non invidit, quam ab Austriacis distractam, sibique ad majora jam bene obnoxiam habebat. Et mox stupentibus omnibus partitio Hispanica erupit. Ita Brandeburgicus et quicunque Dano bene cupiebant intra voluntatem stetere, sed et Luneburgii Danum coërcitum non oppressum volebant; indignante suis auxiliatoribus Holsato qui res per prœlium in extrema impellere maluisset. Ita pax coiit, quæ Suecum militiæ rudimento felicem ad majora animabat, Danica arma in aliquot annos distulit. Holsatus libertati asseritur, pacta Razeburgicam munitionem vetantia in Luneburgiorum gratiam abolentur. Hæc anno 1699 acta, et tabulæ signatæ sunt.

At Suecus Danici belli mole liberatus vim in novum hostem vertit. Russorum monarcha, quem vulgo Tzarem vocant, Poloniæ regi fœderatus loca olim imperio suo a Suecis ademta repetit, Narvamque obsidione cingit. In itinere quod novo exemplo susceperat legationis propriæ male dissimulatus comes Rigæ sese apud Suecos minus honorifice habitum querebatur, nec aliæ deerant hostilis animi causæ maximaque omnium belli opportunitas dum adolescens rex Polonum et Danum hostem habebat. Sed hic quoque ut sæpe alias eventus speciosa consilia destituit. Rex Sueciæ magno animo per Finnonici maris oram mediocrem numero exercitum sed virorum robore validum, longo ambitu circumducens, liberandæ Narvæ tempestivus advenit. Hostes turbati obsidionem solvunt, pars intercepta victoris vincula subit. Constat plures a paucioribus oppressos, etsi tanta virium differentia non fuerit, quanta vulgo jactabatur. Res Russicas absentia domini et non multum dissimilis absentiæ ducis inutilitas confuderat, qui linguæ gentis expers a paucis intelligebatur, obsequentem neminem habebat. Victor Suecus etiam Livonia hostem ejicit, tandemque Saxone tractatibus pacis suspenso, quorum spem ablegatus Gallicus faciebat, Dunam fluvium improvisus transit. Ex eo Poloniæ clades patuit, Saxonibus passim pulsis; frustraque res publica exsortem sese belli vociferabatur.

LA JUSTICE ENCOURAGÉE

CONTRE

LES CHICANES ET MENACES D'UN PARTISAN DES BOURBONS

CONTENUES DANS SA LETTRE QU'ON DONNE ICY AVEC SA RÉFUTATION

Deuxième édition 1701 (1).

D'après le manuscrit autographe de la bibliothèque royale de Hanôvre

AVIS DE L'IMPRIMEUR

Un peu après la mort du Roy d'Espagne et l'acceptation de son testament, on vit courir une lettre imprimée in-4°, datée d'Anvers, mais fabriquée dans une boutique françoise. Quelque temps après, on vit la response d'un Hollandois qui parut fort raisonnable et conforme aux vrais intérests des Provinces-Unies. On a trouvé bon de les fondre ensemble avec la traduction et avec des notes marginales sur la lettre

---

(1) On trouve à Hanovre diverses copies en français et en allemand de ces deux lettres. La seconde, qu'il suppose être écrite par un bourgeois d'Amsterdam en réponse à un bourgeois d'Anvers, est bien de Leibniz : elle est en entier de sa main, et il n'y a aucun doute sur son authenticité. Mais Leibniz aimait à garder l'anonyme, comme d'autres aiment à signer leurs moindres écrits. Ce titre est celui qu'il avait choisi pour la deuxième édition : il avait préparé pour l'impression ces deux lettres et *l'avis de l'imprimeur* avec leur traduction en allemand : **Die Aufgemunterte Gerechtigkeit**, etc. N. E.

d'Anvers et ce qui suit, dont une partie se trouve en forme de préface devant la response publiée in-12 en Hollande. On a jugé cette pièce, c'est à dire la response, digne d'estre donnée au public, parce qu'elle paroist également solide et modérée et qu'elle a plus tost l'air d'un mémoire bien pesé que d'un discours à l'advanture. Il y a particulièrement trois endroits qui méritent considération, et qui n'ont pas esté assez traictés dans un grand nombre de discours publiés sur cette matière.

1. On y fait veoir, § 7, que les provinces d'Italie et des Pays-Bas n'ont point de dépendance de l'Espagne, encor moins que l'Écosse en a de l'Angleterre, quoy que ce soit un mesme Roy, et qu'ainsy, après la mort du Roy d'Espagne, les vice-rois, gouverneurs et magistrats ne devoient point respecter les ordres de la prétendeue régence d'Espagne, mais recourir aux seigneurs supresmes, sçavoir à l'Empereur et au Pape, jusqu'à ce que la succession feust réglée. 2. On s'attache principalement (§ 13, 14, 15, 16) à réfuter l'échappatoire nouveau que le prétendeu testament du feu Roy d'Espagne a mis sur le tapis, que la renontiation est valide mais conditionnelle, et ne doit estre entendeue que du cas de l'union des deux couronnes ou monarchies dans une mesme personne. On allègue contre cela dans ce petit traicté des raisons de droit qui ne se trouvent point ailleurs. 3. On justifie le traicté du partage entre autres par une raison qui ne se trouve pas observée dans les autres discours, en faisant voir, § 21, que ce traicté ne donnoit pas à la France les provinces d'Italie, etc., comme on le prend ordinairement, mais seulement au dauphin et sa postérité masle et femelle, et qu'ainsy ce qu'on donnoit ne devoit pas estre uni à la couronne de France où les femmes ne succèdent point suivant la disposition de la loy salique.

D'ailleurs la sagesse et la bonne intention du Roy de la Grande Bretagne et de messieurs les Estats sont mises dans leur jour icy, aussy bien que l'injustice de la prétension et des entreprises du parti des Bourbons et la violation du traicté de partage. Les craintes de l'auteur ne se vérifient que trop depuis qu'il a escrit. La France gouverne déjà despotiquement en Espagne en y introduisant le pouvoir absolu d'un Roy qui n'est en effect que le vice-roy du monarque des François, ce qui rend les forces de la monarchie espagnole aussy formidables pour l'avenir sous la France, qu'elles l'estoient peu sous les derniers Rois. Elle menace ouvertement les peuples qui se sont destachés de l'Espagne, en parlant (dans la lettre du Roy T. C. à la Régence de Madrid) de porter la monarchie d'Espagne au plus haut point de gloire où elle soit jamais parvenue. Cependant elle s'empare sans façon des Pays-Bas et du Milanois. Elle fait des frais pour les Espagnols, qui luy donneront toujours le prétexte de retenir pour son dédommagement ce qu'elle voudra. Elle renverse notre barrière, elle refuse tout à l'Empereur, sans luy vouloir rendre justice en aucune chose. Elle se moque elle-mesme du testament prétendeu de Charles II, dont à la vérité la nullité éclate de plus en plus, et qui ne peut rien sans doute contre celuy de Philippe IV, lequel, fait dans les formes suivant les traictés et les loix de l'Estat, lioit le successeur comme pourroit faire un fidéi-commis. Cependant, le testament prétendu de Charles II estant le fondement des démarches des Régens et de la France, cette couronne devroit au moins faire semblant d'y avoir esgard, si elle vouloit mesnager le public. Mais elle s'en mocque, dis-je, en traictant indignement la Reine douairière dans une lettre des plus dures escrite au nom du jeune Roy, et plus encor en la chassant avec un de ceux que le feu Roy nommoit Régent avec elle, et en réservant au duc d'Anjou son droit sur la France, sans faire la moindre mention de la condition de quitter l'Espagne mise dans ce testament. D'ailleurs on met déjà ordre à introduire les François dans l'Amérique, à fermer le détroit de Gibraltar, à entrer dans nostre pays, à nous accabler par mer et par terre, sans que l'obligeante démarche que nous avons faicte sans condition de recognoistre le duc d'Anjou pour Roy d'Espagne, ait touché une puissance qui veut plus que jamais que tout se mette à sa discrétion, et que la mauvaise satisfaction qu'elle a de la conduite de quelcun passe pour un crime des plus punissables.

De l'autre costé, les *espérances* de l'auteur se justifient autant que ses craintes. On voit que l'enchantement qui avait transformé les Espagnols commence à se dissiper, et qu'on ne les retiendra plus que par la force. On voit la fermeté et les efforts de l'Empereur et sa considération pour nous à l'esgard de ce qu'il négotie avec le Brandebourg et ailleurs, démarche capable de guérir les soubçons de quelques-uns qui par prévention ont creu que la haine des protestans pourroit prévaloir à la cour de Vienne aux véritables intérests, et que Rome l'y pourroit porter, au lieu qu'on apprend maintenant que les veues du nouveau pape paroissent bien plus dignes du poste qu'il tient. On voit aussy les glorieux desseins du Roy de Prusse proportionnés au degré sublime où il vient de monter et dont rien ne le sçauroit monstrer plus digne que ce qu'il va contribuer à la conservation de la religion et de la liberté publique. On voit les généreux sentimens de l'Électeur de Bronswic et du duc de Zell, inséparablement attachés aux principes d'honneur et de justice et presls à nous rendre ce que nous leur avons presté l'année passée. Enfin, sans parler des couronnes du Nord, qui pourront s'appercevoir qu'il est temps qu'elles ne se séparent plus de l'intérest général, et qu'elles ne souffrent plus qu'on les gourmande en France, de peur que cela ne leur arrive un jour bien davantage : on voit surtout le zèle des Anglois et l'union du Roy avec son peuple, dont despend le salut non-seulement de l'Angleterre, mais encor du reste de l'Europe ! Dieu fasse qu'on ne se démente nulle part dans la suite, qu'on mette bas ou qu'on suspende pour un temps toutes les veues moins pressantes qui pourroient faire obstacle et qu'on agisse avec tout le concert et toute la vigueur dont on est capable. Ces dispositions feront ou que la France se ravise ou qu'elle se repente. Enfin, si nous faisons nostre devoir avec droicture, Dieu nous respond de son assistance, car sa cause est la nostre.

LETTRE ÉCRITE D'ANVERS

IMPRIMÉE DANS UN RECUEIL A HANOVRE, *Acta public. ad hist. hispan. recent.* (1)

Monsieur,

Le zèle que j'ay pour le service de l'Empereur fait que j'adresse à V. E. les papiers cy joints. Voicy ce que c'est : une petite pièce imprimée faicte pour justifier le procédé de la France à l'esgard de la succession d'Espagne, et pour intimider les bien intentionnés, courant depuis peu dans le monde sous la forme d'une lettre escrite d'Anvers et donnant des mauvaises impressions à plusieurs personnes peu informées, un de nos amis a cru qu'il étoit besoin de la réfuter par une lettre contraire, escrite d'Amsterdam, pour servir de response à celle d'Anvers. Peut estre qu'il seroit à propos de les faire imprimer ensemble *in duodecimo* en Hollande, sous le titre de : *Lettre sur la révolution d'Espagne*, et c'est pour cet effect qu'on a voulu vous les envoyer toutes deux, quoy qu'il y a de l'apparence que la première ne vous sera point inconnue. On vous supplie seulement, Monsieur, en échange, 1° de me faire bientost sçavoir, par quelcun des vostres, si vous trouvez bon de donner ordre pour faire imprimer promtement ces pièces, ou du moins la réponse; 2° quand l'impression sera faicte, de m'en faire envoyer trois ou quatre exemplaires. On y peut corriger ou retrancher ce qu'on jugera nécessaire. Cependant, il est bon à considérer que c'est un Hollandois qu'on fait parler, et qu'il n'est pas nécessaire que le public sçache par qui et comment cela vient à paroistre. Mon adresse pourroit estre à . . . . . de la vallée Breine, chez monsieur le pasteur Gérard Meier.

Je suis avec zèle, Monsieur, de Vostre Excellence, le très humble et très obéissant serviteur :

LEIBNIZ.

(1) Cette lettre en copie est couverte de notes de la main de Leibniz, qui en outre a minuté une réponse dont on trouve quatre brouillons de sa main.

LETTRE ÉCRITE D'ANVERS

LE 9 DÉCEMBRE 1700

PAR M. P*** A M. N***, EN HOLLANDE, AU SUJET DU TESTAMENT DE CHARLES II, ROI D'ESPAGNE.

Avec les annotations inédites de Leibniz.

Monsieur,

1. Lorsque j'eus l'honneur de vous informer de la mort du feu Roi, et du testament plein de sagesse et d'équité par lequel il avait appelé le duc d'Anjou à la couronne, je crûs vous donner tout à la fois deux nouvelles, dont l'une seroit capable de calmer entièrement les soucis que l'autre auroit pu vous causer; cependant, je voi par les lettres, dont il vous a plû m'honorer, que mes conjectures ne se sont pas rencontrées justes. Vous me paroissez surpris et consterné. A vous entendre, le testament du Roi est un coup inopiné, terrible, et va devenir la source d'une infinité de maux et de misères.

2. Je ne sçai, Monsieur, qui vous a pû suggérer ces notions étranges : mais je confesse ne pouvoir comprendre comment un homme aussi éclairé que vous, a été capable de les recevoir, ni comment vous pouvez accorder des idées aussi contradictoires que celle dont il semble que vous soïez prévenu. Si vous craignez la grandeur de la France, pourquoi la voulez-vous augmenter en détachant deux royaumes et deux provinces de l'Espagne pour les lui donner (1)? Et

(1) Non pas à la France, mais à la lignée du Dauphin, masculine ou féminine.

si, au contraire, cette couronne vous paroît peu redoutable, pourquoi vous allarmez-vous de la pensée qu'elle pourroit un jour vous faire la guerre, et que vous n'auriez pas l'Espagne pour vous soutenir (1)? La contradiction est sensible. Mais comme ceux qui embrassent une méchante cause ont accoutumé de la soutenir par de méchantes raisons, et que j'entrevois à peu près celles que l'on vous aura alléguées pour vous inspirer les sentimens où vous êtes, je veux bien entrer avec vous en quelque discussion.

3. L'affaire consiste en deux points généraux, qui renferment en eux tout ce qui peut être dit sur cette matière : l'un de droit, l'autre de convenance. Dans le premier, il s'agit de sçavoir si le testament du feu Roi Charles est juste et conforme à l'équité, et, dans le second, si le traité de partage est plus convenable à l'intérest commun de l'Europe que ce même testament.

4. J'ai mis le droit au premier chef, parce que toute cause qui en est dénuée est insoutenable, et parce aussi que c'est le point le plus clair et le moins embarrassé. Effectivement, pour démontrer la justice du testament du feu Roi dans le règlement de la succession, il suffit de la simple exposition du fait.

5. Philippe IV, roi d'Espagne, eut quatre enfans de ses deux mariages avec Élisabeth de France et Marie-Anne d'Autriche, sçavoir : Marie-Thérèse, Marguerite-Thérèse, Balthazar et Charles.

6. Marie-Thérèse fut mariée en 1660 au Roi Très-

---

(1) Non-seulement elle ne nous soutient plus, mais elle est du parti contraire, c'est plus que les deux royaumes.

Chrestien Louis XIV, et a eu postérité. Marguerite-Thérèse épousa, en 1666, l'Empereur Léopold-Ignace aujourd'hui régnant, et il eut une fille, qui depuis a été femme de l'Électeur de Bavière, mais dont il ne reste point d'enfant. Balthazar mourut fort jeune, et Charles, après avoir régné trente-cinq ans, vient de mourir sans postérité. De sorte que la couronne a dû tomber en ligne collatérale. Que toute personne qui a jamais ouï parler de succession juge maintenant où il faut chercher cette ligne, et si ce n'est pas en celle qui tire son droit de Marie-Thérèse, préférablement à toute autre.

7. Vous me direz sans doute que cette princesse, en se mariant, renonça à son droit de succession, qu'ainsi on n'est plus à lieu d'y revenir pour le faire valoir de nouveau. Mais à cela je vous répons par une distinction. La renontiation est valable et doit subsister en égard au motif, et dans le cas qui l'a causée (1), j'en conviens. Mais qu'elle doive aussi avoir lieu dans le cas où ce motif n'existe point, c'est ce que je nie, et ce que l'on ne sçauroit soutenir sans renverser toutes les constitutions et conventions du monde. Or, le motif qui avoit causé la renontiation de la Reine Marie-Thérèse, n'étoit autre (2) que la crainte de voir les deux monarchies réunies par succession dans une seule et même personne. Le fait est notoire, et le contrat de mariage de ladite Reine

---

(1) La renontiation rejette cette chicane, devant avoir lieu quand même quelques descendans pourroient dire que les motifs ne se peuvent point considérer en leur personne.

(2) Erreur. La renontiation : susdites et autres justes raisons et notamment celle de l'égalité. C'est parce que les princesses ne succèdent point en France.

Marie-Thérèse le porte formellement, article IV, où il est dit que la renontiation se fait afin que les deux couronnes, étant si grandes et si puissantes, elles ne puissent être unies en une seule, et que, dès à présent, on prévienne les occasions (1) d'une pareille jonction. Le testament du Roi Philippe, qui suivoit peu après, s'explique en termes peu différens, article XVII, et remarque expressément, que le motif de la renontiation est pour prévenir les grands dommages qui pourroient résulter de la jonction des deux couronnes et des États en dependans.

8. Or je demande où est aujourd'hui l'existence de ce cas? Est-ce donc le Dauphin ou le duc de Bourgogne que le feu Roi vient d'appeler à la succession? Ni l'un ni l'autre. C'est le duc d'Anjou, second fils de France, et fort éloigné (2), selon l'ordre de nature, de parvenir à la couronne de France, puisque son ayeul, son père et son aîné sont, graces à Dieu, pleins de vie et de santé.

9. De plus, supposons, ce que Dieu ne veuille permettre, que ces trois augustes têtes venant à manquer, le Roi catholique d'aujourd'huy se trouvât appelé à la couronne de France; il ne s'en suivroit pas de là que les deux États vinssent à se réunir. Le testament du feu Roi y a pourvu (3) en ordonnant qu'alors son successeur seroit obligé d'opter, et qu'au cas qu'il voulût préférer la couronne de France, le

---

(1) C'est pour cela qu'on a exclu, non-seulement les aînés, mais encor les cadets, sçavoir pour prévenir les occasions de l'union, car il pourroit arriver qu'il seroit difficile de faire quitter l'Espagne à un Roi qui viendroit à succéder en France.

(2) Comment, éloigné ? puisque le seul duc de Bourgogne fait obstacle.

(3) Mais l'observera-t-on ?

duc de Berri, son puisné, deviendroit roi d'Espagne aux mêmes conditions.

10. Je ne sçai si je me trompe, mais il me semble que des dispositions de cette nature sont entièrement irréprochables. J'oserois même avancer que, si un particulier, se trouvant dans le même cas, avoit testé d'une autre façon, et avoit voulu régler autrement l'ordre de la succession, il n'y auroit de tribunal qui ne déclarât son testament nul, comme en effect il le seroit de droit (1).

11. Or, si le testament du feu roi est (2) juste, ce que l'on ne sçauroit contester, comment pourroit-on s'y opposer justement? La justice et la vérité sont uniques. Elles ne peuvent pas changer de nature en changeant de païs, ni protéger en même temps deux parties contraires. C'est aussi ce que le Roi Très-Chrétien a très bien reconnu. S'il n'avoit voulu consulter que ses intérêts, il s'en seroit tenu au traité de partage et au hazard d'une guerre ; il auroit essayé de se rendre maître des provinces qui lui estoient désignées. Mais l'équité qu'il a remarquée dans le testament du feu Roi Charles, lui a fait quitter toutes ces pensées. Il a vu que son honneur, sa conscience et la bonne politique ne lui permettoient pas d'entreprendre par complaisance (3) pour les étrangers une

---

(1) Point du tout. Un testament n'est point nul pour s'éloigner de la succession *ab intestato* à l'égard des collatéraux, mais les Rois ne peuvent point tester de leurs royaumes.

(2) On en profite en France, mais on ne dit point qu'il est juste, témoin la protestation du duc d'Orléans.

(3) Observer les traités, est-ce une complaisance? Et peut-on se servir de ces excuses après avoir déclaré en traitant qu'on ne s'en serviroit pas non plus que des offres des Espagnols?

guerre (1) dont l'unique but seroit de ravir à son petit-fils une couronne qui lui est légitimement écheue, mais qu'au contraire il trouveroit dans le parti qu'il a pris toute sorte de seureté, d'honneur et d'avantage.

12. Le sentiment d'un si grand Roi contre ses propres convenances (2) est sans doute d'un poids considérable : mais ce qui décide entièrement la question, c'est le consentement universel et unanime (3) de tous les états et ordres de la monarchie. *Jus est in regnis.* On ne sçauroit nous contester (4) le droit de reconnoître celui à qui nous devons obéir, et de juger s'il a les qualités requises pour cet effet. Cela est si vrai que le feu Roi, avant que de disposer de la succession, trouva nécessaire de consulter les conseils d'État et de justice, et que ce fut sur leurs consultes (5) qu'il régla son testament dans la manière qu'il fit. Nous adhérons tous à ce testament, et reconnoissons le duc d'Anjou pour notre Roi et Seigneur. En faut-il d'avantage? et peut-il vous rester encor quelque difficulté sur la question de droit? Je me persuade que non, et, dans cette supposition, je passe à la seconde, sçavoir celle de la convenance au bien public.

13. Cette question paroît d'abord un peu plus embarrassée que l'autre, et elle l'est en effet, parce que la plus part des hommes, accoutumez à ne reconnoître pour bienséant et convenable que ce qui fa-

---

(1) Il n'y auroit point eu de guerre.
(2) Gouverner les deux monarchies, est-ce contre les convenances?
(3) Il n'y a point de tel consentement et il ne suffiroit pas.
(4) Le siége Apostolique et l'Empire le contestent avec raison.
(5) Tout cela ne se trouve point, outre qu'il falloit convoquer les Estats.

vorise leurs intérêts particuliers, ne manquent jamais de raisonnemens bons ou mauvais pour maintenir leur thèse, et que, dans l'affaire dont il s'agit, ces mêmes intérêts particuliers étant fort différens les uns des autres, il ne faut pas douter aussi que chacun ne se fasse une convenance publique à sa manière. Mais, pour peu que l'on veuille apporter ici de bonne foi, et se défaire de tout préjugé, il ne sera pas malaisé de reconnoître que le testament du feu Roi, bien loin d'être de nature à devoir troubler la tranquillité publique, comme on le publie en vos provinces, il en a posé les fondemens solides, et peut servir très utilement à l'établir et à la rendre durable, pourveu seulement que de votre part, et de la part de l'Angleterre, on ne se laisse point engager mal à propos dans une guerre qui passeroit pour la plus injuste du monde.

14. Je sçai que votre traité (1) de partage porte au frontispice le motif du bien public et de l'affermissement de la paix générale, et je veux croire qu'en le faisant vous aviez réellement ce but en vûe. Mais la première chose que je vous répondrai là dessus, sera la même que j'ai déjà eu l'honneur de vous représenter touchant la renontiation, c'est à dire que là où le motif (2) cesse, la constitution et la convention cessent aussi. Vous vous êtes portez au traitté de partage pour empêcher la guerre : et il se trouve que, bien loin de l'empêcher, il l'allumeroit dans le monde. Donc il doit rester nul et sans valeur.

---

(1) Il n'est pas plus le nostre que celui de la France.
(2) Quand on a donné sa parole, on la doit garder, ou bien il ne la falloit donner que sous condition du motif : outre qu'il ne cesse point.

Que si vous me demandés comment ce traitté, aïant été fait dans une si louable intention, pourroit produire un effet si contraire à sa fin, je vous répondrai, avec Monsieur de Quiros, ambassadeur du Roi, dans son Mémoire (1) aux États du 12 octobre 1699 : Si les puissances qui recherchent, ou qui ont recherché de semblables traitez, n'ont en vûe que de rendre la paix durable, comme cela est à croire, elles doivent s'assurer que ce seroit au contraire le moïen d'allumer en Europe le feu d'une sanglante guerre, et qu'en tel cas non seulement on verroit prendre les armes d'un commun accord à tout ce qu'il y a d'Espagnols et d'autres sujets de la couronne, depuis les enfans de quinze ans jusques aux vieillards de soixante, mais plutôt que de souffrir le moindre partage des États qui composent la monarchie, et qu'on disposast ainsi de leur sort, ils auroient recours à tous les moïens légitimes qu'ils jugeroient pouvoir leur servir, quels qu'ils pussent être, suivant en cela la maxime qui veut que dans les maux extrêmes on emploie d'extresmes remèdes, et se confiant que Dieu, protecteur du bon droit, favoriseroit leurs justes efforts et se déclareroit pour eux.

15. Voilà, Monsieur, ce qui rendroit votre traicté l'instrument de la guerre et non pas celui de la paix. Monsieur de Quiros vous parloit en homme sincère, lorsqu'il vous faisoit ces remonstrances ; et l'événement les a justifiées, puisqu'à peine a-t-on eu connoissance du testament du Roi en Espagne, que

---

(1) Le Roi T. C., encor depuis le Mémoire de Don Quiros, promit qu'il garderoit le traité, quoy qu'il en pourroit arriver. Ainsi il a dû croire que ces raisons n'estoient point valables.

tous les différens États (1) qui composent la monarchie ont déclaré qu'ils sacrifieroient biens et vies pour le maintenir et pour s'opposer à toute sorte de démembrement. J'espère que vous ferez là-dessus une sérieuse réflexion, et que vous ne rejetterez pas les offres amiables de paix et d'union que l'on vous fait tous les jours de la part du Roi et de la nation (2). Il ne faut pas que vous cessiez de nous considérer comme vos amis, ni que la bonne correspondance, qui va s'establir entre les deux couronnes, vous donne la moindre inquiétude. Quoique nous ayons reçu pour Roi un Prince de France, il ne s'ensuit pas que nous devenions François pour cela, ni même qu'après avoir été animez d'un zèle si ardent et si unanime pour le maintien de l'honneur et des prérogatives de la Couronne, et pour la conservation de la totalité de la Monarchie (3), nous nous désistions de ce but honnête et juste, maintenant que nous l'avons obtenu. Vous devez, Monsieur, avoir meilleure opinion de la Nation (4) espagnole. On ne lui a jamais reproché d'avoir le cœur bas, ni d'aimer l'esclavage, et elle ne donnera pas sujet de le faire à l'advenir. L'amitié du Roi T. C. nous est chère et prétieuse, et nous ferons toutes choses possibles et justes pour la cultiver et la conserver. Mais, quelque estime que nous en fassions, elle ne nous obligera pas à renoncer sans sujet à nos anciennes alliances

(1) On ne les a point assemblés.
(2) Ils ne sont plus les maistres en Espagne.
(3) Cette totalité consiste dans la perte totale ou du tout, qui est à la discrétion de la France, et qu'on a conservée pour elle.
(4) Passe pour la nation, mais la cabale opprime ceux qui sont touchés de l'honneur de la nation et de la perte de la patrie.

et confédérations (1). La conduite que nous avons tenue par le passé avec la branche d'Autriche en Allemagne, pourra vous faire juger de celle que nous tiendrons à l'avenir avec celle de Bourbon en France. L'union étoit étroite, elle avoit été laissée pour maxime aux deux branches par les anciens fondateurs, et de part et d'autre on s'efforçoit chaque jour de l'entretenir par toutes sortes d'égards et de bienséances. Mais cela n'empeschoit point que l'une et l'autre branche ne tendist à ses propres intérêts (2) et avantages dans toutes les choses où la raison d'Estat se trouvoit engagée. Je n'en veux point d'autres exemples que ceux des traittez de Munster, de Nimègue et de Ryswick, qui tous trois ont été concleus séparément (3), malgré les vives instances des Ministres respectifs de l'auguste Maison; ou bien la dernière guerre, dans laquelle le Roi Catholique ne s'engagea à la sollicitation des trois Puissances que long temps après que l'Empereur s'y fut intéressé.

16. Le peu d'exemples que je vous cite entre plusieurs autres, comme les plus récents et les plus remarquables, doivent suffire pour vous faire connoître qu'il n'y a parentage ni union qui puisse engager un Prince sage à se départir de ses vrais intérests, pour faire plaisir à son parent et à son ami. D'où vous devés conclure deux choses : l'une, que Sa Ma-

---

(1) Mais cela ne despendra plus des Espagnols : ils sont vendus et soumis.

(2) C'est justement ce qui leur a nui. La France met les Espagnols en estat de ne lùy point faire autant.

(3) C'est que les affaires des deux branches alloient mal. Les Bourbons, si on les laisse faire, n'ont rien de pareil à craindre.

jesté ne le feroit pas, quand même Elle en seroit fortement sollicitée ; l'autre, que le Roy tres-chrestien ne lui demandera jamais rien qu'elle ne puisse faire avec justice (1).

17. D'ailleurs on sçait avec certitude (2) que S. M. très-chrestienne ne veut point la guerre, et que toutes ses intentions sont tournées du côté de la paix (3). Vous ne pouvez l'ignorer, Monsieur, après la preuve éclatante de modération, de justice et de désintéressement que ce Monarque vient de donner en acceptant purement et simplement les dispositions du feu Roi Charles II dans le point de la succession. Vous estes bien persuadé aussy que, dans la conjoncture présente (4), l'Espagne ne songe point à vous attaquer. Ainsi voilà toutes vos craintes et vos frayeurs réduites d'un advenir incertain à des soupçons et des spéculations anticipées de ce qui pourra arriver un jour (5). Avouez-moi, Monsieur, qu'il faut aimer bien peu son repos, pour se tourmenter réellement et de faict sur des idées d'une possibilité future, dont Dieu seul par sa toute-science peut pénétrer l'événement. Mais, si en cela il y a peu de raison, il y en auroit encor moins à se porter sans cause à une guerre effective sur des appréhensions vaines, puisque ce seroit choisir dès à présent pour

---

(1) Le Roi T. C. trouve juste tout ce qu'il croit convenir au bien de son Estat. Et l'Espagne ne luy pourra plus rien refuser.

(2) Où est cette certitude, que dans les paroles ?

(3) Cela se pourroit pour un temps : depuis qu'il a le tour, il sera bien aise de l'affermir par la paix. Ce qui suit de la preuve qu'il vient de donner ressemble à une ironie.

(4) L'exception est d'un homme sage, mais combien cela durera-t-il ?

(5) Quand un avenir peut arriver fort aisément, il faut estre sans raison pour n'y point penser, surtout quand il regarde nostre salut.

remède le mal le plus grand que l'on pourroit craindre à l'avenir.

18. Quant aux bruits qui courent parmi vous, comme si l'on avoit dessein de donner les Païs-Bas au Roi Très-Chrestien en échange de quelqu'autre province, je puis vous asseurer qu'ils sont faux, artificieux et controuvez; ainsy vous n'y devez pas faire plus d'attention qu'à tant d'autres suppositions aussi grossières que malignes dont certains méchants esprits remplissent le public par le moïen des libelles satyriques qui paroissent journellement sur ces matières, et qui certainement ne devroient être soufferts. Non-seulement le testament du feu Roy deffend (1) expressément, articles 13 et 50, de faire dans la Monarchie aucune sorte d'aliénation ou de séparation, mesme en faveur des enfants du successeur; mais, ce qui est encor plus fort et fait voir clairement le peu de fondemens de ces bruits, est que l'intérest de la Couronne ne peut pas compatir avec un semblable démembrement, surtout dans une partie de la Monarchie aussi considérable que le Païs-Bas, de la possession duquel despendent nos principales relations avec les Puissances du Nord, et diverses autres convenances et considérations d'Estat non moins grandes que cela.

19. D'ailleurs quelle apparence y a-t-il que nous puissions (2) abandonner les Provinces (pour la

---

(1) On se moquera un jour de ce testament comme de la renontiation, quelle seureté dans ces paroles? outre que la France évitera le démembrement, car elle aura le tour.

(2) Mais la chose ne despend plus des Espagnols : ceux qui ont poussé la Monarchie dans le précipice ne veulent et ne peuvent plus en arrester la cheute.

conservation desquelles nous avons combatteu tant d'années et despensé tant de millions) maintenant que, par le moïen de la bonne intelligence dans laquelle nous allons vivre avec la couronne de France, nous avons lieu d'espérer de les posséder en repos et de les voir se rétablir par une longue paix de leurs dommages passés? Non, Monsieur, vous ne le devez pas croire.

20. Les Flamands ont marqué trop de fidélité, trop de constance et trop de zèle dans leur union à la Monarchie; l'amour que les Espagnols leur portent, en considération de ce qu'ils ont souffert pour le maintien de cette union, est trop grand, et enfin il y a entre les deux Nations une estime trop mutuelle pour permettre jamais ni aux unes ni aux autres de consentir à une séparation. Aussy peu a-t-on songé à faire sortir de ce païs les trouppes hollandoises pour y faire entrer celles de France, et tout ce qu'on vous débite là-dessus ne tend qu'à vous jetter mal à propos en des soupçons capables de produire de très-méchans effects. Ne vous y laissez donc point surprendre, et surtout prenez garde que les vaines allarmes, que vous avez déjà témoignées en faisant marcher vos Officiers avec tant de précipitation (1) dans les garnisons de Flandre et de Luxembourg, ne vous engagent encor à quelqu'autre démarche contraire à vos intérêts. Il ne tiendra qu'à vous que le Païs-Bas espagnol ne vous serve de barrière à l'avenir, comme par le passé. Mais vous jugez bien que

---

(1) Il n'y a point de précipitation à faire ce que veut la discipline et l'ordre dans des conjonctures extraordinaires : outre qu'on avoit commencé d'en faire autant du costé des garnisons espagnoles.

le moïen de vous conserver cette barrière ne seroit pas de faire la guerre à l'Espagne. Ce seroit au contraire celui de la perdre, d'ouvrir la porte aux armées ennemies, de les introduire jusques au cœur de votre païs, et en un mot d'attirer sur vous tous les maux que vous craignez.

21. Voulez-vous donc m'en croire? mettez fin à vos méfiances, ne différez plus de rendre à Sa Majesté l'honneur qui luy est dû à son avénement à la Couronne. Montrez-vous amis des Espagnols, et ne vous portez à aucune nouveauté (1). Par ce moïen vous obtiendrez ce que vous avez eu en vue : le Païs-Bas sera toujours votre seureté ; la liberté de votre commerce ne recevra aucune atteinte, et vous trouverez dans la Nation espagnole une correspondance et une amitié réciproque. Vous voïez bien, Monsieur, que je ne vous donne pas des conseils intéressez, du moins le devez-vous voir : car enfin envoïez des Ambassadeurs pour féliciter Sa Majesté, ou n'en envoïez pas, opposez-vous à son exaltation, ou marquez-en de la joie, il n'en sera ni plus ni moins (2) Roi et Monarque universel de toute l'Espagne au grand contentement de ses peuples. Le plus grand malheur qui nous pust arriver, si vous veniez à nous faire la guerre à ce sujet, seroit de nous défendre, et je vous donne à considérer si, dans une telle occasion, les secours du dedans et du dehors nous manqueroient.

22. Si toute l'Europe a paru surprise, émerveil-

---

(1) Outre l'engagement où l'on est avec l'Angleterre, on est obligé d'avoir égard à la justice et de demander des seuretés réelles.

(2) Si nous sommes si mesprisables, pourquoy faisoit-on le traicté de partage avec nous?

lée et indignée, quand vous (1) avés entrepris de partager les Estats d'un Roi vivant, à combien plus forte raison entrera-t-elle dans tous ces sentimens si elle venoit à reconnoistre, qu'aussitost après son trépas, vous voulussiez prendre les armes contre son légitime (2) successeur, et empescher l'exécution d'un testament, qui n'a pour objet que la conservation des anciens domaines (3) de la Monarchie et la tranquillité publique (4)! Encore un coup, vous y devez réfléchir meurement avant que de passer outre dans une chose de cette importance. Une guerre aussy injuste que seroit celle-là ne pourroit pas être favorisée de Dieu. A la vérité, il vous seroit aisé d'y entrer, mais fort difficile d'en sortir avec avantage. Songés aux maux sans nombre qu'elle entraîneroit après elle, et surtout au préjudice qu'elle causeroit à votre commerce, à celui de l'Angleterre et enfin à tous vos marchands, qui négotient si avantageusement dans les ports d'Espagne, de France et d'Italie. Il n'y auroit plus rien à faire pour eux en tous ces ports: une simple escadre, aisée à entretenir, leur fermeroit pour toujours le détroit de Gibraltar, et par conséquent la Méditerranée, d'où dépend le riche commerce du Levant. Cadix, qui leur sert de clef et de canal pour faire couler dans leurs coffres la meilleure partie des trésors du nouveau monde, leur seroit

---

(1) Pourquoy s'en prendre à nous plustost qu'à la France?
(2) C'est justement ce qui est en question.
(3) Les Estats des Pays-Bas et de l'Italie ne sont nullement des domaines de l'Espagne.
(4) Est-ce conserver la tranquillité que d'enlever à un grand prince la monarchie qui luy est due, et de forcer le reste de l'Europe à l'assister par la crainte d'un esclavage général?

aussi fermé, et, selon le tour que prendront les affaires du Nord, peut-être que la prise de Narva (1) et des autres places de la Livonie et de l'Ingrie vous ôteroit encore la mer Baltique, et vous réduiroit à la déplorable extrémité de manquer de pain (2), et de n'en pouvoir pas obtenir pour de l'argent.

23. Ne m'alléguez point vos forces maritimes : je sçai qu'elles sont grandes, mais je sçai en même tems qu'elles coûtent beaucoup, aussy bien que les troupes étrangères que vous pourriez obtenir des Princes d'Allemagne, et qu'ainsi il vous sera très-difficile de les entretenir. D'ailleurs l'expérience ne vous a-t-elle pas fait voir, pendant toute la dernière guerre, que, malgré les nombreuses flottes que vous équipiez tous les ans avec l'Angleterre, les François vous ont enlevé un nombre infini de vaisseaux à l'embouchure même de vos ports (3)? Que sera-ce donc s'ils viennent à unir leurs forces navales à celles des Espagnols, après avoir mis ces dernières en bon estat? comme il leur sera très-facile, pour peu qu'ils veuillent ouvrir leurs magasins et donner une partie de leur superflu. N'est-il pas à craindre que la même chose arrive encore une fois? Je ne dis rien de la difficulté que vos flottes trouveroient à tenir la mer dans le temps orageux, sans pouvoir se réfugier en aucun port d'Espagne ou de France. Peut-être espé-

---

(1) Ce point a manqué.

(2) Ces maux ne sont que trop à craindre; mais, plus on laissera de temps à la France de fortifier sa domination sur la monarchie d'Espagne, plus ils seront inévitables.

(3) Les considérations sont fort bonnes, mais elles marquent seulement qu'il faut prendre un peu mieux ses mesures que par le passé. Grâce à Dieu, cela se pourra, et les Espagnols y contribueront malgré la cabale.

rez-vous qu'à leur défaut ceux de Portugal vous seront ouverts; mais, outre que la chose est encor douteuse, puisque vraisemblablement Sa Majesté Portugaise gardera des grandes mesures avec les deux Couronnes, cette seule ressource ne suffiroit pas pour vous mettre à couvert de tout danger. Mais c'est à vous d'y penser. L'affaire vous regarde. Pour moi, qui n'ai pris la plume que pour vous donner un conseil salutaire, et vous détourner de prendre des engagemens qui pourroient vous devenir préjudiciables, j'attendrai avec patience l'issue de tout ceci, et je vai finir ma lettre, après vous avoir conjuré de penser meurement les choses que j'ai eu l'honneur de vous dire. Surtout, Monsieur, je vous prie de bien considérer que, s'il est vrai qu'il soit nécessaire au bien commun qu'il y ait en Europe une puissance capable de contre-balancer celle de la France (1), il n'est pas à propos de chercher à affoiblir celle d'Espagne; et qu'enfin il n'y a intérêt quelconque, ni raison divine ou humaine, qui puisse vous conseiller de prendre les armes contre les Espagnols, vos anciens amis et alliez, uniquement parce qu'ils ne veulent pas fouler aux pieds les saintes et dernières dispositions de leur Roi, donner les mains à leur propre destruction et démembrement, et se rendre coupables envers celui que Dieu leur a donné pour légitime Roi et Seigneur, mais que plutôt vous devez rendre à Dieu des actions de grâces infinies, de vous voir heureusement tirés du terrible embarras dans

---

(1) Est-il possible qu'on n'a pas de honte de parler des Espagnols comme balançant le pouvoir de la France, depuis que toute la monarchie espagnole est à la discrétion de la France?

lequel vous seriez infailliblement tombés par les suites d'un traitté aussi généralement désapprouvé, même en Angleterre et en Hollande (1), que l'étoit celui du partage.

Je suis, Monsieur, avec beaucoup de zèle, votre très-humble et très-obéissant serviteur,

P*** (2).

(1) S'il y a eu des Anglois ou des Hollandois de ce sentiment, ils ne peuvent avoir esté que mal informés ou mal intentionnés. Au reste, ce traité de partage n'a point esté désapprouvé des puissances désintéressées, et, selon toutes les apparences, il auroit eu son effect autant que de raison, s'il n'avoit esté violé par la France, qui l'avoit fait, comme c'est sa coutume.

(2) Il nous a été impossible de découvrir le nom du correspondant de Leibniz qui s'est caché sous le pseudonyme de P***, Français, demeurant à Anvers ; mais nous savons, pour l'avoir vérifié sur le manuscrit, que le pseudonyme M. N***, Hollandais, est celui de Leibniz, qui lui répond. N. E.

LETTRE ESCRITE D'AMSTERDAM

LE 1ᵉʳ FÉVRIER 1701

PAR M. N***, HOLLANDOIS (LEIBNIZ), POUR SERVIR DE RESPONSE A CELLE DE M. P***, FRANÇOIS, DEMEURANT A ANVERS.

I. Je vous suis obligé de la peine que vous vous estes donnée de me communiquer en raccourci les plus spécieuses raisons qu'on allègue maintenant, en faveur du parti pris en France d'abandonner le traicté que le Roy T. C. avait faict si solennellement avec le Roy de la Grande-Bretagne et Messieurs les Estats, et de vouloir la succession de Charles II, dernier Roy d'Espagne, pour le duc d'Anjou. Mais vous me permettrés de vous dire que ces raisons paroissent peu solides, et que vous n'avés point sujet de prendre un ton de maistre, comme vous faictes, jusqu'à insulter à Messieurs les Estats, dont la conduite a esté pleine de modération, au jugement mesme du Roy T. C.; car je ne crois pas que l'occasion d'élever son petit-fils au trône des Espagnes, qui l'a fait changer de volonté, l'ait fait changer de sentiment à leur esgard, et ce grand prince n'approuvera pas sans doute le mauvais zèle de ceux qui vous ont suggéré des expressions si dures et si méprisantes.

II. Sa Majesté se souvient trop bien de la response qu'elle fit donner au comte de Sinzendorf, ministre à la cour, et de la lettre qu'elle envoya au comte de Tallard, son envoyé en Angleterre, pour asseurer Sa Majesté impériale et le Roy de la Grande-Bretagne qu'il n'accepteroit point les offres des Espagnols, contraires au traicté de partage, et que, quoy qu'il arrivast, il ne s'en départiroit jamais, comme en effect le traité le portoit dejà luy-mesme. Après ces déclarations si précises, il n'y a que des personnes mal intentionnées ou peu raisonnables qui puissent trouver *mauvais* que l'Angleterre et la Hollande ne veulent point se rendre mesprisables, en applaudissant aveuglément à tout ce qu'on a faict en France, au préjudice du traicté, sans leur faire mesme l'honneur de la moindre communication. Les principales puissances de l'Europe doivent avoir en main la balance de la déesse Thémis, c'est à dire, elles doivent estre pour la justice et pour la bonne foy des promesses. Aussy, dès qu'on abandonnera ce grand principe, qui empesche les hommes de se déchirer comme les bestes, il faudra brûler tous les traités et fouler aux pieds le droit des gens; tout sera pour le plus fort, et le monde ressemblera à une forest pleine d'assassinats et de brigandages.

III. Le droit de l'archiduc estoit reconnu en France mesme, puisqu'on luy laissoit le corps de la monarchie espagnole, excepté les Estats d'Italie; maintenant, à vous entendre parler, tout est changé et rien ne luy appartient, parce qu'on a fait paroistre un testament prétendu valable de Charles II, et qu'un cardinal espagnol, avec quelques autres de sa cabale, profitant de l'appuy de la France et du désordre d'un gouvernement foible, prétend renverser ou éluder toutes les dispositions des Rois précédens et des Estats des royaumes, avec les maximes fondamentales de sa patrie, jusqu'à mettre l'Espagne dans le danger évident de subir le joug de la France, et l'Europe après elle : chose qui auroit paru incroyable, si on l'avoit dit aux Espagnols d'autres fois, dont le courage n'estoit pas encore amolli, quoy que je ne doute point qu'il n'y ait encor en Espagne des grands restes de l'ancienne vertu, et des gens qui ne souffrent qu'avec peine cette honteuse dégénération ; mais ces bons sentimens sont opprimés par le parti dominant.

IV. Vous me dirés, Monsieur, qu'on a eu tort en France de tant accorder à l'archiduc, et qu'on n'y cognoissoit point encor le grand secret qu'on a appris dans le testament de Charles II, que la renonciation de la reine Marie-Térèse estoit conditionnelle et ne devoit avoir lieu qu'en cas de l'union de la France avec l'Espagne. Vous adjouterés que les peuples se sont déclarés pour le duc d'Anjou, et enfin que le parti du testament est le meilleur qu'on ait pu prendre pour maintenir la tranquillité de l'Europe, pour vous satisfaire sur tout cela, et, avant que de venir à la discussion du droit, il faudra prendre la narration du fait d'un peu plus haut que vous n'avés jugé à propos de le faire.

V. La monarchie d'Espagne est un tout dont les parties ne sont joinctes par aucune union ou dépendance de droit, autre que celle qui vient d'un même maistre, qui avoit choisy sa résidence en Espagne, comme ont fait tous ceux qui ont succédé à Charles-Quint. Ainsy, lorsque les Castillans ont donné la loy aux provinces d'Italie ou des Pays-Bas, et y ont envoyé des gouverneurs, ils ne l'ont faict que comme ministres de leur Roy, et nullement comme de l'autorité de la régence de Castille establie à Madrid. Voici comme le tout se forma.

VI. Ferdinand, surnommé le Catholique, Roy d'Aragon par succession, et de Naples par l'investiture du pape Jules II, reprit la Castille par le mariage de l'infante Isabelle. Leur fille Jeanne espousa Philippe, archiduc d'Autriche, fils de l'empereur Maximilian Ier et de Marie, héritière de la Bourgogne et des Pays-Bas ; et la reine Isabelle estant morte, le Roy Ferdinand fut obligé de céder le royaume de Castille, qui n'estoit plus à luy, à Jeanne sa fille et à l'archiduc, qui prit le nom de Philippe Ier, Roi de Castille, mais qui mourut avant Ferdinand son beau-père ; et Jeanne ayant l'esprit affoibli par le sentiment de la perte de son mari, l'archiduc Charles, leur fils aîné, depuis Empereur, le cinquième de ce nom, eut les Pays-Bas, par la mort de son père : mais Castille et Léon, avec les conquestes du Nouveau-Monde, le reconnurent à cause de l'aliénation de l'esprit de sa mère, qu'on ne laissoit pas de nommer avec lui dans les actes. Et puis il obtint les royaumes d'Aragon, de Naples et de Sicile, après la mort de Ferdinand le Catholique, son ayeul maternel ; enfin il fut élevé à l'Empire après la mort de Maximilian, son ayeul maternel. Il laissa l'Espagne, Naples et Sicile avec les Pays-Bas à son fils Philippe II, aussi bien que le Milanois, dont il lui donna l'investiture, vacante par la mort du dernier duc Sforze ; mais il céda les terres héréditaires d'Autriche à son frère Ferdinand Ier, qui, par son mariage avec l'héritière de la Hongrie et de la Bohême, joignit ces deux royaumes au corps de la Maison d'Autriche et succéda enfin dans l'Empire, de sorte que les deux branches de cette auguste Maison sont venues de l'Empereur Ferdinand Ier et du Roy Philippe II, qui auroit encor joinct l'Angleterre à tous ses grands Estats, s'il avoit eu des enfans de la Reine Marie, sa femme, fille de Henri VIII. Il acquit pourtant le Portugal, l'ayant occupé sur le fondement d'un droit de succession qu'on luy contestoit; mais les Portugais ont secoué depuis le joug des Castillans.

VII. Maintenant il faut considérer que chaque Estat qui fait un membre de la monarchie espagnole garde ses anciens priviléges, prérogatives et libertez, sans qu'il se soit passé aucun acte de droit qui ait sousmis l'un à l'autre. Sous le règne de l'Empereur Charles-Quint, les Espagnols se plaignoient du pouvoir des Flamans, chez lesquels ce prince avoit esté élevé; mais depuis, sous Philippe II, les Flamans se plaignirent, ce avec bien plus de raison, de la domination des Espagnols, dont la violence contribua beaucoup à la perte des Provinces-Unies. Cependant ce n'estoit en vertu d'aucune union avec l'Espagne, ou d'aucune dépendance que les Pays-Bas en pussent avoir, que les Espagnols y gouvernoient, mais parce que les Rois s'attribuoient le droit de se pouvoir servir pour le gouvernement de leur pays des ministres qui bon leur sembloient, et, pour en estre mieux persuadé, on n'a qu'à considérer que le royaume d'Aragon, mesme avec les isles Baléares et autres dépendances, n'a jamais esté uni à la Castille, mais la Castille à l'Aragon, comme les Aragonois ont monstré en plusieurs rencontres. Le Royaume de Naples est un fief du Pape et ne sçauroit estre uni à quelque autre Royaume, malgré le seigneur direct du fief; il en est de mesme des Pays-Bas et du

Milanois, qui sont des terres de l'Empire. Le duché de Milan en est un fief, et les Pays-Bas font partie d'un cercle de l'Empire que Charles-Quint forma des terres qui avoient déjà esté à l'Empire, et de celles dont François I*er* luy avoit quitté le droit de Seigneur direct, et il unit le tout ensemble et à l'Empire, par des actes passés du consentement de l'Empire et des Estats de ces provinces-là, de sorte que Naples, le Milanois et les Pays-Bas ne sçauroient estre censés unis à l'Espagne, ny avoir aucune dépendance autre que personnelle d'un mesme roy, et, après la mort du Roy, ces pays et leur gouvernement n'estoient point tenus à respecter les ordres de la Régence d'Espagne, soit pour les successions ou autrement.

VIII. De plus, c'est une chose bien douteuse, si les mêmes loix de succession ont lieu à l'égard de Castille, d'Aragon, de Naples et Sicile, des Pays-Bas et du Milanois. Mais ce n'est pas icy le lieu d'en faire la discussion, qui seroit fort longue. Il est vray qu'on a tasché de faire en sorte que, nonobstant qu'il n'y avoit point d'union réelle ou des pays, il y eût tousjours l'union personnelle d'un mesme maistre, et par conséquent qu'un mesme prince succédast tousjours partout pour conserver la puissance unie. Mais on a pourtant douté, par exemple, si, dans le Royaume d'Aragon et celuy de Naples, les femelles peuvent exclure les masles d'une autre ligne; pour ne rien dire des doutes formés là-dessus dans la Castille mesme. — Supposé aussy que la renonciation de la Reine Marie-Térèse fût traversée en Castille et en Aragon (ce que non), elle subsisteroit tousjours à l'égard de Naples, des Pays-Bas et du Milanois, puisque les renontiations sont efficaces sans doute à l'égard des fiefs et à l'égard des terres de l'Empire. Ainsi les Espagnols, ne voulant point s'arrester à la renontiation des infantes mariées en France, seroient cause pour cela mesme du partage ou démembrement des pays où la renontiation doit avoir toute sa force.

IX. Mais, quand on accorderoit que l'ordre de la succession qu'on prétend estre autorisée en Espagne, et qui appelle les filles de la ligne régnante au préjudice des mâles collatéraux, doit avoir lieu dans tous les pays compris dans ce qu'on appelloit la monarchie espagnole, qu'il faut prononcer partout de la même manière sur la renontiation, et qu'ainsi Charles II devroit avoir un seul successeur universel de tous ses Estats, il est aisé de monstrer que ce successeur doit estre pris dans la Maison d'Autriche, et non pas dans la Maison de Bourbon. Je demeure d'accord que, sans les renontiations des infantes mariées en France, les Bourbons seroient préférables : mais ces renonciations sont si claires, si précises, si solennelles, et ont tellement passé pour parties des loix fondamentales des traités et des Estats, qu'on ne les sçauroit renverser sans renverser en mesme temps tout le droit des gens et toute la bonne foy des traictés les plus importans, de sorte qu'il n'y aura plus lieu de se fier à aucunes pacifications, contracts de mariage ou autres dispositions, promesses et conventions des princes.

X. Voicy cependant l'ordre de la naissance en elle-mesme : Philippe IV, père du dernier Roy d'Espagne, donna son aînée Marie-Térèse en mariage à Louys XIV Roy de France, et la cadette, Marguerite-

Térèse, à l'Empereur Léopold. Louis XIV a eu le dauphin de son mariage, et le dauphin est père de ces trois princes qui sont les ducs de Bourgogne, d'Anjou et de Berry. L'Empereur n'a eu de Marguerite-Térèse qu'une fille, mariée à l'Électeur de Bavière, qui luy laissa un fils mort en bas âge. Philippe III, père de Philippe IV, donna aussy l'aînée Anne à Louys XIII, et la cadette Marie-Anne à l'Empereur Ferdinand III. De Louys XIII et Anne sont nés Louis XIV et son frère Philippe duc d'Orléans, père du duc de Chartres. De Ferdinand III et de Marie-Anne est né l'Empereur Léopold, père du roy des Romains et de l'archiduc Charles. Enfin Philippe II, père de Philippe III, a donné l'infante Catherine, sa fille, à Charles-Emanuel, duc de Savoye, dont descend le duc de Savoye d'aujourd'huy. Ainsi, sans les renontiations, la succession de Charles II appartiendroit au dauphin et à sa ligne, et, à son défaut, au duc d'Orléans et à sa postérité, et après eux à l'Empereur Leopold ou à la sienne, laquelle manquant encor, elle devroit estre déférée au duc de Savoie. C'est pourquoy le duc d'Orléans et le duc de Chartres auroient eu raison, sans la renonciation d'Anne d'Austriche, de protester contre le testament de Charles II, qui leur préfère mesme le duc de Savoye et les Archiduchesses, filles de l'Empereur précédent, aussi le duc de Savoye, et devoient estre nommées avant luy. On a receu en France la protestation du duc d'Orléans, et on n'a égard au testament qu'autant qu'il est utile.

XI. Mais ce droit des infantes Marie-Térèse et Anne d'Austriche, Reines de France, et de leur postérité, a esté anéanti aux contrats de mariage par les renontiations les plus solennelles jurées sur les Évangiles, confirmées par les sermens de leurs épous, et par des traités les plus autorisés, particulièrement celuy des Pyrénées, où sans la renontiation le mariage ne se seroit point fait. Donc elle doit subsister, ou il faut dire que les traités ne sont que des piéges, et que la justice n'est qu'une chimère. Quelques écrivains françois ayant cherché toutes sortes de chicanes pour autoriser l'invasion des Pays-Bas par les armes de la France, après la mort de Philippe IV, s'émancipèrent jusqu'à révoquer en doute la validité de la renonciation. Mais ils furent foudroyés par les raisons invincibles de l'auteur du Bouclier d'Estat et de justice, qui mit leur absurdité dans un très-grand jour. Rien ne fut plus ridicule que la raison qu'ils prenoient, de ce que les 500 mille pistoles de dot n'avoient pas esté payées à la reine; car, outre que les Espagnols avoient demandé l'enregistrement dans les parlemens, qu'on leur refusoit, le bon sens dicte qu'il n'y a point de proportion entre cette somme et la monarchie d'Espagne, et que tout au plus la Reine en auroit pu demander les intérests, et que, faute de ce payement, on ne pouvoit renverser une clause qui auroit esté le fondement du mariage, même qu'il auroit fallu révoquer aussi à ce compte, avec ses effets.

XII. Des personnes passionnées pour le parti et peu versées dans le droit ont plusieurs autres petites raisons dans la bouche depuis longtemps contre la force de la renonciation, et, comme on ne peut point faire préjudice au droit d'autruy, ils s'imaginent que la renonciation d'un père ou d'une mère ne sçauroit faire préjudice aux enfans, et qu'ainsi ce que la Reine Marie-Térèse et le Roy son épous ont promis ne sçauroit nuire au dauphin. Mais, outre que le Roy ne pourroit donc pas appuyer au moins les prétentions du Dauphin et de la ligne, lié comme il est par son serment, il faut sçavoir qu'il est vray qu'on ne peut point déroger au droit acquis d'autruy et que même un père ne peut point diminuer celuy de ses enfans déjà nés; mais, quant à celuy des enfans futurs, toute la jurisprudence les compte pour non existans, et par conséquent pour n'ayans encor aucun droit acquis. Sans cela il seroit impossible de faire des parts, aliénations ou transactions stables, puisque ceux qui ne sont pas encor ne sçauroient estre induits à consentir, et seroient tousjours receus à s'opposer à ce qui a esté fait. Et cela auroit lieu surtout entre les princes et Estats, et par conséquent tous les traités, cessions, échanges, compositions, seroient en danger d'estre renversés.

XIII. On a donc bien fait de se raviser maintenant en France, suivant ce qui paroist dans vostre lettre, et de tenir la renonciation pour bonne et *valable*, afin de sauver les apparences de la bonne foy des traités et des sermens. Mais il semble que c'est dans l'espérance d'échapper par une porte de derrière, puisqu'on apporte une nouvelle exception, comme si la renonciation cessoit, parce que son motif, qui est l'empêchement de l'union des deux couronnes, cesse à présent. Mais voici ce qui renverse cette exception de fond en comble : 1° les jurisconsultes la rejettent en général ; 2° le contrat de mariage la rejette en termes exprès ; 3° le motif susdit ne cesse pas ; 4° il paroist qu'il y doit avoir eu d'autres motifs ; et 5° il en fait mention en termes exprès. Je vais vous montrer tous ces points, mais il faut vous entendre auparavant.

XIV. *La renonciation* (me dites-vous, Monsieur) *est valable et doit subsister, eu égard au motif et dans le cas qui l'a causée. Or le motif qui avoit causé la renonciation de la Reine Marie-Térèse, n'estoit autre que la crainte de voir les deux monarchies réunies par succession dans une seule et même personne.* On a lieu de s'étonner que cette invention n'a paru dans le monde que lorsqu'on s'est avisé de produire un testament au nom du Roy Charles II, où cette interprétation, contraire à toute la jurisprudence, est autorisée. L'auteur des *Droits de la Reine*, non plus que l'archevêque d'Embrun, ambassadeur de France à Madrid, ne s'en sont point apperçûs, comme il paroist par leurs ouvrages : marque bien claire que le texte ne leur fournissoit aucune occasion de penser à cette glose, car ils sont assez fertiles en échappatoires. Mais, sans appuyer sur leur exemple, il faut que je vous dise : 1° qu'il n'y a point de vray jurisconsulte qui ose raisonner ainsi, de peur de se prostituer. Il faut n'avoir que ce qu'on appelle une *jurisprudence cérébrine*, c'est à dire que les personnes peu instruites se forment de leur teste des légères apparences, pour confondre la *condition* avec la *cause* exprimée dans quelques dispositions. Les vrais jurisconsultes y ont pourveu il y a longtemps, en *rejettant généralement* cette exception que vous soutenés.

Cajus, ancien jurisconsulte romain, dans la dix-septième loi du titre des Digestes, qui traite des conditions et désignations, remarque que si le testateur dit : « Je donne ma terre à Titius parce qu'il a eu soin de mes affaires, » ce legs est dû, quand la raison se trouveroit fausse ; mais si la raison avoit esté marquée conditionnellement, c'est à dire si le testateur avoit dit : « Je lui donne ma terre s'il se trouve qu'il a eu ce soin là, » rien ne luy seroit dû en cas que cela ne se trouvât point vray. Cette distinction est fort judicieuse : il y a bien de la différence entre *si* et *parce que;* l'énontiation modifiée par un *si* est en suspens, mais l'énontiation dont on veut donner la raison est pure et absolue, et peut subsister quand cette raison n'auroit point de lieu. Souvent les hommes n'expriment pas tous leurs motifs, ou se servent de prétextes pour couvrir leurs véritables raisons, et cela suffit surtout dans les cas où leur disposition peut suffire, quand ils n'en donneroient aucune. Cependant 2°, quand nous n'aurions point ny ces raisons ny l'autorité des jurisconsultes, nous avons ce qui est encor plus positif : c'est que le contract de mariage même rejette expressément cette exception, et aura dit que les descendans seront exclus nonobstant qu'ils pussent dire qu'en leurs personnes ne se peuvent considérer les dites raisons.

XV. Quoique tout cela soit plus que suffisant, néantmoins il y a bien d'autres choses à dire qui détruisent absolument cette chicane. N'est-il pas vray que, si l'intention de ceux qui sont intervenus à la renontiation avoit esté d'empêcher uniquement la jonction des deux monarchies et de limiter la disposition à ce seul cas, ils pouvoient et devoient parler comme on a coustume de s'expliquer dans de semblables rencontres d'une si grande importance, c'est à dire, ils devoient dire qu'en cas que le Roy Louis XIV auroit deux enfans mâles de la Reine Marie-Térèse, le second pourroit succéder en Espagne, ou, s'il n'avoit qu'un mâle avec des filles ou des filles seulement, l'aînée des filles y pourroit succéder, etc.? Peut-on croire qu'un aussi habile négociateur que le cardinal de Mazarin, auroit négligé de faire marquer distinctement une disposition de cette conséquence, s'il avoit seu que c'estoit le sens de l'acte, et s'il avoit osé en faire la moindre mention? Il faut avoir perdu le sens commun pour se le pouvoir persuader; mais, qui plus est, 3° le motif de l'empêchement de l'union des couronnes ne cesse point, et ces distinctions et réservations sont bien périlleuses en matières d'Estat. Ne peut-il pas arriver que l'aîné manquant ou sa postérité, le second déjà Roy d'Espagne luy succède, qu'on aura bien de la peine de le faire lâcher prise, danger des plus évidens où il ne faut point s'exposer surtout si les promesses et traités ont si peu de force? Aussi le moyen seur d'éviter la conjonction estoit d'en éviter dès lors les *occasions* (comme le contract de mariage le dit expressément pour prévenir cette chicane), et de couper entièrement le fil de la succession des princes françois. Mais ce qui peut convaincre les plus opiniastres, c'est (4°) que, si la renontiation estoit si bornée, au seul cas de la conjonction des deux couronnes, pourquoy faire renoncer l'infante avec toute sa descendance ou postérité, sans distinction de sexe mâle et femelle, comme il est dit en termes exprès? Puisque l'on sçait que les filles ne succèdent point au Royaume de France, donc il faut qu'il y eût encore d'autres motifs, et que le sens de la disposition ait esté plus étendu.

XVI. Enfin 5°, pour vous combler mesure, en sorte que vous n'ayés plus le mot à dire sur ce point, souffrés, Monsieur, que je vous fasse voir combien on vous a abusé, en vous faisant croire que *le motif* de la renontiation *n'estoit autre* que la crainte de voir les deux monarchies unies ; car, dans ledit endroit du contract de mariage de la Reine très-chrestienne qu'on vous a cité, il est dit expressément : *Attendu la qualité des susdites et autres justes raisons, et notamment celle de légalité qui se doit conserver*, et *cette égalité* ne peut signifier sans doute que la rétorsion contre les François, qui ne permettent point que d'autres succèdent chez eux. Ainsi, quand le motif de la crainte de la conjonction cesseroit, il en reste assez d'autres (et dans le texte : le motif de la crainte de la conjonction cesseroit-il, il en reste assez). Vous jugés bien qu'il y en peut avoir encor eu qu'on n'a pas voulu dire, par exemple la puissante répugnance que les Espagnols non encor dégénérés avoient à se sousmettre à un prince françois, après avoir esté tant maltraités par la nation françoise, le dessein de conserver la monarchie dans la maison d'Austriche, dont le gouvernement est si doux, l'exemple de la renontiation de la Reine Anne d'Austriche, et beaucoup d'autres raisons dont il est inutile icy de faire le détail.

DIALOGUE

ENTRE

UN CARDINAL ET L'AMIRANTE DE CASTILLE

RELATIVEMENT AUX DROITS DE CHARLES III, ROI D'ESPAGNE.

Original autographe inédit de Leibniz, tiré de la Bibliothèque royale de Hanovre (1).

L'Archiduc ayant pris le nom et la qualité de Charles III, roy d'Espagne, avec toutes les autres qualités qui appartenoient à Charles II son prédécesseur, on en fut allarmé à Paris et à Madrid, et, comme on avoit déjà tenté inutilement d'ébranler la sage et ferme résolution du roy de Portugal, on voulut encore faire une tentative sur l'amirante de Castille et sur quelques autres seigneurs dont on appréhendoit le crédit et les intelligences. Le cardinal de Porto-Carrero (2) se chargea de cette commission et crut que le meilleur seroit d'inviter l'amirante à une conférence en pleine campagne sur la frontière du Portugal, où chacun se trouveroit avec pareille escorte. La conférence fut arrestée et exécutée, et, lorsqu'ils se furent salués, le *cardinal* dit au comte de

---

(1) Ce dialogue doit être placé vers 1702, et vient par conséquent après la lettre de 1701 que nous avons donnée ci-dessus. N. E.

(2) Le cardinal de Porto-Carrero avait proclamé le duc d'Anjou roi d'Espagne sous le nom de Philippe V. N. E.

Melgar (1) que, voyant avec regret qu'un seigneur de cette considération alloit se perdre, il avoit voulu faire les derniers efforts pour le ramener à l'intérest et au sein de la patrie qui luy tendoit les bras. L'*amirante*, après avoir remercié le cardinal de sa bonne volonté, luy dit qu'il avoit accepté ce congrès parce que, se sentant fondé en raisons de conscience et d'honneur, c'estoit luy plustost qui espéroit regagner Son Éminence à la patrie dont il croyoit qu'Elle avoit quitté les véritables intérests. Après ces complimens et contestations, voicy comment le cardinal entra en matière :

Le Cardinal. Je crois que moy et ceux qui ont esté d'avis avec moy qu'il falloit disposer le feu roy au testament que Sa Majesté a fait en faveur d'un prince de Bourbon, avons pour nous la justice et le bien de l'Estat et que Dieu continuera de nous estre favorable. Vostre Excellence est bien informée des affaires. C'est pourquoy j'auray moins besoin de m'étendre en récits et en raisonnemens. Cependant il faut dire qu'après la mort du prince électoral de Bavière et la conclusion du traité de partage fait entre le roy de France et le roy d'Angleterre joint aux Estats généraux des Pays-Bas unis, nous avons eu raison de juger que, pour conserver la monarchie d'Espagne en son entier et sans démembrement, il

---

(1) Le comte de Melgar, amiral de Castille, avait été exilé en 1701 par le cardinal de Porto-Carrero. Retiré à Lisbonne, il publia un manifeste dans lequel il déclarait que le testament de Charles II avait été forgé par le cardinal Porto-Carrero, et faisait serment de fidélité à l'archiduc, qu'il proclamait roi sous le nom de Charles III. (Bigland, *Hist. d'Espagne*, t. II, p. 306, a° 1702.) Cette date nous donne celle du manuscrit de Leibniz, qui est 1702!

falloit choisir le second fils du dauphin, tant parce que nous avions sujet de craindre que l'Empereur pourroit enfin consentir au partage, que parce que son union avec nous n'auroit de rien servi contre la puissance jointe des François, Anglois et Hollandois. Et nous avons eu le bonheur de porter le roy très-chrestien, quoyque avec peine, à retirer la parole qu'il avoit donnée de ne pas même vouloir nous accepter, quand on lui offriroit toute la monarchie pour son petit-fils. Car, comme il n'avoit fait le traité de partage que pour éviter la guerre, il jugea qu'il le devoit rompre par le même motif, parce que, la monarchie se donnant à luy sans coup férir, la raison vouloit que personne n'entreprist de s'opposer à sa puissance, jointe en cela à la nostre, d'autant qu'on devoit se souvenir chez les alliés que nostre puissance, jointe à la leur, n'avoit point esté capable de contre-balancer la sienne.

Aussi ne puis-je point douter que l'événement ne fasse voir qu'on a agi contre toute apparence de raison en voulant nous forcer de changer de sentiment et en espérant de surmonter les deux monarchies ensemble. Sa Majesté très-chrestienne a eu droit de croire qu'on seroit plus raisonnable que de tenter. C'est pourquoy l'effusion du sang chrestien causée par une guerre dont le dessein est si injuste et si impracticable doit estre imputée à ceux qui l'ont commencée, et vous, Monsieur, et vos amis, auriés grand tort de vous ruiner et même de vous rendre criminels pour une si mauvaise cause.

L'Amirante. Je veux juger assez favorablement

des intentions de Vostre Éminence pour croire que vers la fin du règne précédent elle a esté tout de bon dans les sentimens qu'elle vient d'exposer ; mais je m'étonne qu'Elle y pense persévérer encore contre la notoriété présente du fait et contre le jugement de la moitié de l'Europe, qui a cru qu'il ne falloit point se soumettre à l'esclavage de la maison de Bourbon fortifiée par vostre résolution. Ainsi le parti que vous avés pris avec la France ne pouvoit point manquer d'exciter une des plus grandes guerres qui ayent jamais esté dans la chrestienté, comme l'événement l'a fait desjà voir. Mais, pour venir à vostre grand but d'empêcher le démembrement de la monarchie, il y a deux questions : la première est si le remède n'estoit pire que le mal, en soumettant en effect l'Espagne à la France, comme vous voyés bien maintenant que vous avés fait ; car l'Espagne et ses provinces sont à la discrétion de celle qui estoit autrefois son ennemie, et nostre patrie demeurera dans ce misérable et honteux estat si d'autres ne l'aident à s'en tirer, ce qui ne se peut faire sans des grands risques et sans qu'elle en pâtisse beaucoup. Le roy de France est-il plus maistre chez luy qu'à Madrid, et, sous le prétexte de l'autorité naturelle sur son petit-fils, ne dispose-t-il pas de nos forces et de nostre argent ? Il est le maistre de nos forteresses au Pays-Bas, dans le Milanois et ailleurs. L'Amérique même n'est pas exemte de son pouvoir. Quand quelque grand murmure, il est exilé ou maltraité. Il a donné dans la personne du cardinal d'Estrée un compagnon ou plustost un surintendant et chef à V. Éminence même, à qui la France touche. Si les François se modèrent jusqu'icy en quelque chose, c'est qu'ils appréhendent encor quelques généreux restes de nostre nation, bridée à demi. Mais cela ne durera qu'autant que le péril. Les estats en Aragon et en Catalogne ont éprouvé combien on les considère, et on n'en a pas encor assemblé en Castille. Enfin nous sommes sur le point d'estre assujettis à ce pouvoir despotique, pour ne point dire tyrannique, après avoir eu de si bons maistres sous les rois de la maison d'Autriche. L'honneur de nostre maison y a souffert extrêmement; il semble que la France nous a soumis à force de nous maltraiter, et que, n'osant plus lever les yeux contre elle, ny hazarder la guerre, quoyqu'assistés d'une bonne partie de l'Europe, nous avons cherché un prétexte de nous rendre pour couvrir nostre peu de courage. Que diroit un Gonzalve, un duc d'Albe et d'autres hommes si braves de nos ancêtres? Nous croiroient-ils de leur sang, s'ils voyoient nostre conduite? Nous estions les dominateurs des nations, et maintenant nous nous laissons assujettir tout d'un coup sans résistance par nos anciens ennemis, et, au lieu d'empescher le démembrement de quelque province, nous nous démembrons de nous-mesmes en perdant l'honneur et la liberté. Pour ne point perdre une partie de nostre monarchie, nous abandonnons le tout. Car, si nous ne devenons pas esclaves, il n'a pas tenu à nous au moins, et si nous nous sauvons en demeurant sous un Bourbon, ce sera la bêtise des François; mais il faut estre beste pour se flatter et pour fonder son salut là-dessus. Aussi les Allemands, Anglois et Hollandois, chez qui on a chanté que les Bourbons en Espagne seroient bientost jaloux de ceux de France, se sont moqués de ce piége, et ont cru qu'il falloit une meilleure asseurance de leur seureté que celle qu'on bastiroit sur la faute imaginaire de leurs ennemis. C'est aussi un étrange raisonnement que celui des François, que V. Éminence a répété, que le roy de France estoit en droit de rompre le traité de partage, parce qu'il se flattoit que ceux avec qui il l'avoit fait n'oseroient point s'en ressentir depuis qu'il nous avoit pour luy.

L'autre question est si le démembrement ne pouvoit estre empesché autrement qu'en se donnant aux Bourbons. Vostre Éminence allègue la puissance de la France, unie avec l'Angleterre et la Hollande. Mais toute l'Italie se joignoit à nous avec l'Empereur et avec d'autres princes d'Allemagne. Et il faut estre simple pour croire que les Anglois et Hollandois, voyant nostre fermeté, auroient esté ardens à mettre la France en possession. Après avoir esté trompés si souvent par la France, auroient-ils manqué de prétexte et même de droit pour s'en vanger, d'autant plus qu'il y avoit encor des grands points indécis dans le traité qui portoit que Naples et Sicile allassent aux descendans du dauphin mâles et femelles, ce qui estoit directement contraire à l'union de ces royaumes avec la couronne de France, où l'on veut que les filles ne succèdent point? Le traité défendoit donc de donner ces royaumes au dauphin en personne ou à son aîné, parceque ces princes, devenant rois, auroient prétendu, selon leur maxime publiée tant de fois, que tous les biens, terres et droits du roy sont unis à la couronne. Ainsi ceux qui avoient fait le traité de partage se seroient heurtés indubitablement à cette pierre d'achoppement. L'Empereur demeuroit ferme sur la parole et asseurance du feu roy nostre maistre. On connoist l'exactitude, la constance de S. M. impériale, et c'est quelque chose de bien étrange de vouloir fonder nostre manquement sur le prétexte que ce prince manqueroit le premier, quoiqu'il n'en eût donné aucun indice, et qu'il eust plustost fait tout ce qui pouvoit faire croire le contraire. Aussi est-il asseuré que nostre roy en estoit persuadé et résolu de luy tenir parole, si les vaines frayeurs que vous luy avez données presque à l'article de la mort du costé du ciel et de la terre, comme s'il se damnoit et comme si la populace se soulevoit, n'avoit ébranlé ce bon prince, pour ne rien dire des autres manquemens de son prétendu testament. Ainsi, Dieu et la justice estant pour nous avec l'Empereur d'Allemagne et l'Italie jalouse de l'introduction des François dans Naples et Sicile, et les Anglois et les Hollandois s'y joignant enfin selon les apparences, surtout après la mort du roy Guillaume engagé dans le traité de partage que les parlemens ont blâmé hautement, pourrions-nous manquer de conserver la monarchie entière pour le second fils de l'Empereur, prince si débonnaire et si digne de la posséder? Votre Éminence, en voulant m'insinuer que je devenois criminel, doit penser qu'Elle s'est exposée bien d'avantage à ce danger, devant Dieu et les hommes, en employant des artifices qu'Elle auroit de la peine à justifier, pour porter le roy Charles II à manquer à l'Empereur et à signer un testament illégal, et en assujettissant l'Espagne à la France et à un prince françois, contre les lois fondamentales des traités, et contre le salut de la patrie et de l'Europe, et même de l'Église chrestienne. Car on connoist la catholicité des François, qui ont conservé les Turcs en Europe en haine du Pape et de l'Empereur, pour ne rien dire des asistences qu'ils ont tousjours données aux protestans contre nous et contre l'Empereur, de sorte que vostre démarche pourra estre un jour fatale à la foy catholique.

Le Cardinal. L'affection que je vous porte, Monsieur, et l'espérance que j'ay de servir l'Estat en vous remettant dans le bon chemin, est seule capable de me faire entendre avec patience ce que V. Excellence me dit de choquant. Ce n'est pas icy le lieu de faire mon apologie ny celle du testament de feu Sa Majesté ou des démarches du roy très-chrestien et de Philippe V. Le ciel la fait pour nous, comme vous voyez. Pouvés-vous vous flatter que les Portugais, joints avec quelques mille Allemands ou Anglois, se rendront maîtres de l'Espagne, et le mauvais succès de tous leurs efforts sur Cadix ne suffit-il pas pour vous désabuser? Les forces de l'Empereur en Italie sont mourantes. Les rebelles ravagent la Hongrie, et les Turcs s'y joindront à la fin. Le Tirol et la Bohême souffrent, l'Électeur de Bavière avec les François domine dans la haute Allemagne. Tous les efforts des grandes armées des alliés aux Pays-Bas se sont terminés à prendre quelques bicoques : jugés s'ils pourront continuer longtemps la guerre sur ce pied là. Il n'y a donc point la moindre apparence que l'archiduc se rendra maistre de l'Espagne, et cependant, s'il ne le fait point, vous estes perdus.

L'Amirante. Puisque Vostre Éminence se retranche

sur l'evénément et veut anticiper sur la providence, je suis encor obligé d'entrer dans la considération de l'avenir. L'Europe se voit dans un danger évident d'un esclavage général, si la monarchie espagnole demeure au pouvoir de la maison de Bourbon. Ainsi il faut juger qu'elle fera tous les efforts imaginables pour asseurer sa délivrance par la nostre. Nous sçavons certainement que les Turcs ne se mesleront pas de la rébellion de Hongrie : ce sera donc un feu de paille. La flotte combinée qui est allée dans la Méditerranée donnera une nouvelle vigueur aux armes impériales dans l'Italie. Et vostre parti mesme commence à se défier de la république de Venise, parce qu'il sçait combien elle a esté touchée au vif par l'affront qu'on l'a fait recevoir en France par les ravages de ses Estats de terre ferme et par les désordres que les François ont faits dans le golfe. Les progrès des alliés aux Pays-Bas ne sont pas de petite conséquence. Le Rhin y est en leur pouvoir et une bonne partie de la Meuse. L'Électeur de Cologne, allié de la France, a esté chassé de ses Estats. Il ne reste que celuy de Bavière, son frère, qui, par une capricieuse animosité contre ses anciens et vrais amis, se sacrifie pour celuy qui a toujours esté son ennemi. Son entreprise sur le Tirol a esté malheureuse, ses Estats sont attaqués de quatre ou cinq costés. Il est sur le point de perdre le haut Palatinat, qu'il tient du bienfait du père et du grand-père de l'Empereur. Les Bourbons le leurrent de l'espérance des Pays-Bas, se moquent ou de luy ou des asseurances qu'ils nous donnent d'un autre costé de ne vouloir rien demembrer de nostre monarchie. Mais il se lassera bientôt de se laisser ruiner par des trompeuses espérances, et son changement fera transférer le théâtre de la guerre en France. Il y a de fort mauvaises humeurs et des grandes semences de rébellion dans ce royaume, tant au sujet de la religion qu'à cause de la dureté du gouvernement despotique où les grands et la noblesse sont opprimés et les autres épuisés. C'est un miroir où nous devons regarder pour nous en garder. Si le duc de Savoie prend le bon parti, comme il y a de l'apparence et comme son grand intérest le demande, les mécontens des Cévennes auront un appui, et, s'ils réussissent à se maintenir, comptés qu'un feu courant de révolte se répandra par tout le royaume. S'il parvient aux provinces sur l'Océan, la France sera en danger chez elle. Et ayant tant d'ennemis sur les bras au dehors et en dedans, sera-t-elle en estat de vous secourir contre Charles III, nostre légitime roy, appuyé par les armes de Portugal, d'Angleterre et de Hollande, et par tout ce qui reste de vrais Espagnols dignes de porter ce nom, que la faction françoise a opprimés jusqu'icy, et qui se déclareront pour leur véritable prince ou plus tost pour leur patrie, aussitost qu'ils verront jour de le pouvoir faire utilement, afin de se délivrer du joug ?

Le Cardinal. Vostre Excellence est féconde en conceptions ; mais je ne vois rien d'asseuré dans tout ce qu'Elle se promet. Ne nous amusons pas aux paroles et venons aux réalités. Ce qu'il y a de certain est que la justice vous a privé de vos biens et met votre personne en danger. Vous ne pouvez sauver vos possessions que par une grande révolution.

Mais si vous m'écoutés, non-seulement on vous les rendra toutes, mais encor on les augmentera, on vous donnera des emplois fort considérables et même quelque argent comptant. Et j'ay pouvoir de traiter avec vous sur tous ces points. Pensez-y donc bien, Monsieur, pendant qu'il est encor temps, et ne rendez point mes peines infructueuses.

L'Amirante. Je suis obligé à Vostre Éminence de la peine qu'Elle a bien voulu se donner pour moy. Mais je me suis tout dit avant que de sortir de la Castille. De nouveaux avantages qu'on m'offre ne sçauroient me toucher: la conscience et l'honneur ne sont point des marchandises à vendre. J'espère d'estre un des instrumens de la délivrance de ma nation. Un tel devoir n'a point de prix.

Le Cardinal. Si je pouvois dire ce que nos intelligences et alliez de la France m'apprennent, cette espérance seroit fort diminuée.

L'Amirante. Ne vous fiez pas, Monsieur, à ces intelligences : la France même a esté trompée bien souvent par ses émissaires en Angleterre, en Allemagne et ailleurs. Je pourrois aussi peut-estre, s'il me l'estoit permis, vous dire quelque chose que je sçay et qui vous pourroit faire craindre. Mais je ne veux vous alléguer qu'un moyen que j'ay en main pour renverser vos machines parce que je puis vous le dire hardiment sans que Vostre Éminence ou son parti en puisse parer le coup.

Le Cardinal. Je suis curieux de l'entendre, quoyque je ne le craigne guère.

L'Amirante. N'est-il point vray que si la meilleure partie des Espagnols se joignoit avec nous, nous serions en estat de chasser les François de l'Espagne? Vostre Eminence le doit avouer, autrement elle confessera que vous estes déjà dans l'esclavage.

Le Cardinal. Je veux bien vous l'accorder, Monsieur ; mais comment les mettrez-vous de vostre parti ?

L'Amirante. On leur montrera clairement que leur conscience et le salut de la patrie le demande. Croyez-vous, Monsieur, qu'ils soient insensibles à leurs plus grands devoirs et intérêts ?

Le Cardinal. Bien loin de faire ce tort à nostre nation généreuse et pieuse, j'asseure à Vostre Excellence que je serois le premier à me ranger du costé de celuy que vous reconnoissez pour roy, si je pouvois estre persuadé de ce que vous dites. Les difficultés ne me décourageroient pas, et mes raisons d'autrefois cessent en partie. Nous ne craignons plus le traité de partage et nous n'espérons plus comme alors d'éviter la guerre, car il faut avouer que c'est en cela que nous nous sommes trompés.

L'Amirante. Adjoutés-y, Monsieur, que vostre intention n'estoit point sans doute que le roy de France et les François devinssent si puissans dans l'Espagne et dans les pays de la monarchie espagnole, jusqu'à la maîtriser contre le sentiment des grands et de la nation : car pourrois-je, sans faire injustice à Vostre Eminence, avoir une autre opinion d'un cardinal espagnol, issu d'une famille très-noble, primat des Espagnes, chef des conseils, que le grand âge doit faire penser plus que jamais à rendre compte à Dieu de ses actions?

Le Cardinal. Ce n'estoit pas mon intention, sans

doute, ny celle de mes amis, de nous livrer à la France en recevant un prince françois, et si nous avions eu des veues si méchantes, nous serions des lâches indignes du nom honorable d'Espagnols, et même indignes de vivre et de paroistre devant les gens d'honneur, dignes enfin de l'exécration de la postérité, comme des traîtres à leur patrie. Mais les ennemis nous ont forcés insensiblement de nous jetter entre les bras de la France. L'Empereur, envoyant une armée en Italie, a attiré les François dans le Milanois; les Anglois et les Hollandois, en nous faisant la guerre aux Pays-Bas, nous ont obligés de nous aider des forces de la France. Et maintenant, en envoyant des trouppes au roy de Portugal contre nous, ils fournissent un sujet à la maison de Bourbon de renvoyer les Espagnols des Pays-Bas en Espagne et de donner la garde du pays aux François et Wallons.

L'Amirante. Je ne veux point reprocher à Vostre Éminence qu'on pouvoit prévoir ces suites. Et laissant là le passé et ce qui se devroit, pour ne parler que de l'avenir et de ce qui se doit encor, je luy diray qu'il est manifeste que vous tomberés de mal en pis si vous continués. Supposez, si vous voulés, que vous ayez le bonheur ou plustost le malheur de repousser le nouveau et légitime roy, et que le danger soit passé qui force les François à se masquer encor un peu, quel moyen aurés-vous de résister au pouvoir despotique des Bourbons? Car il ne me paroist point possible que vous et vos amis soyent assés simples pour se fier à leur parole qu'ils ont faussée tant de fois, lors même qu'elle estoit plus solennellement jurée. Ainsi tout est perdu, à moins que vous ne vous ravisiés maintenant. Si vous avez esté excusable jusqu'icy, Monsieur, il est impossible que vous le soyez plus. Considérés que voilà le moment fatal d'où dépend la conservation de nostre commune patrie et celle de vostre ame. Pardonnés-moi, Monsieur, si, séculier que je suis, j'ose parler ainsi au premier ecclésiastique d'Espagne. La nécessité veut. Vous pouvés encor réparer le mal.

Le Cardinal. Je suis venu icy pour dire et pour écouter des choses bien opposées à ce que vous me dites. Mais je croy que c'est Dieu, le maistre de nos cœurs, qui m'a écarté de mes intentions. Je me sens l'esprit troublé et touché. Vostre généreux refus, où je ne m'attendois pas, a commencé à me frapper ; après cela je ne me connoissois quasi plus, et il semble que je suis tout transformé. Mais que faire pour nous retirer du précipice ? car mon esprit a besoin de se remettre du désordre dont vous estes témoin, pour penser à prendre des bonnes mesures, et il ne nous est pas permis de nous trouver longtemps ensemble.

L'Amirante. Nous pourrons encor avoir une conférence après dîner, et nous ne manquerons pas tous deux de prétexte pour cela. Cependant je remets entre les mains de Vostre Éminence un mémoire qu'on va publier à l'arrivée de nostre roy (1), pour faire voir l'illégalité du testament attribué à Charles II et l'injustice de la chicane dont la maison de Bourbon se sert, à l'ombre de ce testament, pour éluder la renonciation solennellement jurée et confirmée

---

(1) C'est le manifeste publié par le comte de Nelgar, dont il a été question dans une note ci-dessus.

par la loy fondamentale du traité des Pyrénées. On y montrera en même temps la nécessité qu'il y a de se détacher des Bourbons pour sauver l'Espagne. Et je me promets que ces raisons achèveront à vous déterminer, et porteront tout ce qu'il y a encore de véritables Espagnols à se mettre dans le parti de leur patrie. Vostre Éminence pourra parcourir cet écrit, et songer en même temps aux moyens de secouer le joug de nos ennemis. Quand Elle y pensera tout de bon, je sçay que rien n'échappera à ses lumières, et je ne veux partager avec Elle que l'honneur de l'exécution.

Ils se séparèrent après cela, chacun déguisant son visage, de peur de donner matière aux conjectures, et se promirent de se retrouver immédiatement après le dîner. Je ne diray point ce qui se passa alors, sinon qu'on ne disputa plus et qu'on ne parla que des moyens de se délivrer des François. Et la suite du temps apprendra à toute la terre ce qui y fut résolu.

MANIFESTE

POUR LA

DÉFENSE DES DROITS DE CHARLES III
ROI D'ESPAGNE

PAR LEIBNIZ

AVIS DE L'ÉDITEUR (1)

Il y a dans la bibliothèque de Hanovre plusieurs écrits, tant imprimés qu'inédits, relatifs à la guerre de la succession d'Espagne. Ainsi, dans un livre in-4° intitulé : *Acta publica ad historiam Hispanicam recentiorem*, et commençant par le *Testament und codicill Caroli II, Madritt, anno 1700*, on trouve, avec la *lettre écrite d'Anvers le 9 décembre par M. P. à M. N.* et celle *écrite d'Amsterdam le 1er février 1701 par M. N. Hollandois pour servir de réponse à M. P.****, les ouvrages suivants, sous le n° 5 : *Spanien hohe trauer Fahne*, Cölln, bey Peter Marteau, A° 1701; sous le n° 7 : *Franckreichs fruhzeitige Erb und Eintheilung in die Spanischen Rechte und Landen*, Col., Peter Marteau, 1701; sous le n° 8 : *Considérations et remarques sur la succession du duc d'Anjou*, traduit de l'anglois, françois et allemand, Cologne, Pierre Marteau, 1701; sous le n° 15 : *Osterreichisches Recht an die Spanischen Monarchie nach dem Wiener exemplar*, 1701; sous le n° 16 : *Die an das Licht gebrachte Wahreit des Osterreichischen Rechts und Französichen Unrechts*,

---

(1) Cet avis est de l'éditeur des œuvres de Leibniz. Voir la préface de Leibniz, p. 366. N. E.

Cölln, 1701; sous le n° 18 : *Jus Austriacum in successione regnorum Hispaniæ vindicatum*, anno MDCCIV; sous le n° 19 : *Das Europaische Staats und Kriegs Labyrinth*, Cölln, 1702. Le difficile était de s'orienter dans ce labyrinthe et de découvrir quels étaient ceux de ces écrits qui avaient été composés par Leibniz. Voici le fil d'Ariadne qui nous a guidé dans cette délicate recherche. Nous avons eu recours aux manuscrits de Leibniz, et là nous avons trouvé de sa main un certain nombre de projets, brouillons, ou mises au net déjà plus soignées des écrits qui lui doivent être attribués définitivement et qui établissent sa part de coopération dans les affaires. C'est ainsi que nous avons dévoilé l'anonyme du petit écrit qui précède, et qui est composé avec deux lettres, l'une écrite d'Anvers à laquelle il répond, et l'autre soi-disant écrite par un bourgeois d'Amsterdam, qui n'est autre que Leibniz. En effet, on trouve dans les pièces manuscrites de nombreux brouillons de sa réponse, avec la traduction en allemand de sa lettre. Non-seulement Leibniz est l'auteur de la lettre anonyme écrite d'Amsterdam, mais il fut aussi l'éditeur anonyme du petit ouvrage où elle a paru d'abord et de l'avertissement qui précède; car nous avons retrouvé les originaux de toutes ces pièces préparées par lui pour l'impression sous ce titre : *La Justice encouragée*, etc.

Cette même méthode, appliquée aux autres écrits qui étaient douteux, devait nous donner des résultats analogues. C'est ainsi que se trouve définitivement résolue la question qu'avait soulevée Gubrauer au sujet d'un Discours ou Manifeste pour la défense des droits de Charles III sur la monarchie d'Espagne, publié par du Mont dans le corps universel diplomatique, sans nom d'auteur, à la date du 9 mars 1704. Les lettres suivantes, dont quelques-unes sont données en extraits, sont de nature à faire cesser tous les doutes et à réaliser tous les faits.

LETTRES RELATIVES A L'IMPRESSION.

Monsieur,

Une personne qui a du mérite m'a envoyé le papier cy-joint et désire fort que j'en procure l'impression et la dispersion, tant en Hollande qu'en Angleterre. La pièce me paroist assez bonne; mais, outre que je ne me mêle pas volontiers de ces choses, et que je n'ay point la connoissance de personnes que je voudrois employer dans ces pays-là pour quelque affaire de cette nature, j'ay considéré que l'affaire est de vostre compétence, M., que vous estes le meilleur juge qu'on puisse trouver pour cecy, et que vous pourriez le plus aisément en procurer la publication, si vous jugiez qu'elle en valût la peine. En ce cas, on pourroit l'envoyer en Hollande au plus tost pour en avoir l'impression, et même en envoyer une copie en Angleterre pour le même effect. Je viendray moy-même vous faire la révérence pour en apprendre vostre jugement quand vous l'aurez lûe. Mais je vous supplie de ne la point monstrer qu'imprimée et de me la rendre si vous ne trouvés pas qu'il y faille faire grande réflexion. C'est afin que je la puisse renvoyer promptement à son auteur afin qu'il y mette autrement ordre s'il le trouve bon.

Je suis avec zèle, etc.

Lettre de Leibniz à Son Excellence M. le baron d'Obdam, général de Leurs Hautes Puissances (1).

Monsieur,

La bonté que V. E. m'a tousjours témoignée, fait que je prends la liberté de luy adresser un discours que j'ay com-

---

(1) Toutes ces lettres sont de Leibniz, et pour la plupart inédites. N. E.

posé sur le droit du roy d'Espagne; j'en ay déjà fait imprimer autresfois quelque chose sans me faire connoistre, comme je ne voudrois pas estre nommé encor non plus : mais alors le Roy n'estoit pas encore déclaré, et il a esté raisonnable de faire des changemens. Si V. E. le trouvoit à propos, elle le pourroit donner, cet écrit, à mons. le prince de Lichtenstein, mais je voudrois que luy seul et le Roy en fussent l'auteur. V. E. pourroit pourtant le faire voir à quelcun (comme à M. le trésorier, par exemple), sans me nommer, si le temps le permet, pour en juger, avant qu'elle le fasse donner à Sa Majesté. Je n'oserois jamais prendre cette liberté, si je ne croyois que le sujet ne déplairoit pas à V. E. Peut-estre trouvera-t-on bon de le faire imprimer en Hollande, et peut-estre aussi ne seroit-il pas mal de le faire traduire en espagnol. Je félicite V. E. de la justice que l'Estat et le public luy ont rendue.

Je considère l'expédition de Charles III comme nostre meilleure ressource. Mais il ne faudroit point négliger ailleurs de faire tout ce qui se peut, et il ne me semble pas qu'on l'ait fait jusqu'icy dans l'Empire à tous égards. Il est temps qu'on s'éveille et qu'on y fasse des levées considérables. Il faut espérer que le Roy de Prusse tournera tous ses efforts du costé de l'ennemi commun, nonobstant ses nouveaux engagemens avec la Suède, et, dans la Prusse, mad. l'Electrice m'a fait la grâce de me mander que la paix entre la cour de Berlin et celle de . . . . . par rapport à l'affaire de Gasten est faite; ainsi on lèvera les arrests de part et d'autre, ou on les aura déjà levés. Mad. l'Electrice y a contribué beaucoup. Elle adjoute que le Roy a consenti que la Reine vienne au carnaval prochain à Hanovre. Cependant le différend avec nostre cour au sujet de Northausem subsiste encor.

Monsieur, de V. E. le très-humble serviteur,

LEIBNIZ.

Extrait d'une lettre de Leibniz à Son Excellence le baron d'Obdam, général de Leurs Hautes Puissances (1).

Pour ce qui est de l'écrit, j'ose supplier V. E. de suspendre encore un peu l'impression, afin que l'auteur puisse revoir encore le brouillon qu'il a gardé. Car cette pièce ayant été faite à la hâte, quelque révision paroît nécessaire. Il seroit peut-estre à propos aussi que quelque François habile y passât, parce que l'auteur craint qu'il y aura quelques expressions qui sentiront un peu l'étranger.

Il paroist bien que le Roi d'Espagne ou plutôt le prince de Lichtenstein n'y ont guères fait de réflexions, puisqu'ils ne se sont point avisés de penser à le faire traduire en espagnol. Pour moi, je serois quasi d'avis qu'on ne publiât le françois qu'avec l'espagnol, et qu'on lui donnât un air, comme si l'espagnol seroit l'original. Il seroit d'autant mieux reçu des Espagnols, s'il paroissoit que l'ouvrage venoit de quelqu'un de leur nation. On pourroit donc faire une édition *in-octavo* et mettre le françois vis-à-vis de l'espagnol, mais l'espagnol le premier, comme si c'étoit le texte. On ne manque pas de gens en Hollande capables de bien écrire le castillan, et d'entrer en même temps dans le vrai sens du sujet. — Il paroît bon même que cette pièce ne paroisse point de ce côté-ci avant le temps. Car n'étant pas faite pour la simple curiosité, ni pour affermir seulement les vrais fidèles, mais encore principalement pour convertir d'autres, il est convenable qu'elle paroisse presqu'aussitôt en Espagne qu'en Hollande, afin que les François ne voyent pas trop tôt et ne trouvent point moyen d'y obvier de bonne heure pour diminuer ou effacer l'impression qu'elle pourroit faire sur les esprits; car on sçait qu'ils ne manquent point d'adresse ni d'activité. Ainsi je supplie

---

(1) Cette lettre est de Hanovre, le 7 décembre 1703, c'est-à-dire du mois où l'écrit fut imprimé en Hollande. Ce fait donne une importance très-grande à son contenu. Leibniz y garde encore l'anonyme.

V. E. de ne faire passer à l'impression que lorsqu'on aura réglé ou concerté les choses le mieux qu'il se pourra.

L'auteur a grand sujet aussi de vouloir être inconnu. Il *n'y a que V. E. et moi à qui il eût fait confidence;* et il se trouve dans une situation qui l'oblige à être retenu là-dessus par bien des raisons. Ainsi, il suplie V. E. de le ménager le mieux qu'il est possible, et si quelqu'un des vôtres l'a dû savoir inévitablement, vous aurez la bonté, Monsieur, de recommander le silence à cette personne.

Lettre de Leibniz à M. Bothmar, ministre d'Estat et envoyé extraordinaire de Brunswic et Lunebourg.

Hanover, 14 janvier 1704.

Monsieur,

Je ne vous importunerois point de nouveau en vous écrivant une lettre dont V. E. n'a que faire, s'il n'y avoit un endroit qui me surprend dans celle que vous me faites l'honneur de m'écrire, où vous parlez, Monsieur, d'un appuy que je dois avoir donné aux droits du roy d'Espagne et qui soit gousté du public. Cela, dis-je, me surprend, et, comme je ne voudrois point passer pour un homme qui va au delà de ce qu'il est capable de faire, je vous suplie, Monsieur, de contribuer à désabuser ceux qui me font plus d'honneur que je ne mérite. L'appuy dont le roy d'Espagne a besoin seroit un plus grand nombre de trouppes que ceux que l'Angleterre et les Provinces-Unies ont résolu jusqu'icy de luy envoyer. Car l'ennemi, le sçachant à peu près, l'égalera ou le surpassera; de sorte qu'on aura de la peine à réussir sans le surprendre. Et nous ne le pourrions mieux surprendre qu'en allant au devant du mal et nous montrant plus vigilans qu'il n'a droit de supposer que nous sommes. Mais j'ay peur que sa supposition ne soit trop bien fondée, et je ne sçay si nous le surprendrons jamais de la manière que je viens de dire.

Messieurs les Estats prient, dit-on, la reine d'Angleterre de passer office avec nous pour que nos généraux ayent de plus amples pouvoirs. Mais il les faudroit prier eux-mêmes de nous faire l'honneur autrefois de concerter mieux les choses avec leurs alliés. Mgr l'Électeur ne s'exposoit trop : il seroit à souhaiter que S. A. E. commandât les forces de l'Empire et des alliés du costé du Rhin, et j'aurois meilleure opinion des affaires.

Je suis avec zèle, etc.

Extrait d'une lettre du baron d'Obdam à Leibniz.

L'approbation que le public donne au *Manifeste du roi d'Espagne Charles III* a beaucoup accrédité ceux qui vous l'ont attribué. Puisque vous souhaitez que cette insinuation soit détruite, je me gouvernerai là-dessus de la manière que vous l'ordonnez. Votre raisonnement pour le succès de l'entreprise de ce Prince est fort juste ; on compte moins sur les armes qu'il portera en Espagne, que sur l'inclination des Espagnols pour lui, espérant qu'ils imiteront, pour le recevoir, l'exemple des Anglois envers le roi Guillaume. Je souhaite que cette espérance soit bien fondée.

Autre extrait d'une lettre du baron d'Obdam à Leibniz.

La Haye, 25 juin 1704.

Vous ne devez point vous alarmer de ce que Mr. de Bothmar vous a mandé, que votre pièce a trouvé ici l'approbation qu'elle mérite ; j'ai cru ne rien risquer en lui apprenant *qu'elle vient de vous*. Le public n'en a d'ailleurs aucune connoissance, aussi je n'ai personne à désabuser à cet égard. *Votre ouvrage fera son effet sans le nom de l'auteur*, qui lui donneroit un nouveau relief s'il étoit connu.

Extrait d'une lettre du baron de Bothmar à Leibniz.

8 avril 1704.

Je me trouve honoré par votre agréable lettre du 3 mars, et il faut que je vous avoue ingénûment qu'outre que je n'ay pû trouver d'occasion à vous faire tenir quelques exemplaires *de l'ouvrage pour les droits du Roi d'Espagne*, la grande multitude d'affaires dont j'ay été accablé depuis quelque temps en deçà me l'a fait sortir aussi de la tête; vous assurant que j'aurai soin de vous en faire avoir quelques-uns par la commodité que vous m'indiquez. Cependant je dois vous dire que *ce petit traité* a été admiré ici par tout ce qu'il y a de gens d'esprit et de bien intentionnés pour la bonne cause dans ce pays-ci. On en rend le même témoignage de Portugal, où j'avois envoyé un exemplaire à notre ministre, qui me marque que l'Admirauté l'avoit trouvé excellent, qu'on le feroit traduire en espagnol et disperser par-tout où on pourroit (1).

(1) Après avoir donné les lettres relatives à l'impression, nous avons ajouté quelques extraits de lettres déjà publiées en partie par Guhrauer, et qui attestent l'effet produit par sa publication. Elles ont cela de très-curieux, qu'elles donnent l'impression du public à peu près comme pourraient le faire les comptes rendus de la gazette. C'était la publicité du temps, et Leibniz, en homme prudent, ne s'aventurait qu'à bon escient. Sa prudence, peut-être excessive en cette circonstance, l'empêchait encore de se nommer quand le bruit public, en Hollande et ailleurs, le déclarait l'auteur du manifeste. N. E.

PROJECT D'UNE PRÉFACE

Fait immédiatement après l'élection de l'empereur Charles VI (1)

Pour servir à une nouvelle édition de la Défense de ses droits sur la monarchie d'Espagne, *traduite en castillan avec cette préface.*

Cet ouvrage, dont on donne maintenant la traduction en espagnol, a été publié en françois l'an 1703 (2), lorsque le roi catholique étoit parti pour maintenir ses droits en Espagne. Depuis ce tems-là rien n'est arrivé qui affoiblisse les raisons de ce discours : au contraire, l'événement a justifié ce qu'on avoit prédit. D'un côté les François ont visiblement découvert leur mauvais dessein de démembrer la monarchie et d'enchaîner la nation espagnole. Et de l'autre côté Dieu a donné à notre Roi légitime des succès fort considérables. Car les armes de Sa Majesté et ceux de ses Hauts Alliés ont chassé les usurpateurs de toute l'Italie, excepté quelques pe-

---

(1) C'est-à-dire en 1711. Ainsi se trouve expliqué le problème historique dont la solution avait embarrassé Guhrauer. Il trouvait dans le catalogue de Perthes, 1802, la mention d'un manifeste anonyme que Leibniz avait composé pour Charles VI, et comme, à l'époque où fut rédigé ce manifeste, Charles VI n'était encore qu'archiduc, il en concluait que l'on avait écrit par erreur Charles VI au lieu de Charles III, titre qui lui était dû comme successeur au trône de Charles II d'Espagne. Ce projet de préface explique tout. Il est très-vrai que l'écrit de Leibniz avait été écrit pour Charles III, avant son élection à l'empire, mais il avait été depuis lors souvent question de le rééditer, traduit en espagnol. L'avènement de Charles III à l'empire en 1711 lui parut une circonstance favorable pour cette réimpression, et c'est alors qu'il composa cette préface pour servir à la traduction en langue castillane.

(2) Ainsi se trouve irrévocablement fixée en 1703, par Leibniz lui-même, la date de la première publication. Voir l'avis de l'éditeur.

tites places de la Toscane. Et après avoir forcé la forte barrière des Païs-Bas et renversé les travaux françois d'un demi siècle, on s'est mis en état de pénétrer bientôt dans le cœur de la France. Notre Roi en personne a travaillé dans les Espagnes à délivrer la nation du joug de leur ennemi, et il a été deux fois le maître de la capitale de la monarchie. L'aveuglement ou l'oppression d'une multitude trompée ou assujettie, et l'obstination de quelques Grands abusés ou corrompus, joints à l'éloignement des forces principales du Roi et de ses amis, et à la facilité que le voisinage donne au Roi de France de soutenir le duc d'Anjou et de continuer cette même oppression, n'ont pas encor permis de recueillir les fruits de tant de travaux. Outre que Sa Majésté a été obligée par la mort prématurée de l'Empereur, son frère, de se charger du reste des royaumes et pays héréditaires de Sa Maison et même de se revêtir de la suprême dignité du premier prince chrétien, déférée par le choix unanime des Princes Électeurs du Saint Empire Romain. Mais l'intention de l'Empereur nouveau n'en est pas moins ferme et moins inébranlable de continuer ses efforts et ses soins pour la délivrance de la nation espagnole. Sa Majesté impériale est maintenant plus que jamais en état de le faire, surtout après la pacification de la Hongrie, et elle a sujet de se persuader que ses Hauts Alliés pousseront avec elle leurs glorieux avantages, qui ne sont guères plus éloignés du grand but qu'ils se sont proposé, d'assurer la liberté de l'Europe. Il y a même lieu d'espérer que la nation espagnole, dont la prudence et la grandeur d'âme ont été louées jusqu'à ces derniers temps, se réveillera de la léthargie où un poison fatal, présenté par ses ennemis, l'avoit plongée.

Le Roi de France, ayant conclu avec le feu Roi de la Grande Bretagne un traité qui partageoit les Estats de la monarchie d'Espagne, trouva moyen de tourner à son profit ce qui, suivant la raison, devoit porter à son comble la juste indignation de nos Espagnols, si souvent maltraités par les violences et abusés par les promesses des François. C'étoit la cour de France principalement qui faisoit le partage pour en profiter. Et cependant on fut assés duppe et aveugle à Madrid, pour se jetter entre les bras du Roi de France, à fin d'éviter un mal dont il étoit l'auteur. C'étoit se rendre à la merci de son plus grand ennemi et abandonner en même tems le meilleur ami de la nation, l'Empereur Léopold, de glorieuse mémoire, qui rejettoit ce fatal traité de partage, et dont la bonne foy a été mal reconnue. On punissoit celui qu'on devoit récompenser, et on récompensoit celui qu'on devoit punir, et cette récompense étoit toute la monarchie. La seule raison apparente, dont on se pouvoit servir pour excuser une conduite si étrange, ne nous faisoit point d'honneur : elle marquoit un abandon de ses intérêts les plus essentiels, et un relâchement venu d'une espèce de désespoir de se maintenir contre la France. C'étoit une honteuse foiblesse, indigne d'un cœur espagnol ; mais elle prévalut auprès de ceux qui étoient en autorité. Ils croyent désormais la France irrésistible, ou plutôt ils le faisoient croire pour couvrir leur mollesse, pour gouverner en repos, et pour satisfaire à leur ambition et peut-être aussi à leur avarice, aux dépens de la patrie, dont le salut étoit trahi. Ils eurent l'adresse de tromper bien des gens; mais ils n'eurent jamais la hardiesse, en ce temps-là, d'appeler les États ou cortès, et de laisser consulter dans les formes les sages de la nation. Leur grand prétexte étoit, qu'il falloit éviter le partage de la monarchie, et que le choix d'un Prince françois en étoit l'unique moyen. Mais outre que c'étoit une chose extravagante, de perdre le tout pour sauver des parties, c'étoit poser un fondement très-faux, que l'événement a réfuté, sçavoir que ce choix feroit éviter le partage. Car c'est justement ce choix, s'il subsiste, qui le rend inévitable. Et maintenant il est visible que l'unique moyen d'éviter ce grand démembrement de la monarchie, est de révoquer bientôt le même choix. L'Empereur, outre ce qu'il a en Espagne, possède en Italie le Royaume de Naples et le Duché de Milan : les François ont été chassés de la meilleure partie des Pays-Bas. Et le Roi de France ne consent pas seulement que tous ces pays soyent démembrés de la couronne d'Espagne, mais il en offre même la cession de la part de son petit-fils. Voicy la lettre qu'il écrivit au Pape, il y a près de six ans, et elle doit ouvrir les yeux à tous les vrais Espagnols :

LETTRE DU ROY T. C. AU PAPE CLÉMENT XI

Par laquelle on voit que, si la cour impériale avoit voulu faire des traités particuliers, elle auroit obtenu des conditions plus avantageuses que celles qu'on lui a offertes à Utrecht.

Très-saint Père,

Ces soins que Votre Sainteté continue de se donner, pour procurer la paix à l'Europe, nous sont tousjours également agréables. Nous n'avons rien plus à cœur, que de seconder ses instances, et nous voulons bien encore aller au devant de tout ce qui pourroit les rendre fructueuses. Comme il n'a pas tenu à Nous que la guerre n'ait pas été commencée, aussi continuerons-nous à rechercher les occasions pour la finir par les voyes les plus promtes et les plus faciles. Votre Béatitude a été informée que Nous avons déjà fait plusieurs fois des avances pour parvenir à un but si salutaire. Il faut attribuer au malheur du temps, que des Princes catholiques, frappés de la crainte de déplaire à leurs Alliés, refusent encor d'écouter les saintes exhortations du vicaire de Jésus-Christ. Lors que Nous remismes à l'arbitrage de Votre Sainteté de régler les droits de l'Empereur par une compensation sur quelques États de la monarchie d'Espagne, les ministres de Votre Béatitude furent chargés d'en faire la proposition à ce Prince. Mais avec quelle hauteur ne l'a-t-il pas rejettée, ayant dit des choses exorbitantes et demandé avec fierté le rappel de notre petit-fils! Qui auroit cru, Très-Saint Père, qu'il feroit une réponse si orgueilleuse à un Roy insulté, au ministre de Votre Sainteté, et à notre amour pour la paix? Car la conjoncture, bien loin d'être favorable à la maison d'Austriche, sembloit alors la menacer par la supériorité de nos forces, et par le gain de la bataille de Cassano. Mais Dieu, qui est le maître des événemens, changea la disposition de nos affaires. Cependant, quoyque nous fussions occupés du soin de réparer nos pertes, nous n'oubliâmes rien pour mettre en effet l'idée de la paix que nous avions conçue dans le temps même de notre plus grande prospérité. Nous réitérâmes à la Hollande l'offre d'une barrière pour leur État et les seuretés demandées pour leur commerce, en nous réservant de traiter d'une compensation avec l'Empereur. Des propositions si raisonnables furent de nouveau rejettées par les intrigues du parti qui s'étoit montré contraire à l'agrandissement de notre petit-fils, et nous donnâmes alors tous nos soins à augmenter les préparatifs d'une guerre, qui nous avoit été violemment et injustement déclarée. Néanmoins, comme il nous est important de correspondre encore aux saintes exhortations de Votre Béatitude, et à fin qu'il ne reste aucun prétexte à nos ennemis de nous imputer à cause de tant de sang chrétien répandu, et qui va encore se répandre; nous ferons à Votre Sainteté l'explication qu'elle désire sur les dispositions où nous sommes pour la paix. Nous dirons donc à Votre Béatitude que le Roi notre petit-fils nous a confié les pouvoirs pour transporter à l'Archiduc une partie des États qui composent la monarchie d'Espagne. Le Roy catholique a le cœur des véritables Espagnols, et il se contente de régner sur eux; l'Empereur donc peut seul s'expliquer à présent. Il dépendra de ce Prince que le Milanois, Naples et Sicile avec les autres Iles de la Méditerranée, dépendantes de l'Espagne, soyent à jamais réunies dans la maison. On conviendroit aisément d'une barrière pour la République des Provinces-Unies; et les deux prétextes de la guerre étant ainsi levés, il seroit facile de mettre fin aux malheurs dont l'Europe est si longtemps accablée. Nous prions Dieu qu'il conserve pendant de longues années Votre Sainteté dans le gouvernement de son Église. Votre dévot fils le Roi de France et de Navarre. Étoit signé *Louis* et plus bas *Colbert*. Écrit à Versailles le 15 Février 1707.

On ne s'amusera pas à faire des remarques sur cette lettre, où l'on voit la maxime que la France a practiquée depuis longtemps de prendre leur bien aux autres, et puis leur en offrir la restitution d'une partie, et les appeller orgueilleux et ennemis de la paix, s'ils refusent de s'en contenter. Maintenant il suffit que cette lettre authentique fasse voir comment le Roy de France pensoit, presque aussitôt qu'il se fût emparé de la monarchie d'Espagne, à revenir au partage; mais à rebours, en gardant le meilleur pour sa famille, que le traité de partage avoit donné à la maison d'Autriche; et en mettant la nation espagnole pour toujours dans les fers des Princes françois : au lieu que sa liberté, et même son ancienne grandeur, étoit assurée sous la maison d'Austriche. On voit aussi par cette lettre que le Duc d'Anjou, qui prétend d'estre Roy d'Espagne, et qui fait tant de parade de son affection pour la nation espagnole, donne pouvoir à son grand-père (dont en effet il dépend absolument) de la priver de tout ce qu'elle possède en Europe hors de l'Espagne; tant pour acheter les droits de l'Empereur, que pour contenter les hauts Alliés de Sa Majesté impériale. Au lieu que l'Empereur Léopold, et le véritable Roy catholique son fils, ont tousjours agi en vrais Pères, et n'ont point voulu consentir à une division semblable à celle où la fausse mere, en plaidant devant Salomon, donna les mains. Après cela nos Espagnols, qui ne voyent pas qu'on les a duppés, lorsqu'en acceptant le testament prétendu, on leur a promis la conservation de la monarchie en son entier, doivent être des aveugles volontaires. Et cet unique but qu'ils ont eu, en se donnant au prince françois, ne cessant pas seulement par ces démarches, mais ne pouvant même estre obtenu qu'en renvoyant ce Prince bientôt; n'est-il point visible que notre nation s'y doit résoudre, et que c'est l'unique moyen, non-seulement de conserver à la monarchie tant de royaumes et de provinces, mais même d'éviter le joug? puisqu'il est clair comme le jour, par tant d'expériences, que les François dominent absolument en Espagne, et ne domineront pas moins aux Indes; et que ce qu'ils ont fait au Duc de Medina Celi contre les voyes de la justice, doit faire trembler les grands et les petits. Car après un si grand exemple de violence et d'injustice, il seroit inutile d'en alléguer quantité d'autres moins éclatans. Si ce qu'ils nous font, lorsqu'ils ont encore tant à craindre, va si loin, que n'en doit-on pas attendre quand ils seront les maîtres sans contredit! La France travaille maintenant plus que jamais à une paix, dont le démembrement de la monarchie et l'esclavage de l'Espagne doivent être les principaux articles, et elle se flatte fort d'y réussir par ses intrigues plustôt que par ses forces. Et le moyen le plus assuré de l'éviter est, que les Espagnols se déclarent au plustôt pour leur Roy légitime, maintenant que les forces des François en Espagne sont assés modiques et viennent d'être maltraitées de nouveau devant Cordoue; et que l'Empereur est plus puissant par la réunion de ses États héréditaires et par leur conjonction avec l'Empire. Il est donc tems de se réveiller, et, quand l'occasion sera passée, il faudra se résoudre à la condition la plus dure et la plus honteuse dans laquelle une grande nation puisse tomber : après avoir même ce reproche à se faire, non-seulement d'avoir esté cause du mal général de l'Europe, et de l'oppression de la liberté publique, mais bien plus encor d'avoir combattu à outrance contre ceux qui nous vouloient secourir et d'avoir acheté notre malheur et notre ignominie au prix de notre bien et de notre sang. Car c'est ce que nous faisons visiblement en faisant la guerre pour le Duc d'Anjou.

MANIFESTE

CONTENANT

LES DROITS DE CHARLES III, ROI D'ESPAGNE

ET LES JUSTES MOTIFS DE SON EXPÉDITION

PUBLIÉ EN PORTUGAL

Tiré de du Mont, tome VIII, 9 mars 1704.

Charles III, Roi d'Espagne et archiduc d'Autriche, se rendant en personne dans les Espagnes pour prendre possession de toute la monarchie, et telle qu'elle a appartenu à Charles II, son prédécesseur; l'Exposition de Sa Majesté Catholique est fondée *premièrement* sur le droit incontestable que l'Empereur, son père, et le Roi des Romains, son frère aîné, lui ont cédé en bonne forme; *et en second lieu* sur le bien public et le salut des Grands et des Peuples, que la conscience et leur intérêt capital doivent se porter à se ranger du côté de Sa Majesté. Ce Manifeste fera voir l'un et l'autre point clair comme le jour, le plus succinctement qu'il sera possible.

Pour ce qui est du droit, il est notoire que l'Empereur Léopold est fils de Ferdinand III, Empereur des Romains, et de Marie-Anne, Infante d'Espagne, fille de Philippe III, et sœur de Philippe IV, Monarques d'Espagne; et qu'il a été seul héritier des droits de l'Infante sa mère, par la mort prématurée de son frère aîné Ferdinand IV, Roi des Romains. Or la postérité de l'Infante Marie-Anne, réduite au seul Empereur et à ses deux fils ou à leurs descendans, succède seule dans tous les droits de la monarchie espagnole après la mort du dernier Roi Charles II, fils de Philippe IV. Car quoi qu'il soit vrai que Philippe III a donné sa fille aînée, Anne d'Autriche, à Louis XIII, Roi de France, qui en a eu Louis XIV et le feu Duc d'Orléans; et que Philippe IV a eu deux filles, dont l'aînée, Marie-Thérèse, a été donnée à Louis XIV, Roi de France, et la seconde, Marguerite-Thérèse, à Léopold, empereur des Romains, de qui la fille, Marie-Antonia, née de ce mariage, avoit épousé Maximilien, Électeur de Bavière :

Néanmoins les droits de toutes ces personnes, qui auroient pu faire obstacle aux fils de l'Empereur Léopold, sçavoir les droits d'Anne et de Marie-Thérèse, Reines de France, et de Marie-Antonia, Électrice de Bavière, ont été éteints et annullez par leurs renonciations approuvées par les époux avant ces mariages; outre que le Prince Électoral de Bavière, fils de Marie-Antonia, a suivi sa mère en bas âge; de sorte qu'il n'y a point d'autre postérité que celle des deux Reines de France, Anne et Marie-Thérèse, excluës avec leurs descendans par les renonciations les plus solennelles que la prudence humaine puisse inventer, jurées sur les Évangiles, confirmées par les sermens de leurs époux et par les traitez publics les plus autorisez. Celui des Pirénées, qui a été le traité de la paix entre les deux Couronnes, qui a rendu le repos à l'Europe, en terminant une grande et longue guerre, sert particulièrement de Loi fondamentale de part et d'autre. Or, sans la renonciation, le mariage ne se seroit point fait ; donc elle doit subsister, ou bien ceux qui s'y opposent déclarent hautement qu'ils ne font des traitez que pour tromper, que les sermens ne leur servent que de piéges, et que la Justice et la Religion ne passent chez eux que pour des chimères toutes pures.

Cependant, chose bien étrange, et de très-mauvois exemple dans la Chrétienté : les armes de France ayant envahi les Païs-Bas espagnols après la mort de Philippe IV, sous le prétexte frivole d'un droit de dévolution, établi entre les particuliers dans ces provinces, où la fille du premier lit est préférée en certains cas au fils né du second; on vit des écrivains françois, munis d'autorité publique pour établir les droits prétendus de leur Reine, s'émanciper jusqu'à révoquer en doute la validité de la renonciation de cette Princesse. Mais leurs sophismes furent détruits par des écrits opposez de la part de l'Empereur et de l'Espagne, d'une manière qui eut l'approbation de toute l'Europe non intéressée, laquelle condamna hautement l'injustice manifeste et insupportable du procédé de la France. Et ce fut dès lors que les desseins de cette Couronne, tendans à l'établissement de la Monarchie universelle, et à l'oppression de la Liberté publique, furent reconnus; et que les puissances les plus intéressées se virent forcées à prendre des mesures pour s'y opposer de bonne heure.

Ces écrivains cherchèrent des chicanes tirées mal à propos du Droit civil, et ils alléguoient principalement que les renonciations des filles qui se démettent de leurs droits sur l'hérédité paternelle, sont odieuses et limitées en bien des manières : comme si l'on ne savoit point que les Loix civiles des particuliers ne sçauroient faire préjudice au Droit des gens, et au Droit public, qui règlent la succession des Royaumes et l'observation des traitez des Couronnes, et que le but de ces Loix civiles dans ce point n'a été que d'empêcher que les filles ne se ruinent par leur facilité. Au lieu qu'un Roi ne sçauroit mieux pourvoir à sa fille, qu'en lui procurant un mariage avec un autre grand Roi; et que le salut de l'État, qui ordonne d'empêcher la translation d'une Monarchie dans une Nation qu'on a tant de raisons d'appréhender, est infiniment préférable aux intérêts d'une personne seule, dont le bonheur est rendu assuré d'ailleurs, et qui par conséquent renonce de pleine volonté et le plus raisonnablement et efficacement du monde, à ce qu'on ne peut point lui accorder avec ce mariage.

Les mêmes écrivains faisoient encore une objection des plus absurdes, en prétendant que les cinq cent mille pistoles de dot n'avoient pas été païées à leur Reine, et que par conséquent sa renonciation ne subsistoit point.

Mais on leur opposa que les François eux-mêmes avoient empêché ce payement, parce qu'on demanda réciproquement en Espagne, que le traité des Pirénées et le contract de mariage fussent enregistrez dans les Parlemens de France, comme il avoit été stipulé dans le traité, à quoi la France manqua de satisfaire. D'ailleurs, le bon sens dicte qu'il n'y a point de proportion entre cette somme et la Monarchie d'Espagne, et que tout au plus cette Reine ou le Roi son mari (si le manquement n'avoit pas été de leur côté) en auroient pu demander les intérêts, et que faute de ce payement on ne pouvoit point renverser une clause essentielle, qui avoit été le fondement du mariage même, qu'il auroit fallu révoquer aussi à ce compte avec ses effets. De plus la dot ne se donnoit pas à l'Infante en équivalent des royaumes et États, mais des joïaux, meubles et autres biens propriétaires, comme le texte du contract de mariage le marque assez. Ainsi son regret en ce cas n'auroit pû aller qu'à ces sortes de biens de la succession de père et de mère.

Des personnes passionnées pour ce parti des Bourbons, et peu versées dans le Droit, ont allégué quelques autres raisons de peu d'importance contre la force de la renonciation. Et comme on ne peut point faire préjudice au droit d'autrui, ils s'imaginent que la renonciation d'un père ou d'une mère ne sçauroit détruire le droit qui pourroit appartenir aux enfans : et qu'ainsi ce que la Reine Marie-Thérèse et le Roi son époux ont promis, ne sçauroit nuire au Dauphin et à ses enfans. Mais outre que le Roi Très-Chrétien au moins ne pourroit donc pas appuïer les prétentions du Dauphin et de sa lignée, lié comme il est par son serment : il faut sçavoir qu'il est vrai qu'on ne peut point déroger au droit acquis d'autrui, et que même un père ne peut point diminuer celui de ses enfans déjà engendrez; mais quant à celui des enfans futurs, toute la Jurisprudence (par rapport aux dispositions qu'on peut faire à leur préjudice, du consentement des autres intéressez, et avec confirmation du Prince, s'il en est besoin) le compte ici pour non existant, et pour des non-êtres, qui sont sans attributs, et par conséquent comme n'ayant encore aucun droit acquis; sans cela il seroit impossible de faire des loix, pactes, aliénations ou transactions stables, puisque ceux qui ne sont pas encore ne sçauroient être portez à consentir et seroient toujours reçus à s'opposer à ce qui a été fait. Et cela auroit lieu surtout entre les Princes ou les Républiques; car on ne pourroit jamais lier la postérité, et par conséquent les traitez, cessions et échanges entre les Puissances ne seroient que personnels, et seroient toûjours en danger d'être renversez. Ce qui priveroit les hommes du moïen de terminer les guerres par quelque convention durable, et seroit par conséquent contraire absolument au Droit naturel, au Droit divin, et au Droit des gens.

C'est pourquoi la cour de France, voyant que toute la terre avoit en horreur ces maximes, qui tendoient à violer les sermens les plus exprès, et à renverser tout ce qu'il y a de plus sacré parmi les hommes, s'avisa enfin d'un autre expédient et prit le parti de reconnaître la renonciation pour bonne et valable, afin de sauver (si cela se pouvoit) les apparences de la bonne foi. Mais ce fut après avoir forgé une chicane qui paroissoit propre à en éluder l'effet, et à éblouir ceux qui se payent de paroles.

Ce fut à ce dessein que les partisans de la France à la cour de Madrid dressèrent un testament au nom du feu Roi, lorsqu'il étoit près de sa fin, où, dans l'article XVII, on lui faisoit interpréter le traité des Pirénées et le contrat de mariage de la Reine Marie-Thérèse, avec la renonciation qui y est insérée, d'une manière contraire à tout ce qu'on avoit jamais entendu ; comme si le but de cette renonciation *n'étoit autre* que d'empêcher l'union des deux Couronnes sur une même tête ; ce qui se pouvoit éviter (disoit-on) en appellant le Duc d'Anjou, second fils du Dauphin, à la Couronne d'Espagne, à condition que si le Duc de Bourgogne venoit à décéder sans laisser de successeurs en France, le Duc d'Anjou fût obligé d'opter, et qu'au cas qu'il voulût préférer la Couronne de France, le Duc de Berry, son puîné, devînt Roi d'Espagne aux mêmes conditions, ce qui se devoit encore entendre de leurs successeurs. Et le Roi Très-Chrétien, acceptant ce prétendu testament, a voulu se prévaloir de cette interprétation, et s'en est servi dans un écrit, qu'il a fait donner au Ministre que les États Généraux des Provinces-Unies des Païs-Bas tenoient à sa Cour, qui se plaignoit de la part de Leurs Hautes Puissances de la violation du traité fait entre les Rois de France et d'Angleterre et les mêmes États ; pour ne point parler des écrits que les Ministres de France ont fait courir en Hollande et ailleurs, qui s'appuïoient sur cette même interprétation de la renontiation de la Reine Marie-Thérèse.

Il n'est point nécessaire d'examiner ici si le testament où cette étrange explication a été mise en avant, doit être attribué au feu Roi, et si ce testament est valable. L'on sçait que le Roi, encore peu de semaines avant sa mort, comme toujours auparavant, s'étoit engagé envers l'Empereur de la manière la plus forte, et la plus positive du monde, à lui conserver la succession et à sa postérité, reconnoissant que cela étoit entièrement conforme au Droit. L'on sait aussi que ce Prince avoit été toujours constant dans ces sentimens, malgré toutes les sollicitations contraires, croïant qu'il y étoit obligé en conscience, et ne pouvant s'en départir sans faire à l'Empereur et aux siens le plus grand tort du monde, et sans plonger l'Espagne et toute la Monarchie, dans les plus grands malheurs; comme l'Empereur de son côté avoit été religieux observateur de sa parole et n'avoit jamais voulu écouter les offres les plus spécieuses qu'on lui avoit fait pour s'en départir. Ainsi il n'est point croïable que le feu Roi, dans le dernier moment de sa vie, se soit éloigné de ce qu'il avoit toujours voulu sur de si fortes raisons, supposé que son esprit ait été dans son assiette; et qu'on n'ait point emploïé de mauvais artifices pour l'obliger à signer une disposition contraire à sa volonté constante et perpétuelle. Il faudroit des preuves claires comme le jour pour persuader que tout s'est passé comme il faut dans une action si étrange.

Les Loix civiles ont suivi la raison naturelle, en voulant que les testamens fussent accompagnez d'un bon nombre de témoins sans reproche, et d'autres solemnitez propres à exclure les supercheries. Si cela se doit observer dans le testament d'un particulier, à combien plus forte raison doit-on y avoir égard quand il s'agit de la succession d'un Roi et d'une des plus grandes Monarchies du monde, et quand il y a tant de sujets de défiance! Il falloit ne rien omettre de tout ce qui pouvoit lever les soupçons et les doutes. Il ne falloit pas enfermer le Roi, ni éviter la présence de la Reine, de l'Ambassadeur de l'Empereur et des Grands, contraires au parti des Bourbons. Il falloit qu'une si grande action et si extraordinaire fût comme publique. Il falloit que le Roi ordonnât de son mouvement qu'on dressât un tel testament, et non pas qu'on lui en apportât un tout dressé, *et qu'on tâchât de le pousser après* à le signer.

Il falloit qu'on n'abusât point du nom de Dieu et des droits de la conscience, et qu'on ne feignît point une sédition populaire pour donner de fausses terreurs à un Prince destitué et agonisant, dont on s'étoit rendu maître, et qu'on menaçoit cruellement de la damnation éternelle et de la violence toute prête, mais imaginaire, d'une canaille brutale, pour le forcer à signer ce qu'on vouloit : sans parler de plusieurs autres considérations qui rendent ce testament insoutenable.

Mais quand il auroit été fait par le Roi Charles II de son plein gré et de la manière du monde la plus incontestable, il ne serviroit de rien pour changer la loi fondamentale de l'État et de la paix des Pirénées par une interprétation contraire au texte, à la raison et à toute la Jurisprudence, au préjudice des engagemens pris et du droit acquis d'autrui.

Tout le monde convient qu'il n'est pas dans le pouvoir d'un Roi de disposer de ses Royaumes par testament, soit qu'il le fasse directement, ou qu'il prétende de le faire comme interprète des Loix ou pactes, si cette interprétation ne se soutient pas d'ailleurs; et les François ont assez fait voir cette vérité eux-mêmes, lorsqu'ils n'espéroient pas encore qu'un testament d'un Roi d'Espagne leur pourroit être favorable. Il s'agit donc d'examiner cette interprétation en elle-même, sçavoir, s'il est vrai qu'un Prince de Bourbon, descendant de la Reine Marie-Thérèse, peut hériter l'Espagne nonobstant la renonciation de cette Princesse, pourvû qu'il ne soit point en même temps héritier présomptif de la Couronne de France; et si cette exception se peut soûtenir, sous prétexte que le motif de la renonciation n'est autre que l'empêchement de l'union des deux Couronnes sous un même Roi, et cesse ainsi en sa personne.

Pour renverser cette exception de fond en comble et faire voir qu'il n'y a jamais eu de chicane plus insupportable, et moins capable d'excuser la violation des traitez et des sermens les plus solennels, il est plus que suffisant de montrer : 1. Que les Jurisconsultes condamnent en général depuis longtems cette *exception du motif cessant*. 2. Que la France en fait un très-mauvais usage. 3. Qu'on auroit dû parler tout autrement, dans le contract de mariage, si cette exception eût été conforme au sentiment des contractans. 4. Que ce motif même, qu'on prétend cesser, ne cesse pas ici. 5. Que l'acte de renonciation marque cela lui-même. 6. Qu'il paroît qu'on doit avoir encore d'autres motifs. 7. Que l'acte même en donne des marques. 8. Que cela est dit expressément. 9. Qu'on particularise même en termes formels encore un autre motif, qui a lieu ici, entre ceux qu'on peut sous-entendre 10. Qu'enfin quand tous les motifs marquez cesseroient véritablement, l'exception du motif cessant est rejettée en termes formels dans l'acte même. On vérifiera tous ces points par ordre.

I. L'exception du motif cessant, qu'on met sur le tapis dans le prétendu Testament, est si peu applicable ici, qu'il n'y a point de vrai jurisconsulte qui ose raisonner comme on y fait, de peur de se prostituer. Il ne faut avoir que ce qu'on appelle une jurisprudence cérébrine, c'est-à-dire, que les personnes peu instruites se forment de leur tête sur de légères apparences, pour confondre la *condition avec la cause* exprimée dans quelque disposition. Les vrais Jurisconsultes y ont pourvû, il y a long-temps, en rejettant cette exception dans un tel cas. Caïus, ancien jurisconsulte romain, dans la dix-septième loi du titre des Digestes, qui traite des conditions et désignations, remarque que si le testateur dit, « Je donne ma terre à Titius, parce qu'il a eu soin de mes affaires, » ce legs est dû, quand la raison se trouveroit fausse : mais si la raison avoit été marquée conditionnellement, c'est-à-dire si le testateur avoit dit, « Je lui donne ma terre, s'il se trouve qu'il a eu ce soin là, » rien ne lui seroit dû en cas que cela ne se trouvât point vrai. Cette distinction est fort judicieuse. Il y a bien de la différence entre *si* et *parce que* : l'énonciation modifiée par un *si* est en suspens; mais l'énonciation dont on veut donner la raison est pure et absoluë, et peut subsister quand cette raison n'auroit point de lieu. Souvent les hommes n'expriment pas tous leurs motifs, ou se servent de prétextes pour couvrir leurs véritables raisons, et cela suffit sans déroger à leur volonté et à son effet, surtout dans le cas où leur disposition pourroit suffire quand ils n'en donneroient aucune raison.

II. Dans les contracts aussi (pour ne point dire

qu'il ne s'agit pas tant des raisons qui sont marquées que de celles qui sont les véritables) on ne peut point en interpréter les motifs comme l'on veut, au préjudice d'autrui. Autrement il seroit aisé de renverser toutes les conventions, suivant la nouvelle méthode que la France a voulu introduire pour se départir du dernier traité qu'elle avoit fait avec le feu Roi d'Angleterre, et les États Généraux sur la succession d'Espagne : où elle a voulu emploïer la même *exception* frivole du *motif cessant;* en posant tel motif que bon lui semble, et puis le faisant passer pour cessant quand bon lui semble. Car elle prétendoit que le motif unique du traité avoit été d'empêcher la guerre, ce qui n'étoit point, puis qu'on devoit avoir égard non seulement à la paix, mais encore à la justice : et si pour conserver la paix on vouloit tout souffrir, les plus méchans prévaudroient partout.

La même Couronne prétendoit aussi que ce motif cessoit et que la paix se conserveroit mieux par l'acceptation du prétendu testament; supposant, contre toutes les apparences, que personne n'oseroit remuer après un tel coup. Ainsi cette exception est un beau moïen de justifier toutes les violences. Car on peut dire que le but de tous les traitez est la paix; mais en les violant, et en se rendant maître des forces d'autrui, on a trouvé le moïen le plus sûr de la conserver, personne après cela n'étant en état de faire résistance. Voilà le bel usage que la France fait de l'exception du motif cessant. On montrera dans le dernier point que le contract de mariage la rejette en termes exprès.

III. Quoique cela seul soit plus que suffisant, néanmoins il y a bien d'autres choses à dire encore, qui détruisent absolument cette chicane Il est clair surtout que, si l'intention de ceux qui sont intervenus à la renonciation avoit été uniquement d'empêcher la jonction des deux Monarchies dans la personne d'un seul Monarque, et de limiter la disposition à ce seul cas, ils pouvoient et devoient parler comme on a coûtume de s'expliquer dans des rencontres d'une si grande importance, pour obvier aux doutes et prévenir les difficultez : c'est-à-dire, ils devoient exprimer clairement qu'en cas que le Roi Louis XIV eût deux enfans mâles de la Reine Marie-Thérèse, le second pourroit succéder en Espagne, ou s'il n'avoit qu'un mâle avec des filles, ou des filles seulement, l'aînée des filles y pourroit succéder, etc. : au lieu qu'il est dit tout le contraire, comme on remarquera tantôt. Peut-on croire qu'un aussi habile négotiateur que le Cardinal Mazarin, et tout le Ministère de France (qui songeoit dès lors aux moïens d'éluder cette renonciation, comme les lettres du Cardinal et les discours publiez immédiatement après le mariage l'ont fait connoître), auroit négligé de faire marquer distinctement une disposition de cette conséquence en faveur de la Maison de Bourbon, s'il avoit vu jour pour cela, s'il avoit sçu que c'étoit le sens de l'acte, et s'il avoit osé en faire la moindre mention? Il faudroit en effet avoir perdu le sens commun pour se le persuader, et cela seul suffiroit pour prouver certainement que l'interprétation qu'on a forgée un peu tard, est ridicule et insupportable. Car on ne doit jamais admettre des interprétations qui obligent celui qui s'y fonde de confesser, ou que ceux qui ont part à l'acte, et qui plus est lui-même, ou ses prédécesseurs, et les Ministres qu'on a emploïez de son côté, ont été stupides au dernier point, ou qu'autrement ils ont été malicieux au suprême degré et pleins de fraude, dont il est injuste que les coupables et leurs principaux ou leurs successeurs profitent. Or l'interprétation qu'on vient de controuver est de cette nature. Car si la Cour de France a ignoré ou manqué de faire exprimer un sens si manifeste, s'il étoit le véritable, ceux qui avoient part à l'affaire étoient les plus stupides de tous les hommes; mais s'ils n'osoient point le mettre sur le tapis, voïant bien qu'il seroit rejetté d'abord, et qu'il étoit contraire à la nature de l'acte, qui ne pouvoit point passer avec cette déclaration, comme c'est la vérité toute évidente; ils songeoient à malice et à fraude; supposé qu'ils aient eu ce sens *in petto*, et prétendu de s'en servir en tems et lieu. Ce qui suffit pour rejeter ce sens (quand d'ailleurs il seroit passable) et pour faire l'interprétation contre ceux qui ont part à une telle conduite. Mais s'ils n'ont point fait marquer le sens, et ne l'ont point eu en pensée non plus, eux qui y avoient le plus d'intérêt, il est de la dernière évidence que ce n'étoit donc pas l'esprit du contract ni le sens des contractans; mais il se trouve de plus, que le contraire de ce sens y est exprimé fort clairement, ce qu'ils ne devoient point permettre, s'ils n'y consentoient pas; ou bien il faudroit qu'ils eussent été stupides au-delà de tout ce qu'on peut s'imaginer.

IV. Qui plus est, l'exception du motif cessant n'a point de lieu, puisque ce motif de l'empêchement de l'union des deux Couronnes, qu'on allègue comme unique cause de la renonciation, ne cesse point. Il est vrai que maintenant on s'abstient d'unir ces Couronnes, mais on se met dès à présent en état de les pouvoir unir un jour, lorsque l'occasion s'en présentera. Et quoiqu'on promette de s'en abstenir encore à l'avenir, il n'y a point de sureté : car outre qu'en général ces distinctions et réservations sont périlleuses et sujettes à caution dans une si grande affaire ; les sujets de défiance ne sçauroient jamais être plus grands, qu'ici, puisqu'on n'aura d'autre assurance contre ce qu'on craint, que la parole et la bonne foi des Bourbons, chez qui l'on fait profession ouverte par les discours et les raisonnemens, et plus encore par les faits et les actions, de n'être point esclave de sa parole. Ne peut-il pas arriver aisément que le fils aîné du Dauphin manquant en France, ou sa lignée, le second ou quelqu'un de sa postérité, déjà Roi d'Espagne, lui succède chez les François, qu'on sera alors bien moins en état qu'à présent de mettre à la raison, et de faire lâcher prise chez l'Espagnol ? danger des plus évidens, et où il seroit inexcusable de s'exposer, surtout avec des gens chez qui les promesses, les traitez et les sermens ont si peu de force. Et afin qu'on ne prétende point cause d'ignorance quelque jour, la France vient de nous l'insinuer tacitement, pour ne pas dire bien clairement, lorsque le Duc d'Anjou, partant pour l'Espagne, se réserva éventuellement les droits sur la France par un acte solennel mis par écrit, qu'on a voulu faire paroître en public; où l'on a omis tout exprès la clause et limitation mise dans le susdit testament attribué à Charles II, sur lequel toute la prétenduë Roïauté du Duc d'Anjou étoit fondée, sçavoir qu'un Roi d'Espagne succédant en France doit quitter la Monarchie espagnole. Et puisqu'on a omis cette clause, quand la mémoire en étoit encore fraîche, dans un endroit où elle devoit entrer le plus naturellement, il est de la dernière évidence qu'on l'a omise à dessein et de propos délibéré; et qu'on doit s'attendre qu'une telle clause aïant été méprisée et omise, quand on n'y devoit avoir égard qu'en paroles, on la négligera à plus forte raison, quand il faudra l'observer en effet, et se priver volontairement d'une grande monarchie : chose d'ailleurs fort difficile à digérer, et où la nature pâtiroit bien sans contredit. Qui doute qu'alors on ne se moquera point du prétendu testament, si peu valable d'ailleurs, autant et bien plus qu'on s'est joué, et se joue encore de la plus forte renonciation qui fût jamais, tantôt ouvertement et tantôt par des chicanes où la mauvaise foi est toute visible?

V. Ainsi la nécessité évidente et le salut de l'Espagne (afin qu'elle ne soit point un jour réduite en province) demande qu'on ne l'y expose pas, après tant de sujets de craindre qui sautent aux yeux. Et le moïen le plus sûr d'éviter cette fatale conjonction est celui que l'acte de la renonciation a suggéré lui-même; c'est-à-dire *de prévenir dès à présent* (ce sont les termes formels) *les occasions d'une pareille conjonction ;* et ainsi de couper entièrement le fil de la succession des Princes françois en Espagne, pour faire cesser l'espérance des mêmes François et la crainte des Espagnols. Tellement qu'outre la raison incontestable, les termes de l'acte même marquent que le motif de l'empêchement de la conjonction des Couronnes ne cesse point, tant qu'on n'en a point *prévenu* jusqu'aux occasions ; surtout quand on n'évite pas une occasion aussi pleine de danger et aussi peu susceptible de remède ; que celle de mettre un Prince *presque héritier présomptif* de la Couronne de France sur le trône des Espagnes.

VI. Mais quand on voudroit s'imaginer ou supposer, contre les plus grandes évidences du monde, que ce motif de la renonciation, qui consiste à prévenir le danger de la conjonction des deux Couronnes sur une même tête, cesse entièrement, et quand on sçauroit, par une prophétie immanquable et divine, que la branche de l'aîné du Dauphin ne finira jamais en France pour faire place à celle qui veut s'établir en Espagne, il faut sçavoir qu'il y a encore d'autres motifs de la renonciation qui subsistent. Car on a cru sans doute, en faisant le traité des Pirénées et le contract de mariage, que le danger pour l'Espagne et pour toute la Chrétienté ne seroit guères moindre, si ces deux grandes Couronnes étoient jointes dans la même Maison de Bourbon si formidable déjà ; et si deux Rois si étroitement unis et dont les grands païs sont joints immédiatement et de plain-pied, se trouvoient en état de s'entr'aider à opprimer les Grands et les Peuples des Roïaumes et Provinces de la Monarchie espagnole, et même la liberté de l'Europe. Danger qui n'a jamais été plus grand que maintenant, que le Roi de France gouverne aussi absolument la Monarchie d'Espagne usurpée sous le nom de son petit-fils, que celle de la France même.

VII. Outre que la raison fait connoître qu'on a voulu exclure la race des Bourbons de toutes les manières, l'acte même de la renonciation le dit clairement, et en donne des marques certaines; puisque cet acte ne permet pas même que les filles des Princes Bourbons succèdent en Espagne, et qu'il leur donne exclusion aussi bien qu'aux mâles. Car on y fait renoncer l'Infante Marie-Thérèse pour toute sa postérité *mâle et femelle,* de quelque degré qu'ils puissent être. Donc il est évident qu'on n'a point voulu être soumis en Espagne à qui que ce fût de la Maison de Bourbon, sans distinguer s'il seroit en même tems Roi de France ou non; puisqu'on a déclaré que cette renonciation devoit s'étendre jusqu'aux filles descenduës de l'Infante mariée en France, quoique ces Filles n'y puissent point succéder suivant l'hypothèse de la Loi salique. Donc il faut qu'il y ait encore d'autres motifs que l'empêchement de la conjonction des deux Couronnes, et que le sens de l'acte ait été plus étendu.

VIII. Mais afin qu'on n'en puisse point douter en aucune manière, l'acte même le dit formellement, et parle de ces autres motifs : après quoi c'est un abus insupportable et une audace sans exemple d'avancer, avec les partisans des Bourbons, que le motif de la renonciation *n'étoit autre* que la crainte de voir les deux monarchies unies; car dans ledit endroit du contract de mariage de la feuë Reine de France, ou dans l'acte de la renonciation, il est dit expressément, *attendu la qualité des susdites et autres justes raisons, et notamment celle de l'égalité qui se doit conserver.* Il y a donc eu plus d'un motif, et cette crainte de l'union des deux Couronnes n'est pas l'unique.

IX. Et il est visible de plus, qu'on nomme même ici un de ces autres motifs, sçavoir *l'égalité* qui se *doit conserver,* c'est-à-dire, l'égalité entre les deux Couronnes, et cette égalité ne peut signifier sans doute que la *rétorsion* ou *talion* contre les François, qui ne permettent point que d'autres, et particulièrement ceux qui sont descendus des filles de France mariées en Espagne, succèdent chez eux ; comme ils l'ont fait connoître lorsque l'Infante Isabelle, fille de Philippe II, Roi d'Espagne, et de la Reine Élisabeth de la branche de Valois, prétendoit à la succession de France après l'extinction de cette branche ; pour ne rien dire des anciennes prétentions d'Edouard III, Roi d'Angleterre, et autres descendans des filles de France, qu'on y a exclus, ce qui oblige les autres États de rendre la pareille aux François. Ce droit de rétorsion est fondé dans l'équité naturelle et pratiqué entre différens États. Car on ne permet point par exemple dans un païs que les sujets d'un État voisin y héritent, si ce même voisin n'en accorde autant aux nôtres. Et cette raison a lieu surtout dans la succession des États et des Roïaumes, puisqu'autrement le Roi de France pouvant acquérir d'autres États par des mariages sans que d'autres Rois en puissent espérer autant dans le Roïaume de France, les François, par cette seule raison, seroient capables enfin d'absorber la meilleure partie de l'Europe, comme ils commencent de vouloir faire dès à présent. Ainsi, quand le motif de la crainte de l'union des deux Couronnes cesseroit, il en reste assez d'autres ; il est aisé même de juger qu'il y en a eu qu'on n'a point voulu exprimer nettement dans l'acte, comme l'appréhension que la liberté des Roïaumes et Provinces d'Espagne pourroit être opprimée par les Bourbons, accoutumez au gouvernement despotique et assez puissans pour l'introduire partout où ils auroient mis le pied; la forte répugnance que les véritables Espagnols ont eue et doivent avoir encore à recevoir le joug de leurs ennemis, et à se soumettre à un Prince françois, après tant de maux que la même Nation leur a faits ou tâché de faire; le dessein de conserver la Monarchie de la Maison d'Autriche, dont le gouvernement est si doux et si conforme aux droits et aux humeurs des Espagnols; l'exemple de la renonciation d'Anne d'Autriche, mariée à Louis XIII, et d'autres raisons dont il est inutile de mettre ici le détail.

X. C'est pourquoi, comme toutes les raisons de la renonciation ne pouvoient pas bien être exprimées, et qu'il n'étoit pas même nécessaire d'en exprimer dans l'acte dont il s'agit, on a mis une clause qui décide tout, et détruit tellement cette chicane du motif cessant dont on a voulu se servir pour éblouir les gens, qu'après cela on ne sçauroit s'y fonder sans une imprudence extrême. C'est que le contrat de mariage et l'acte de la *renonciation* disent en termes formels : Que ladite *Dame Marie-Thérèse se dit et déclare être et demeurer bien et düement exclüse, ensemble tous ses enfans ou descendans mâles ou femelles, en-*

core qu'ils voulussent ou pussent dire et prétendre qu'en leurs personnes ne se découvrent ni ne se peuvent et doivent considérer lesdites raisons de la chose publique ni autres auxquelles ladite exclusion se pourroit fonder... parce que, comme il a été dit, en aucun cas, ni en aucun temps, ni en quelque manière qui peut advenir, ni elle, ni eux, ses hoirs et successeurs, n'ont à succéder ni à prétendre pouvoir succéder, etc. Est-il possible de trouver des paroles plus claires et plus fortes, pour détruire l'exception frivole du motif cessant mise en avant dans le prétendu testament que les Bourbons font valoir? Et ne faut-il point avouër, si l'on prétend que des déclarations si solemnelles, fortifiées par des sermens, ne servent de rien, que c'est en effet déchirer tous les traitez, fouler aux pieds le Droit des gens, renoncer à toute justice parmi les hommes, et se moquer de Dieu même, vengeur des fraudes et des parjures?

Ainsi la renonciation pure et absoluë de la feuë Reine Marie-Thérèse pour elle et pour sa postérité subsistant dans sa pleine vigueur (1), il n'y a plus lieu de douter que l'Empereur seul et sa lignée a droit sur la succession d'Espagne préférablement à tout autre, et que Sa Majesté Impériale, aussi bien que le Roi des Romains, aïant cédé leurs droits à l'Archiduc,

(1) Nous donnons le texte imprimé et définitif ci-dessus. Mais nous avons trouvé à Hanovre, et nous publions ci-dessous, un autre texte avec variantes, qui semble être un premier travail ou projet, et qui mérite aussi d'attirer l'attention par ce ton de verve indignée qui y règne, et que Leibniz ou la chancellerie autrichienne a fait disparaître :

« Ainsi, la renonciation pure et simple de la reine Marie-Thérèse, pour elle et pour sa postérité, subsistant dans sa pleine vigueur, peut-on plus douter du droit de l'Empereur et de sa lignée? Car je ne sçay si vous oserez soutenir que les peuples ont le pouvoir d'oster à un prince la couronne qui

second fils de l'Empereur, maintenant Charles III, Roi d'Espagne, Sa Majesté Catholique doit être reconnuë partout pour véritable et unique successeur et Monarque de toutes les Provinces de la Monarchie Espagnole. On peut même dire que la France venoit de reconnoître que la lignée de l'Empereur a l'avantage du côté du Droit, puisqu'en faisant tout fraîchement son traité du prétendu partage, elle avoit consenti que l'Archiduc auroit le corps de la Monarchie espagnole, dont on ne vouloit détacher que les États d'Italie, qui devoient être partagez entre le Dauphin et le Duc de Lorraine, sans parler de quelques autres changemens de moindre importance.

C'est pourquoi les partisans des Bourbons, déboutez du côté du droit de succession, ont recours maintenant à une prétenduë possession légitime, comme si les Peuples de la Monarchie espagnole avoient reçu volontairement le Duc d'Anjou pour être leur Roi. Mais on ne doit point attribuer à toutes ces Nations, sans une preuve manifeste, qu'elles ayent eu intention

luy appartient, suivant leur bon plaisir. Ce principe des ennemis des monarchies qui mettent tout le suprême pouvoir dans le peuple estant hautement désapprouvé et passant pour séditieux en France, comme l'auteur des avis aux réfugiés a fort bien montré, cependant, comme vous pourriés avoir double poids et double mesure, approuvant et désapprouvant des dogmes suivant vos interests, il faut encor vous forcer dans ce dernier retranchement. Vous voulés donc (ce semble) que, les peuples d'Espagne et autres ayant receu le duc d'Anjou pour seigneur, il est devenu par cela même leur prince légitime. A cela je vous réponds que ce consentement ne suffit pas. C'est assez qu'on ne peut oster à personne ce qui luy appartient sans qu'on soit coupable, et le droit estant pour l'Empereur et pour l'Archiduc, comme il a esté assez montré, comment ces peuples peuvent-ils détruire ce droit, puisque on sçait que les princes ne le peuvent pas même faire à l'égard de leurs sujets, suivant l'ancienne clause où les princes disent : *Sauf nostre droit en autre chose et celuy d'autruy en toutes ?*

de commettre une injustice criante et de déroger au droit du légitime successeur. C'est un des plus grands principes de la justice, qu'excepté le cas d'une nécessité extrême et indispensable, qui n'a point de loi, on ne peut ôter à personne ce qui lui appartient, sans qu'il soit coupable. Or que peut-on imputer à l'Empereur, qui par un grand principe de droiture a rejetté les offres très-avantageuses de la France et autres Puissances qui avoient fait le traité de Partage, la vue de Sa Majesté Impériale étant de ne rien faire qui ne fût conforme au Droit, et dont le Roi et les Peuples d'Espagne se pussent plaindre avec apparence de justice? Aussi le feu Roi étoit-il fermement résolu de tenir parole à Sa Majesté Impériale, et ce qui a été fait comme de sa part à l'article de la mort doit être compté pour rien, comme on l'a assez montré. On sçait d'ailleurs que, lors même qu'il arrive qu'une force majeure oblige les sujets et tout un païs de prêter hommage à un conquérant usurpateur, ou d'abjurer leur maître, comme il arrive souvent dans la guerre, quand une place est prise par les enne-

Car que peut-on imputer à l'Empereur, qui, par un grand principe de droiture, a rejetté les offres avantageuses de la France et des autres puissances qui avoient fait le traité de partage? La vue de ce grand prince estant de ne rien faire dont le roy et le peuple d'Espagne se puissent plaindre avec apparence de justice. D'ailleurs, lors même qu'une force majeure oblige les sujets de prester hommage à un conquérant qui soit usurpateur comme il arrive dans la guerre, le véritable seigneur a tousjours son droit sauf et entier. Mais icy cette nécessité ne se trouve point. Le Roy T. C. estoit disposé à une transaction, et quand il ne l'auroit point esté, il n'avoit garde de se rendre maistre de la monarchie espagnole, asseurée du secours du reste de l'Europe. On dira peut-estre que les Espagnols ont esté forcés à cette résolution de se donner à ces princes de France pour éviter le démembrement dont on les menace. Belle raison sans doute pour les Espagnols, comme si ce n'estoit pas tomber de la fièvre en haut mal que de se perdre, et le tout pour ne point perdre une partie! Aussi

mis, le véritable seigneur a toujours son droit sauf et entier, jusqu'à ce qu'il y renonce par le traité de paix ou autrement. Or, si cette force ou nécessité même ne détruit point le droit du seigneur légitime, combien moins sera-t-il détruit ici, où cette nécessité ne se se trouve point! Car le Roi Très Chrétien n'avoit garde de se rendre maître de la Monarchie espagnole assurée du secours du reste de l'Europe ; outre que les fiefs et terres de l'Église de Rome et de l'Empire romain ne peuvent point être donnez à celui qui n'y a point de droit, sans le consentement du seigneur du fief.

On dira peut-être que les Espagnols ont été forcez de se donner à un Prince françois pour éviter le démembrement de quelques parties de la Monarchie dont ils étoient menacez, et qu'ils ont mieux aimé faire un coup de désespoir que de s'y résoudre, suivant ce que l'Ambassadeur d'Espagne avoit prédit dans son Mémoire présenté à la Haie. On a répondu souvent à cela que, quand ce démembrement eût été inévitable, ce seroit sans doute une action plus que

don Quiros semble-t-il reconnoître, dans le mémoire que vous citez, qu'on se portera à une action de désespoir. D'ailleurs, outre que l'Empereur n'avoit point de part à ce démembrement et ne pouvoit estre responsable, et que ce n'estoit point encore une affaire certaine, il faut considérer, comme nous avons monstré cy-dessus, que l'Espagne n'a aucun droit sur les provinces de dehors et qu'ainsi l'Empereur, vray successeur de toutes ces provinces, avoit le droit d'en aliéner quelques-unes, indépendantes des autres, sans que les Espagnols ou autres eussent pu s'en plaindre avec justice.

« Mais quand même les peuples de Castille et Aragon pouvoient se donner un maistre qui bon leur sembleroit, sans aucun égard au droit de l'héritier légitime (ce qu'on ne vous accordera point), il ne s'ensuit point que les autres provinces de l'Allemagne ou de l'Italie le puissent, puisqu'elles dépendent du pape et de l'empire suprêmes seigneurs directs et juges naturels de la succession contestée. »

désespérée et digne seulement d'un enragé que de se perdre, et le tout pour ne point perdre une partie ; et de se soumettre à l'esclavage d'un ancien ennemi, plutôt que de dominer sur quelque province de moins. Il n'y a point d'apparence qu'on puisse attribuer à une nation aussi grave et aussi sage que l'espagnole des sentimens si déraisonnables et qui approcheroient de la folie : mais, outre que l'Empereur n'avoit point de part à ce démembrement et ne pouvoit point en être responsable et par conséquent n'en devoit point souffrir, et qu'il n'étoit rien de plus indigne de la générosité espagnole que de récompenser de toute leur Monarchie celui qui faisoit tout le mal, et étoit l'auteur de ce prétendu démembrement, qu'il n'avoit peut-être mis en avant que pour leur tendre ce piége ; et que de plus les Espagnols, en se donnant à un Prince de Bourbon et ne voulant point reconnoître le successeur légitime, causeroient eux-mêmes le démembrement qu'ils abhorrent, parce qu'ils détacheroient volontairement de leur corps les fiefs de l'Empire et de l'Église, dont ils n'ont point droit de

« Maintenant je vais vous monstrer par surcroist que la réception volontaire du duc d'Anjou pour seigneur ou roy que vous attribuez aux peuples de la monarchie espagnole, n'est point avérée. La volonté des peuples ne s'explique point par les magistrats ou agens, mais par les assemblées des estats des royaumes et des provinces. Il falloit donc que ceux qui se sont érigés en régens par intérim assemblassent les Cortès en Castille et les Estats en Aragon avant que de prendre la moindre résolution sur la succession. Car on sçait bien qu'un roy n'a point de droit de donner son royaume par testament, comme les François ont assez montré autrefois, lorsqu'ils croyoient que les testamens des rois d'Espagne leur seroient contraires. Quant aux gouverneurs et vice-rois des Pays-Bas, du Milanois, de Naples et de Sicile, bien que le feu roy les avoit continués (quoyqu'ils n'en eussent point besoin) jusqu'au nouvel ordre du successeur, ne dépendant plus de l'Espagne, ils avoient droit non-seulement d'assembler les Estats des royaumes ou gouvernemens, mais encor de recourir aux seigneurs

disposer au préjudice de celui qui y succède en vertu des loix des fiefs ; outre tout cela, dis-je, il s'en falloit beaucoup que le démembrement que la France avoit projetté fût une affaire si certaine et si inévitable qu'elle dût porter à une résolution désesperée.

Car il s'agissoit, dans le prétendu partage, de donner au Dauphin les Roïaumes de Naples et de Sicile avec les places espagnoles de la Toscane. Mais non-seulement l'Empereur et les Peuples de ces Roïaumes, mais aussi le Pape et presque tous les Princes et États catholiques y étoient contraires ; les Princes protestans aussi et les Rois du Nord, qu'on invitoit à acquiescer au traité, n'y vouloient point avoir de part ; et tout l'Empire s'opposoit ouvertement à un traité où l'on disposoit du Milanois et des autres fiefs impériaux. Or les forces de la Monarchie espagnole se joignant à ce parti, il n'auroit pas été trop aisé à la France de s'emparer des Roïaumes de Naples, de Sicile et de Toscane, où elle ne pouvoit aller facilement que par mer, et où l'Empereur pouvoit aller avec plus de facilité par terre, aïant le Milanois pour

directs, juges de la succession, et cependant de tout conserver dans son entier pour le véritable successeur ; mais rien de cette nature ne s'est fait nulle part pour avoir le véritable sentiment des peuples et des intéressés. Tout au contraire, quelques personnes de la cabale de la cour d'Espagne se sont fait nommer pour régens dans le testament du feu roy, prince naturellement très-foible et infiniment moins propre lorsqu'il approchoit de sa fin. Ils ont proclamé le duc d'Anjou pour roy ; personne n'a osé s'y opposer, intimidé par la crainte de la faction françoise et de peur d'estre maltraité par la populace de Madrid. La consternation, l'amour du repos et la terreur d'un parti déjà prévalant, a fait le même effect dans les provinces. Cependant ces manières d'agir irrégulières ne sçauroient donner du droit ; pour sçavoir la volonté des peuples il faudroit s'en remettre à eux sans faire craindre la force des armes. Une facilité fatale et presque inconcevable, fondée apparemment sur l'amour de la tranquillité et sur l'idée du pouvoir irrésistible de la France, a fait aussi que pas un des vice-rois n'a

lui et apparemment aussi la République de Venise, le Duc de Savoie et tout le reste de l'Italie. Les Anglois et les Hollandois n'auroient secouru la France tout au plus que par un secours dont elle n'avoit pas besoin, c'est à dire avec leurs flottes. Car il ne faut point croire que pour maintenir le partage ils eussent voulu attaquer l'Espagne, les Païs-Bas ou l'Empire ; aussi le traité ne les y obligeoit point. Le Parlement d'Angléterre n'auroit point concouru à l'exécution de ce traité, quand même le Roi d'Angleterre seroit resté en vie ; ce traité paroissant aux Anglois contraire à leurs vrais intérêts, comme ils le firent connoître aussitôt qu'ils en eurent la connoissance ; et la France, entreprenante comme elle est, et se mettant si peu en peine des traitez et de ses amis, auroit fait sans doute bientôt des démarches qui auroient dispensé et l'Angleterre et la Hollande d'exécuter leur parole, et auroit même autorisé ces Puissances à épouser le parti opposé. L'explication même du traité leur en fournissoit un sujet. Car les François prétendent soûtenir cette maxime extraordinaire, que

---

usé du pouvoir de sa charge ny d'aucun avantage qu'il avoit en main, ce qui est d'autant plus étonnant qu'autrefois de petits gouverneurs de place ont sçu prévaloir, n'ayant pas tant à espérer et beaucoup plus à craindre. Mais cette condescendance surprenante ne sçauroit déroger aux droits du pape, de l'Empire et des peuples, ny à celuy du véritable successeur.

« Après le droit de l'Empereur ou de l'archiduc pleinement établi, il ne nous reste plus que la discussion de ce que vous appelez la *convenance*, par laquelle vous entendez, Monsieur, ce qui seroit le meilleur pour assurer le repos et la liberté de l'Europe, et c'est icy que vous soutenez que l'acceptation du testament valoit mieux que le traité de partage. Vous imputez même une contradiction sensible, c'est-à-dire une grossière absurdité à ceux qui ont favorisé ce traité ; il faut donc que le roy de la Grande-Bretagne et Messieurs les Estats ayent esté bien simples pour ne s'en point appercevoir. S'ils craignoient la grandeur de la France (dites-vous au commencement de vostre lettre), pourquoy la vouloient-ils aug-

ce qui appartient à leur Roi est uni et comme incorporé à la Couronne. Mais il y avoit une clause dans le traité qui étoit contraire à cette incorporation, car les Roïaumes de Naples et de Sicile étoient accordez au Dauphin et à sa postérité mâle et femelle, ce qui ne sçauroit avoir lieu à l'égard des Païs incorporez dans la Couronne de France, où l'on prétend que les femmes ne succèdent point. Mais apparemment, si le cas fût jamais arrivé qu'une fille eût dû succéder aux Roïaumes de Naples et de Sicile au préjudice d'un Roi de France, on se seroit moqué de cette clause du traité, et on se seroit fondé sur la maxime prétenduë de l'incorporation ; donc ces Puissances, avant que de travailler à l'exécution du traité de partage, avoient droit de demander à la France une sûreté suffisante contre cette prétention d'incorporation qu'on avoit droit de craindre, et qu'on ne pouvoit point ignorer, puisque les François ont assez publié leur maxime ; sans parler de beaucoup d'autres raisons qui pouvoient brouiller cette triple alliance, dont la liaison étoit si peu naturelle.

menter en détachant deux royaumes et deux provinces de l'Espagne pour les luy donner ? Et si au contraire cette couronne leur paroissoit peu redoutable, pourquoy s'allarmoient-ils de la pensée qu'elle pourroit mettre la liberté publique en danger ? Mais, au lieu de la sensible contradiction que vous nous imputés, rien n'est plus sensible que la foiblesse de vostre raisonnement. Car, outre qu'il vaut mieux donner quelque chose aux François que de leur laisser le tout, il faut sçavoir que le traité de partage ne donnoit rien à la France de la monarchie d'Espagne. Rien à la France, me direz-vous ? Oui, Monsieur, et je vay vous le montrer par le traité même.

« Il faut donc sçavoir que, lorsqu'on faisoit le traité de partage, il ne s'agissoit nullement de la France, mais du droit personnel prétendu du Dauphin et de sa postérité. Car la France y a autant de droit ou de prétention d'un costé que pouvoit avoir l'Autriche et la Bohême de l'autre. Et tout homme qui entend le droit des gens sçait bien que le plaisant principe de

Il n'y avoit donc point d'ombre de nécessité qui pût porter les Royaumes et Provinces de la Monarchie d'Espagne à se donner à un Prince de Bourbon contre le droit incontestable de l'Empereur. Mais aussi il ne se trouve point que la réception volontaire du Duc d'Anjou pour Seigneur ou Roi, que les partisans des Bourbons attribuent à ces peuples, soit avérée. La volonté des Nations ne s'explique point par les Magistrats ou Régens, mais par les Assemblées des États des Royaumes et des Provinces. Il falloit donc que ceux qui s'étoient érigez en Régens assemblassent ce qu'on appelle *Las Cortes* ou les États, tant en Castille qu'en Aragon, avant que de prendre la moindre résolution sur la succession. Car on sçait bien qu'un Roi n'a point de droit de donner son Royaume par testament, quand même celui qu'on attribuë à Charles II eût été dans les formes; quant aux Gouverneurs ou Vice-Rois des Païs-Bas, du Milanois, de Naples et de Sicile, que le feu Roi avoit continués jusqu'à nouvel ordre du successeur (quoiqu'ils n'en eussent point

quelques jurisconsultes françois, qui voudroient nous persuader que la France a receu d'en haut un privilége singulier en vertu duquel ce qui est acquis au roy doit estre uni à la couronne, est insoutenable, puisque la France ne peut étendre les priviléges qu'elle se donne hors de la souveraineté.

« Ainsi c'estoit pour arriver à une manière de transaction entre les maisons d'Autriche et de Bourbon, et de peur que cette dernière, armée des forces de la France et profitant du foible de l'Espagne, ne se saisît de tout, comme elle vient de faire maintenant en violant ce traité. On tâcha donc d'y obvier par cette convention entre les rois de France et d'Angleterre et Messieurs les Estats que les ministres de ces trois puissances ont prônée et recommandée partout. Mais afin que vous vous puissiez défaire de cette opinion, qui vous est sans doute commune avec plusieurs, qu'on vouloit faire un démembrement de l'Espagne pour en donner des provinces à la France, vous n'avés qu'à considérer que les royaumes de Naples et de Sicile, avec les places mari-

besoin), ils avoient droit et obligation non-seulement d'assembler les États des Royaumes ou Gouvernemens, pour résoudre ce qui étoit à faire par *interim*, et de recourir à l'avis des Seigneurs suprêmes des fiefs, là où il y en avoit ; mais aussi de se rapporter aux Assemblées des Royaumes d'Espagne et de communiquer avec elles, et en attendant de garder ce païs pour le véritable successeur. Il est bien manifeste que, si on eût observé ces formalitez requises, et qu'on se fût conformé à la volonté des États et des Peuples, comme à l'avis des Seigneurs des fiefs, toute crainte des armes étrangères, aussi bien que toutes mauvaises pratiques au dedans venant à cesser, le droit de la Maison d'Autriche, qui conservoit tout dans l'état ancien et dans son entier, auroit prévalu sans difficulté. Mais, au grand étonnement de tout le monde, ceux qui avoient en main le timon du Gouvernement n'ont rien fait de cette nature, pour avoir le véritable sentiment des Peuples et des intéressez : tout au contraire, quelques personnes de la cabale à la Cour d'Espagne se sont fait nommer

times espagnoles de la Toscane, ne doivent nullement estre annexées à la couronne de France, mais données au Dauphin et à sa postérité mâle et femelle, comme le traité le porte en termes exprès. Or les femmes ne sont point admises à la succession de la couronne de France. Donc ce qui peut aller aux femmes ne sçauroit estre censé réuni, et, comme il falloit laisser quelque vuide à remplir à l'Empereur dans ce traité, pour l'y faire mieux consentir, cela tendoit visiblement à luy accorder que ces pays d'Italie se croyent toujours à un autre que celuy qui seroit roy de France. Ce qui pouvoit paroître d'autant plus conforme à l'équité qu'on vouloit dans ce même traité que l'empereur ou le roy de France seroient toujours exclus de la succession d'Espagne. Ainsi le duc d'Anjou auroit esté roy de Naples et de Sicile, au lieu qu'on veut maintenant qu'il ait le tout. Jugez vous-même lequel des deux auroit le mieux valu pour conserver la barbarie dans la chrestienneté et le repos dans l'Europe.

« Mais vous me direz que le traité de partage auroit esté un instrument

pour Régens dans le prétendu testament attribué au feu Roi ; ils ont proclamé le Duc d'Anjou ; personne n'a osé s'y opposer, intimidé par la crainte de la Faction françoise, et de peur d'être mal-traité. La conservation, l'amour du repos, et la terreur d'un parti déjà prévalant, a fait le même effet dans les Provinces d'Espagne ; et les Gouvernemens au-dehors ont suivi le torrent, et ont été gagnez. Cependant ces irrégularitez et ces violences ne sçauroient point donner de droit à l'un, ni en ôter à l'autre, ni passer pour la volonté des Peuples.

On n'a qu'à venir à l'épreuve pour s'en assurer : que les Bourbons, s'ils osent, rendent la liberté aux Païs de la Monarchie et les laissent choisir volontairement et de plein gré un Roi pour les gouverner ; qu'ils fassent cesser la terreur des armes, et que les François nouveaux venus sortent de Madrid et de toute l'Espagne, mais surtout des Païs-Bas et du Milanois. Le Roi Charles III et ses alliez en feront autant, et feront retirer leurs troupes, et on verra de quel côté tombera le choix.

de guerre plustôt que de paix, qui sera conservée suivant vous par acceptation du testament. Mais c'est tout le contraire : il n'y a point de doute que l'empereur, que la seule considération de l'injustice qu'il croyoit qu'on faisoit au roy d'Espagne avoit retenu, y seroit sans doute entré avec une due modification après la mort du roy ; d'où pouvoit donc venir la guerre ? A moins que vous ne vous fondiez sur la menace de don Quiros, qui dit, dans le mémoire présenté à Messieurs les Estats, que tous les sujets de la monarchie d'Espagne, depuis les enfans de 15 ans jusqu'aux vieillards de 60, prendroient les armes contre le démembrement. Si vous le croyez, Monsieur, et si vous estes d'humeur à vous arrester à cette espagnolade, je n'ay rien à vous dire. Où estoient-ils, ces braves combattans de tout âge, lorsqu'on leur enlevoit les pays, le Portugal, la Bourgogne et tant de places des Pays-Bas maintenant françois ? où estoient-ils lorsque les François se rendirent maistres autrefois de la Catalogne, et lorsqu'on prit Barcelone dernièrement, ce qui fit précipiter la paix malgré ces magnifi-

— Maintenant, le droit de la Maison d'Autriche parvenu au Roi Charles III étant pleinement établi, il n'est point nécessaire de prouver amplement le second point de cette déduction, qui est que la conscience et la considération du Bien public et du salut de la Monarchie doit porter les Grands et les Peuples à se ranger du côté de leur vrai et légitime Roi. Car quant à la *conscience*, le droit du Prince étant clair suivant à ce qu'on vient de montrer, on n'en peut prétendre cause d'ignorance, et les Bourbons refusant tout jugement ou arbitrage, et ne se fondant que sur les armes et les usurpations, ils se condamnent eux-mêmes, et reconnoissent le droit du Roi, comme ils avoient déjà fait en effet dans leur prétendu partage : et, afin que tout le monde le reconnoisse généralement, il ne faut que sçavoir lire ce qu'on a voulu mettre à la fin, c'est-à-dire *l'extrait du contrat* de mariage de Louis XIV et de l'Infante Marie-Thérèse, ou de *l'acte de la renonciation*, qui est la pièce la plus décisive du monde ; et comme il ne s'agit pas seulement du droit du Roi, mais

ques protestations précédentes? L'Espagne feroit seule la guerre à la France quand on seroit abandonné de tous les alliés. Peut-estre ils se sont soumis à un prince pour se venger. Ne sont-ce pas les coups et mauvais traitemens qu'ils ont receus de la France qui les ont fait recevoir maintenant ces princes françois, malgré les bons et vrais Espagnols, honteux de cette foiblesse? C'est donc bien visible que, si on se fût tenu au partage modifié, il n'y avoit pas une ombre de guerre. Maintenant qu'on a violé ce traité, estes-vous bien asseuré que tout dit amen, et comptez-vous pour rien les puissances avec lesquelles on l'avoit fait, et qu'on traite avec tant de mépris, aussi bien que l'Empereur à qui on enlève tant d'Estats contre toute sorte de justice? La paix est un des plus grands biens, mais la justice est un bien encor plus grand. Car, si on laisse tout faire au plus fort de crainte de troubler la paix, les méchans seront enfin les maistres de la terre, qui ne cesseront jamais de se déchirer.

« D'ailleurs cette conjoncture de la France avec l'Espagne dans une même

encore du salut de la Monarchie, qui est sur le point d'être précipitée irrémédiablement dans un abîme de malheurs, la conscience de ceux qui sont en état de contribuer en toute sorte de manières à redresser les choses, en demeure chargée, et ils seront responsables devant Dieu et devant les hommes des maux horribles qu'ils auront causés ou qu'ils pouvoient empêcher. Car ceux qui auroient peut-être pû se flatter au commencement de cette révolution, contre toute sorte de raisons, que la Monarchie demeureroit en paix, et qu'on pourroit recevoir un prince de Bourbon petit-fils du Roi Très-Chrestien, sans recevoir le joug despotique de la domination françoise, auront été désabusés de ces espérances frivoles par l'événement et par les entreprises des François, qui les gouvernent déjà la baguette à la main.

Or que le salut de la Monarchie et de la Nation espagnole n'a jamais été dans un plus grand danger depuis l'invasion des Sarrasins, c'est la chose du monde la plus visible. On ne peut pourtant se dispenser d'en toucher quelque chose, sans s'étendre

maison est un des plus dangereux événemens pour toute l'Europe qui pouvoient jamais arriver. Il faut s'aveugler pour ne point voir combien a-t-on appréhendé autrefois la puissance et la bonne intelligence des deux branches de la maison d'Autriche. Cependant l'Allemagne et la France estant entre deux, elles estoient peu en estat de s'aider, outre que le Turc et les protestans donnoient à faire à celle d'Allemagne. Ainsi lorsque les deux branches ont fait leurs affaires séparément, dans les exemples que vous alléguez, c'estoit par nécessité, car elles estoient en mauvais estat. Mais la France qui toute seule montre tant de supériorité, que ne sera-t-elle en estat de entreprendre, fortifiée de l'union de l'Espagne et surtout des forces et richesses immenses du nouveau monde dont elle attirera presque seule tout le profit! Vous dirés que ces deux puissances se pourroient brouiller, mais cela n'arrivera pas sitôt, et cependant on verra arriver bien des choses. Le monde est assez grand pour que la France et l'Espagne puissent se donner la main et s'aider à faire des conquestes ou à ac-

dans un champ si vaste, pour faire voir qu'on doit attendre de grands malheurs d'un Roi Bourbon, et qu'on n'a rien à craindre d'un Roi autrichien. Il faut considérer que les malheurs qui peuvent arriver par la volonté d'un Roi Bourbon, ou même malgré lui, par la conséquence des choses, par ses volontés ou ses désirs, fondés ou dans son inclination ou sur son intérêt, seront fort contraires au bien de l'État et au génie des Peuples. Un Roi peut avoir des inclinations séparées de ses intérêts, et l'un pourra être aussi dangereux que l'autre. Or les inclinations des Bourbons sont connues, s'ils chassent de race ; au moins on doit présumer d'eux ce qui convient aux manières de leur Nation. Car si même ils ne les suivoient pas entièrement, ils auroient toujours du penchant à les tolérer, pour ne pas dire à les favoriser ; l'intérêt d'un tel Roi ne seroit-il pas de donner sa confiance à ceux de sa Nation qu'il considéreroit comme plus affidés et attachés à sa personne et plus propres à le servir dans ses desseins?

Les manières des François sont absolument éloi-

---

quérir des avantages sans s'entrechoquer, outre que la France, qui gouvernera longtemps en Espagne, aura toute la commodité qu'il faut pour s'en asseurer, et, si nostre salut ne dépend que des béveues des Bourbons, il est bien mal affermi. Le Roy T. C., dites-vous, ne veut point de guerre ; je le croy, mais il veut ce qui force les autres.

« Après avoir fait son coup, on a raison de prescher la paix ; il a assez fait, il peut laisser quelque chose à faire à son fils et à ses petits-fils, en disant : *Maneat nostros ea cura nepotes*, soit, mais on ne songe point à se parer. Cependant qu'en sçavons-nous ? Bien des choses peuvent encor arriver de nostre temps ; les conjonctures luy présentant trop de facilités, car il ne manque pas encor de sang et de vigueur. Je veux que le roy T. C. ne soit plus ému par le seul principe de la gloire dont il doit estre rassasié. Mais il y en a d'autres qui peuvent surprendre sa religion. On luy fera voir que, pour extirper l'hérésie ou pour renverser les Ottomans, il n'a pas assez fait, qu'il doit achever ce qu'il a si bien commencé. C'est pour cela

gnées des manières ou coutumes d'Espagne. Il y a en France une grande liberté, surtout par rapport au sexe, et il est à craindre qu'ils ne l'introduisent avec eux au préjudice des bonnes mœurs. Aussi sçait-on ce qui a causé les Vêpres siciliennes, mais on ne veut point s'arrêter à une matière si odieuse; il y a d'ailleurs une opposition infinie entre les usages d'Espagne et ceux de France, et il y a des livres faits exprès sur ce sujet. D'un côté on est grave, sérieux et réglé; on est pour l'exacte observation des loix et des coutumes; on est bien aise de s'y conformer, et l'on veut que les autres s'y conforment; dans ce que les loix n'ont point réglé, la sagesse de la Nation y a suppléé, et a introduit des coutumes qui tiennent lieu de loix. Dans la conversation et le commerce de la vie, comme on ne veut point incommoder les autres, on n'en veut point être incommodé, et la jeunesse même tient de la gravité de la Nation. Mais de l'autre côté, c'est-à-dire du côté des François, c'est tout le contraire. On ne se donne point de repos, et on n'en laisse point aux autres; le

que Dieu luy avoit envoyé tant de bonheur et qu'il doit profiter de cet estat, et qu'ailleurs il envoye une puissance qui soit bientot en estat de réunir les titres de l'empire romain et de Charlemagne et de ressusciter par après celuy de J. C. jusqu'au Nil et à l'Euphrate et au delà, car des flatteurs peuvent trouver moyen de tout justifier par des vœux et intentions si religieuses. Les plus spécieux prétextes pour les zélés du parti ne manquent déjà pas en particulier à l'égard de l'Angleterre et de la Hollande. La foy des traités qu'on a fait céder si souvent à ce qu'on appelloit le bien de l'Estat résistera-t-elle aux exceptions tirées de ce qu'on se figure nécessaire pour la gloire de Dieu?

« Mais quand son règne, comblé de tant de bonheur et de gloire, s'écouleroit désormais en repos, devons-nous négliger la postérité? C'est le conseil que vous nous donnez en disant que nos craintes se réduisent à un avenir incertain, comme si toute la prudence humaine n'avoit pas l'avenir pour sujet. Car on doit prendre ses précautions, s'il est possible, contre des

grave et le sérieux passe pour ridicule, et la règle ou la raison, pour pédantesque ; le caprice, pour quelque chose de galant, et l'inégalité dans la façon d'agir avec les gens, pour une adresse : on se fourre dans les maisons ; on poursuit les gens jusques chez eux, on fait des querelles mal-à-propos. La jeunesse surtout fait gloire de sa folie, et de ses désordres qui vont loin aujourd'hui, comme si c'étoit une marque de bel esprit ; elle ne respecte ni le sexe, ni l'âge, ni le mérite.

Peut-on s'imaginer que la Cour et les Provinces se remplissant de telles gens, qui seront même dans la faveur et dans les emplois, la Nation espagnole s'en puisse accommoder sans se corrompre enfin par tant de mauvais exemples ? A Dieu ne plaise que cela arrive jamais ! On dira que ce sont des bagatelles, mais ce n'est rien moins que cela; car, outre que la piété, la vertu et la raison vont par-dessus toutes choses, la douceur de la vie consiste en bonne partie à n'être point incommodé chez soi par des importuns dangereux ; il est bien plus dur incomparable-

grands maux qui peuvent arriver, et qui le peuvent facilement, ou même difficilement n'arriveront pas, veu l'estat où sont les choses. C'est justement cette négligence que vous nous recommandez qui a causé la plupart des mauvais conseils dont nous voyons les funestes effects. C'est ce qui a fait naistre le relâchement des uns, qui négligent la patrie et ne pensent qu'à vivre doucement le reste de leurs jours, et la corruption des autres qui tâchent de profiter du présent et contribuer même aux maux de la patrie pour en tirer de l'avantage; ces principes sont indignes des gens qui font profession de sagesse, d'honneur et de probité. Ne voit-on pas que, quand la France et l'Espagne ne feroient rien du tout pour quelque temps, ces deux grandes puissances crèveroient bientôt de prospérité sur leur voisin ? Car le roy d'Espagne, sans son grand-père ou père, seroit le maistre absolu de toute la monarchie; il se mettroit en estat d'employer les grandes forces aux desseins communs dont la France estoit tousjours l'âme et le premier mobile ; et, de plus, l'Espagne ne pouvant pas fournir

ment d'être troublé, moqué, affronté et maltraité dans son domestique, dans sa personne, dans les siens, et de traîner une vie pleine de chagrin causée par les mépris et les insolences de ceux avec qui on a à vivre, et qu'on est obligé de souffrir malgré soi et même de craindre, que d'être mis sous le joug d'un conquérant, ou d'être opprimé par un tyran qui ne se prend qu'au général ou à la bourse.

La considération de la Religion encore ne doit pas être de peu d'importance, surtout dans un Pays très-catholique. L'on sait qu'en France on n'est catholique qu'à demi, et plût à Dieu qu'on y fût assez chrétien! L'autorité du Pape, même dans les matières ecclésiastiques, n'y est considérée que lorsqu'on les veut flatter pour les avoir à sa dévotion, et pour les opprimer un jour avec les autres. On a fait mille affronts à un saint Pontife (Innocent XI) parcequ'il étoit zélateur de la justice, et n'approuvoit point les desseins ambitieux de la France. On attaquoit ouvertement alors l'autorité du Saint Siége, et on persécutoit ceux qui la soutenoient comme des

---

seule au commerce de l'Amérique, le communiqueroit à la France à l'exclusion des autres puissances qui l'ont partagé présentement et qui manqueront par là des nerfs de la guerre. On introduiroit les François dans l'Amérique même, sous prétexte que l'Espagne n'y suffira pas pour peupler. L'Espagne seroit plus puissante, mais tousjours pour longtemps dépendamment de la France. Jugés où cela ira. Ce que vous me dites de la fermeté des Espagnols, qui tiendront la balance en Europe comme auparavant, est fort plaisant et marque bien qu'on se moque de nous. Voilà des gens bien propres à tenir la balance! Ceux qui ont mis le prince françois sur le trône poussent leur surprenante conduite jusqu'à mettre toute la monarchie à la discrétion de son ennemie. Qu'auroit-on dit autrefois de telles gens? Je ne sçay si quelque jour ils n'en rendront compte à leur patrie, mais ce sera tousjours trop tard pour nous et pour elle. Après avoir accusé mille fois la mauvaise foy des François, ils s'abandonnent entièrement à la France. Ils se jettent à corps perdu dans un abyme de

hérétiques. On opprimoit les libertés des Églises par les prétentions mal fondées de la Régale, contre la doctrine expresse d'un Concile général de Lyon ; et des Évêques exemplaires, qui n'étoient point esclaves de la Cour au préjudice de leur conscience, étoient traités avec la dernière inhumanité. De plus il s'étoit formé depuis longtemps un grand parti dans l'Église de France, qui tendoit à renverser entièrement l'autorité du Pape, et à réformer plusieurs dogmes de l'Église catholique apostolique et romaine comme des abus. Ce parti triomphe maintenant parmi le clergé séculier de France, et on en verroit les effets un jour, si Dieu permettoit que la Maison de Bourbon obtînt la paisible possession des deux Monarchies, et que par conséquent le Pape avec Rome fût à sa discrétion.

L'ambition de la France aussi a conservé les Mahométans en Europe, que l'Empereur étoit sur le point d'en chasser. Qu'on ne dise point que cette Couronne appréhendoit l'accroissement de la Maison d'Autriche, car elle n'avoit qu'à prendre part à la dépouille ; la Grèce avec la Thrace (pour ne rien

---

perdition, et, bien loin de vouloir qu'on les retienne, ils prétendent qu'on se précipite avec eux. Le désespoir et la corruption ne sçauroient guère aller plus loin. La France, dit-on, n'en veut pas profiter ; si cela est, j'avoue que c'est un miracle, et le premier miracle de cette espèce. Pour s'y fier, on a besoin d'une révélation ; car, hors de cela, où est la sureté, que dans des paroles auxquelles on s'est repenti tant de fois d'avoir ajouté foy ? Suivant le train que prennent les choses, le roy T. C., formidable déjà auparavant, a presque toute l'Europe jointe à l'Espagne. »

Le ton général de ce morceau, rapproché de celui du manifeste, et de l'apostrophe à un interlocuteur qu'il réfute, prouve qu'il devait servir de réponse à la lettre d'un particulier. Cf. *La Justice encouragée contre les chicanes et menaces d'un partisan des Bourbons*, pages 308 et suivantes. N. E.

dire de l'Asie) l'attendoient et lui étoient assurées. Mais elle a mieux aimé se réserver pour l'injuste invasion de la Monarchie d'Espagne; et encore maintenant elle fait des efforts pour pousser la Porte Ottomane à attaquer la Chrétienté tout de nouveau. C'est cette Couronne qui par son avidité a causé une horrible effusion de sang chrétien depuis près de trente ans, en attaquant toujours les autres; et presque tous les maux que l'Europe a soufferts depuis ce temps-là lui doivent être imputés. Ce sont là les mérites que la Maison de Bourbon peut alléguer pour remporter un aussi grand prix que celui de la Monarchie d'Espagne, et pour l'ôter à l'Empereur, toujours fidèle à son Dieu et à ses alliés.

Mais le pis de tout est que l'athéisme marche déjà en France tête levée, que les prétendus esprits forts y sont à la mode, et que la piété y est tournée en ridicule. Ce venin se répand avec l'esprit françois, et partout où ce génie met le pied et se rend supérieur, il le porte avec lui. Se soumettre à la domination françoise, c'est ouvrir la porte à la dissolution et au libertinage; aussi peut-on bien être assuré que la piété ne sçauroit régner où la justice est foulée aux pieds, ainsi que la France l'a fait tant de fois, et avec tant de hauteur; et si l'esprit insolent des François, dès qu'ils sont les maîtres, doit obliger les honnêtes gens à ne les point laisser prendre le dessus dans leur Pays, leurs sentimens et leurs actions impies doivent effrayer les gens de bien et les bons Prélats, de même que tous ceux du Clergé qui ont du zèle pour la maison de Dieu. Il faut avoir assez bonne opinion des Princes Bourbons pour croire que les maux arrivent et arriveront malgré eux, et qu'ils ne favoriseront point le dérèglement ni l'impiété : mais la mauvaise coutume, quand les esprits y ont pris goût, est plus forte que les ordonnances, et nous le voyons maintenant en France même, où, sous un Roi dévot, sévère et absolu, le désordre et l'irréligion sont allés au delà de tout ce qu'on a jamais vu dans le monde chrétien. Dieu veuille qu'on n'ait point besoin de se précautionner contre ce mal françois, et que la grandeur de cette nation, qui va toujours en croissant, si on ne s'y oppose, ne soit un nouveau fléau contre la religion! L'Espagne s'en ressentira, les Églises surtout; et les Espagnols en seront les plus coupables, s'ils se soumettent à cette dangereuse Nation, et la mettent par là en état de maîtriser le reste de l'Europe.

L'intérêt, aussi bien que l'inclination d'un Roi Bourbon et des François, sera de se rendre absolus pour pouvoir exercer un pouvoir despotique. L'on sçait que cette forme de gouvernement est établie en France, qu'elle y est exaltée par les flatteurs, et qu'un petit-fils d'un Roi de France ne sçauroit manquer d'être imbu de ces maximes. On y a réduit à rien les libertés des Grands et des Peuples; le bon plaisir du Roi tient lieu de tout, les Princes du sang royal même y sont sans aucune autorité; les Grands ne sont que titulaires et se ruinent de plus en plus, pendant que des personnes de peu de considération sont élevées pour servir d'instrumens à l'oppression des autres. Dans les Pays à États on n'assemble les États que pour la forme, et ces Assemblées ne servent plus qu'à exécuter les ordres de la Cour, sans qu'on ait égard à leurs griefs. La Noblesse est appauvrie au dernier point, vexée par des chicanes et par des recherches, obligée de se consumer au service du Roi et de sacrifier son bien et son sang à l'ambition d'un conquérant, pendant qu'elle ne se nourrit que d'espérances d'une fortune chimérique et d'avancemens qui ne sont donnés qu'à un très petit nombre. Ceux qui sont dans les emplois civils, surtout dans les lucratifs, s'étant enrichis aux dépens du commun parce qu'on leur lâche la bride, sont ensuite pressés comme des éponges par les révisions de leurs comptes et de leurs affaires, par la vénalité des offices, par la création des nouvelles charges, et par de grandes sommes qu'on leur demande sans aucun objet, et qu'ils sont obligés de payer pour s'exempter de la vexation. Le peuple est foulé sans miséricorde et réduit au pain et à l'eau par les tailles, taxes, impôts, capitations, quartiers d'hiver et passages des gens de guerre, par des monopoles, par des changemens de monnoie qui enlèvent tout d'un coup à tout le monde une bonne partie de son bien, et par mille autres inventions ; et tout cela n'est que pour servir à l'insatiabilité d'une cour qui ne se soucie point des sujets qu'elle a déjà, et qui ne cherche qu'à augmenter le nombre des misérables en étendant ses États. Maintenant tous les peuples de la Monarchie espagnole étant sur le point d'éprouver le même sort, les véritables Espagnols qui aiment leur patrie et l'honneur de leur nation n'en seront-ils point émus?

On n'a qu'à se figurer tout ce que l'esprit remuant et chicaneur des François est capable d'entreprendre en Espagne pour enrichir le Roi, et pour élever sa puissance aux dépens des sujets. La France fourmille de donneurs d'avis et de partisans de profession affamés de l'or et de l'argent des Indes et des richesses d'Espagne, qu'ils dévorent déjà des yeux. Le Roi se rendra maître du commerce de l'Amérique, et disposera des mines du Pérou à son plaisir, en y introduisant des entrepreneurs françois ; les particuliers n'auront que ce qu'il leur faudra laisser pour continuer les ouvrages dont il n'est pas à propos que le Prince se charge. En Espagne on verra des fermiers à la mode de France et des gens d'affaires qui succeront jusqu'à la moëlle du peuple, pour l'obliger (diront-ils) à être plus industrieux et à travailler davantage ; mais il ne jouira guères de son travail, dont le profit ne sera que pour la cour et pour les étrangers.

Les gens de justice, de police et de finances éprouveront de terribles réformes ; on changera les uns, on retiendra les autres, et on leur donnera des collègues comme on le trouvera à propos : et cela ne se fera guères sans finances, quand même on n'introduiroit pas ouvertement si-tôt la vénalité des charges. Il y en aura beaucoup qu'on forcera à se racheter pour s'exempter des vexations et des recherches prétendues. Généralement on les renverra à l'école chez les François, sous prétexte que tout est si bien réglé en France ; mais, dans le fond, afin que les François, devenant leurs précepteurs, entrent dans le secret de toute l'économie d'Espagne, et se fourrent dans toute sorte d'emplois. S'ils changent quelque chose en mieux, ce sera non pas pour le bien des peuples, mais pour celui du Roi, dont on sçait que le Trésor ou le Fisc ressemble dans l'État à la rate dans le corps humain, de qui la grandeur énorme est la diminution des autres membres ou viscères : outre que ces excessives richesses toutes prêtes mettent les Rois en état de méditer des conquêtes, et d'entreprendre des guerres, qui achèvent de miner les particuliers et augmentent les désordres et les misères du genre humain.

Les Grands et les Seigneurs ne seront point exempts des vexations; au contraire, ceux dont la puissance fera tant soit peu ombrage seront bien-tôt mis au petit pied : on les enveloppera dans les recherches du Domaine de la Couronne aliéné, et on les obligera d'y renoncer sous plusieurs prétextes. On leur donnera des emplois d'une flatteuse distinction, mais qui seront somptueux et propres à les ruiner; on engagera les gentilshommes dans le luxe et dans les procès; on les obligera dè paroître à la cour, à l'arrière-ban et dans les armées, sous peine d'être méprisés et même maltraités. Les emplois lucratifs et de confiance seront, ou pour les étrangers, ou pour de petits compagnons du pays, souples et bons à tout faire et à tout souffrir, sans se soucier de l'honneur et du bien de la Patrie. Les gens de l'Église ne seront guères mieux traités, et l'exemple de la France leur servira de loi. Le Roi, assisté de celui de France, forcera le Pape à tel concordat qu'il voudra; la cour s'emparera de la collation presque de tous les bénéfices et donnera des pensions là-dessus; elle introduira la régale dans sa rigueur; les juges séculiers réformeront les sentences ecclésiastiques sous prétexte d'abus ; on rognera les ailes aux prélats qu'on croira trop riches, et on demandera tant de dons gratuits coup sur coup, que la condition du clergé ne sera point meilleure que celle des laïques, dont ils seront obligés d'aider à supporter la misère.

Pour ce qui est des affaires publiques, il peut arriver fort aisément que le duc d'Anjou, pour estre appuïé par son grand-père ou par son père, sera obligé de sacrifier à la France, ou aux intérests des Bourbons, une partie des Estats ou des droits de la monarchie.

On fit sonner bien haut dans ce parti la disposition du prétendu testament attribué au feu Roy, qui défend de faire dans la monarchie aucune sorte d'aliénation ou de séparation ; et la France fit connoistre qu'elle ne permettroit pas le démembrement d'un pouce de terre. Mais ses intentions et ses paroles sont bien différentes. L'on sçait qu'elle flatte l'Électeur de Bavière de l'espérance des Païs-Bas : pendant qu'elle-mesme se met en possession de toutes les forteresses de ce païs, aussy bien que du Milanois, et fait assés connoistre qu'elle veut estre remboursée de ses frais. Que sçavons-nous si les François ne s'asseureront pas de la Catalogne, des châteaux de la ville de Naples et de quelque port en Sicile, pour avoir la monarchie à leur discrétion, afin que le Roy Bourbon soit tous jours sous la tutelle de celuy de France, comme le duc d'Anjou l'estoit sous celle de son grand-père ? Et ce jeune prince, qui s'estime trop heureux de régner à Madrid plustost que dans le château de Meudon qui auroit esté son apanage, donne les mains à tout, outre qu'il peut espérer de régner lui-mesme un jour en France. D'ailleurs il paroist fort vraisemblable que la France prendra ses mesures pour empescher un jour les Espagnols de changer de parti, quand ils le voudroient. Car il n'y a point d'apparence qu'elle veuille fortifier une rivale au hasard d'en estre incommodée un jour. On peut juger de ce que cette couronne, ou du moins un Roy françois, peut faire et fera dans la suite des temps à loisir, et quand il aura les bras libres au dedans et au dehors, par tout ce que les François ont déjà fait depuis deux ou trois ans, quoiqu'ils ayent de grands ennemis sur les bras et qu'ils soient obligés de mesnager encore un peu les Espagnols. Il faut avouer qu'à juger de l'avenir par cet échantillon et que si les Fançois avancent à proportion de ce qu'ils ont déjà fait, ils auront bientost l'Espagne dans les fers; car ils sont desjà presque les maistres des Païs-Bas et du Milanois, seules provinces de la monarchie pourveues de quantité de forteresses; et sur le moindre soupçon ils tascheront de désarmer les Espagnols, comme ils ont désarmé les troupes du duc de Savoie. Ils renvoyent maintenant en Espagne la pluspart des Espagnols et des Italiens qui sont aux Païs-Bas avec les seigneurs wallons qui leur sont suspects; ils prennent des mesures pour s'asseurer toujours de Pampelune, de Barcelone et des ports de la Biscaïe, pour avoir les clefs de l'Espagne en leur pouvoir. Ils travaillent à introduire les François dans le Mexique et dans le Pérou, et ils ont desjà bien commencé. Il s'en est peu fallu qu'ils n'ayent mené la flotte d'argent de l'Amérique dans quelque port de France, et s'ils y ont manqué la première fois, ils n'y manqueront point la seconde, si on leur en donne encore l'occasion. Ils s'asseurent du commerce des nègres à l'exclusion des autres nations, ce qui met les mines du Pérou dans leur dépendance. D'ailleurs ils maltraitent desjà les sujets d'Espagne et leur apprennent à obéïr à la françoise. On se mocque des priviléges des païs et des villes ; on exige l'argent qu'on juge à propos, et pour toute response aux plaintes que l'on fait, on dit : « Le Roy le veut. »

Pour tout dire en un mot, le Roy Très-Chrestien est aussy absolu à Madrid qu'à Paris, et il gouverne la monarchie d'Espagne comme la France. Les maréchaux de Villeroy et de Boufflers ont commandé sans avoir aucun esgard au marquis de Bedmar dans les païs où il devoit faire la fonction de capitaine et de gouverneur général. Le duc de Bourgogne estoit muni d'une procuration du duc d'Anjou son frère, pour y avoir un pouvoir sans réserve. C'estoit mettre les meilleures places des provinces de l'Espagne dans le pouvoir de l'héritier présomptif de la couronne de France ; peut-on en user plus despotiquement et d'une manière plus contraire aux intérests des Espagnols ? Les ministres d'Espagne dans les cours estrangères semblent estre comme à la suite de ceux de France, ou tout au plus comme des secondaires ; la clef du secret et des affaires est entre les mains des François ; et dès le commencement de cette révolution don Quiros l'éprouva, lorsqu'il se trouva en Hollande avec le comte d'Avaux. Les Espagnols sont obligés aussy de céder partout aux ministres de France et de reconnoistre la préséance de cette couronne, ce qu'ils n'avoient garde de faire autres fois.

La Maison de Bourbon n'en use guères avec moins de hauteur en Espagne mesme. Les François visitent les ports d'Espagne et s'informent des fonds et des revenus de la Monarchie. On a desjà mis au niveau les Grands d'Espagne avec les Ducs et Pairs de France, qui pourtant ne se couvrent devant leurs Roys que dans certaines rencontres. Quand quelque grand en a murmuré, on l'a envoïé en exil, ou maltraité autrement. A peine le duc d'Anjou fut-il en estat de se faire obéir, qu'on chassa et mit en prison un ecclésiastique de distinction sans aucuns sujets légitimes et sans aucune forme de justice. On s'est mocqué dès-lors de la Régence établie dans le prétendu testament, et depuis on est allé jusqu'à donner au cardinal Porto-Carrero un surveillant en la personne du comte d'Estrées; car on voit bien que, si le cardinal françois est rappelé maintenant, ce n'est que dans l'intention d'apaiser les esprits aigris.

Le testament prétendu estant le fondement des démarches des Régens et de la France, cette couronne devoit au moins faire semblant d'y avoir esgard, si elle vouloit mesnager le public. Mais on y fit d'abord une bresche très-grande, et on se soucia fort peu des volontés et de la gloire du feu Roy, en traitant indignement la Reine douairière son illustre épouse, nommée Régente dans ce testament, ce qui estoit peut-estre la seule clause conforme aux véritables intentions de ce prince : et, avant mesme que le duc d'Anjou fust arrivé à Madrid, on la déposséda de la régence et on l'éloigna de la cour par une lettre des plus dures, qui lui fut écrite au nom du Duc, et on n'eut pas le moindre esgard à l'option que ce mesme testament donnoit à cette grande princesse.

On se réserva mesme expressément les moïens d'anéantir un jour toute la force de ce testament, sur le point de la succession, à l'esgard des cas qui pourroient estre contraires à l'intérest des Bourbons, par les réservations et protestations qu'on receut de la part des ducs d'Anjou et d'Orléans : comme il a desjà esté remarqué cy-dessus.

Le duc d'Anjou, avant son départ pour l'Espagne, fit un acte où il se réserva son regrès (*retour*) à la couronne de France en cas que la ligne masculine de son aîné vinst à manquer; mais il n'y fist pas la moindre mention de quitter l'Espagne dans le cas rapporté dans le testament, quoique ce fust le lieu d'en parler, et qu'on le dust faire pour éviter les soubçons. Donc, ne le faisant pas, on marquoit qu'on ne se soucioit guères ny de la condition, ny du testament, ny mesme des jugemens que les Espagnols et les autres peuples et les puissances qui ont tant d'intérest que les deux Monarchies ne soient point unies, en pourront faire.

On tesmoigna encore qu'on ne se met point en peine du prétendu testament, qu'en ce qu'il est utile, en recevant la protestation du duc d'Orléans contre ce testament mesme, qui prétendoit comme descendant de la Reine de France Anne, sœur aînée de Philippe IV, d'estre préféré à la postérité de la sœur cadette, Marie-Anne, mère de l'Empereur, et à celle de Catherine, sœur de Philippe III, dont descend le duc de Savoie, nonobstant la renonciation de ladite Reine Anne. Ce qui fait voir que les Bourbons prétendent retenir la monarchie d'Espagne, quand mesme toute la lignée du Dauphin viendroit à manquer. Car, si le Roy Très-Chrestien avoit sérieusement l'intention de faire observer le testament, et avoit cru, au moins alors, qu'il lui estoit utile d'avoir des esgards pour les Espagnols, le duc d'Orléans n'auroit point osé faire publiquement sa protestation, comme l'on sçait qu'il n'en a point osé faire contre le traité de partage, ny en d'autres rencontres.

On ne doit point douter que les François, s'ils en sont les maistres, n'ayent le dessein de retenir la Monarchie d'Espagne dans la maison de Bourbon contre les clauses du testament et au préjudice des substitués; qu'ils ne manqueront pas d'unir cette monarchie à la couronne de France si le cas échet, et de réduire l'Espagne en province; qu'un Roy Bourbon ne voudra pas la gouverner moins despotiquement un jour, qu'il le fait dès à présent, ou son grand-père pour lui, encore qu'ils ayent une révolution à craindre, qu'ils ne craindront plus quand ils auront pris racine; que la confiance, les principaux emplois ou les plus lucratifs, le commerce, surtout celuy d'Amérique, le commandement des troupes, les plus fortes places, et les clefs de l'Estat, seront pour les François ou pour ceux qui seront dépendans d'eux et dévoüés à la cour; qu'on gouvernera sur le modelle de la France, qu'on abaissera les grands, qu'on opprimera les petits sans aucun esgard aux droits et priviléges, et qu'on appauvrira les uns et les autres par une infinité d'imposts, d'extorsions et de vexations, pour mettre le Roy en estat de contribuer beaucoup à la monarchie universelle des Bourbons ; enfin, qu'on affrontera les Espagnols chez eux et qu'on les insultera mesme dans leur domestique, suivant les manières insolentes et libertines des François, et qu'une nation qui avoit passé pour une des plus généreuses, et qui avoit dominé à tant d'autres, sera le jouët de son ennemie, et l'opprobre de toute la terre, d'autant plus qu'elle aura esté la cause des malheurs et et de l'oppression des autres en se soumettant à la France la première.

Il y a des gens qui disent que toutes ces craintes se réduisent à un avenir incertain, et qu'il ne faut point se tourmenter réellement par les idées d'une possibilité future. Mais le mal en bonne partie est desjà present et sur le point de venir à sa maturité et à son accomplissement ; on est enchaîné à demy, et, si on ne se réveille au plus tost, on ne sera plus en estat d'estre affranchi de l'esclavage, ny par ses ses propres forces, ny par celles de ses amis. Mais quand tout le mal ne consisteroit que dans l'avenir, ne sçait-on pas que toute la prudence humaine n'a que l'avenir pour objet? Car on doit prendre des précautions, s'il est possible, contre de grands maux qui peuvent arriver facilement, ou plus tost qui difficilement n'arriveront pas en l'estat où sont les choses.

C'est justement cette fatale nonchalance où les hommes ne sont que trop portez en s'attachant au présent, qui a causé la pluspart des mauvais conseils dont nous voïons de funestes suites. C'est ce qui a fait naistre les relaschemens des uns, qui négligent la patrie, et ne pensent qu'à vivre doucement le reste de leurs jours (quoi qu'ils se trompent en cela mesme, les malheurs n'estant que trop prochains), et la corruption des autres, qui taschent à profiter du présent, et de contribuer mesme aux maux de la patrie pour en tirer de l'avantage. Ces principes sont indignes des gens qui font profession de sagesse, d'honneur et de probité ; et il faut avoir renoncé aux sentimens de l'honnesteté et de la conscience pour les soustenir.

Il y a des esprits de cette trempe, c'est-à-dire gagnés par les Bourbons ou plongés dans une mollesse efféminée, qui se flattent eux-mesmes, ou jettent de la poudre aux yeux des autres, en taschant d'affoiblir les plus grandes et les plus justes craintes.

Lorsqu'ils soutiennent que les deux branches de la Maison de Bourbon pourront aisément se brouiller ensemble, alors (disent-ils) les affaires de l'Europe reviendroient en l'estat où elles étoient avant la mort du feu Roi ; mais, outre que le duc d'Anjou, quand il voudroit, ne pourroit point se détacher des intérêts du Roi de France, qui, en qualité de curateur de son petit-fils, est monarque commun des deux monarchies et prend des mesures pour le demeurer, et pour laisser ces avantages sans exemple au dauphin qui aura encore l'autorité d'un père, l'affection et le respect du fils, et le même pouvoir en main pour se faire obéir ; outre cela, dis-je, l'intérest véritable des deux branches de Bourbon est de demeurer unies. Elles seront plus en état de s'entr'aider que celles de la maison d'Autriche, à cause de la contiguïté de leurs États. Le duc d'Anjou, sous son grand-père ou sous son père, sera le monarque absolu de toute la monarchie et se mettra en état d'en employer les grandes forces aux desseins communs, dont la France sera toujours l'âme et le premier mobile : et le duc de Bourgogne étant parvenu à la couronne de France, les mêmes raisons ne laisseront pas de subsister entre les deux frères. Peut-on croire qu'ils se voudront borner et arrêter dans la plus vaste et la plus belle carrière qu'on ait vue ouverte depuis la décadence des Romains? Le monde est assez grand pour que les deux rois puissent se donner les mains et s'aider à faire des conquestes sans s'entrechoquer et se nuire : il faudroit qu'ils eussent perdu la raison pour en user autrement, et pour se brouiller. Et si le salut de l'Espagne, ou même de toute l'Europe, ne dépend que d'une si grande bévue des Bourbons, il ne sçauroit être plus mal affermi.

On ne peut donc point compter là-dessus sans s'aveugler volontairement, et il est clair comme le jour que si l'Espagne demeure au duc d'Anjou, elle sera à la discrétion des Bourbons. Car quelles forces aura-t-on à leur opposer, quand ils y seront affermis ? Les efforts inutiles qu'on fera pour se délivrer ne serviront qu'à rendre les chaînes plus pesantes. Il y a de grandes puissances armées maintenant pour tirer l'Espagne du danger évident où elle est de tomber dans l'esclavage. L'Empereur, l'Empire, l'Angleterre et la Hollande lui envoient un roi légitime; le Portugal le reçoit et l'assiste de toutes ses forces. Quelques puissances d'Italie commencent à se déclarer, et un peu de succès fera suivre ceux qui ne balançent que par crainte ; si les Espagnols s'y joignent eux-mêmes, l'affaire est faite. Mais il faut profiter des conjonctures favorables, en se déclarant maintenant ou jamais. Car si nous laissons passer ce fatal moment, tout est perdu, autant que l'esprit humain est capable d'en juger. La grande alliance, si les choses traînent, ne sçauroit subsister longtemps ; les Bourbons, demeurant les maistres de la monarchie d'Espagne, seront capables de causer en Angleterre et en Écosse les plus tragiques révolutions. La Hollande ne sçauroit continuer à fournir aux frais immenses d'une longue guerre, et ne voudra pas se ruiner sans espérance de fruit. Il sera impossible à l'Empereur de soustenir le faix de la mesme guerre ; on laschera les rebelles et les Turcs sur luy, et on l'incommodera dans l'Empire mesme, qui sera fort prest de sa désolation. Ainsy, nous sommes à la veille d'un renversement général, et la monarchie universelle des Bourbons ne sçauroit estre arrestée que par un coup extraordinaire du ciel ; mais de faire son compte là-dessus, c'est tenter Dieu et se tromper soi-mesme. Cependant, ces grands changements ne sçauroient arriver que par un déluge de sang, et par les misères horribles des peuples, tant du costé des conquérans que de ceux qui résistent ; l'Espagne aura sa part des grands maux, et son esclavage fera la planche et servira de modèle à l'oppression des autres.

Mais, en recevant le légitime Roy, ces craintes cessent. Les princes de la maison d'Autriche gouvernent doucement et suivant les loix ; et, quand ils voudroient opprimer la liberté et les priviléges des peuples, ils ne seroient pas en estat de le faire, n'ayant point de secours à espérer de la branche d'Allemagne, qui est esloignée, et ayant la France à craindre près d'eux. Ainsy l'Espagne et l'Europe demeureront dans leur premier estat ; il n'y aura point d'autre mal que la nécessité de chasser les François des postes qu'ils ont occupés sous prétexte de nous assister. Comme nous avons presque toute l'Europe de nostre costé, qui y est intéressée autant que nous, on est asseuré du succès, avec l'assistance de Dieu, protecteur de la justice et vengeur des mauvaises actions.

Pour conclure, figurons-nous l'Espagne et les provinces de sa domination sous le joug des François, les mœurs corrompues, la religion et la piété méprisées, les honnêtes gens insultés, les peuples réduits à la besace, les Grands bas et rampans, les étrangers maîtres des forces et des richesses du pays, le Roi gouvernant à l'ottomanne, ses favoris, officiers, soldats et autres ministres de son pouvoir, exerçant à la rigueur ce que Samuël prédisoit au peuple d'Israël, déshonorant les familles, s'emparant de ce qu'ils trouvent à leur gré, et ne répondant aux plaintes que par des moqueries ou de nouveaux affronts, sans qu'il y ait aucun espoir de délivrance, puisque les François ne manqueront pas sans doute de se précautionner contre des Vêpres semblables à celles de Sicile, et que le reste de l'Europe sera en bonne partie dans la même oppression et hors d'état de pouvoir donner du secours à ceux qui seront opprimés. Outre que les autres nations haïront et mépriseront celle qu'elles considéreront avoir été la cause des malheurs communs par son imprudence et par son peu de courage, lorsqu'on la verra applaudir à des misérables affamés, qui auparavant venoient travailler et chercher du pain chez elle.

Ceux que les images de ces malheurs horribles et inévitables ne touchent point, sont dignes de maux encore plus grands, et ne méritent point de porter le glorieux nom d'Espagnol.

Les Gonsalve, les Ximénès, les Tolède, les Pizarre, et tous les autres anciens Espagnols, fondateurs d'une grande monarchie, dominateurs de tant de nations, s'ils revenoient au monde, avoueroient-ils pour être de leur sang ceux qu'ils verroient prêts à subir le joug de leurs ennemis, par une indigne lâcheté, puisqu'ils sont en état de s'en garantir, et que l'Europe leur tend les bras? Mais il faut croire qu'il y eu aura bien peu de ce nombre, et que ceux-là même qui ont reçu un Prince françois, voyant combien on les a trompés, seront des plus ardens pour réparer la faute qu'ils ont faite; que la conscience, le devoir, l'honneur, le salut de la patrie, et le bonheur ou le malheur de chacun en particulier, feront des impressions vives sur un peuple qu'on n'a pas accusé autrefois d'avoir le cœur bas; et que toute cette généreuse nation, rendant justice à son légitime Roi et à elle-même, fera voir à toute la terre qu'elle n'a point dégénéré de la valeur de ses ancêtres.

FIN DU TROISIÈME VOLUME.

ERRATA

L'éditeur fait observer que, malgré tout le soin qu'il a pris de restituer l'orthographe de Leibniz, le lecteur doit s'attendre à quelques fautes, cette orthographe étant souvent arbitraire. Il suffira de relever ici une erreur de nom à la page 209. Voir la note : « bâtis sur le Rhin, par *Draper*, » lisez : *Drusus*.

TABLE DU TROISIÈME VOLUME

DES ŒUVRES DE LEIBNIZ.

	Pages.
Mars christianissimus	1
Notes du Mars christianissimus	42
Remarques sur un livre intitulé : *Nouveaux interests des princes de l'Europe*	49
Remarques sur un manifeste françois, lettres et avertissements	75
XXII ordonnances de Louis XIII avec les remarques de Leibniz	204
Responsio Leopoldi imperatoris (Manifeste de Leibniz)	217
Demandes d'informations avant son départ pour Vienne	235
Raisons touchant la guerre ou l'accommodement avec la France	239
Consultations sur les affaires générales en 1691	251
Status Europæ incipiente novo sæculo 1700	298
La justice encouragée contre les menaces d'un partisan des Bourbons	308
Dialogue entre un cardinal et l'amirante de Castille	345
Manifeste pour la défense des droits de Charles III, par Leibniz	360

FIN DE LA TABLE DU IIIe VOLUME.

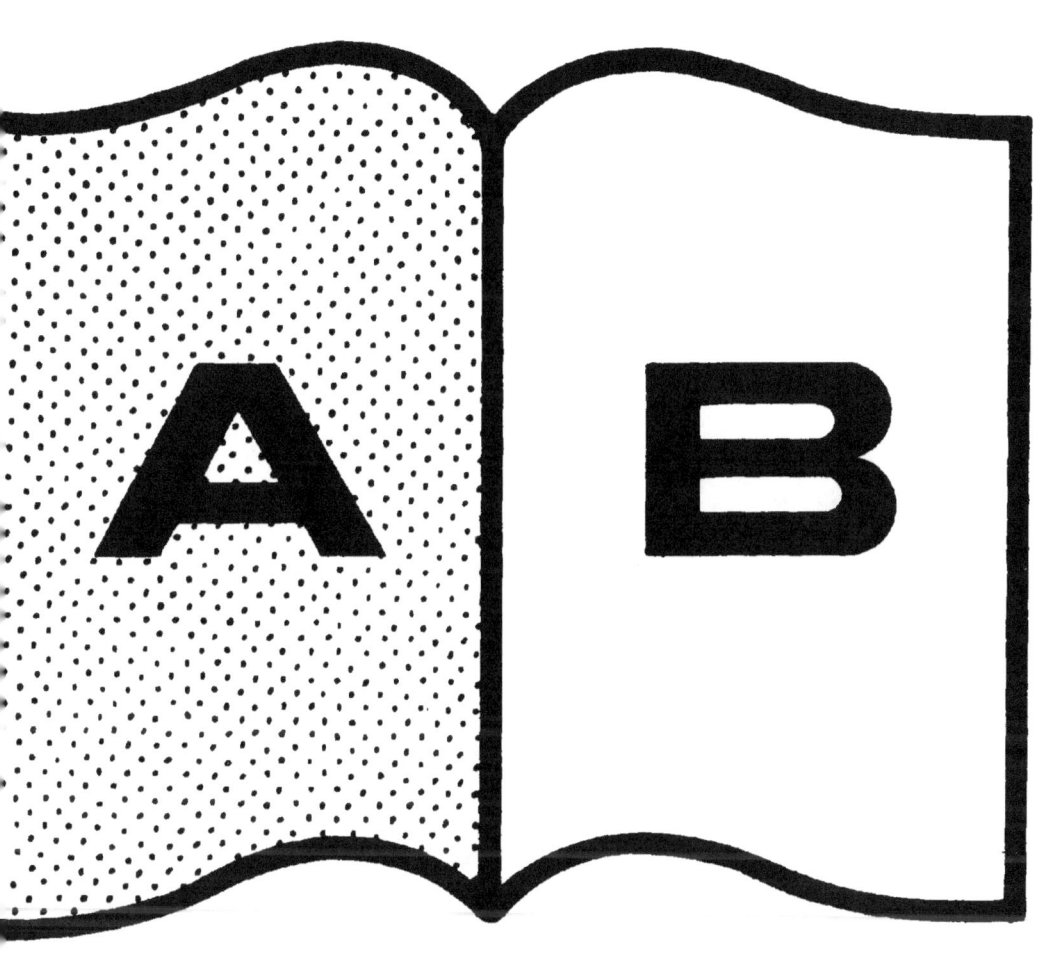

Contraste insuffisant

NF Z 43-120-14

www.ingramcontent.com/pod-product-compliance
Lightning Source LLC
Chambersburg PA
CBHW050902230426
43666CB00010B/1995